葡萄酒生产国概况

An Overview of Wine-Producing Countries

主　编　单铭磊
副主编　李雪娇　孙欣　李佳

企业管理出版社
ENTERPRISE MANAGEMENT PUBLISHING HOUSE

图书在版编目（CIP）数据

葡萄酒生产国概况 / 单铭磊主编 . -- 北京：企业管理出版社，2024.6

ISBN 978-7-5164-2981-5

Ⅰ . ①葡…　Ⅱ . ①单…　Ⅲ . ①葡萄酒—酿造工业—工业企业管理—概况—世界　Ⅳ . ① F416.82

中国国家版本馆 CIP 数据核字（2023）第 211216 号

书　　名: 葡萄酒生产国概况

书　　号: ISBN 978-7-5164-2981-5

作　　者: 单铭磊

策　　划: 寇俊玲

责任编辑: 寇俊玲

出版发行: 企业管理出版社

经　　销: 新华书店

地　　址: 北京市海淀区紫竹院南路17号　**邮　　编:** 100048

网　　址: http://www.emph.cn　**电子信箱:** 1142937578@qq.com

电　　话: 编辑部（010）68701408　发行部（010）68701816

印　　刷: 宝蕾元仁浩（天津）印刷有限公司

版　　次: 2024年7月 第1版

印　　次: 2024年7月 第1次印刷

开　　本: 787毫米×1092毫米　1/16

印　　张: 18.5印张

字　　数: 360千字

定　　价: 98.00元

前言

党的二十大报告以全面建成社会主义现代化强国为目标，提出了“增进民生福祉，提高人民生活品质”的新部署、新任务、新要求，强调“必须坚持在发展中保障和改善民生，鼓励共同奋斗创造美好生活，不断实现人民对美好生活的向往”。这是党在中国特色社会主义国家进入新发展阶段，在新发展理念指导下探索中国特色社会主义构建新发展格局新的战略思想，为今后很长一段时间社会领域的发展描绘了更高品质、更高质量的发展蓝图。随着生活水平的提高，葡萄酒作为酒精度低、营养丰富的非粮食酿造酒，越来越受到人们的欢迎。

目前市面上介绍葡萄酒的书籍和教材林林总总，不胜枚举，但是真正能有助于中国高等院校培养葡萄酒服务与管理人才的教材却不多。为此，在法国CAFA葡萄酒烈酒学院的大力支持下，我们联合国内几个在葡萄酒服务与管理教学方面起步比较早，基础比较扎实的高校教师，以及在葡萄酒培训和侍酒实践方面在国内比较知名，且有一定经验的专业人士，集中力量编写一套内容全面、选材新颖、体例规范的葡萄酒文化与营销专业系列教材，《葡萄酒生产国概况》就是其中的一本。

《葡萄酒生产国概况》教材的编写内容主要是从葡萄酒的特点上来考虑的。一方面，葡萄酒作为农副产品，其本身的栽培、种植、酿造以及储存加工工艺与当地的地理位置、气候温度、自然环境以及人文风貌有直接的关系，有的还是当地非物质文化遗产的重要代表或是地理标志产品。所以，葡萄酒具有鲜明的地域性，它和具体的生产国、生产地区有着天然的紧密联系，有的葡萄酒甚至是一个国家或地区的象征和形象。另一方面，对初学者来说，依据产地线索来认识葡萄酒，学习葡萄酒知识，是一个不错的选择。这样既能清晰地抓住葡萄酒演变、发展的脉络，还能够快速准确地掌握不同地区葡萄酒的特点和差异。此外，以葡萄酒产地为线索也能方便引领后续教材的撰写和学习，为葡萄酒知识的积累和精进奠定基础。

本教材在编写过程中力争做到术语规范、名称准确、图文并茂，对于相应的外文翻译标准前后表达一致。特别要说明的是对于一本涉及地域及实物的教材，地理信息、葡萄品种、葡萄酒类别的图片是不可缺少的，也是教材编写组织者花费较多精力进行绘制和拍摄的重点。本教材都给予了很好的呈现，并在配套PPT的每个对应部分安排了区域图加以对照说明。此外，为方便对知识的了解和巩固，每章都配有思考练习题，还设计了“经验性训练”“实践考核项目”以便于对实践能力和操作环节的训练和掌握。为更好地使本教材服务教学工作，我们还根据教学的实际情况制作了本书的配套课件，以供教师和学习者使用。

参加编写及图片制作的有：山东青年政治学院单铭磊老师，济南市技师学院孙欣老师，四川旅游学院李佳老师，法国CAFA葡萄酒烈酒学校的李雪娇等老师。特别感谢法国CAFA葡萄酒烈酒学校中国校区李瑞璇校长对本教材的编写给予的巨大支持和指导。

葡萄酒是个巨大的宝库，其品种繁杂、历史悠久、文化丰富，在一本书中讲清楚实在困难很大，再有受编者水平、能力所限，本书难免会有瑕疵和不足，恳请广大专家、教师、同行、读者不吝赐教，我们将不胜感激。

本教材还配备了电子教学资料包，包括电子教案、教学指南、练习题答案等，能够为教师授课和学习提供诸多便利，请联系以下邮箱获取。

邮箱：service@cafachine.cn

单铭磊

2024年1月

目 录

第一章　法　国

【本章概要】

本章主要讲述了法国葡萄酒的历史发展和主要产区的葡萄种植情况，并就当地葡萄品种、酿造工艺及所产葡萄酒的风格特点进行了详细的描述。此外，本章还介绍了法国葡萄酒等级的划分标准。

【学习目标】

1. 了解法国葡萄酒历史发展过程与市场现状发展。
2. 掌握法国葡萄酒产区风土条件、葡萄品种及特色。
3. 掌握法国葡萄酒的分级标准。
4. 掌握法国葡萄酒产区概况，重点掌握知名产区详解。

【关键术语】

法国葡萄酒　葡萄品种　分级　产区

【讲师语录】

法国葡萄酒何以风靡世界

法国是世界时尚和浪漫之都，法国葡萄酒与香水、时装、埃菲尔铁塔和凯旋门一起构成法兰西民族的象征，是法国一张耀眼的“名片”。

从葡萄酒的起源记载中我们了解到，葡萄酒并不起源于法国，但是为什么法国葡萄酒能够成为世界“葡萄酒之王”？又是为什么法国葡萄酒在世界葡萄酒当中有着不可撼动的地位和影响力呢?

第一，严格的管理制度。法国葡萄酒起源可以追溯到公元前6世纪，历经磨砺，法国出台了精细而完整的法规、条例，规范了法国葡萄酒的生产方法和等级。不惜牺牲葡萄酒产量而求得葡萄酒品质，从而使法国葡萄酒更加完美并享誉世界。

第二，得天独厚的地理条件。法国的国土范围处在北纬42°~51°，年平均气温为10°C~20°C，法国多山的地理环境孕育出合格的土壤条件，优良的水质更是大自然对法兰西的厚爱。酿酒葡萄对于温度、湿度、光照、土壤都有着严格的要求，而法国正处于酿酒葡萄生长的黄金地带。

第三，深入骨髓的葡萄酒文化。法国人天生浪漫并注重生活品位，他们说:“没有葡萄酒的一餐，就如同没有阳光的一日。”在法国，从葡萄的种植到生产、贮藏，再到品味、饮用，乃至酒器的选择、菜式的搭配、服务的方式等已然成为一种高雅和浪漫的生活方式。葡萄酒文化在法兰西这片充满浪漫色彩的土地上越发枝繁叶茂并蔓延到全球。

葡萄酒在法国人眼中不仅传承着法国的文化，甚至代表国家的形象，以上三点大概就是法国葡萄酒风靡世界的原因吧。

——济南市技师学院 旅游管理专业　高级实习指导教师　孙欣

第一节　法国葡萄酒概述

一、法国葡萄酒历史与市场概述

(一)法国葡萄酒历史

法国的葡萄酒历史悠久，源于2600年前，公元前6世纪，希腊人来到马赛地区，并带来了葡萄树和葡萄栽培技术，但当时并未引起高卢人的注意。公元1世纪，罗马人把葡萄带到法国南部，如今的罗讷河谷地区，正式的葡萄树栽培由此开始。公元2世纪，到达勃艮第、波尔多地区；公元3世纪到达香槟地区。公元71年，古罗马著名学者普林尼(Plinius)的名著《自然史》(*Natural History*)记载了罗讷河谷北部的罗第丘的葡萄园梯田以及葡萄酒，如此说来法国的葡萄栽培历史距今已有1900多年，这里是世界上公认现存最古老的葡萄园之一。

从罗马人的入侵开始，法国与宗教就有了不可分割的联系。经过中世纪的洗礼和宗教人士千年的耕耘，葡萄种植业得到飞速发展，最终传遍法国各地。最突出的是法国勃艮第产区，公元630—640年，就已经出现了闻名于现在的香贝丹–贝日园

（Chambertin-Clos de Bèze）。公元768—814年，加洛林王朝最著名的统治者——查理曼大帝因酷爱葡萄酒，带动了法国葡萄酒业的高速发展。1098年，西多会的建立意味着法国葡萄园从此完全由教会掌管，修士们热衷于葡萄栽培技术与酿造技术的研究，葡萄酒行业达到前所未有的繁荣。更重要的是，高品质葡萄酒层出不穷，得到了欧洲消费者的充分认可。随着教会的推动和宗教的传播，法国葡萄酒在国际上得到了较高的赞誉。1416年，当时的勃艮第公爵颁布法令确定了“勃艮第产区”，这个法令被称为“法倍”（Édit de Château-Chalon）。16世纪，荷兰人在法国西南地区“火烧葡萄酒”，从而出现了葡萄蒸馏酒，即白兰地的雏形。1728年，正式使用玻璃瓶灌装葡萄酒进行销售。1789年，法国大革命爆发葡萄园被充公，葡萄种植业遭受致命打击。之后，法国中产阶级开始拥有葡萄园。1801年，法国植物学家沙普塔尔（Chaptal）对加糖法实现了理论化。1852年，葡萄树白粉病在欧洲暴发，直到1857年，亨里·马里斯（Henri Marès）发现了硫黄可以对抗白粉病。1864年，根瘤蚜虫病出现在法国，对葡萄园造成了毁灭性的灾难，直到1868年，法国植物学家朱立·普郎雄（Jules Planchon）发现嫁接的办法可以抵抗此虫害。这两次的葡萄园疾病，对法国葡萄种植业造成了相当大的冲击，直到20世纪初，霜霉菌和黑腐病才结束，但其对法国葡萄酒产业带来的困扰影响至今。1866年，法国化学家巴斯德（Pasteur）发现了“酒精发酵”的原理，同年发表葡萄酒研究专著。1889年8月14日，法国官方通过法律确定了葡萄酒的定义：“新鲜葡萄或新鲜葡萄汁经发酵后产生的自然酒精饮料”。1929年，法国政府颁布法令条例，禁止在葡萄汁中加糖，随后1935年法国原产地控制命名管理局（INAO）成立，制定AOC条例，随后1936年建立了法国官方AOC法定产区管制系统。1949年，为促进AOC产区的快速发展，建立“AOVDQS”产区级别。1955年，法国政府首次推出法国的国家酿酒师文凭。

（二）法国葡萄酒市场概述

法国酿造了世界上最多的顶级好酒，这是毫无争议的。目前，在全球最值得收藏和投资并被侍酒师津津乐道的Top100葡萄酒中，法国酿造几乎要占到80%，这样的骄人成绩让人们毫无争议地把葡萄酒世界顶级皇冠戴在法国头上。

法国西邻大西洋，南接地中海，东面有着阿尔卑斯山的阻隔，整个国家多河流、山谷，因此形成了无数多变的小气候和小环境。法国人根据几百年的种植和酿造经验，总结出每个地区适合种植的葡萄品种以及适合的酿造方法，酿造出举世无双的葡萄酒。因此，很多今天在全球流行的葡萄品种，都源自法国。也有人说，了解了法国葡萄酒，就几乎了解了全球葡萄酒的半边天，这句话不无道理。

法国葡萄酒的品质在国际上拥有较高的声望，除了得天独厚的自然条件，也得益于法国酒农的勤恳与健全的官方管制体系。1936年，法国首先建立了当时全世界第一套最完善的葡萄酒法律和原产地保护制度，保持每个地区葡萄酒风味的传统特色，规范葡萄酒的品质，以及维护葡萄酒的传统地位。其次，对某些产区尤为突出的酒庄进行分级，例如闻名世界的1855年波尔多列级酒庄分级制度。最后，各个产区各自建立产区保护协会，以保护自己产区为重任，从保护产区酒质、产区声誉、产区推广、维护产区酒农利益等各方面着手促进本产区葡萄酒事业健康、快速的发展。

二、气候与地理环境

法国坐落在欧洲西南部地处北纬42°~51°至西经4°~东经8°之间，属温带地区。由于地处大西洋和地中海沿岸，气候呈多样性。西边是温暖海洋性气候，南部是地中海气候，东部和北部是受海洋性气候影响的大陆性气候特征。全年温差小，冬季气候温和，夏季炎热，降雨量适中，日照时间长。

法国普遍是中生代地质层，有泥灰岩、石灰岩、花岗岩、页岩、砂岩、白垩土、砾石、鹅卵石和黏土等，这些岩石及土壤含有丰富的矿物质元素，并且排水性和渗透性好，适宜酿酒葡萄品种生长。法国除了有良好的气候环境和地质条件外，还遍布着河流和湖泊，自然形成了一套非常完善的水利系统，为农作物的生长，创造了优越的条件。

三、法国葡萄酒分级制度

法国葡萄酒自2009年后，总共可分为三级，从上到下分别是：法定产区葡萄酒（AOP）；保护地理标志葡萄酒餐酒（IGP）；无地理标志葡萄酒（VSIG）。法国葡萄酒分级简介（见表1-1、图1-1）。

表1-1　法国葡萄酒分级一览表

序号	名称	全称	简称	简介
1	法定产区葡萄酒	Appellation d' Origine Protégée	AOP	法国葡萄酒的最高等级，产区越小，葡萄酒的质量也会越高
2	保护地理标志葡萄酒	Indication Géographique Protégée	IGP	管制项目有原产地名、地域简称或其他特殊词汇，这个名称是大区、省、县的全称。有产区地理标志，限于产区内的葡萄相互混酿
3	无地理标志葡萄酒	Vin Sans Indication Géographique	VSIG	此级别禁止注明产区名称，属于无明确地理标志葡萄酒，此级别葡萄酒价格低廉，不宜储存

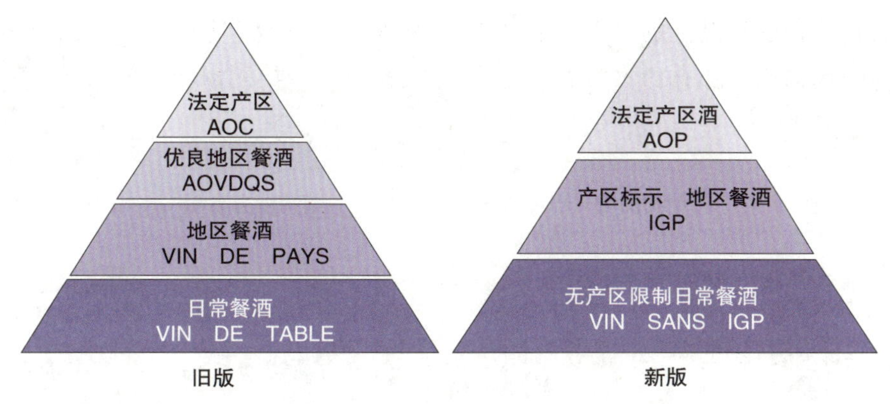

图1–1 旧版、新版法国葡萄酒分级对照图

（一）法定产区葡萄酒（Appellation d'Origine Protégée，AOP）

AOP是法国葡萄酒的最高等级，自1936年成立以来，如今已经有360多个法定产区，占全国一半的产量。2009年之前，级别名称为"Appellation d'Origine Contrôlée"，简称"AOC"（见图1–2）。本级别由国家原产地命名管理局（INAO）管辖。

图1–2 法国AOC标识图

AOP法定产区管理项目（见图1–3）

法国地区葡萄酒要满足以上要求，才可获得AOP证书。正是这种非常严格的规范才确保了AOP等级的葡萄酒始终如一的优良品质和传统风味。在法国，每一个大的葡萄酒产区里又分很多小的产区。一般来说，产区越小葡萄酒的质量也会越高。

AOP虽然对保护产地特色起到了重要的作用，但也并非完美，其指定的葡萄品种和酿造方法扼杀了部分酒农的创造力。例如，在法国南罗讷河谷地区，用赤霞珠酿造的顶级红葡萄酒，也只可划分为地区餐酒级别，只因为赤霞珠不是南罗讷河谷AOP的法定葡萄品种。

（二）保护地理标志葡萄酒（IGP）

保护地理标志葡萄酒也叫地区餐酒（Indication Géographique Protégée，IGP），管制项目有原产地名、地域简称或其他特殊词汇，这个名称是大区、省、县的全称。IGP级别中可以使用的葡萄品种高达300多种，根据2009年的条款规定，标签上面注明的葡萄品种含量应＞85%，允许添加＜15%的其他辅助葡萄品种。

图1-3　AOP法定产区管理项目

“IGP”与法国普通餐酒“VDF（Vin de France）”的区别就是IGP级别有产区地理标志，限于产区内的葡萄相互混酿，而VDF没有地理标志，酿酒葡萄可以来自法国各地。

注：优良地区餐酒（VDQS）。

该等级成立于1949年，级别比AOP略低，也是产区向AOP晋级的一个过渡级别，因此限制条件如产量和品种也会比AOP要宽松，一些产区在升级到AOP之前，会先给予VDQS级别，几年后再升级。有趣的是，有些酒庄乐于留在这个级别，不想上升到AOP，以免其使用的葡萄品种和酿造方法受到严格限制，影响自己发挥酿造的特色。有些品质优秀的酒庄也有些“宁做鸡头，不做凤尾”的感觉，这个级别的酒比较少见，只占法国葡萄酒总产量的1%左右。在标签上标注VDQS前仍然需要经过官方的品尝分析。2011年12月31日正式废止了VDQS级别，一部分产区归为“AOP”级别，一部分产区归为“IGP”级别。

（三）无地理标志葡萄酒（Vin Sans Indication Géographique，VSIG）

无地理标志葡萄酒前身是法国葡萄酒的最低级别——日常餐酒（Vin de Table），归法国国家葡萄酒行业管理办公室管辖。按法律规定，此级别禁止注明产区名称，属于无明确地理标志葡萄酒，并限定最低自然酒精含量为8.5%vol，最高为15%vol。此级别的酿酒葡萄可来自全法国区域，并允许相互混合。此级别葡萄酒占法国总产量的14%左右，因大部分地区都已升级IGP级别。此级别葡萄酒价格低廉，不宜储存。

四、主要葡萄品种

世界上的酿酒葡萄品种非常之多，有一些广泛种植于世界各葡萄酒产区的葡萄品种，我们常称为国际葡萄品种。酿酒葡萄与我们平常食用的鲜食葡萄有些不同，酿酒葡萄颗粒一般较小，果皮较厚，果肉较少，含糖量和酸度也会偏高。而鲜食葡萄一般果皮薄，果肉多，酸度较低。但也有些葡萄品种既可以作为酿酒葡萄，也常作为鲜食葡萄。

法国每个葡萄酒产区都有自己的法定葡萄品种，酒标上印有这些产区名的葡萄酒，都是使用这些产区法定的葡萄品种酿造。对于优质葡萄酒来说，葡萄原料的选择是至关重要的一步。在法国常见的酿酒葡萄主要有以下品种（见表1-2）。

表1-2 法国主要酿酒葡萄品种一览表

主要红葡萄品种		主要白葡萄品种	
中文名	原文名	中文名	原文名
品丽珠	Cabernet Franc	阿里高特	Aligoté
赤霞珠	Cabernet Sauvignon	欧赛瓦	Auxerrois
佳丽酿	Carignan	布尔布朗	Bourboulenc
神索	Cinsault	霞多丽	Chardonny
佳美娜	Carménère	夏色拉	Chasselas
佳美	Gamay	白诗楠	Chenin Blanc
歌海娜	Grenache Noir	克莱雷	Clairette
果若	Grolleau	大芒森	Gros Manseng
马尔贝克	Malbec	马卡布/马家婆	Macabeu
美乐	Merlot	玛珊	Marsanne
慕合怀特	Mourvèdre	密斯卡黛	Muscadet
内格瑞特	Négrette	麝香葡萄	Muscat
涅露秋	Nielluccio	小芒森	Petit Manseng
皮诺莫尼耶	Pinot Meunier	瑚珊	Roussanne
黑皮诺	Pinot Noir	雷司令	Riesling
小维多	Petit Verdot	西万尼	Sylvaner
普尔萨	Poulsard	长相思	Sauvignon Blanc
西拉	Syrah	赛美容	Sémillon
特鲁索	Trousseau	白玉霓	Ugni Blanc
丹娜	Tannat	维欧尼	Viognier

第二节　法国葡萄酒产区

法国为欧洲国土面积第三、西欧面积最大的国家，东与比利时、卢森堡、德国、瑞士、意大利接壤，南与西班牙、安道尔、摩纳哥接壤。本土地势东南高西北低，大致呈六边形，三面临水，南临地中海，西濒大西洋，西北隔英吉利海峡与英国相望。法国的大部分领土都处于平原和丘陵之上，美丽的塞纳河从心脏地带流过，滋润了巴黎盆地广阔的土地。

几个世纪以来，法国以其高品质的葡萄酒闻名于世，是世界上主要的葡萄酒生产国之一，在世界葡萄酒市场上占有举足轻重的地位。对许多人来说，传统的法国葡萄酒是世界上优质、美味的葡萄酒的代表。

法国产区

· 香槟产区（Champagne）

· 阿尔萨斯产区（Alsace）

· 卢瓦尔河谷产区（Vallée de la Loire）

· 勃艮第产区（Bourgogne）

· 博若莱产区（Beaujolais）

· 汝拉和萨瓦产区（Jura et Savoie）

· 波尔多产区（Bordeaux）

· 西南产区（Sud–Ouest）

· 罗讷河谷产区（Vallée du Rhône）

· 朗格多克–露喜龙产区（Languedoc–Roussillon）

· 普罗旺斯–科西嘉岛产区（Provence et Corse）

除了葡萄酒产区，法国还拥有生产白兰地的世界知名产区：干邑产区Cognac，以及雅文邑产区Armagnac。

一、香槟产区

（一）产区历史概况

香槟这个词来自拉丁语Campania，取自Campus这个词，意思是平原、耕种的土地。

被誉为“香槟之父”的唐·佩里侬（Dom Pérignon）修士在1668—1715年是修道院酒窖主管。实际上唐·佩里侬并不是香槟的发明者，而他更倾向于酿造好的静态葡萄酒，于是他发明了用红葡萄品种酿造白葡萄酒和将不同的原酒进行调配的方法。

17世纪70—90年代，香槟产区带有泡沫的起泡酒的诞生，成为起泡酒历史上真正的转折点。首先，这是历史上第一次将起泡葡萄酒与一个产区——香槟区的风土紧密关联。这也是起泡酒的酿造第一次从技术层面上被确立。一篇1662年12月17日于伦敦皇家学会发表的论文公布了一个让葡萄酒产生泡沫的配方，其方法是在饮用前短时间内在葡萄酒中加糖，而不是在酿造过程中加糖，并且对应用于何种葡萄酒没有任何特别规定。

从1700年代到1800年代，生产者经过几乎一个世纪的摸索，终于确立了香槟酒生产的特殊技术：橡木塞封瓶并用麻绳绑缚，之后改为铁丝，选用最结实的酒瓶，根据不同年份调整装瓶时间，在已经装瓶的酒中添加糖，选择温度稳定的酒窖，为香槟创造更好的保存和熟化条件。

19世纪前叶，在香槟之外的起泡酒产区，人们把酿造技术称为“香槟法”，印证了香槟产区才是这种类型的葡萄酒及其生产技术的创建者。

同时在这一时期，凯歌酒庄的继承人克利科（Cliquot）发明了去除发酵沉渣的（瓶中二次发酵的产物）“转瓶”。这一发明大大地提升了香槟酒的品质。

1887年，优质香槟品牌工会得到昂热上诉法院承认“香槟”一词仅能用于香槟区出产的葡萄酒的判决。“香槟”或“香槟酒”一词只能用来指代在法兰西古老省份——香槟省采收葡萄并酿造成的葡萄酒，而香槟区具有明确的地理范围，既不可扩大也不可缩小。

1905年，香槟区葡萄酒生产者向法国农业部请求精准限定“香槟葡萄种植区”，并限制“香槟”一词只能在采收及全部生产加工均在香槟产区内完成的葡萄酒上使用。

1908年，以种植传统为标准第一次划定产区：种植面积达15000公顷的马恩省（La Marne，包括兰斯Reims、埃佩尔奈Épernay、维特里勒弗朗索瓦Vitry-le-François）及埃纳省（L’Aisne）被划分为香槟产区。

1911年一段混乱之后，香槟区将子产区分级，确定葡萄价格。

1927年7月22日，关于确定香槟产区相关原则的法律出台。对香槟区所有出产命名为“香槟”葡萄酒的市镇进行了完整的普查。奥布地区及其他一些1908年界定时被遗忘的地区重新归入香槟产区。根据法律，香槟产区的葡萄园面积为35280公顷。

1936年，香槟区成为AOC法定产区。

1941年，法国香槟酒行业委员会CIVC（Comité Interprofessionnel du Vin de Champagne）成立。

（二）气候与地理环境

香槟省位于巴黎平原的边缘地带，正好在古老的阿登山脉和孚日山脉的前面。分布在马恩省（La Marne）、奥布省（L’Aube）、埃纳省（L’Aisne）、上马恩省（La

Haute-Marne)、塞纳－马恩省（La Seine-et-Marne）5个省，面积33564公顷。香槟产区的高纬度地理位置、严酷的气候特征、地下土壤的特殊性和坡地种植的特点形成了极具特殊性的风土，赋予香槟酒不可复制的典型特质。

香槟产区葡萄园处在适宜种植葡萄地区的北部边缘地带——兰斯（Reims）位于北纬49.5°，埃佩尔奈（Épernay）则在北纬49°，处于年平均气温11°C的等温线上。葡萄的生长需要适宜的气候条件支持，在北半球北纬30°~50°以外的区域是无法获得足够优质的葡萄果实的。

双重气候类型的影响：海洋性气候在香槟产区占主导，但又时常显现出大陆性气候的特征。这种复杂的组合使香槟产区的风土具有温度较高、但热量随季节变换差异不明显的独特性。海洋性气候对香槟产区带来的影响主要体现在温度通常较低，季节之间的温度差异不明显。

香槟区内的土壤主要是白垩土，可以很好地保留水分，这对平均降水量只有650毫米的香槟地区非常重要。同时，白色还会有反光的效果，能够提高葡萄的成熟度。此外，这种碱性的土壤也会让葡萄保持更多的酸度。如果有机会去香槟区参观，还可以游览极富特色的香槟酒窖，整个酒窖的顶部就是几米甚至十几米厚的白垩土层，非常壮观。

（三）主要葡萄品种

香槟地区主要使用三个葡萄品种：霞多丽（Chardonnay）、黑皮诺（Pinot Noir）与皮诺莫尼耶（Pinot Meunier）。黑皮诺主要种植在兰斯山区，这里的黑皮诺酒体显得更加强劲有力。在马恩河谷种植最广的是皮诺莫尼耶，它的晚发芽与早熟的特点不容易遭受春季霜冻的影响，口感较柔和。而白坡最适合种植霞多丽，能展现出高酸度、带着精致花香与柑橘类水果香气的轻酒体特征。

其他葡萄品种：阿尔班（Arbane）、小美斯丽尔（Petit Meslier）、白皮诺（Pinot Blanc）和灰皮诺（Pinot Gris），这4种全部为白葡萄品种，也都被允许种植，但不到葡萄种植总面积的0.3%。

（四）酿造方法

香槟的酿造方法是生产起泡酒方法中最昂贵，出酒品质最高的方法。被称为香槟法（Méthode Champenoise）或传统发酵法（Méthode Traditionelle）。

1.采摘

在香槟地区，所有的葡萄都是手工采摘，不允许机械采摘，尤其对于红葡萄品种的采摘要特别注意。摘下来后立即送往酒厂直接压榨，以防止葡萄被压破后，葡萄汁被皮染上红色，这也是大多数香槟酒里虽都使用了红葡萄品种，但酒液看起来却白色透明的原因。

2.压榨

以前香槟地区通常使用垂直压榨机，以非常轻柔缓慢的方式来压榨葡萄，这样做的原因主要是防止压榨力量过大，色素和单宁被挤压出来，红葡萄被压榨的程度越深，得到的葡萄汁品质就越差，例如会出现粗涩的单宁。现在多用的是平行气囊压榨机，更容易控制压榨强度。此外，法律规定，160千克的葡萄最多可压榨出102升的葡萄汁。葡萄汁被分为两个等级，最先压榨出的80升被称为特酿（Cuvée），剩下的20升被称为尾部（Taille）。最好的香槟酒只会采用特酿的葡萄汁酿造。

3.一次发酵

特酿和尾部的葡萄汁，根据不同葡萄品种分别进行发酵得到基酒。通常是在可控温的不锈钢发酵罐中进行。基酒必须口味清新，酸度高，酒精度低（因为二次发酵后酒精度会增加1%vol~2%vol，如果基酒的度数为12%vol，二次发酵之后酒精度会达到14%vol。但过高的酒精度会使口感显得粗糙，破坏酒在口中的平衡（AOP法律规定，酒精度最高不得超过13%vol）。

4.调配

将发酵完的基酒进行调配，每个香槟厂都有自己的风格，会根据自己一贯的风格选用不同年份、不同葡萄园的基酒进行调配。有些顶级香槟甚至使用60多种不同的基酒进行调配，酿造出复杂且具有深度的葡萄酒。

5.加糖和酵母

向基酒中加入一定量的蔗糖和酵母，然后将基酒装入酒瓶，瓶口使用皇冠瓶盖密封。注意，如果加入太多的糖会导致酒瓶爆炸或口感过烈。

6.二次发酵

二次发酵会在瓶中进行，理想的环境温度是10℃~12℃，不宜过高，香槟区的白垩酒窖正好拥有这样的天然条件。二次发酵会缓慢地进行，通常需4~50天甚至几个月，发酵过程中产生的二氧化碳因无法溢出，逐渐溶解到酒中，大概压力有5~6个大气压。

7.熟成

二次发酵结束后。香槟酒仍需要在地窖中储藏一段时间，AOP法律规定香槟地区的无年份香槟至少需要储藏15个月，年份香槟需要至少储藏3年才可以出售。这期间酵母还会进行自我分解，使酒的口味更加复杂细腻优雅。

8.转瓶

在二次发酵过程中形成的沉淀物质要被移除，我们可以通过转瓶让沉淀物质聚集在瓶口以便去除。在手工转瓶时，酒瓶被统一放置在木质的“A”字形木架上，工人们需要依次将酒瓶向右向左转，同时抬高瓶底，令酒瓶从水平位置逐渐过渡到瓶口向下的竖直位置，使瓶内沉淀物慢慢聚集到瓶口、靠近瓶盖的位置。一名专业的转瓶工每天能够转大约4万个酒瓶。如今，大部分的转瓶工序已经被机械操作所取代。

9. 除渣

将聚集沉淀的瓶颈浸入低温液体，迅速进行冷却，让瓶颈的液体形成冰块，并将沉淀物质冻结在一起。打开皇冠瓶盖后，二氧化碳会将带有沉淀物的小冰柱连同瓶盖一并喷出，这样就得到了干净无杂质的酒液。

10. 补液

在除渣的时候，一些酒会跟随着沉淀物流失，这时需要向瓶中补充一些基酒，同时会加入一些糖浆，加入糖浆的多少取决于香槟最终需达到的甜度。

香槟地区葡萄酒根据残余糖分的不同分为7个级别（见表1–3、图1–4）。

表1–3　香槟甜度术语

类型	甜度标准
自然干 Brut Nature	每升低于3克的糖分（绝干）
超天然 Extra Brut	每升低于6克的糖分（绝干）
天然 Brut	每升低于12克的糖分
极干 Extra sec	每升12~17克的糖分
干型 Sec	每升17~32克的糖分
半干 Demi-sec	每升32~50克的糖分
甜型 Doux	每升超过50克的糖分
注：Brut被称为天然香槟，是香槟中最常见的一款，由于香槟的酸度很高，因此即使含糖量比普通干型葡萄酒要高一些，在口中还是很难觉察到甜味。	

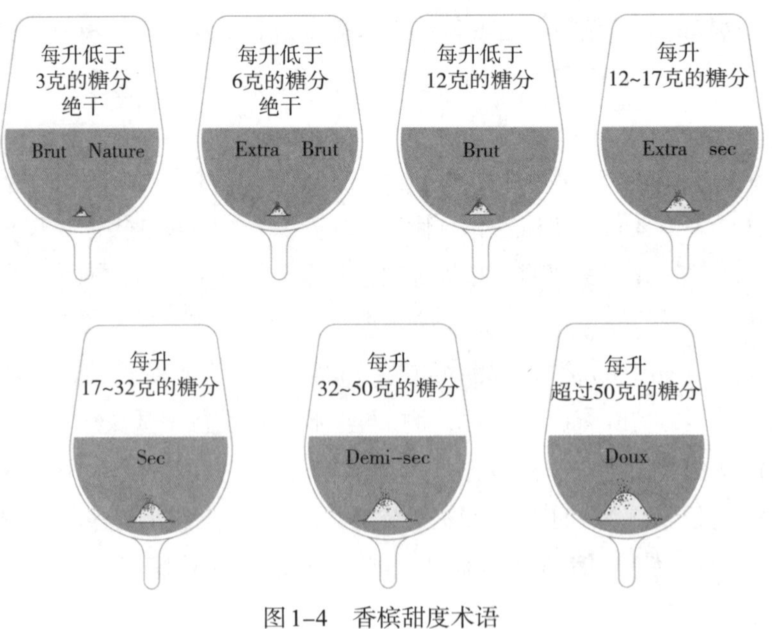

图1–4　香槟甜度术语

（五）法定产区与分级系统

香槟区共有三个AOP，一个是我们常见的香槟（Champagne），另外两个是没有气泡的静止葡萄酒（Côteaux Champenois）和黎赛桃红（Rosé des Riceys），最后一种产量较低，非常少见。

香槟分级体系（见图1–5）如下。

1. 香槟Champagne（只有起泡酒）

1936年创立的香槟AOC规定了严格的地域限制及产量限制，最大的产量为160千克葡萄压榨生产出102升酒，最低酒精度每年不同。二次瓶中发酵和在酒窖的成熟时间要求：无年份最少15个月，有年份最少3年。

最著名的三大产地是马恩河谷（Vallée de la Marne）、兰斯山（Montagne de Reims）与白坡（Côte des Blancs）。南部还有塞尚（Sézanne）和奥布（Aube）两个小区，但名声不如前3个那么响亮。

2. 香槟丘Côteaux Champenois（静止酒）

红、白静止葡萄酒，使用3个主要葡萄品种酿造。

3. 黎赛桃红Rosé des Riceys（静止酒）

这个产区的葡萄酒只能在黎赛村庄里生产。通过黑皮诺的浸泡而得到的桃红酒，通过放血法酿造，浸泡时间短（8~12小时）。

就如勃艮第一样，香槟区的分级制度也是建立在葡萄园风土之上的。按照不同的风土条件，香槟区的葡萄园可分为三级：无级别园（Cru）、一级园（Premier Cru）和特级园（Grand Cru）。香槟区拥有319个产酒村庄（Cru），其中一级园42个，特级园17个，由香槟酒行业委员会（CIVC）严格管理控制。这样的分级也决定了各个葡萄园出产的葡萄价格。香槟酒行业委员会会划定一个葡萄参考收购价，根据葡萄园等级的不同，葡萄的价格也会有一定的浮动。特级园葡萄价格通常与参考收购价相当，而一级园葡萄的收购价是参考价的90%~99%，无等级葡萄园葡萄的收购价则是参考价的80%~89%。

香槟区葡萄园的等级是由多层因素决定的，包括土壤、葡萄园坡度、坐向，等等。17个特级园总面积达4000公顷，而一级园面积约5000公顷，这些葡萄园既可能在一个村，也可能在多个村。而无等级葡萄园占据21000公顷，相关的产区法律法规也没那么严格。

（六）无年份香槟和年份香槟

因为香槟地区气候的特殊性，葡萄通常无法得到完美的成熟，为了体现酒厂的一贯风格，让酒的口感始终保持一致，在酿造时会将不同年份、不同品种的基酒进行调配，酿造无年份香槟，酒标上会标注“NV”。调配秘方如同香水秘方一样，通常都是每个香槟厂的最高机密。在一些出色的年份，酒厂会使用同一年份的葡萄来酿造香槟酒，我们称为年份香槟，酒标上会标注年份。这些酒会有自己独特的风味，并且每年的风味会有所不同。总的来讲，年份香槟相比无年份香槟，酒体更厚重，果香更浓郁，通常会因为更长的熟成时间，使酒中出现更复杂的烤面包以及饼干的香气。通常年份香槟是普通香槟价格的2~3倍。许多杰出香槟酒的生产商都会在香槟酒出厂之前窖藏很长的时间，甚至长达8到10年以上，以获得陈年的复杂风味。

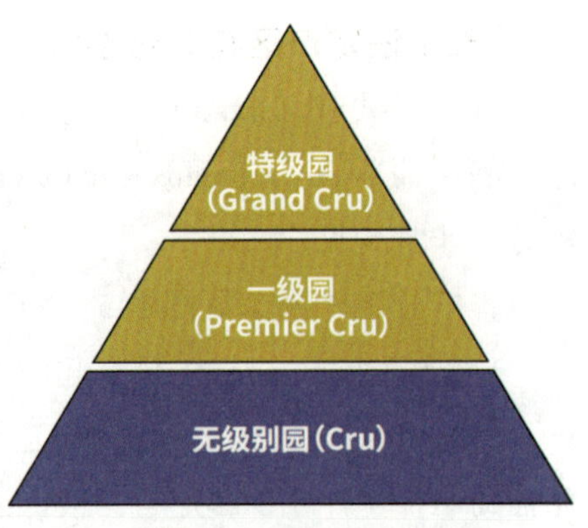

图1-5　香槟分级体系

（七）知名品牌

路易·勒德雷尔（Louis Roederer）

博林格（Bollinger）

巴黎之花（Perrier–Jouët）

蒂姿（Deutz）

泰亭哲（Champagne Taittinger）

酩悦香槟（Moët & Chandon）

唐·佩里侬（Dom Perignon）

（八）香槟生产商的类型

独立酒农（Récoltant–Manipulant，RM）：是指与该瓶香槟有关的所有的种植、收获、酿造和售卖都由同一家酒农来进行完成。

酒农合作制（Récoltant–Coopérateur，RC）：是指一家酒农将自己的酒委托给一个合作社进行酿造。合作社酿造并装瓶然后交还给酒农，酒农自行对酒贴牌销售。

独立酒商（Négociant–Manipulant，NM）：是指某可能拥有自己葡萄田的葡萄酒经销商，某些时候也会从酒农和合作社购买一部分葡萄进行加工酿制。

独立合作社（Coopérative Manipulant，CM）：是指由某个合作社的酒农成员提供葡萄，然后在合作社内进行酿造，之后以合作社的名字命名这个酒或者以一个合作社认可的品牌来命名。

买家品牌（Marque Auxiliaire，MA）：是指一瓶香槟由一个酒商或者合作社酿造，但是被分销商买去（通常是一个大品牌的超市），然后用自己的品牌进行售卖。

（九）香槟容量

20毫升（Le quart）：约1/4瓶，瓶高约18.85厘米，通常是航空和航海公司使用

37.5毫升（Le demi）：1/2瓶，瓶高约24.35厘米

75毫升（La bouteille）：1瓶，瓶高约30厘米，这是1瓶标准香槟的容量

1.5升（Le magnum）：2瓶，瓶高约37.15厘米

3升（Le jéroboam）：4瓶，瓶高约46.93厘米

4.5升（Le réhoboam）：6瓶，瓶高约56厘米

6升（Le mathusalem）：8瓶，瓶高约57.8厘米

9升（Le salmanazar）：12瓶，瓶高约64.5厘米

12升（Le balthazar）：16瓶，瓶高约69.9厘米

15升（Le nabuchodonosor）：20瓶，瓶高约75.7厘米

18升（Le salomon）：24瓶，瓶高约77.4厘米

26.25升（Le souverain）：35瓶，瓶高约102厘米

27升（Le primat）：36瓶，瓶高约102.6厘米

30升（Le melchisédec）：40瓶，瓶高约110厘米，重54千克

二、阿尔萨斯产区

（一）产区历史概况

阿尔萨斯的白葡萄酒拥有独树一帜的风格，在法国被称为“阿尔萨斯之泪”。阿尔萨斯地区种植葡萄的历史悠久，在公元3世纪，罗马人入侵的同时，把葡萄的种植技术带到了阿尔萨斯，在梅罗文加王朝和加洛林王朝时期，阿尔萨斯的葡萄园便如雨后春笋般蓬勃发展起来，当时人们对阿尔萨斯葡萄酒的消费已经相当巨大，这里的酒让当时的人们觉得喝起来精神舒畅，清爽宜人。在公元10世纪，阿尔萨斯已经在160个地区种植了葡萄园。到了中世纪，阿尔萨斯的葡萄酒占据了全欧洲最负盛名和最名贵酒的一半以上，那时阿尔萨斯的葡萄酒农便以严谨的酿制法规维持阿尔萨斯高等酒质的声望。然而，17世纪时的天灾人祸却使阿尔萨斯的葡萄园所剩无几，接下来的200年，该地区的酒业始终处于最艰难的时期。法德战争期间，阿尔萨斯在两国之间反复易手，饱受战火摧残。值得庆幸的是，葡萄园大多保留了下来。第一次世界大战结束之后，优质酒的生产开始逐渐恢复，1962年阿尔萨斯地区获得AOP名号，接着在1975和1976年又分别获得阿尔萨斯列级葡萄园（AOP Alsace Grand Crus）和阿尔萨斯起泡酒（AOP Crémant d’Alsace）名号。

（二）气候与地理环境

阿尔萨斯位于法国东北部，葡萄园覆盖着风景秀丽的山坡地，西倚孚日山脉，南起坦恩城（Thann），北抵达马伦内姆城（Marlenheim），总占地面积约1500公顷，东部与德国接壤，因此该地区受德国文化影响较多，当地的居民也大多能熟练地说法语和德语。

得天独厚的孚日山脉天然屏障，阻挡了来自北边和西北边海洋的湿气，使得阿尔萨斯成为全法国降雨量最少的地区（年均500~600毫米）。日照多、干燥的半大陆型气候，适合葡萄缓慢成熟。这里的酒不但带有许多的果香和花香，而且更具有非凡的细腻度。

葡萄园从北到南，沿着山脉长度大约140千米，如同一条窄长的缎带蜿蜒山间，沿途是如诗如画的田野风光，其间点缀着中世纪的城堡和安静的小村落，让爱酒的旅游者如同来到世外桃源，流连忘返。在这条缎带上，著名的葡萄园如明珠一般洒落在向阳的山坡上，科尔玛（Colmar）小城则是这颗明珠上的钻石，最精华的阿尔萨斯特级葡萄园都位于此地。

阿尔萨斯大部分优质的葡萄园都位于东面向阳的坡地上，土壤变化多样，有花岗岩、黏土、石灰石、砂石、火山土等。差一些的葡萄园位于平原地区，大多是肥沃的冲积土，用来酿造阿尔萨斯起泡酒或是普通级别的葡萄酒。

（三）主要葡萄品种

阿尔萨斯地区的白葡萄酒最为有名，必须提到的是，阿尔萨斯产区和法国其他产区最大的不同是，阿尔萨斯葡萄酒大多是以酿酒葡萄的名字命名的，不像法国其他产区多以地区命名。当地还生产少量起泡酒和红葡萄酒。阿尔萨斯酒瓶高长细瘦，呈墨绿色或深棕色，完全是德国酒瓶的风格。

在阿尔萨斯地区，传统方法是将葡萄汁在古老的大橡木桶中发酵，现在越来越多的酒庄却是使用不锈钢罐，最主要的好处是可以控制温度，保持酒质的清纯与果味。有时也会在发酵前低温泡皮来萃取更多果香和获得更深的颜色。为了维持更多的酸度，大多数葡萄酒不进行苹果酸乳酸发酵，发酵后通常立即装瓶，以保持口感的清新。大部分的白葡萄酒适合酒体年轻时候饮用，上等佳酿具有陈年的潜力。

阿尔萨斯有7大葡萄品种，6白1红，各具特色，常被比喻为七仙女（见表1–4、表1–5）。葡萄酒大多以单品种酿造，在酒标上标注葡萄品种，读起来简单易懂。

1.琼瑶浆（Gewürztraminer）

阿尔萨斯最有特色的葡萄品种，个性极其张扬。葡萄皮呈淡粉色，酿出的酒通常是较深的金黄色，香气芬芳，最典型的是甜美的荔枝以及玫瑰和香料的香气，因此在盲品的时候，很容易被辨识出来，在德语里面“Gewürz”也代表着辛香的意思。琼瑶浆酿出的酒酸度较低，口感丰盈圆润，酒精含量高。如果是列级葡萄园的琼瑶浆，会有不错的陈年能力，陈年后能展现出浓郁的水果、蜂蜜、肉桂、橙皮的香气。琼瑶浆适合搭配熏鱼、奶酪以及亚洲料理，侍酒师也常常会用琼瑶浆来搭配中国菜。这个品种目前在美国也有一些种植，但风味却更偏向于浓郁的辛香，果香显得不够。

2. 雷司令（Riesling）

被称为阿尔萨斯葡萄酒之王的雷司令，是当地最重要的葡萄品种，种植面积约占该地区的1/4，最适合在片岩和板岩土壤上生长，常带有细致优雅的花香，以及柠檬、柑橘的香气。上好的雷司令还会带有复杂深邃的矿石或打火石的风味，以及其独有的汽油味道，口感高酸度且富有活力。由于其高酸度，雷司令具有相当惊人的陈年能力，好的雷司令可轻易存放10—20年。相对于德国的雷司令来说，阿尔萨斯的雷司令更干，酒体更饱满圆润。

3. 灰皮诺（Pinot Gris）

很久以前在该地区被称作阿尔萨斯托凯（Tokay d'Alsace）。因这个品种的发音和匈牙利的著名甜酒托卡伊（Tokaji）以及当地著名的产区托卡伊（Tokaj）相似，但实际二者之间并没有什么联系，所以最后经协商改为叫托凯灰皮诺（Tokay Pinot Gris）。也有传闻说在16世纪的时候，阿尔萨斯的将军拉扎尔－斯文迪帮助匈牙利人打败了土耳其军队，同时也带回了灰皮诺葡萄。

值得庆幸的是，灰皮诺葡萄在阿尔萨斯得到了完美地体现。上等灰皮诺酿出的葡萄酒色泽金黄，初期带有蜂蜜与杏子的香气，成熟后则呈现香浓的奶油香气，口感酸度较低，常能感觉到甜味，丰盈肥厚，如同酒里裹着一层黄油一般圆润，通常酒精度较高。相对于意大利的灰皮诺清爽简单的风格，差异极大。

4. 白皮诺（Pinot Blanc）

风格简单明快，带着清爽的水果香气、口感轻盈酸度适中，酒精含量不高，非常适合和海鲜搭配，目前在当地越来越流行。

5. 黑皮诺（Pinot Noir）

由于是当地唯一的红葡萄酒品种，因此备受宠爱，由于气候较冷色素不够，传统方法都是用来酿造桃红葡萄酒，多带有新鲜的草莓、覆盆子香气，口感细致。现在越来越多的生产商则仿照勃艮第的做法，自酿酒时使用新的小橡木桶，酿造出层次更丰富、酒体更饱满的黑皮诺葡萄酒。

6. 西万尼（Sylvaner）

西万尼曾经是阿尔萨斯种植面积最广泛的葡萄品种之一，富有果香。

7. 麝香葡萄（Muscat）

在法国其他地区以及其他国家多用于酿造加强甜型葡萄酒，而在这里主要用于酿造干酒，倒入杯中后芳香袭人，展现出诱人的花香以及新鲜葡萄的果香。特别值得注意的是，麝香葡萄是一种闻起来带有葡萄皮香气的葡萄品种，比较适合作为餐前酒使用。

表1-4　阿尔萨斯产区主要葡萄品种一览表

品种名称	品种特点
琼瑶浆（Gewürztraminer）	最有特色的葡萄品种。葡萄皮呈淡粉色，酿出的酒通常是较深的金黄色，香气非常的芬芳，最典型的是甜美的荔枝以及玫瑰和香料的香气，酿出的酒酸度较低，口感丰盈圆润，酒精含量高
雷司令（Riesling）	被称为阿尔萨斯葡萄酒之王，常带有细致优雅的花香，以及柠檬，柑橘的香气
灰皮诺（Pinot Gris）	上等灰皮诺酿出的葡萄酒色泽金黄，初期带有蜂蜜与杏子的香气，成熟后则呈现香浓的奶油香气，口感酸度较低，常能感觉到甜味，丰盈肥厚
白皮诺（Pinot Blanc）	风格简单明快，带着清爽的水果香气、口感轻盈酸度适中，酒精含量不高，非常适合和海鲜搭配
黑皮诺（Pinot Noir）	是当地唯一的红葡萄酒品种，由于气候较冷色素不够，用来酿造桃红葡萄酒，多带有新鲜的草莓、覆盆子香气，口感细致
西万尼（Sylvaner）	是阿尔萨斯种植面积最广泛的葡萄品种之一，富有果香
麝香葡萄（Muscat）	主要用于酿造干酒，芳香袭人，是一种闻起来带有葡萄皮香气的葡萄品种，比较适合作为餐前酒使用

表1-5　阿尔萨斯葡萄品种及含糖量分类

葡萄酒品种	V.T 晚收（%vol）	S.G.N 精选贵腐（%vol）
琼瑶浆（Gewürztraminer）	243g 糖/升 酒精度 14.4	279g 糖/升 酒精度 16.6
灰皮诺（Pinot Gris）	243g 糖/升 酒精度 14.4	279g 糖/升 酒精度 16.6
雷司令（Riesling）	220g 糖/升 酒精度 13.1	256g 糖/升 酒精度 15.2
麝香葡萄（Muscat）	220g 糖/升 酒精度 13.1	256g 糖/升 酒精度 15.2

（四）分级系统与法定产区

阿尔萨斯酒分三种AOP级别，阿尔萨斯大区级（AOP Alsace）、阿尔萨斯特级葡萄园（AOP Alsace Grand Cru）和阿尔萨斯起泡酒（AOP Crémant d' Alsace）。有时生产商为了区别不同酒的品质和级别，会在酒标上额外标注珍藏（Réserve）或特酿（Cuvée Spéciale）的字样，但是这些词汇没有任何的法律意义。

1.阿尔萨斯大区级（Alsace）

这个AOC法定产区成立于1962年，生产总量占据阿尔萨斯葡萄酒总产量的74%，其中92%为白葡萄酒。通常使用单一葡萄品种酿造，并在酒瓶的标签上标注了葡萄品种的名字。有时也可标注“Edelzwicker”或“Gentil”。

Edelzwicker：由多个葡萄品种混酿。

Gentil：混酿中至少含有50%的雷司令、琼瑶浆、灰皮诺、麝香葡萄，其他葡萄品种有西万尼、夏瑟拉（产量少，仅占总产量的0.5%），或是白皮诺。

酒标后也可加入村庄名字（共13个村镇）。

2.阿尔萨斯特级葡萄园（Grand Cru Alsace）

这个AOC法定产区命名建立于1975年，平均每公顷产量比大区级低。年产量450万升，只占据阿尔萨斯葡萄酒总产量的4%。

阿尔萨斯特级葡萄园必须标注“年份”，从2001年起，在标签上必须标注出列级葡萄园的名字。51个“特级葡萄园”，但不是指有51个酒庄，而是指51片“土地”。2011年起，这51个村庄都得到了原产地保护AOP。主要使用4个葡萄品种，生产单一葡萄品种的葡萄酒：雷司令、琼瑶浆、灰皮诺、麝香葡萄。从2005年3月25日起，如：Zotzenberg、Altenberg de Bergeheim 特级葡萄园，除了4个主要的葡萄品种外，允许使用西万尼这个葡萄品种进行混酿。

3.阿尔萨斯起泡酒（Crémant d'Alsace）

从19世纪起，阿尔萨斯很多酒商开始使用传统酿造法生产起泡酒。1976年8月创立AOC法定命名产区，占阿尔萨斯葡萄酒总产量的21%。阿尔萨斯起泡酒是以传统方法（瓶中二次发酵）酿造的起泡酒。葡萄品种多为白皮诺，但有时也使用灰皮诺、黑皮诺、雷司令或霞多丽。另外有一些稀少的桃红起泡酒，采用黑皮诺酿造。至今已有500多家阿尔萨斯起泡酒生产商，组成了阿尔萨斯起泡酒生产联盟。

4.晚收甜酒（Vendanges Tardives）

比一般葡萄的采摘期要晚，因此含糖量会更高一些，可以酿造出高酒精度的干白或者甜型葡萄酒，不允许人工加糖。

5.贵腐甜酒（Sélection de Grains Nobles）

贵腐颗粒精选，这种酒只在最好的年份才酿造，采摘的时间比晚收葡萄酒还要晚，并且葡萄都感染了贵腐霉，含糖量极高，可以酿造成媲美苏玳和德国逐粒枯葡精选贵腐酒（TBA）的顶级甜酒。

贵腐甜酒完全采用手工采摘。采用单一葡萄品种（仅限于4个主要的葡萄品种），并且需要把葡萄品种标注在标签上。丰收时，葡萄的成熟度必须达到最低标准。

Vendanges Tardives与Sélection de Grains Nobles可加在AOP Alsace或是AOP Alsace Grand Cru后面。

三、卢瓦尔河谷产区

（一）产区历史概况

卢瓦尔河是法国最长的河流，全长超过1000多千米。它发源于法国中央高原，向北拐后一路向西流入大西洋。卢瓦尔河谷的葡萄种植业大约开始于公元380年圣马丁在世的时期。当图尔附近开始修建马穆提（Marmoutier）修道院的时候，同时也把葡萄种植在武弗雷（Vouvray）的山坡上了。公元582年，图尔的主教格里奥在文稿中就提到过桑塞尔（Sancerre）葡萄园。但是直到12世纪前后，该产区中心地带的葡萄园才真正得到发展，这完全是拜当地修道士所赐。

桑塞尔的奥古斯丁教团的教士们，默讷图萨隆（Menetou-Salon）和昆西（Quincy）的本笃会修道士，他们延续并发展了葡萄的耕种。12—15世纪，在皇家宫廷的餐桌上，葡萄酒已经成为必备饮品。

12世纪末，英格兰的亨利二世继承王位时，安茹（Anjou）酒也开始声名大噪。15世纪，安茹公爵勒内王写道："贮藏室的那些酒，有安茹的、洛林的、普罗旺斯的，其中安茹地区的葡萄酒最好。"

到了16世纪，宗教纷争十分激烈，体制改革以及黑暗势力的争斗，使卢瓦尔河两岸伤痕累累。在这样动荡的年代，葡萄的种植却异常繁荣，16—17世纪，安茹地区与荷兰的贸易日益繁荣，推动了卢瓦尔河支流上的运河建设，这些都促进了葡萄园的发展。

（二）气候与地理环境

卢瓦尔河谷无论在地理上还是在文化上，都处于法国的心脏地位。它全长280千米，总面积800平方千米，起于卢瓦尔河畔苏利（卢瓦莱省），止于卢瓦尔河畔沙洛讷（安茹省）。卢瓦尔河谷葡萄酒产区总体来说气候比较温和，是法国最长的也是最分散的葡萄酒产区。由于从海边温湿的海洋性气候到内陆大陆性气候的转变，卢瓦尔河谷是法国风格最多样性的产区。

南特及安茹地区属于海洋性气候，从索米尔地区直至都兰地区会受到大陆性气候的影响。从都兰边境到中央产区，会改变为半大陆性气候，受到的海洋性气候影响非常微弱。

卢瓦尔河谷存在多种土壤，大多为石灰岩土质，也存在砂岩或片岩等。

（三）主要葡萄品种

卢瓦尔河地区的白葡萄品种主要是白诗南、长相思和密斯卡黛，这三个品种在卢瓦尔河地区都表现得非常精彩。白诗南常用于酿造干白和起泡酒，蕴含着苹果、梨以及洋槐花的香气，成熟后带有蜂蜜的甜香，口感清新，酸度较高。由于葡萄成熟后很容易受到贵腐霉感染，因此也适合酿造甜酒。长相思带有黑醋栗芽孢、芦笋的香气，酸度很高，有时还伴有烟熏和矿物的风味。密斯卡黛主要种植在南特区，口感清淡，酸度较高。最主要的红葡萄品种是品丽珠，品丽珠非常适应该地凉爽的气候，酿出的酒带有红色水果的香气，以及一些植物的味道。大多品丽珠的红葡萄酒年轻时芳香可口，柔和高酸，适合轻松饮用。也有些品丽珠在橡木桶中陈酿，口感结实，年轻时有较粗涩的单宁，具有一定的陈年能力，品丽珠在卢瓦尔河也经常用来酿造桃红葡萄酒。另一红葡萄品种果若（Grolleau）也仅在安茹种植，主要用于酿造桃红葡萄酒，酿造出的葡萄酒清淡、高酸。此外，也有一些佳美和黑皮诺的种植。

（四）主要葡萄酒产区

由于从海边温湿的海洋性气候到内陆大陆性气候的转变，卢瓦尔河两岸的葡萄酒有着各自独特的风味，卢瓦尔河流域也被分成4个知名的大区（见表1–6）：南特产区（Pay Nantais）、安茹产区（Anjou）、都兰产区（Touraine）和中央产区（Centre）。

表1–6　卢瓦尔河谷主要葡萄酒产区一览表

<table>
<tr><th>名称</th><th colspan="2">产区概况</th></tr>
<tr><td>南特产区（Pay Nantais）</td><td colspan="2">最主要的葡萄酒是密斯卡黛干白，带有新鲜的青苹果、柑橘、柠檬的香气，口感清淡，酸度较高，适合酒体年轻的时候饮用，和海鲜是绝妙的搭配</td></tr>
<tr><td rowspan="4">安茹产区（Anjou）</td><td colspan="2">出产红、白与桃红葡萄酒，尤以桃红葡萄酒出名。安茹解百纳（Cabernet d' Anjou）由品丽珠与赤霞珠两种葡萄混合酿造，中等甜度，酒体饱满</td></tr>
<tr><td colspan="2">莱昂丘（Coteaux du Layon）：是安茹地区也是卢瓦尔河谷地区最为精彩的甜白葡萄酒，使用贵腐白诗南酿造。带着洋槐花、蜂蜜、白桃的香气，口中圆润饱满甜而不腻，有着数十年的陈放潜力</td></tr>
<tr><td colspan="2">萨维涅尔（Savennières）：晚收的白诗南用来酿造重酒体、香气复杂的白葡萄酒，常常带有花香和蜂蜡的气味</td></tr>
<tr><td colspan="2">索米尔产地（Saumur）：使用白诗南生产的高品质起泡酒远近闻名。最好的红葡萄酒是由品丽珠酿造的索米尔–香皮尼（Saumur–Champigny）葡萄酒，此地的品丽珠更加浓郁饱满一些</td></tr>
<tr><td rowspan="2">都兰产区（Touraine）</td><td rowspan="2">都兰区也同样生产各式各样的葡萄酒</td><td>最著名的希农（Chinon）、布尔格伊（Bourgueil）和布尔格伊–圣尼古拉（Saint Nicolas de Bourgueil）出产最精彩的品丽珠红葡萄酒，特有的铅笔芯味，浓郁的红色水果香，搭配优雅的紫罗兰花香，柔润的口感，年轻时表现得相当平衡顺口</td></tr>
<tr><td>白葡萄酒则以使用白诗南的武弗雷（Vouvray）以及蒙路易（Montlouis）最为著名，这里的白葡萄酒酸度更高一些</td></tr>
<tr><td rowspan="2">中央产区（Centre）</td><td rowspan="2">产量最小的一个，主要生产以长相思为主的白葡萄酒</td><td>桑赛尔（Sancerre）葡萄酒：带着浓郁的青草和植物性香气，经常也被一些专家称为猫尿味，口感高酸清爽，非常适合和当地的山羊奶酪搭配</td></tr>
<tr><td>普伊富美（Pouilly–Fumé）葡萄酒：香气和口感与桑赛尔的接近，不过香气中带着更多的矿物风味，或者是一丝烘烤的气息</td></tr>
</table>

1. 南特产区（Pay Nantais）

南特产区位于卢瓦尔河产区最西端，当时南特的葡萄种植是由罗马高卢人引入的，恺撒大帝和他的古罗马军团把它带到布列塔尼半岛一带。当时种植葡萄是拥有城堡的贵族和修道士的特权。直到中世纪，这样的规定才被废除。大约在1709年，这个地区经历了一个少有的严冬，海岸线也结了冰，这里的葡萄全被冻死了。修道士从勃艮第引进了被称为“勃艮第香瓜”的葡萄品种（Melon de Bourgogne），这种葡萄成熟很早，并且对霜冻有一定抵抗力。勃艮第香瓜在南特扎下了根，并在这里被称为密斯卡黛。

南特的葡萄园介于气候温暖的安茹与凉爽的海洋之间，该地区是典型的海洋性气候，终年温和湿润，很少出现霜冻。但有时受大西洋风暴的影响，温度和湿度也会出现较大的反差。土壤结构为玻璃质岩，硅质岩、砾岩、云母岩和片麻岩。

这个区域最主要的葡萄酒就是密斯卡黛干白，带有新鲜的青苹果、柑橘、柠檬的香气，口感清淡，酸度较高，适合酒体年轻的时候饮用，与海鲜是绝妙的搭配，比如牡蛎、贻贝、整只的海虾等。最好的葡萄园则位于塞维曼尼（Sèvre et Maine）地区，种植在排水性好的页岩与片麻岩上。南特区还有另外一个级别是IGP的著名产地，叫作大布朗（Le Gros Plant），使用的品种是白福尔（Folle Blanche），它的特点是口感非常酸，适合与海鲜搭配，在当地名气也非常大。

酒泥陈酿的酿造方法是当地最大的特点。“Lie”指死去的酵母，也俗称为酒泥，“Sur Lie”代表密斯卡黛葡萄酒发酵完成之后并不立刻澄清葡萄酒，而是让酒继续与酒泥接触，从而得到更多的酵母风味、更加圆润的口感、更重一些的酒体，并在第二年春天的时候，直接从桶中装瓶。由于这些葡萄酒被人工作用（换罐或过滤）的很少，因而最大限度地保留了它的美味与新鲜。

2. 安茹产区（Anjou）

虽然该地距离大西洋较远，但是仍得益于海洋性气候的影响，冬天温和，春天湿润，秋天多雨，这种气候非常有利于贵腐葡萄的生成。此地土壤结构主要为石灰岩和火成岩。

安茹地区出产红、白与桃红葡萄酒，尤以桃红葡萄酒出名。安茹解百纳（Cabernet d’Anjou）由品丽珠与赤霞珠两种葡萄混合酿造，中等甜度，酒体更为饱满。安茹桃红（Rosé d’Anjou）由果若、品丽珠或佳美混合而成，口感清新柔顺，有少许甜味，是可以大口饮用的酒。

莱昂丘（Coteaux du Layon）是安茹地区也是卢瓦尔河谷地区最为精彩的甜白葡萄酒，使用贵腐白诗南酿造，带着洋槐花、蜂蜜、白桃的香气，圆润饱满甜而不腻，有着数十年的陈放潜力。莱昂丘附近的两个甜酒产地卡德–休姆（Quarts de Chaume）和博内祖（Bonnezeaux），也出产水准极高的甜酒。

萨维涅尔（Savennières）位于卢瓦尔河的北岸，葡萄园因为拥有良好的空气流通而不会感染上贵腐霉，但是晚收的白诗南可以用来酿造重酒体，如香气复杂的白葡萄酒，常常带有花香和蜂蜡的气味。

在安茹的东边边境索米尔小城周围，是著名的索米尔（Saumur）产地，得益于寒冷的气候和石灰质土壤，使用白诗南酿造的高品质起泡酒远近闻名。最好的红葡萄酒是由品丽珠酿造的索米尔－香皮尼（Saumur–Champigny）葡萄酒，此处的品丽珠更加浓郁饱满一些。

3. 都兰产区（Touraine）

都兰产区因区内的历史古城图尔（Tours）而得名，如同安茹产区一样，都兰产区也同样生产各式各样的葡萄酒。这里离大西洋岸已有一段距离，是介于海洋性气候和大陆性气候之间的过渡地带，土壤以石灰质为主。都兰产区出产最精彩的品丽珠干红葡萄酒，品丽珠在这里表现极为优异，特有的铅笔芯味，浓郁的红色水果香，搭配优雅的紫罗兰花香，产生出柔润的口感，酒体年轻时表现得相当平衡顺口。最著名的几个产地是希农（Chinon）、布尔格伊（Bourgueil）和布尔格伊－圣尼古拉（Saint Nicolas de Bourgueil），其中布尔格伊所产最为浓郁耐藏，不过国际声望不及希农。

白葡萄酒则以使用白诗南的武弗雷（Vouvray）以及蒙路易（Montlouis）最为著名，这里的白葡萄酒酸度更高一些。在武弗雷地区，很多酒窖或者房屋都是在当地的白墨岩中挖出的，酒窖和大自然的结合显得非常壮观。

4. 中央产区（Centre）

中央产区是四个产区中产量最小的一个，主要生产长相思为主的白葡萄酒，其中两个最有名的葡萄酒产地隔河而望，分别是桑赛尔（Sancerre）与普伊富美（Pouilly–Fumé）。由于靠近内陆，海洋性气候对这里几乎已经没有影响，表现为典型的大陆性气候。春天，葡萄园还可能受到霜冻的危害。土壤结构为石灰质黏土和石灰岩。

桑赛尔葡萄酒几乎出现在所有知名的餐厅里面，可以说是卢瓦尔河谷地区最有名望的长相思干白。传统上，桑赛尔葡萄酒使用600升的大木桶发酵，现在则大多使用不锈钢桶。常带着浓郁的青草和植物性香气，口感高酸清爽，非常适合和当地的山羊奶酪搭配。深受消费者喜爱，由于产量有限，相对于卢瓦尔河其他白葡萄酒，价格不菲。

河对岸的普伊富美，所产葡萄酒的香气和口感与桑赛尔的接近，不过香气中带着更多的矿物风味，或者是一丝烘烤的气息，这完全得益于土壤中有着更多的燧石成分。

四、勃艮第产区

（一）产区历史概况

如同大部分欧洲大陆的葡萄酒业兴起的原因一样，罗马人在公元1世纪占领勃艮第带来了葡萄藤和葡萄酒。关于葡萄种植的最早记载在公元312年，希腊官员欧蒙尼斯（Eumenius）在给罗马皇帝的减税辩词中提到现今博纳（Beaune）一带的葡萄园。

公元587年，葡萄园首次被捐赠给修道院。本笃会的修士们拥有哲维瑞（Gevrey）、沃恩（Vosne）和博纳（Beaune）地区的葡萄园，他们酿造的葡萄酒被人们称为“博纳葡萄酒”。

公元910年，本笃会在勃艮第南部的吕尼（Lugny）建造了一座修道院。后来，本笃会逐步发展，进入全盛时期，成为当时欧洲最大的教会，修士约有五万人之众。

公元1098年，一位名叫罗贝尔（Roberto di Molesmes）的院长和几位志同道合的修士在勃艮第的金丘（Côte d’Or）北部一个叫作西多（Citeaux）的地方建立了一座修道院，创办西多会。他们过着清贫的生活，非常重视独居的宁静气氛，奉行本笃会祈祷与工作并重的生活方式。他们耕种、制作手工艺，以这些生产活动维持他们的生活所需。

公元1114年，一名叫伯纳德·方坦（Bernard de Fontaine）的信奉禁欲主义的修士带领着30个信徒逃到这里，之后西多会迅速发展起来。西多会又被称为重整本笃会。早期的西多会戒规森严，修士的平均年龄只有28岁，每天的主要工作就是在葡萄园中砸石块。然而，他们有着最高超的酿酒技术，并且总是在不停地寻找着最好的种植和酿造方法，并不停地进行着试验。在勃艮第地区有一种传说，说这些西多会的修士会用舌头去尝土壤，以此来分辨土质，他们认为只有相同的土质才能种出风味相同的葡萄，于是微气候（Climat）的概念就诞生了。微气候概念简单来说就是强调土质对葡萄的影响，即使同一种葡萄品种在具有不同风土条件的葡萄园中也将会有不同的品质表达。他们将这些葡萄园用高1米左右的石头墙围起来，以便和旁边的葡萄园分开，这些葡萄园的围墙我们称呼其为“克罗（Clos）”。公元1115年，西多会在勃艮第的夜丘建立了闻名于世的伏旧园（Clos de Vougeot），也译作武若庄园。公元1305年，腓力四世协助波尔多大主教当选教皇，史称克莱蒙五世教皇，在此期间，教皇们尤为钟爱勃艮第产区葡萄酒，使其提高了国际知名度。公元1395 年，勃艮第公爵菲利普二世（Phillipe II le Hardi）颁布了一项法令，禁止勃艮第种植佳美葡萄。为了在某种程度上遵守这项法令，人们将勃艮第与博若莱的葡萄种植与酿造分割开来，此举同时也奠定了黑皮诺在勃艮第的“贵族地位”。

公元14和15世纪，勃艮第的公爵们为了将勃艮第酒推广到整个欧洲，不断将葡萄种植技术、酿造技术进行改良，同时完善勃艮第酒的商业模式，维护其声誉。其中另一位对勃艮第有着深远影响的公爵则是菲利普三世（Philippe Le Bon），人称好人菲利普。他的宰相尼古拉·罗兰（Nicolas Rolin）和夫人建立博纳济贫院（Hospices de Beaune），最初是作为免费救助穷人的医院，如今则成为勃艮第的精神象征，每年11月的第3个星期日在此举行葡萄酒慈善拍卖大会（见图1–6）。整个中世纪，教会对葡萄园的建立和维护发挥了重要的作用，同时也对葡萄的种植和葡萄酒的酿造做出了非常大的贡献。直到法国大革命前，教会都掌握着大部分的田产。

法国大革命后，所有贵族、教会土地被迫充公，大片葡萄园包括罗曼尼康帝（Romanée-Conti）、拉塔西（La tâche）、香贝丹葡萄园（Chambertin）被变卖给私人。《拿破仑法典》规定土地要均分给所有继承人，导致土地被进一步分割给越来越多的农户，也促使了酒商的出现。

19世纪，根瘤蚜虫病席卷整个欧洲，勃艮第葡萄园也难逃厄运。因此，在重新种植时，勃艮第人严格地选择最适宜葡萄生长的土地进行栽种，使得葡萄种植质量进一步提高。

20世纪，法定产区葡萄酒的概念被推出，1935年勃艮第迎来了原产地命名法令，用法律的形式确定了如今的分级体系，延续至今，成为法国最复杂详尽的分级系统。

图1–6　博纳济贫院（Hospices de Beaune）

（二）气候与地理环境

勃艮第位于法国的东部内陆地区，地处北纬48°23′~45°45′和东经2°52~东经5°30′之间的温带地区，属于典型的大陆性气候。这一地区受高纬度影响，冬季寒冷，春季有时会有霜冻和冰雹，夏季温度高，秋季则显得干燥，非常适合葡萄的成熟。勃艮第的地形从北到南呈现细长条形，因此南北的地理环境也有很大的差异，北部的夏布利地区已经接近于葡萄种植的极限。

勃艮第的土壤成分变化多样，根据南北部的不同，土壤也发生了很大的变化，北部主要以约1.5亿年之前形成的石灰岩为主，常带有黏土与砾石，适合红葡萄品种的栽种（见图1–7）。南部大多是约2.5亿年前形成的花岗岩与片岩，适合白葡萄品种的栽种。错综复杂的地质结构，使得勃艮第百步之外，就可以酿造出天差地别的葡萄酒风格。所以在勃艮第还有一个更小的风土概念，我们也可以理解为小地块风土或微气候，称为“Climat”。“Climat”按照地块的不同特点来划分，是辨别葡萄酒风格的重要依据，甚至有一些“Climat”地块就是一个AOP法定产区。这些地块也代表着勃艮第葡萄酒的最高品质。可以成为AOP法定产区的“Climat”地块总共有33块，属于世界文化遗产。

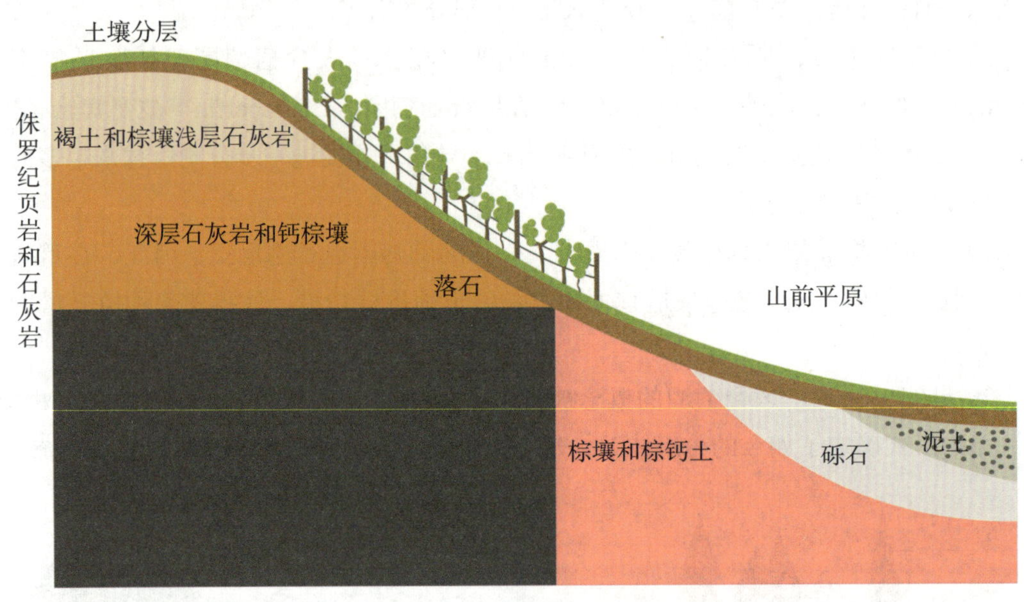

图1–7　勃艮第土壤分层

（三）主要葡萄品种

勃艮第种植的葡萄主要有两个品种，一种是黑皮诺，另外一种则是霞多丽（见表1–7、图1–8、图1–9）。

表1–7　勃艮第产区主要葡萄品种一览表

品种	香气特点	种植特点
黑皮诺（Pinot Noir）	酒体年轻的时候，新鲜的莓果香气突出，清新甜美，而成熟后，则呈现完全不同的风味，香气复杂多层次，如巧克力、蜂蜜、烤肉、烟熏等味道	勃艮第的高贵品种，是世界公认的难以种植的品种。黑皮诺喜欢比较凉爽的生长环境，果皮薄，果实脆弱，容易腐烂，如果日照过多，则会失去甜美的鲜果芳香
霞多丽（Chardonnay）	香气多变，浓郁饱满	是世界上种植最为广泛的白葡萄品种，也是勃艮第起泡酒的主要原料

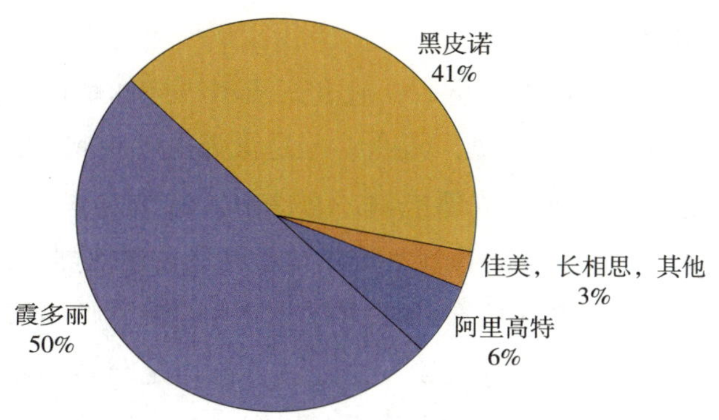

图1-8　勃艮第葡萄品种分类占比

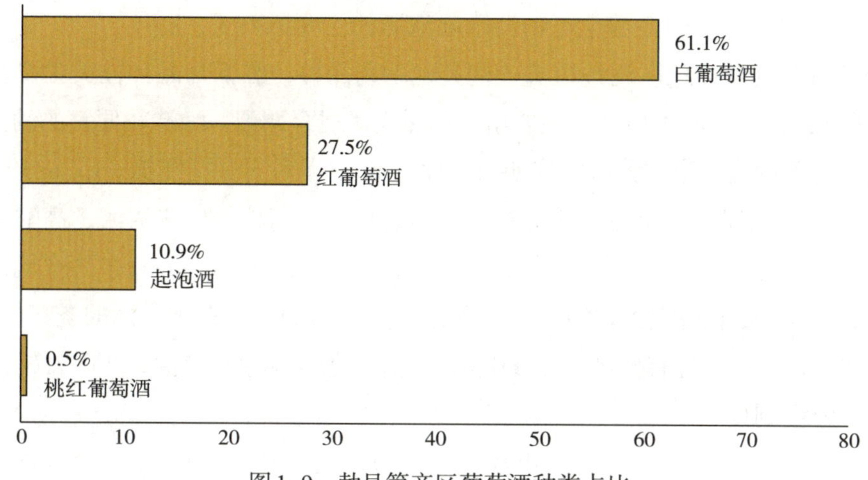

图1-9　勃艮第产区葡萄酒种类占比

1.黑皮诺（Pinot Noir）

不同于波尔多地区，勃艮第大多采用单一葡萄品种来酿造，更能显出品种的特色以及不同年份的差异感。勃艮第的红葡萄酒大多用黑皮诺酿造，最适合种植在金丘（Côte d'Or）的石灰质土地上。黑皮诺喜欢比较凉爽的生长环境，果皮薄、果实脆弱、容易腐烂，如果日照过多，则将失去甜美的鲜果芳香。因此，黑皮诺的品质也是最飘忽不定的，在上好的年份，用黑皮诺可以酿出世界上最好的红葡萄酒。上好的黑皮诺酒在年轻的时候，新鲜的莓果香气突出，清新甜美，而成熟后则呈现完全不同的风味，香气复杂多层次，如巧克力、蜂蜜、烤肉、烟熏等味道，香气一层层浮现出来，又瞬间即逝，让人捕捉不到却又沉醉其中，口感细腻优雅，就像是一首钢琴协奏曲，每个音符都恰到好处。所有的勃艮第酒迷都愿意努力寻找和尝试，以品尝到一瓶最好的勃艮第美酒为至尚享受，甚至有的痴迷者整夜守候在一瓶上好年份的黑皮诺身边，等着它慢慢地苏醒，就如同等候昙花一现，捕捉它的每一个微小的变化。

2.霞多丽（Chardonnay）

霞多丽葡萄被称为白葡萄中的皇后，它和黑皮诺不同的是适应能力非常强。在各种气候条件下，都会有不错的表现，因此它也是世界上种植最为广泛的白葡萄品种。霞多丽的主要特点是香气多变，浓郁饱满，寒冷地区常常呈现出柠檬、柑橘的味道，温带地区则更多出现苹果、梨子的香气，炎热地带则呈现出热烈的菠萝、芒果的甜香。有人这样形容霞多丽：犹如一块白布，任凭有想象力的酿酒师尽情发挥，便可以酿造出风格迥异的白葡萄酒。同样在勃艮第一个地方，同样是霞多丽酿出的酒，风格不尽相同：在南勃艮第具有较明显的花香和果香，以酸度为主；勃艮第金丘的霞多丽，更多黄油和香草风味，口感肥厚圆润；在以夏布利为代表的北勃艮第，偏于矿物气息，口感显得冷峻而尖锐。霞多丽也是勃艮第起泡酒的主要原料。

除此之外，勃艮第地区还种植着一些其他葡萄品种，红葡萄品种佳美主要种植在勃艮第南部的马孔（Macon）地区，主要用于和黑皮诺混合调配，酿造较便宜的勃艮第大区酒。勃艮第北部的大欧塞尔大区的依朗西产地（Irancy）种有一些凯撒（César）红葡萄品种，风格粗犷、艰涩。白葡萄品种最有代表性的是阿里高特，口味清淡，高酸爽口，除可以生产解渴的干白外，还非常适合酿造起泡酒，生产阿里高特最著名的产地是布哲宏（Bouzeron）。其余的白葡萄酒品种，如长相思，最出名的是夏布利大区的圣布里（Saint-Bris）。此外，勃艮第还种有少量的白皮诺和灰皮诺，但并不单独以法定产区装瓶。

（四）分级制度

法国有360多个AOP，其中勃艮第就占了100个，勃艮第地区是完全根据葡萄园的自然位置和风土条件来划分级别的（见表1-8），因此只有地理条件最好的葡萄园才能评为最高的级别，这也代表了勃艮第对酒品的坚持。

表1-8　勃艮第葡萄酒分级系统一览表

<table>
<tr><th>名称</th><th colspan="2">具体内容</th></tr>
<tr><td rowspan="3">大区级
（Régionales）</td><td rowspan="3">勃艮第最低级别的葡萄酒，有23个法定产区，酒瓶上的AOP的名称都会标注“Bourgogne”</td><td>勃艮第黑皮诺：只使用黑皮诺葡萄酿造，品质在大区酒中属于最优秀的一类</td></tr>
<tr><td>勃艮第帕斯图格兰斯：使用黑皮诺和佳美混合，至少使用1/3的黑皮诺，品质较优于勃艮第普通酒</td></tr>
<tr><td>勃艮第普通酒：勃艮第最普通的红葡萄酒，通常使用佳美葡萄酿造</td></tr>
<tr><td>村庄级
（Villages）</td><td colspan="2">44个自然条件最好、葡萄酒品质最佳、风格最具代表性的村庄被评为村庄级，占总产量的36%。村庄级的葡萄酒可以直接用村名来命名，比如种植面积和产量最大的夏布利（Chablis），位于金丘的著名酒村波玛（Pommard）和香波-蜜思妮（Chambolle-Musigny）</td></tr>
</table>

续表

名称	具体内容
一级葡萄园（Premier Crus）	酒标上会标注村庄名和一级葡萄园“Premier Cru或1er Cru”标识，后面还要加上葡萄园的名称。目前共有635个，主要分布在夏布利大区和金丘
特级葡萄园（Grand Crus）	代表着勃艮第的最高荣誉，也代表着勃艮第最上等的葡萄园和最好的自然条件，生产勃艮第最精彩的好酒。勃艮第一共有33个特级葡萄园，其中金丘32个，夏布利大区1个

1. 大区级（Regionales）

大区级AOP是勃艮第地区最低级别的法定葡萄酒产区级别，分为23种法定产区，占总产量的一半以上。比如，根据产区位置命名的勃艮第上夜丘（Bourgogne Haute-Côtes de Nuits），根据品种命名的勃艮第-阿里高特（Bourgogne Aligoté），根据酿造类型命名的勃艮第起泡酒（Crémant de Bourgogne），根据酒颜色命名的勃艮第桃红（Bourgogne Rosé）。在购买勃艮第大区酒的时候，除了认准勃艮第外，根据黑皮诺比例不同，标签也会有差别，此不同使酒的品质差别很大，黑皮诺的使用比例越高的品质越好。具体如下：

（1）勃艮第黑皮诺（Bourgogne Pinot Noir）

只使用黑皮诺葡萄酿造，品质在大区酒中属于最优秀的一类。

（2）勃艮第帕斯图格兰斯（Bourgogne Passe-tout-grains）

使用黑皮诺和佳美混合，至少使用1/3的黑皮诺，品质较优于勃艮第普通酒。

（3）勃艮第普通酒（Bourgogne Grand Ordinaire）

勃艮第最便宜最平庸的红葡萄酒，通常使用佳美葡萄酿造。

2. 村庄级（Villages）

勃艮第有400多个产酒的村庄，其中有44个自然条件较好、葡萄酒品质较佳、风格极具代表性的村庄被评为村庄级，占总产量的36%。村庄级的葡萄酒可以直接用村名来命名，比如种植面积和产量最大的夏布利（Chablis），位于金丘的著名酒村波玛（Pommard）和香波-蜜思妮（Chambolle-Musigny）。也有几个村庄共同使用一个合起来的名字，比如普伊-富赛（Pouilly-Fuissé）的名字来自普伊（Pouilly）和富赛（Fuissé）两个村庄的合称。

3. 一级葡萄园（Premier Crus）

在村庄级的AOP产区内，再对葡萄园进行更高层次的分级，村庄内条件最好的葡萄园被评为一级葡萄园，产自这里的葡萄酒，酒标上会标注村庄名和一级葡萄园“Premier Cru”或“1er Cru”标识，后面还要加上葡萄园的名称。例如，Chablis 1er Cru Fourchaume就是“村庄名+一级园+葡萄园名称”的组成。一级葡萄园目前共有635

个，这个数字还在缓慢增长中。这些气候条件、地理位置不同的一级葡萄园也被当地人俗称为微气候，由于一级葡萄园单独面积都不大，因此只占总产量的11%，主要分布在夏布利大区和金丘。

Tips：如果在酒标上只标示了村庄名和一级葡萄园分级，但没有标注葡萄园的名称，说明是两个以上的一级葡萄园混合的，因此不能标注单独葡萄园的名称。金丘地区有不少一级的葡萄园水准都相当之高，能体现当地村庄所产葡萄酒风格极致的一面。

4.特级葡萄园（Grand Crus）

特级葡萄园代表着勃艮第的最高荣誉，也代表着勃艮第最上等的葡萄园和最好的自然条件。勃艮第一共有33个特级葡萄园，占总产量的1.5%，其中金丘有32个，夏布利大区有1个。特级葡萄园标签上需要注明“Grand Cru”字样，例如，香贝丹特级葡萄园（Chambertin Grand Cru）、蜜思妮特级葡萄园（Musigny Grand Cru）、蒙哈榭特级葡萄园（Montrachet Grand Cru），这些名字对于酒迷来说，可谓是葡萄酒中的圣地。

需要注意的是，特级葡萄园名称和村庄名很容易弄混，需要多记忆，例如，香贝丹（Chambertin）是特级葡萄园名，而哲维瑞香贝丹（Geverey Chambertin）是村庄名。

在金丘的某些地方，我们可以看到这么一种现象：同一个山坡上，从坡顶到坡底会划分出不同级别的葡萄园，例如，在山坡中部土壤以石灰质黏土为主，排水性好，受光面最好，因此是特级葡萄园和一级葡萄园的所在；靠近山坡顶部，土少石多，过于贫瘠，产出的酒不够均衡；山坡的偏底部，坡度显得较平缓，土壤里黏土比例高，排水性较差，是村庄级葡萄园和地区葡萄园的所在；再往下，就是平原区，土壤肥沃，只适合种植物。这种在同一段山坡上划分出几个级别看起来很不可思议的行为，却正是勃艮第人对土壤认识和尊敬的典范。

（五）主要葡萄酒产区

勃艮第产区由北到南，地形千变万化，主要以丘陵和坡地为主。勃艮第分成5个大区，葡萄园总种植面积约为2.5万公顷，年产量约3.5万吨。虽然法国400多个AOP中勃艮第就占了100个，但是其产量只占法国AOP总产量的5%左右（见图1–10、表1–9）。

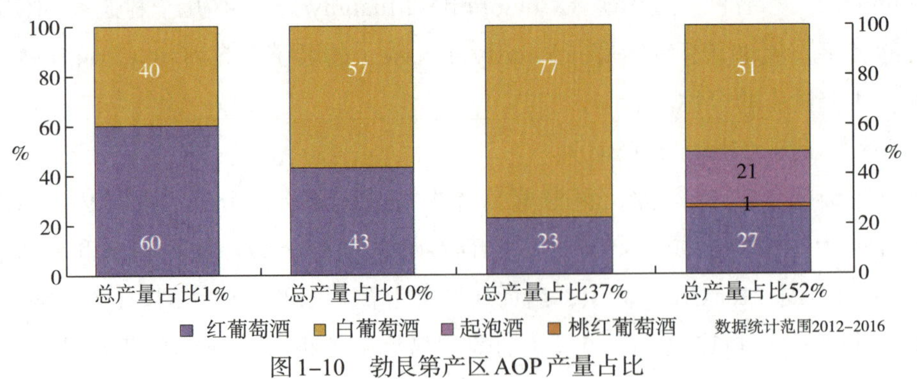

图1–10　勃艮第产区AOP产量占比

表1–9　勃艮第葡萄酒产区一览表

大区（Appellation Régionale）	村庄AOP（Appellation Village）	一级园AOP（Appellation Premier Cru）	特级园AOP（Appellation Grand Cru）
夏布利与欧塞尔大区（Chablis & Auxerrois）	夏布利（Chablis）	夏布利一级园（Chablis 1er Cru）	夏布利特级园（Chablis Grand Cru）
	小夏布利（Petit Chablis）	—	—
	伊朗西（Irancy）	—	—
	圣布里（Saint–Bris）	—	—
夜丘（Côte de Nuits）	玛桑内（Marsannay）	—	—
	菲桑（Fixin）	菲桑一级园（Fixin 1er Cru）	—
	哲维瑞–香贝丹（Gevrey–Chambertin）	哲维瑞–香贝丹一级园（Gevrey–Chambertin 1er Cru）	香贝丹特级园（Chambertin Grand Cru）
			香贝丹–贝日特级园（Chambertin–Clos de Bèze）
			夏佩勒–香贝丹特级园（Chapelle–Chambertin）
			夏姆–香贝丹特级园（Charmes–Chambertin）
			马卓耶–香贝丹特级园（Mazoyères–Chambertin）
			格优特–香贝丹特级园（Griotte–Chambertin）
			拉特歇尔–香贝丹特级园（Latricières–Chambertin）
			马吉–香贝丹特级园（Mazis–Chambertin）
			吕绍特–香贝丹特级园（Ruchottes–Chambertin）

续表

大区（Appellation Régionale）	村庄 AOP（Appellation Village）	一级园 AOP（Appellation Premier Cru）	特级园 AOP（Appellation Grand Cru）
夜丘 （Côte de Nuits）	莫雷-圣德尼 （Morey-Saint-Denis）	莫雷-圣德尼一级园 （Morey-Saint-Denis 1er Cru）	圣德尼特级园 （Saint-Denis　Grand Cru） 荷西特级园 （Clos de la Roche Grand Cru） 朗布雷特级园 （Clos des Lambrays Grand Cru） 塔特级园 （Clos de Tart Grand Cru） 博马尔特级园（1） （Bonnes-Mares Grand Cru）
	香波-蜜思妮 （Chambolle-Musigny）	香波-蜜思妮一级园 （Chambolle-Musigny 1er Cru）	蜜思妮特级园 （Musigny Grand Cru） 博马尔特级园（2） （Bonnes-Mares Grand Cru）
	武若村 （Vougeot）	武若一级园 （Vougeot 1er Cru）	武若特级园 （Vougeot Grand Cru）
	沃恩-罗曼尼村 （Vosne-Romanée）	沃恩-罗曼尼一级园 （Vosne-Romanée 1er Cru）	罗曼尼特级园 （Romanée Grand Cru）
			罗曼尼-康帝特级园 （Romanée-Conti Grand Cru）
			罗曼尼-圣维旺 （Romanée-Saint-Vivant）
			李奇堡特级园 （Richebourg Grand Cru） 拉塔西特级园 （La Tâche Grand Cru）
			埃雪索特级园 （Echézeaux　Grand Cru） 格朗-埃雪索特级园 （Grands-Echézeaux Grand Cru） 拉格朗鲁特级园 （La Grande Rue Grand Cru）

续表

<table>
<tr><th>大区
（Appellation Régionale）</th><th>村庄 AOP
（Appellation Village）</th><th>一级园 AOP
（Appellation Premier Cru）</th><th>特级园 AOP
（Appellation Grand Cru）</th></tr>
<tr><td rowspan="2">夜丘
（Côte de Nuits）</td><td>尼伊–圣乔治
（Nuits–Saint–Georges）</td><td>尼伊圣乔治一级园
（Nuits–Saint–Georges 1er Cru）</td><td>—</td></tr>
<tr><td>尼伊村庄区
（Côte de Nuits Villages）</td><td>—</td><td>—</td></tr>
<tr><td rowspan="12">博纳丘
（Côte de Beaune）</td><td>拉都瓦（Ladoix）</td><td>拉都瓦一级园
（Ladoix 1er Cru）</td><td>—</td></tr>
<tr><td rowspan="3">阿罗克斯–科通
（Aloxe–Corton）</td><td rowspan="3">阿罗克斯–科通一级园
（Aloxe–Corton 1er Cru）</td><td>科通特级园（Corton Grand Cru）</td></tr>
<tr><td>科通–查理曼特级园
（Corton–Charlemagne Grand Cru）</td></tr>
<tr><td>查理曼特级园
（Charlemagne Grand Cru）</td></tr>
<tr><td>佩侬–维杰莱丝
（Pernand–Vergelesses）</td><td>佩侬–维杰莱丝一级园
（Pernand–Vergelesses 1er Cru）</td><td>—</td></tr>
<tr><td>萨维尼雷博纳
（Savigny–lès–Beaune）</td><td>萨维尼雷博纳一级园
（Savigny–lès–Beaune 1er Cur）</td><td>—</td></tr>
<tr><td>绍黑博纳
（Chorey–lès–Beaune）</td><td>—</td><td>—</td></tr>
<tr><td>博纳
（Beaune）</td><td>博纳一级园
（Beaune 1er Cru）</td><td>—</td></tr>
<tr><td>波玛
（Pommard）</td><td>波玛一级园
（Pommard 1er Cru）</td><td>—</td></tr>
<tr><td>沃内
（Volnay）</td><td>沃内一级园
（Volnay 1er Cru）</td><td>—</td></tr>
<tr><td>蒙蝶利
（Monthélie）</td><td>蒙蝶利一级园
（Monthélie 1er Cru）</td><td>—</td></tr>
<tr><td>奥赛–迪雷斯
（Auxey–Duresses）</td><td>奥赛–迪雷斯一级园
（Auxey–Duresses 1er Cru）</td><td>—</td></tr>
</table>

续表

大区（Appellation Régionale）	村庄 AOP（Appellation Village）	一级园 AOP（Appellation Premier Cru）	特级园 AOP（Appellation Grand Cru）
	圣罗曼（Saint–Romain）	—	
博纳丘（Côte de Beaune）	默尔索（Meursault）	默尔索一级园（Meursault 1er Cru）	—
	布拉尼（Blagny）	布拉尼一级园（Blagny 1er Cru）	—
	普里尼－蒙哈榭（Puligny–Montrachet）	普里尼－蒙哈榭一级园	—
		（Puligny–Montrachet 1er Cru）	—
	夏沙尼－蒙哈榭（Chassagne–Montrachet）	夏沙尼－蒙哈榭一级园（Chassagne–Montrachet 1er Cru）	—
	圣多班（Saint–Aubin）	圣多班一级园（Saint–Aubin 1er Cru）	—
	桑特内（Santenay）	桑特内一级园（Santenay 1er Cru）	—
	马朗日（Maranges）	马朗日一级园（Maranges 1er Cru）	—
	博纳丘（Côte de Beaune）	博纳一级园（Beaune 1er Cru）	—
	博纳村丘（Côte de Beaune–Villages）	—	—
夏隆内丘（Côte Chalonnaise）	布哲宏（Bouzeron）	—	—
	吕第（Rully）	吕第一级园（Rully 1er Cru）	—
	梅克雷（Mercurey）	梅克雷一级园（Mercurey 1er Cru）	—
	吉弗里（Givry）	吉弗里一级园（Givry 1er Cru）	—
	蒙塔尼（Montagny）	蒙塔尼一级园（Montagny 1er Cru）	—

续表

大区（Appellation Régionale）	村庄AOP（Appellation Village）	一级园AOP（Appellation Premier Cru）	特级园AOP（Appellation Grand Cru）
马孔丘（Mâconnais）	马孔丘（Mâconnais）	—	—
	马孔丘村庄（Mâcon Village）	—	—
	维黑－克莱赛（Viré Clessé）	—	—
	普伊－富赛（Pouilly–Fuissé）	—	—
	普伊－洛榭（Pouilly–Loché）	—	—
	普伊－凡泽勒（Pouilly–Vinzelles）	—	—
	圣韦朗（Saint–Véran）	—	—

1.欧塞尔大区（Auxerrois）和夏布利大区（Chablis）

在巴黎和第戎之间是欧塞尔大区，位于勃艮第的最北端，气候寒冷，经常受到霜害的侵袭，因此该地区经常使用风车或者煤汕炉取暖来保护葡萄树，并且葡萄树种植的高度较矮，可以更好地吸收土壤中碎石反射的热量。这里主要的葡萄园位于夏布利产区内。

夏布利是勃艮第著名的白葡萄酒产区，有3000多公顷葡萄园，并且只种植单一葡萄品种霞多丽，只出产干白葡萄酒。单纯并不意味着简单，夏布利白葡萄酒在世界任何地方都是优质白葡萄酒的代名词。夏布利的土壤由土层较厚的石灰岩构成，霞多丽种植在这种土壤上，常体现出特有的火石和矿物风味。除此之外，夏布利干白年轻的时候还常带有青苹果、青柠檬的香气，口中酸度很高，适合搭配海鲜。夏布利白葡萄酒为了保持清爽的果香，很少在橡木桶里面发酵或者培养，有些会采用将不锈钢桶中的酒和一小部分旧橡木桶培养的酒混合的做法，给酒增加一些复杂口感和轻微的烘烤气息。

夏布利共分为4个级别，最高级是夏布利特级葡萄园（Chablis Grand Cru），坐落于面朝西南石灰岩土质的坡地上，共分为7块葡萄园，分别是利高（Les Clos）、禾狄斯（Vaudésir）、禾玛（Valmur）、布朗寿（Blanchots）、利贝斯（Les Preuses）、格内尔（Grenouilles）和宝歌斯（Bougros）。这些特级葡萄园的酒香气浓郁，口感强劲圆润，耐久存。次级为夏布利一级葡萄园（Chablis Premier Cru），共有40个，位于赛恩（Serein）河边向阳的坡地上，著名的有美利山（Mont de Milieu）、汤尼尔（Montée de Tonnerre）、科素（Fourchaume）、望民（Montmains）和伟隆（Vaillons）。再次一级是夏布利（Chablis）葡萄酒，富有果香，口感清新。最低的级别是小夏布利（Petit Chablis），结构简单，口感较淡薄。最后两个级别尤其要注意，因为小夏布利名字看起来要比夏布利范围更小一点，更好一点，而实际品质是里面最低的级别。

2. 金丘（Côte d'Or）及其两个大区

在第戎（Dijon）南部是著名的金丘区，是勃艮第最精华的产区，33个特级葡萄园，有32个都在金丘。金丘区分为南北两个部分，北部是环绕尼伊圣乔治（Nuits-Saint-Georges）的夜丘，主要以黑皮诺红葡萄酒为主，其黑皮诺以强劲细腻，复杂耐久存而名扬天下。南部是环绕博纳市的博纳丘，是全球最顶尖的霞多丽产区。

在金丘的西侧，也就是夜丘和博纳丘的西侧，有一片连绵的丘陵，北部被称为上夜丘（Hautes-Côtes de Nuits），南部被称为上博纳丘（Hautes-Côtes de Beaune）。由于海拔较高，气温更加凉爽一些，因此葡萄比金丘成熟要晚，碰到上好的年份，也可以酿造出非常精彩成熟的好酒。随着越来越多金丘的酒庄在这里投资，改善种植和酿造条件，葡萄酒的品质也大幅提升。

（1）夜丘（Côte de Nuits）

夜丘蜿蜒20多千米，北起第戎（Dijon）南至小村科尔戈卢万（Corgoloin），最宽的地方不过200米，非常狭长。北部平均海拔达270~300米，南部平均海拔达230~260米，坡地顶部一段非常陡峭，往下则逐渐变得宽阔平缓延绵不绝，坡面朝南，日照充足（见图1-11）。土壤构成为中侏罗纪时期的石灰质土壤，排水能力好，娇气的黑皮诺最适合在这里生长。这里出产着勃艮第最多的顶级好酒，著名的八大酒村有马沙内（Marsannay）、菲桑（Fixin）、哲维瑞－香贝丹（Gevrey-Chambertin）、莫雷－圣德尼（Morey-Saint-Denis）、香波－蜜思妮（Chambolle-Musigny）、伏旧（Vougeot）、沃恩－罗曼尼（Vosne-Romanée）、尼伊－圣乔治（Nuits-Saint-Georges），酒的名字则直接以村庄的名字命名。世界上最昂贵的葡萄酒，天下第一园罗曼尼－康帝特级葡萄园（Romanée-Conti Grand Cru）也位于此。

1）哲维瑞－香贝丹（Gevrey Chambertin）

夜丘面积最大的酒村，哲维瑞－香贝丹是拿破仑最喜爱的红葡萄酒，以威武雄壮的风格著称。村内有9个特级葡萄园和27个一级葡萄园，最著名的是香贝丹和香贝丹贝斯（Chambertin-Clos de Bèze）两个葡萄园，公元7世纪前由贝兹修道院（Abbays de Bèze）修士所开辟，酒的口感强劲细致，黑色樱桃的香气里带着神秘的香料气息，备受酒迷推崇。

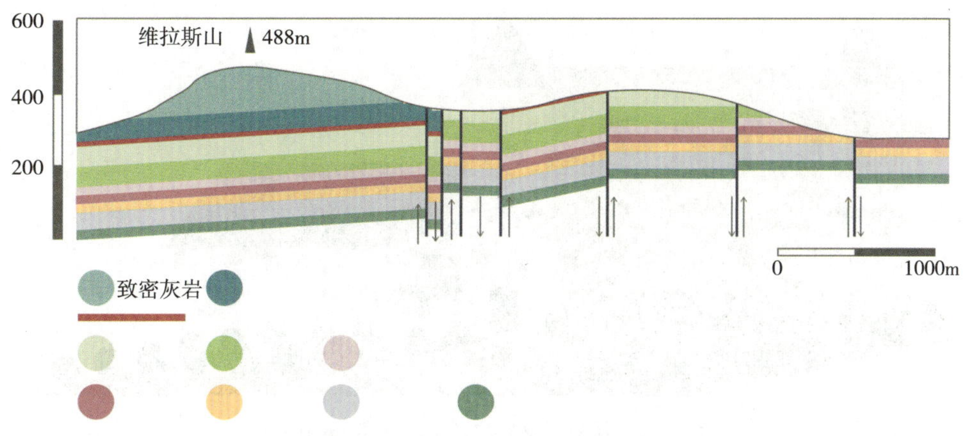

图1-11　夜丘、上夜丘地质剖面图

2）香波-蜜思妮（Chambolle Musigny）

很多人第一次喝香波-蜜思妮的时候，就深深地被它释放出的精巧的覆盆子、草莓、小蘑菇的气息所吸引，口感极致的细腻优雅是黑皮诺最为女性化的一面，香波-蜜思妮也常被比作勃艮第的玛歌。该村有两个特级葡萄园蜜思妮（Musigny）和博玛尔（Bonnes-Mares）。23个一级葡萄园中，爱慕一级葡萄园（Amourouese）常达到特级葡萄园的水准。

3）武若/伏旧（Vougeot）

武若坐落于夜丘的心脏地带，其葡萄园中心坐落着一座非常有名的武若堡（Château du Clos de Vougeot），是12世纪初由西多会的修士所建并开垦。随着教会获得不断的赠送，其特级葡萄园武若庄园（Clos de Vougeot）的面积达50公顷，是勃艮第占地最大的特级葡萄园。不过武若庄园的拥有者达80多人，所酿造的酒都冠以特级葡萄园装瓶，品质参差不齐，购买时需选择有声誉的生产商更为保险。

武若堡目前也是法国的品酒骑士团所在地，每年都会在城堡内举行盛大的品酒会，这里也是勃艮第最著名的旅游景点之一。

如果把金丘比作缀满宝石的皇冠，那么沃恩罗曼尼村就是这个皇冠上最耀眼的钻石（见图1-12）。沃恩-罗曼尼村位于夜丘最精华的地段，拥有6个大名鼎鼎的特级葡萄园，因此其身后的小村庄沃恩-罗曼尼的名字常常被人忽视，这6个特级葡萄园包括天下第一园罗曼尼-康帝（Romanée-Conti）、李奇堡（Richebourg）、拉罗曼尼（La Romanée）、罗曼尼—圣维旺（Romanée-Saint-Vivant）、拉塔西（La Tâche）、拉格朗鲁（La Grande Rue）。沃恩-罗曼尼村的酒风格均衡优雅，是黑皮诺集强劲和细腻于一身的最佳体现，是酒迷人生中不可错过的一款美酒。沃恩-罗曼尼村还把邻村的两个特级葡萄园埃雪索（Echézeaux）和格朗—埃雪索（Grands-Échezeaux）也包括了进来。

图1–12　沃恩–罗曼尼（Vosne–Romanée）

（2）博纳丘（Côte de Beaune）

博纳丘位于夜丘南部，北起拉都瓦（Ladoix–Serrigny）村，南至马朗日（Maranges）村，长度20千米左右。这里的坡地比夜丘要平缓和开阔许多，种植面积也是夜丘的两倍，土壤构成为中侏罗纪时期泥灰质石灰岩，褐色的土壤中混合着一些石块，也有一些葡萄园位于较陡峻的峡谷上。博纳丘著名的酒村有波玛（Pommard）、沃内（Volnay）、默尔索（Meursault）、普里尼–蒙哈榭（Puligny–Montrachet）、夏沙尼–蒙哈榭（Chassagne–Montrachet））、桑特内（Santenay）等。除了出产顶级的黑皮诺外，还出产全球最顶尖的霞多丽白葡萄酒。

1）波玛（Pommard）

波玛村是博纳丘的著名红葡萄酒产区，早在18世纪就名扬海外。波玛酒颜色深红，带有动物皮毛的味道，方正坚硬，单宁生涩，是勃艮第单宁最重的红葡萄酒之一。最著名的两个一级葡萄园是埃伯诺（Les Epenots）和胡吉安（Les Rugiens）。

2）默尔索（Meursault）

勃艮第最精彩的白葡萄酒产区之一，默尔索的酒在世界各地著名的餐厅都会出现，果味丰富，带着浓浓的奶油、坚果、热带水果的香气，口感肥美圆润，是现在新世界酿造霞多丽的典范。虽然默尔索法律规定可以酿造红葡萄酒，但是95%都是白葡萄酒，产量占金丘地区整个产量的1/3，其一级葡萄园中名气最大的有3个，分别是上夏姆（Les Charmes–dessus）、热内维耶（Les Genevieres）、佩利叶（Les Perrieres），品质极高，常常有超过特级葡萄园的水准。

3）科通（Corton）和科通查里曼（Corton Charlemgne）

科通地区最有名的就是科通山了，山上种满了葡萄。山丘上有两个著名的特级葡萄园，分别是科通特级葡萄园（Corton Grand Cru）和科通查里曼特级葡萄园（Corton–Charlemgne Grand Cru），其葡萄园范围一直延伸进附近的3个村庄。科通查里曼特级葡萄园位于科通山顶，主要生产白葡萄酒。早在1000多年前，罗马帝国的查理曼大帝对这里的白葡萄酒情有独钟，将此地命名为科通查里曼。科通查里曼白葡萄酒香气浓郁饱满，拥有极其成熟的水果香气，口感丰厚雄壮，可以称为白葡萄酒里面的拉图，建议陈放数年后饮用。山坡下部的斜坡是科通特级葡萄园，种植面积超过100公顷。由于数年来的大幅扩充，此地至今已经是勃艮第最大的特级葡萄园，不过同样也存在良莠不齐的问题。科通主要生产黑皮诺红葡萄酒，风格坚硬而富有野性，大约存放10年后，口感才显得顺滑。

（3）夏隆内丘（Côte Chalonnaise）

金丘再往南，就进入了夏隆内丘。夏隆内丘南北长约20千米，东西宽约7千米，海拔为250~370米。这里的坡地不像金丘那么连续，显得杂乱一些，一段段独立的丘陵散落在森林和牧场之间，丘陵相对于金丘显得更加平缓和宽阔，土壤主要以石灰质为主。夏隆内丘有五个AOP法定产地。

1）布哲宏（Bouzeron）

最北部的是布哲宏，这里使用的葡萄品种是阿里高特（Aligoté），酿出的酒带有明显的果香和清淡的花香，口感简单，酸度高。

2）吕第（Rully）

偏东南一点是吕第产区。吕第主要生产霞多丽干白葡萄酒，价格却比金丘便宜得多。在好的年份，高品质的吕第也有着饱满的口感和复杂的架构。有幸购买到一瓶顶级吕第，也可以品尝到一流霞多丽的风味。吕第产区也是勃艮第起泡酒的重要产区。

3）梅克雷（Mercurey）

吕第往南，就进入了夏隆内丘最知名的产区梅克雷，这里是夏隆内丘最主要的红葡萄酒产地，占地面积超过600公顷，主要生产高品质的黑皮诺葡萄酒。梅克雷没有特级葡萄园，却拥有超过100公顷的30多个一级葡萄园，含金量也是相当高。梅克雷红葡萄酒年轻的时候显得严肃、封闭、涩口，需要5~10年成熟，虽然没有夜丘和博纳丘的酒那么出名，但往往能以平实的价格购买到水准很高的一级葡萄园酒。

4）吉弗里（Givry）

再往南则是吉弗里，是夏隆内丘最小的法定产区，主要以生产红葡萄酒为主，带有年轻的红色水果香气，简单易饮。

5）蒙塔尼（Montagny）

最南部则是蒙塔尼法定产区，仅生产霞多丽白葡萄酒，清淡可口，好的年份也有杰出表现。

（4）马孔丘（Mâconnais）

勃艮第的最南端，就是马孔大区，这里的地势更加平坦宽广，葡萄园也更加零散，种植面积超过6000公顷。这里除了种植葡萄，还种植其他水果、麦子等。马孔区90%都出产白葡萄酒，其最常见的就是马孔白葡萄酒（Mâcon Blanc），经常带着一些香瓜和苹果的香气，爽口清淡。更好一些的白葡萄酒来自一些上好的村庄，称为马孔村庄酒（Mâcon Village AOP），比普通的干白要浓郁一些。该产区没有特级葡萄园和一级葡萄园，其中最受人关注的是普伊－富赛（Pouilly-Fuissé）这个产地。普伊－富赛最精华的葡萄园都分布在一块突出的石灰岩高地的斜坡上。在这个高地上的霞多丽比平原上的葡萄树成熟度更好，通常会使用部分或者完整的橡木桶熟成，酿出香气饱满、富有层次、口感丰满的葡萄酒。马孔区也有少量的佳美红葡萄品种种植，不过相对于更南部的博若莱地区，口感则更加粗糙和艰涩一些。

五、博若莱产区

（一）产区历史概况

博若莱（Beaujolais）的种植和酿造史，上可追溯至公元前的罗马时期，此时的布鲁伊和马孔地区已经开始种植葡萄。到了公元7世纪，在大部分的葡萄园中，管理与酿造都由本笃会的修士们完成。而到了公元10世纪，Beaujolais这个名字才算真正诞生，是自罗讷省的Beaujeu镇化而得名。14世纪时的勃艮第大公菲利普因为不喜欢佳美，而下令把勃艮第产区的佳美全部拔除，只有勃艮第南部的一个产区，也就是博若莱仍在继续种植佳美葡萄。法国在葡萄种植和葡萄酒管理方面，从1930年开始，把博若莱划进勃艮第。所以，打开法国葡萄酒产区分布图，有时会看到博若莱就在勃艮第产区里。不过法国，尤其是勃艮第酒界很不认同这种划分，于是便把博若莱单独划出来。今天的产区划分的观念已经不再把博若莱作为勃艮第的一部分，而是单独作为一个产区。

博若莱最早于1937年成为法定产区。在1950年，区域内一些葡萄园被升为博若莱村庄级（Beaujolais Villages）法定产区。另外，区内还有10个特级村庄是博若莱葡萄酒最高品质的代表。

（二）气候与地理环境

博若莱位于勃艮第的南部，产区覆盖了96个村庄，种植面积达到1.7万公顷，从北部的马孔（Mâcon）延伸至南部的里昂（Lyon），是一个宽10~15千米，长50千米的狭长地带。葡萄园遍布博若莱高低起伏的坡地，海拔为700~1000米，属于较为典型的大陆性气候，夏天温度高，秋天干燥时间长，有利于佳美的成熟。这里有大约2900个酒农在辛勤耕种，平均每个酒农只能照看4~10公顷的葡萄园。

博若莱地区北部多为山坡地貌，在坚硬的花岗岩层上覆盖着风化的碎石，硅土、矿物质含量较丰富，是10个特级葡萄园所在地，能酿造出口感浓郁、具有深度的佳美葡萄酒。南部则是一大片平原，主要用于酿造口味清爽的博若莱新酒。

（三）主要葡萄品种

博若莱最主要的葡萄品种是佳美，几乎占了99%的种植面积，北部靠近马孔的地方种有少量的霞多丽和阿里高特。佳美葡萄果实大，皮薄多汁，单宁低，酿出的酒带有新鲜的果香，如草莓、覆盆子、水果糖的香气，口感清淡柔和，适合酒体年轻时候饮用，不耐久存。

（四）酿造方法

博若莱产区出产的葡萄酒超过98%都是红葡萄酒，用佳美葡萄单一品种酿造，有时会使用半二氧化碳浸渍法，浸渍时间在4~5天，高质量的博若莱村庄级会用6~9天。这样做的目的是获取更多果味和更深的颜色，适合在葡萄酒年轻时饮用。特级园级的酒浸泡时间为10~20天。浸泡后再经过去梗、破碎、发酵、浸皮，使用和其他红葡萄酒一样的酿造工艺。特级园级的酒会在橡木桶中熟化，酿造出的酒比用半二氧化碳浸渍法酿造的酒颜色更深，酒体更饱满，单宁更高，适合陈年。陈年潜力很多在10~15年。

博若莱新酒（Beaujolais Nouveau）仅可以在博若莱大区和博若莱村庄级别生产。采用二氧化碳浸渍法或半二氧化碳浸渍法酿造。二氧化碳浸渍法是将完整的葡萄放入发酵罐中，注入二氧化碳，利用葡萄自身重力压碎底部葡萄，使其开始发酵，并产生更多二氧化碳，促使葡萄内部进行厌氧发酵，发酵完成并不进行陈年，因而酿出的葡萄酒清新明快，具有甜美易饮的口感。这些酒通常在不锈钢桶中熟化，新酒在发酵完成后3~5天就装瓶。酿好的酒通常充满红色水果味道，还有樱桃白兰地、香蕉和蓝莓的味道。博若莱新酒最早可以在每年11月的第三个星期四销售。在全世界各地也会有相关的庆祝活动。

（五）分级制度及主要葡萄酒产区

整个博若莱地区由12个法定产区构成，共划分为3个级别（见图1-13、表1-10）。其中只有两个较低的等级可以生产博若莱新酒。

1. 博若莱大区（Beaujolais）

主要产自博若莱南部的石灰质土壤上，是最普通等级的博若莱红葡萄酒，口味清新简单，多红色水果香，2/3的新酒都属于这个等级。

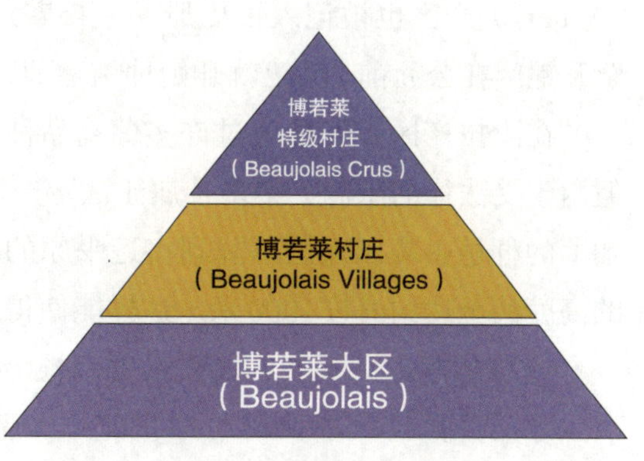

图1-13　博若莱产区分级

2. 博若莱村庄（Beaujolais Villages）

这个级别的博若莱红葡萄酒位于博若莱北部，土壤以花岗岩为主。条件较佳的葡萄园生产要求更为严格，口味更加饱满浓郁，陈年能力也更强一些。博若莱村庄级葡萄酒也可以酿成新酒，比例占1/2。其他则以传统方法酿造。

3. 博若莱特级村庄（Beaujolais Crus）

在博若莱北部，有10个自然条件最佳的明星村庄，生产最优秀的博若莱红葡萄酒，这些红葡萄酒的名称都以村庄的名字命名，这里的红葡萄酒都以传统方法酿造，甚至使用橡木桶熟成，可以酿出口味深邃、香气复杂、可以陈年的上好博若莱酒。

这10个村庄的名称分别是：布鲁依（Brouilly）、布鲁依丘（Côte de Brouilly）、谢纳（Chénas）、希露博（Chiroubles）、福乐里（Fleurie）、朱丽娜（Juliénas）、风磨坊（Moulin–à–Vent）、墨贡（Morgon）、雷妮（Régnié）、圣·阿穆尔（Saint Amour）。其中风磨坊和墨贡的葡萄酒最为强劲涩口，陈年能力强。

表1–10　博若莱产区葡萄酒分级一览表

名称	产区概况
博若莱大区（Beaujolais）	主要产自博若莱南部的石灰质土壤上，是最普通等级的博若莱红葡萄酒，口味清新简单，多红色水果香，2/3的新酒都属于这个等级
博若莱村庄（Beaujolais Villages）	位于博若莱北部，生产要求更为严格，口味更加饱满浓郁，陈年能力也更强一些。博若莱村庄级葡萄酒也可以酿成新酒，比例占1/2。其他则以传统方法酿造
博若莱特级村庄（Beaujolais Crus）	在博若莱北部，有10个自然条件最佳的明星村庄，生产最优秀的博若莱红葡萄酒，以传统方法酿造，使用橡木桶熟成，可以酿出口味深邃、香气复杂、可以陈年的上好博若莱酒

六、汝拉–萨瓦产区

（一）产区历史概况

在公元80年，汝拉地区就已经开始有关于葡萄酒的记录了。10世纪，阿尔布瓦（Arbois）产区也被记入了史册，紧接着还有夏龙堡。因此，汝拉葡萄酒的历史悠久，萨瓦地区在公元前1世纪就开始种植葡萄，酒的品质也得到了承认。

在汝拉产区曾经种植过许多葡萄品种，例如奥地利葡萄品种富尔民特（Furmint），但由于受法律的限制，很多不属于法定产区可使用的葡萄种销声匿迹了。16—18世纪，葡萄的种植由高山逐渐下降到将近平原的地区（如今平均海拔200~400米），之前种植的高度甚至达到海拔1000米，这样能使得葡萄更好地成熟。

1877年起，萨瓦产区遭受了葡萄根瘤蚜病的侵袭，直到1880年，由于嫁接技术的引入才又开始扩大了种植。19世纪末，葡萄种植与葡萄酒的发展在当地贵族、教会、酒庄主的努力下得到了大力的发展。1906年，阿尔布瓦（Arbois）得到了一个“原产地保证”的证明，可在标签上注明“vin d’Arbois”。同一年，法国第一个合作酿酒社在阿尔布瓦建立。

1886年，汝拉地区也遭受了葡萄根瘤蚜疾病的侵袭，最终，由名叫Alexis Millardet的汝拉人引进了葡萄嫁接技术才阻止了更多悲剧的发生。1936—1937年，汝拉得到了4个AOC法定产区命名，分别是：阿尔布瓦（Arbois），夏龙堡（Château-Chalon），埃托勒（L’ Étoile）、汝拉丘（Côtes du Jura）。

（二）气候与地理环境

汝拉-萨瓦产区位于法国东部，靠近瑞士，葡萄种植面积狭小，产量不高，却因拥有特殊的地理环境，所酿的葡萄酒风格独特，在法国众多葡萄酒中独树一帜。汝拉-萨瓦产区冬季严寒，夏季炎热，晚秋阳光充足。一般来说，葡萄种植在南边和西南边的山坡上，山坡的倾斜度有利于葡萄最大限度地接受光照。

汝拉位于勃艮第东部。这里最有特色的是树林繁茂的山坡景观和地势蜿蜒崎岖的汝拉山脉。汝拉以侏罗纪的石灰岩和泥灰岩土壤为主（侏罗纪就是以Jura命名的）。由于地壳运动，汝拉产区土壤里有许多海底生物，这也成就了这里独特的风土条件。汝拉葡萄种植面积狭小，产量不高，却酿造出一些传统和特殊的优质葡萄酒，而其中以汝拉黄酒（Vin Jaune）最为知名。

（三）主要葡萄品种

贾给尔（Jacquère）是萨瓦产区种植最广的葡萄品种，用它酿造的酒口感清爽且带有矿物风味，酒中的花香、柑橘香气也是十分明显。阿尔迪斯虽然在种植面积上稍逊一筹，但在质量上却被誉为“萨瓦酿酒业的珍珠”。红葡萄品种梦杜斯是当地一个古老的品种，采用它酿造出来的葡萄酒颜色较深且单宁含量颇高，在红果和花朵的香气中还透着一丝丝野味。

萨瓦涅（Savagnin）是一种优质、高贵而奇特的葡萄品种，该品种粒小，外形圆滑，颜色较浅，特别晚熟。在法国，该品种在葡萄栽培界是一朵奇葩。如今，萨瓦涅几乎只在法国东部的汝拉产区种植，它的产量十分低，种植成本高。

（四）种植与酿造

萨瓦以生产白葡萄酒居多，主要出产适合酒体年轻时饮用的清淡白葡萄酒和红葡萄酒，大部分属单一品种葡萄酒。为保留葡萄酒的新鲜果香，装瓶通常较早，且常在瓶中留有些许二氧化碳，让酒味更清新。除了生产白葡萄酒和红葡萄酒，萨瓦还生产少量的桃红葡萄酒和起泡酒。

汝拉黄酒是用萨瓦涅葡萄酿造的氧化风格的葡萄酒，香味强烈，常散发出核桃、杏仁和蜂蜜的香味，入口后余香更持久浓烈。氧化是汝拉黄酒的一个重要因素，也是其独特风味的来源。根据法律规定，酒液必须经过6年零3个月陈年与氧化后，再进行装瓶。汝拉出产的另一款具有地方特色的酒是稻草酒（Vin de Paille），金黄浓甜，带有果酱、葡萄干、杏脯的风味，毫无疑问，这种稻草酒能经得起常年的陈放。汝拉的黄酒和稻草酒是当地两颗最璀璨的金色明珠。当然汝拉也生产红葡萄酒、香浓圆润的干白葡萄酒及在瓶中二次发酵的起泡酒。

（五）主要葡萄酒产区

萨瓦产区葡萄园主要簇拥在莱芒湖（Lac Léman）及布尔热湖（Lac du Bourget）沿岸，罗讷河从当地穿过，裹挟着众多的涓涓细流，带来了充足的灌溉水源。而且，由于这些水域的存在，萨瓦地区原本的高山大陆性气候得到了某种程度的缓和，从而形成了一种适宜葡萄树生长的温暖微气候。此外，本地土壤类型也十分多样，既有冰积土和黏土，又有石灰岩、泥灰岩以及岩屑堆。

七、波尔多产区

（一）产区历史概况

波尔多最早是由凯尔特人于公元前300 年左右建立的，最早的波尔多被称为“Burdigala”，意思就是居住在低洼的地方。随着历史演变，“Burdigala”逐渐变成了“Bordigala”“Bordale”“Bordeau”，最后才变成今天我们熟知的“Bordeaux”。

公元前 60 年，波尔多被罗马人统治，罗马帝国时期的波尔多异常兴盛，是当时罗马帝国主要教育中心。随着罗马帝国的衰落，波尔多这座城市也变得动荡不安、战火四起，直到 10 世纪初，阿基坦诸位公爵将其设为公爵领地，该地局势才恢复稳定。公元1152 年，阿基坦的埃莉诺女爵与金雀花王朝亨利伯爵结婚；公元1154年，亨利伯爵继承英格兰王位成为亨利二世，波尔多于是便成了英国的领土。因此波尔多与英国的商业往来非常密切，英国人运来食物、纺织品和金属，然后把葡萄酒拉回伦敦。同时，由于金雀花王朝时期，对波尔多实行了出口税收的减免政策，波尔多葡萄酒在英国市场达到鼎盛时期。

15世纪，法国人在卡斯蒂永战役战胜英国人后，收复失地，阿基坦大区重新归属法国，到此波尔多葡萄酒贸易与英国市场画上了休止符。

17世纪，由于荷兰人的到来，波尔多葡萄酒行业得到了复苏，荷兰、汉萨同盟与布列塔尼地区成为波尔多葡萄酒的主要市场，葡萄酒贸易的加速发展致使波尔多成为法国的第一大港口，出现了“Chartrons”夏桐地区。

18世纪，美洲新大陆的发现大大促进了波尔多葡萄酒的发展。在这一时期，诞生了第一瓶有瓶塞并密封良好的葡萄酒。在此之前，葡萄酒交易和运输主要依靠木桶，标准的波尔多木桶容量为225升。

19世纪，对于波尔多葡萄酒来说是危机与繁荣并存的时代，霜霉病的出现致使波尔多葡萄酒发展延缓，而根瘤蚜虫病的出现几乎摧毁了所有的葡萄园，直到法国人引进美洲葡萄种并进行嫁接，才解决了根瘤蚜虫病的困扰，葡萄酒才得以继续发展。1855 年，在分级制度下诞生了一批鼎鼎大名的列级酒庄，波尔多葡萄酒开始享誉世界。

1935年，法国国家原产地命名管理局（INAO）正式成立。1948年，波尔多葡萄酒行业协会（CIVB）正式成立。

21 世纪至今，波尔多有约1万名酒农、300 家酒商、100 位经纪人，其葡萄园面积扩大到了112600公顷，波尔多 AOP产区葡萄园面积占整个法国 AOP的 25%，是法国最大的 AOP产区。其中88%的葡萄园种植的是红葡萄品种，12%为白葡萄品种。据波尔多葡萄酒行业协会 CIVB 统计，波尔多葡萄酒58%用于本土消费，42%则出口到全球。每1秒全世界就会卖出21瓶波尔多葡萄酒，平均每年则能创造约40亿欧元的产值。

（二）气候与地理环境

波尔多位于北纬45°，属于温带海洋性气候，这里气候温和，很少有霜害或者冰雹，拥有充足的阳光，非常适合葡萄的成熟，尤其是美乐葡萄。但对于晚熟的赤霞珠品种，只有在上好的年份，或者种植在最好的砾石土壤上的葡萄，才能够完美地成熟，因此在波尔多地区，年份是非常重要的。

由于靠近海洋，潮湿有时会成为一个主要问题。近年来最严重的一次是1991年，这一年湿度极高，葡萄藤出现了灰霉和贵腐霉，导致红葡萄酒产量大大降低。此外，大西洋的强风会使葡萄藤受到伤害，因此波尔多人在西边种植了大量的防风林来抵御强风。

波尔多也是法国最大的港口城市之一，它被三条大河所切割开，来自中央山地的多尔多涅河（Dordogne）和源自比利牛斯山的加龙河（Garonne），在波尔多交汇成吉隆特河（Gironde）后流入大西洋，形成得天独厚的航运条件，波尔多也因此被分成了三个大区——左岸、右岸和两河之间。这三个大区不仅仅拥有地理上的差别，对于波尔多人或者酒迷来说，更代表了风格各异的波尔多葡萄酒世界（见图1–14）。

左岸位于加龙河和吉隆特河的左侧，主要包含梅多克、格拉夫和苏玳地区，是波尔多气候最温暖的地方，梅多克地势较低，主要是肥沃的冲积岩土壤，理论上只适合出产普通的葡萄酒。幸运的是，在靠近河岸的地方，有一片珍贵的砾石层，土壤由深厚贫瘠的砾石构成。这些砾石可以反射阳光，帮助葡萄获得更多的热量，是成熟的赤霞珠葡萄的最爱，同时，砾石的排水性能也优于沙地。

右岸位于多尔多涅河和吉隆特河的右侧，最有名的是圣埃米利永和波美侯产区，由于距离海洋相对较远，所以气温相对凉爽一些。土壤主要以沙质黏土为主，最精华

图1–14 法国–波尔多–菲利普罗思柴尔德男爵集团木桐嘉棣品牌–木桐嘉棣波尔多红葡萄酒

葡萄品种：梅洛87%、赤霞珠10%、品丽珠3%

品鉴笔记：

颜色：深宝石红色带有淡紫色调。

香气：浓郁的树莓和成熟的黑樱桃香气，随着与空气的接触散发出精致的黑莓香气。

口感：醇厚浓郁的口感展现出一系列诱人的成熟红黑水果风味，中段口感逐渐丰盈，余味悠长，还带有些许微妙的香料香味。

罗思柴尔德家族的三代人，怀着同样的热忱和对葡萄酒的热爱，以同样坚定不移的使命书写了木桐嘉棣Mouton Cadet品牌的历史。每一代人都以各自的方式，站在所处的时代展望未来，怀着始终品质为重以及维护波尔多葡萄园的相同抱负。

1930年，年仅28岁的菲利普罗思柴尔德男爵推出了木桐嘉棣的首个年份。木桐嘉棣诞生于波亚克，融合了不同的风土，也是集团旗下首个品牌葡萄酒。木桐嘉棣经典系列提供注重果香、清新和美味的现代风格葡萄酒。木桐嘉棣红葡萄酒是该品牌真正的创始支柱，除此之外该系列还有另外两款葡萄酒：桃红葡萄酒和白葡萄酒。所有产品都获得法国高环保价值认证标识（HVE）。

的葡萄园则位于砾石和黏土构成的台地上。与左岸不同，这里主要种植的葡萄是美乐和品丽珠。

位于加龙河和多尔多涅河两条大河之间的产区被称为两海之间，这里的土壤以石灰质和沙质为主，主要生产较清淡的红葡萄酒和白葡萄酒。其中西南部的坡地下会生产一些高品质的甜酒。

（三）主要葡萄品种

波尔多几乎所有的红葡萄酒和白葡萄酒都是用不同品种调配的。因为该地区气候变化多样，不同葡萄每年的成熟度不同，而且各具特色。通过调配可以融合各个品种的特点，获得协调均衡的口感。法国AOP法律规定有20个葡萄品种可以在波尔多地区种植，而实际上该地主要使用的红葡萄品种为5种，白葡萄品种为3种（见表1–11）。

1.红葡萄品种

（1）美乐（Merlot）

波尔多种植面积最大的葡萄品种，主要种植在右岸的圣埃米利永和波美侯地区，该品种

表1-11　波尔多产区主要葡萄品种一览表

分类	品种	特点
红葡萄品种	美乐（Merlot）	是波尔多种植面积最大的葡萄品种，酿出的酒酒精度较高，单宁柔和，口感圆润，带有甜美的草莓和红樱桃香气。左岸也有一些美乐种植，主要用以调配赤霞珠强劲的口感，增添酒体的香气
	赤霞珠（Cabernet Sauvignon）	是波尔多最传统最经典的红葡萄品种。成熟的赤霞珠在酒中会带有黑醋栗、黑樱桃的香气，如果成熟度不是很好的话，酒中会出现较明显的植物性的气味。赤霞珠非常适合在橡木桶中培养，可以发展出复杂的烘烤、香料香气以及复杂的口感
	品丽珠（Cabernet Franc）	常带有红色的水果味以及植物性香气。多用于和美乐或赤霞珠调配，以增加酒的复杂性
	小维多（Petit Verdot）	个性强烈，赋予葡萄酒深邃的颜色以及强劲的单宁，主要用于调配
	马尔贝克（Malbec）	酿造的红葡萄酒适合酒体年轻时饮用
白葡萄品种	赛美容（Sémillon）	金黄的颜色和较重的酒体。近些年被酿酒专家用于酿造精彩的干白，口感厚重圆润，成熟后具有蜂蜜和蜂蜡的香气
	长相思（Sauvignon Blanc）	酿造的干白带有强烈的植物性香气，酸味较高，口感清爽，适合酒体年轻时饮用，不善陈年。与赛美容一起调配，可酿造出复杂又耐久存的顶级干白葡萄酒
	密斯卡黛（Muscadelle）	具有麝香葡萄的香气，还带着一点荔枝的味道，主要用于增加白葡萄酒和甜酒里面的香气

在凉爽气候下也容易成熟，酿出的酒酒精度较高，单宁柔和，口感圆润，带有甜美的草莓和红樱桃香气。左岸也有一些美乐种植，主要用以调配赤霞珠强劲的口感，增添酒体的香气。好的美乐也非常适合在橡木桶中培养，从而酿出风味复杂的红葡萄酒，顶级的美乐则出自波美侯地区，顶级酒的价格也比左岸高出一筹。

（2）赤霞珠（Cabernet Sauvignon）

波尔多最传统最经典的红葡萄品种。种植面积在波尔多位居第二，占整个红葡萄品种种植面积的28%左右，大部分的赤霞珠种植在左岸的梅多克地区，在圣埃米利永、格拉夫地区也有少量种植。赤霞珠是一个晚熟的品种，通常比美乐葡萄晚成熟2周左右，皮厚色深，可以用来酿造单宁强劲、耐久存的顶级红葡萄酒，为葡萄酒提供强劲有力的骨髓。成熟的赤霞珠在酒中会带有黑醋栗、黑樱桃的香气，如果成熟度不是很好的话，酒中会出现较明显的植物性的气味。赤霞珠非常适合在橡木桶中培养，可以发展出复杂的烘烤、香料香气以及复杂的口感。在左岸一些顶级的红葡萄酒中，赤霞珠会占调配比例的3/4以上（见图1–15）。

（3）品丽珠（Cabernet Franc）

主要种植在圣埃米利永地区，给人感觉是不温不火的中性风格，常带有红色的水果味以及植物性香气。多用于和美乐或赤霞珠调配，以增加酒的复杂性。在右岸的白马堡（Château Cheval Blanc）和欧颂堡（Château Ausone），其酿造的比例都超过了50%。

（4）小维多（Petit Verdot）

小维多是相当晚熟的葡萄品种，只有非常热的年份才可以完全成熟。小维多个性强烈，赋予葡萄酒深邃的颜色以及强劲的单宁，主要用于调配。由于过于强劲，因此比例很少超过5%，但是在一流酿造师的手法下，往往1%~2%的小维多就可以起到画龙点睛的效果。

（5）马尔贝克（Malbec）

马尔贝克也被称为钩特（Côt），是西南产区卡奥尔（Cahors）的主要葡萄品种，在波尔多主要种植在布尔丘（Côte de Bourg）和布拉伊（Blaye）地区，酿造的红葡萄酒适合酒体年轻时饮用。此品种在波尔多表现平平，在南美的阿根廷却表现突出。

图1–15　法国–波尔多产区–爱德蒙–罗斯柴尔德家族–小山谷系列

家族介绍：罗斯柴尔德家族在金融领域拥有超过250年的辉煌历史，家族对于葡萄酒的热情始于1868年8月8日，詹姆斯·罗斯柴尔德购买了拉菲古堡酒庄。他的曾孙，爱德蒙·罗斯柴尔德于1973年购入克拉克酒庄，为家族开启了全新的篇章。

葡萄品种：美乐84%、赤霞珠16%

侍酒师点评：这款酒风格紧凑，口感丝滑，风味纯净，在浓郁的车厘子、梅子酱和黑莓果泥的气息中交织着铁质风味，微妙的桤木、杜松、甜月桂叶和烟草的气息贯穿其中。口感细腻且具有颗粒感，同时也有着令人印象深刻的强健个性，收尾时萦绕着一丝铸铁风味，适宜陈年。

2.白葡萄品种

（1）赛美容（Sémillon）

波尔多种植面积最大的白葡萄品种。果皮薄且容易感染贵腐霉，被广泛用来酿造甜酒，会给酒带来金黄的颜色和较重的酒体。近些年也越来越多被酿酒专家用于酿造精彩的干白，口感厚重圆润，成熟后具有蜂蜜和蜂蜡的香气。

（2）长相思（Sauvignon Blanc）

长相思最大的特点是酿造的干白带有强烈的植物性香气，酸味较高，口感清爽，适合酒体年轻时饮用。与赛美容一起调配，可酿造出复杂又耐久存的顶级干白葡萄酒。

（3）密斯卡黛（Muscadelle）

密斯卡黛具有麝香葡萄（Muscat）的香气，还带着一点荔枝的味道，主要用于增加白葡萄酒和甜酒里面的香气，调配比例约为3%~5%。

（四）种植和酿造

波尔多的葡萄园通常采用高密度种植，葡萄枝条会绑在离地面较低的铁丝上，地面反射的热量会帮助葡萄更好地成熟。好的酒庄还会定期计划自己葡萄园内葡萄树的更换周期，确保用于酿造顶级酒的葡萄树龄都在20年以上，并且会不惜以低产量获取最高品质的葡萄。

在波尔多普遍运用机械采摘，对于高品质的甜酒来说，人工采摘是收集葡萄的唯一方法。好的酒庄则一贯坚持手工采摘和分拣，以确保获得最高品质的葡萄。

除红葡萄酒以外，格拉夫顶级的白葡萄酒，苏玳和巴尔萨克（Barsac）地区的甜白葡萄酒也会选用新橡木桶熟成。

（五）分级制度

1.地区分级系统

波尔多地域辽阔，约有13万公顷葡萄园，年产约8亿瓶葡萄酒，共分为65个AOP法定产区，占法国AOP产量的1/4。从大产区到著名的村庄，产地越小，出产的酒品质就越高，这些AOP大致可以分为3个等级。

（1）大区级

大区级是波尔多最普通的级别，种植面积最广，产量最大。生产各种葡萄酒，包括红葡萄酒、白葡萄酒、桃红、起泡。最常见的就是波尔多（AOP Bordeaux）和优级波尔多（AOP Bordeaux Supérieur）。葡萄酒可以产自波尔多的任何地方，其中优级波尔多整体品质要略高，此外大区还包括布拉伊（Blaye）和布尔（Bourg），值得一提的是卡斯蒂永－波尔多山坡（Castillon Côte de Bordeaux），随着附近更多精英酒庄的投入，该地区的葡萄酒品质提升很快，大有小圣埃米利永的风格，是大区级葡萄酒里面非常超值的选择。

（2）次产区级

次产区级特指某一较小地区出产的葡萄酒，品质也会更好一些，风格也更加明显，例如土壤和气候更优越的梅多克（Médoc）、上梅多克（Haut Médoc）和格拉夫（Graves）地区。

（3）村庄级

村庄级产区以当地闻名的村庄命名，例如闻名遐迩的玛歌（Margaux）、波亚克

（Pauillac）。大多数顶级葡萄酒都来自这个级别。

2.酒庄分级系统

地区的级别划分对于名酒林立的波尔多来说，只是一个粗略的分级，光一个波亚克村就有十几家全球闻名的顶级酒庄。因此，波尔多根据每个地区的不同，还有一个在AOP法定产区体系之上的更为严格的酒庄分级系统，其中以1855年的巴黎世博会列级庄分级最为有名。

（1）1855列级庄分级

1855年，巴黎世博会组委会要求波尔多工商会提供一份区内优质葡萄酒的排名，波尔多葡萄酒经纪人根据当时酒庄的声誉和交易的价格，拿出了一份含有78家著名酒庄的名单，其中红葡萄酒部分有57家入选。虽然这是针对波尔多所有葡萄酒庄园的排名，但由于入选的酒庄除位于格拉夫地区的侯伯王酒庄（Château Haut–Brion，又译奥比昂酒庄）以外，几乎全是梅多克的酒庄，于是就成为梅多克产区酒庄的正式排名。在这个分级制度诞生以来的150多年里，酒庄的所有者、名称、葡萄园、酒款的品质、价格水准等都有很多变化，不过分级却一直没有重新修订。唯一一次排名发生重大变化是1973年，木桐酒庄（Château Mouton–Rothschild）由二级升为一级。酒庄排名目前总数为61家，排名如下（见表1–12、表1–13、表1–14、表1–15、表1–16）：

1）五大顶级酒庄（Premiers Crus）

表1–12　五大顶级酒庄一览表

一级酒庄（中文）	一级酒庄（法文）	所在村庄
拉菲古堡	Château Lafite–Rothschild	波亚克（Pauillac）
拉图酒庄	Château Latour	波亚克（Pauillac）
玛歌酒庄	Château Margaux	玛歌（Margaux）
木桐酒庄	Château Mouton–Rothschild	波亚克（Pauillac）
侯伯王（奥比昂）酒庄	Château Haut–Brion	佩萨克–雷奥良（Pessac–Léognan），唯一不在梅多克产区的列级酒庄

2）二级酒庄（Deuxièmes Crus）

表1–13　二级酒庄一览表

二级酒庄（中文）	二级酒庄（法文）	所在村庄
布莱恩酒庄	Château Brane–Cantenac	玛歌（Margaux）
爱士图尔酒庄	Château Cos d’Estournel	圣爱斯泰夫（Saint–Estèphe）

续表

二级酒庄（中文）	二级酒庄（法文）	所在村庄
宝嘉隆酒庄	Château Ducru-Beaucaillou	圣朱利安（Saint-Julien）
杜霍酒庄	Château Durfort-Vivens	玛歌（Margaux）
金玫瑰酒庄	Château Gruaud-Larose	圣朱利安（Saint-Julien）
力士金酒庄	Château Lascombes	玛歌（Margaux）
雄狮酒庄	Château Léoville-Las Cases	圣朱利安（Saint-Julien）
巴顿酒庄	Château Léoville-Barton	圣朱利安（Saint-Julien）
波菲酒庄	Château Léoville-Poyferré	圣朱利安（Saint-Julien）
梦玫瑰酒庄	Château Montrose	圣爱斯泰夫（Saint-Estèphe）
碧尚男爵酒庄	Château Pichon Longueville Baron	波亚克（Pauillac）
碧尚女爵酒庄	Château Pichon Longueville Comtesse de Lalande	波亚克（Pauillac）
鲁臣世家酒庄	Château Rauzan-Ségla	玛歌（Margaux）
露仙歌酒庄	Château Rauzan-Gassies	玛歌（Margaux）

3）三级酒庄（Troisièmes Crus）

表1-14　三级酒庄一览表

三级酒庄（中文）	三级酒庄（法文）	所在村庄
贝卡塔纳酒庄	Château Boyd-Cantenac	玛歌（Margaux）
凯隆世家酒庄	Château Calon-Ségur	圣爱斯泰夫（Saint-Estèphe）
肯德布朗酒庄	Château Cantenac-Brown	玛歌（Margaux）
狄士美酒庄	Château Desmirail	玛歌（Margaux）
迪仙酒庄	Château d'Issan	玛歌（Margaux）
菲丽酒庄	Château Ferrière	玛歌（Margaux）
美人鱼酒庄	Château Giscours	玛歌（Margaux）
麒麟酒庄	Château Kirwan	玛歌（Margaux）
拉拉贡酒庄	Château La Lagune	上梅多克（Haut-Médoc）
力关酒庄	Château Lagrange	圣朱利安（Saint-Julien）
丽冠巴顿酒庄	Château Langoa-Barton	圣朱利安（Saint-Julien）
马利哥酒庄	Château Malescot-Saint-Exupéry	玛歌（Margaux）
侯爵酒庄	Château Marquis-d' Alesme-Becker	玛歌（Margaux）
宝玛酒庄	Château Palmer	玛歌（Margaux）

4）四级酒庄（Quatrièmes Crus）

表1-15　四级酒庄一览表

四级酒庄（中文）	四级酒庄（法文）	所在村庄
龙船酒庄	Château Beychevelle	圣朱利安（Saint-Julien）
班尼尔酒庄	Château Branaire-Ducru	圣朱利安（Saint-Julien）
杜哈米隆古堡	Château Duhart-Milon	波亚克（Pauillac）
拉图嘉利酒庄	Château La Tour-Carnet	上梅多克（Haut-Médoc）
拉科鲁锡酒庄	Château Lafon-Rochet	圣爱斯泰夫（Saint-Estèphe）
德达侯爵酒庄	Château Marquis-de-Terme	玛歌（Margaux）
宝爵酒庄	Château Pouget	玛歌（Margaux）
荔仙酒庄	Château Prieuré-Lichine	玛歌（Margaux）
圣皮尔酒庄	Château Saint-Pierre	圣朱利安（Saint-Julien）
大宝酒庄	Château Talbot	圣朱利安（Saint-Julien）

5）五级酒庄（Cinquièmes Crus）

表1-16　五级酒庄一览表

五级酒庄（中文）	五级酒庄（法文）	所在村庄
巴特利酒庄	Château Batailley	波亚克（Pauillac）
巴加芙酒庄	Château Belgrave	上梅多克（Haut-Médoc）
卡门萨克酒庄	Château de Camensac	上梅多克（Haut-Médoc）
佳得美酒庄	Château Cantemerle	上梅多克（Haut-Médoc）
克拉米伦酒庄	Château Clerc-Milon	波亚克（Pauillac）
柯斯拉伯丽酒庄	Château Cos-Labory	圣爱斯泰夫（Saint-Estèphe）
歌碧酒庄	Château Croizet-Bages	波亚克（Pauillac）
达麦酒庄	Château D'Armailhac	波亚克（Pauillac）
杜扎克酒庄	Château Dauzac	玛歌（Margaux）
杜特酒庄	Château du Tertre	玛歌（Margaux）
都卡斯酒庄	Château Grand-Puy-Ducasse	波亚克（Pauillac）
拉古斯酒庄	Château Grand-Puy-Lacoste	波亚克（Pauillac）
自由欧堡酒庄	Château Haut-Bages Libéral	波亚克（Pauillac）
奥巴特利酒庄	Château Haut-Batailley	波亚克（Pauillac）
靓茨伯酒庄	Château Lynch Bages	波亚克（Pauillac）
浪琴慕沙酒庄	Château Lynch-Moussas	波亚克（Pauillac）
佰德诗歌酒庄	Château Pédesclaux	波亚克（Pauillac）
庞特卡奈酒庄	Château Pontet-Canet	波亚克（Pauillac）

（2）苏玳（Sauternes）和巴尔萨克（Barsac）分级

波尔多1855分级制度包括梅多克（Médoc）分级、苏玳和巴尔萨克（Sauternes & Barsac）分级两部分。其中，针对红葡萄酒的是梅多克分级，对象为梅多克地区的酒庄外加来自格拉夫（Graves）的侯伯王酒庄（Château Haut-Brion），共分为5个等级。而甜白葡萄酒的分级则以苏玳产区的酒庄为对象，在这一分级中，官方拟定了2个等级，即一级庄和二级庄，不过在实际评定中，滴金酒庄（Château d'Yquem）被授予了独一无二的“超一级庄”头衔，因而1855苏玳和巴尔萨克分级制度实际上包括3个等级。在最初的评定中，苏玳和巴尔萨克地区共诞生了超一级庄1座、一级庄9座以及二级庄11座。

其实，在1855年之前，苏玳地区便已经存在着非正式地根据价格划分的酒庄分级。1855年官方的分级制度参考了此前当地的分级制度，因而出台后基本没有出现异议。对于当地葡萄酒行业的发展而言，官方分级的出现对产区的葡萄酒起到了很好的宣传作用，为行业的发展提供了巨大的推力。

后来，经过漫长的岁月变迁，有一些酒庄经历了拆分，因此苏玳产区一级庄与二级庄的数量也有所改变，现在当地共有一级庄11座，二级庄15座。

1）超一级酒庄

滴金酒庄（Château d'Yquem）

2）一级庄

琉塞克酒庄（Château Rieussec）

拉佛瑞佩拉酒庄（Château Lafaurie-Peyraguey）

古岱酒庄（Château Coutet）

奥派瑞酒庄（Château Clos Haut-Peyraguey）

绪帝罗酒庄（Château Suduiraut）

斯格拉哈伯酒庄（Château Sigalas-Rabaud）

哈宝普诺酒庄（Château Rabaud-Promis）

克利芒酒庄（Château Climens）

海内威农酒庄（Château de Rayne Vigneau）

白塔酒庄（Château La Tour Blanche）

芝路酒庄（Château Guiraud）

3）二级庄

多西戴恩酒庄（Château Doisy-Daëne）

马乐酒庄（Château de Malle）

拉莫特齐格诺酒庄（Château Lamothe-Guignard）

博思岱酒庄（Château Broustet）

苏奥酒庄（Château Suau）

宝石酒庄（Château Caillou）

方舟酒庄（Château d'Arche）

米拉特酒庄（Château de Myrat）

罗曼莱酒庄（Château Romer）

奈哈克酒庄（Château Nairac）

多希韦德喜酒庄（Château Doisy–Védrines）

菲乐酒庄（Château Filhot）

多喜布罗卡庄园（Chateau Doisy Dubroca）

罗默庄园（Chateau Romer）

拉莫特皮约尔庄园（Chateau Lamothe–Despujols）

（3）圣埃米利永分级

波尔多右岸圣埃米利永的红葡萄酒毫不逊色左岸的梅多克地区，只是迟迟没有拥有自己的分级制度。直到1955年，首个分级制度才由法国原产地命名管理委员会颁布。分为一级特等酒庄（Saint–Émilion Premier Grand Cru Classé）和特等酒庄（Saint–Émilion Grand Cru Classé），其中一级特等酒庄还分成A级和B级，后来该制度经过多次修改（见图1–16）。

圣埃米利永的革新性的创举，则是分级制度每10年重新评定一次，这样严格的规定让这些列级酒庄不得不严格维护自己的声誉，保持自己的葡萄酒水准。并不是所有的葡萄园都能评为列级酒庄，如果经评选委员会品尝后认为品质优良的葡萄酒，可以由一般等级圣埃米利永AOP升级到优等圣埃米利永，允许在标签上标注优等产地（Saint–Émilion Grand Cru），但不能出现Classé字样，很多优等的圣埃米利永也都是性价比超群的佳酿（见图1–17）。

2012年出台的最新圣埃米利永酒庄分级是自1969年第2次酒庄分级以来酒庄升级数量最多的一次分级，有18家酒庄升级为一级特等酒庄，64家升级为列级庄，总数为82家。一级特等酒庄A级4家，分别是：欧颂酒庄（Château Ausone）、白马酒庄（Château Cheval Blanc）、金钟酒庄（Château Angélus）、柏菲酒庄（Château Pavie）。

图1–16　圣埃米利永分级

（4）格拉夫分级

波尔多南部的格拉夫产区1953年进行分级，这一分级在1959年进行过轻微修订和最终确认。与1855年分级不同的是，格拉夫的酒庄没有分成一级庄、二级庄等，所有列级酒庄都用列级庄（Grand Cru Classés de Graves）表示。另外，由于格拉夫地区红白葡萄酒都盛产，名单也根据红白葡萄酒进行分类。

1959年，当地16个酒庄被冠以列级称号：

1）7个红白葡萄酒列级庄

宝斯高庄（Château Bouscaut）

卡尔邦女庄（Château Carbonnieux）

马拉狄庄（Château Malartic-Lagravière）

拉图玛蒂雅克庄（Château Latour-Martillac）

奥莉薇庄（Château Olivier）

骑士庄（Domaine de Chevalier）

侯伯王庄（Château Haut-Brion）

2）6个红葡萄酒列级庄

佛泽庄（Château de Fieuzal）

高柏丽庄（Château Haut-Bailly）

美讯庄（Château La Mission Haut-Brion）

拉图侯伯王庄（Château La Tour Haut-Brion）

黑教皇堡（Château Pape-Clément）

诗密拉菲庄（Château Smith Haut Lafitte）

3）3个白葡萄酒列级庄

拉维尔-侯伯王庄（Château Laville Haut-Brion）

歌欣庄（Château Couhins）

歌欣乐顿庄（Château Couhins-Lurton）

值得一提的是，侯伯王酒庄同时加入了格拉夫分级和1855年梅多克分级。这是唯

图1-17　法国-波尔多产区-安佩龙家族

家族介绍：安佩龙（Hanappier）家族

最初来自法国奥尔良地区，于1817年来到波尔多定居。他们创建了大型葡萄酒和烈酒交易公司——Hanappier-Peyrelongue & Cie。

19世纪末，安佩龙家族逐渐收购或是继承了波尔多的多座酒庄，其中便有格拉维特酒庄（如今的格拉夫一级名庄歌欣酒庄）。

一被两次列级的波尔多葡萄酒庄园。

（5）士族名庄分级

波尔多的士族名庄有着悠久的历史，可以追溯到中世纪时期。在中世纪，波尔多是一个自治程度很高的区域，这里的人们从事着酿酒、工匠、商人等职业。到了英国统治时期，人们通过葡萄酒贸易获得了大量的原始资本积累，而且在英国鼓励葡萄酒贸易的背景下，他们还享受着相当优惠的税收政策。慢慢地，这些先富起来的小资产阶级掌握了波尔多品质优良的葡萄园，于是中级庄联盟便逐渐形成，他们称自己为“中级酒庄（Cru Bourgeois）”。

在1855列级庄分级之后，当地政府将中级庄也重新进行评定和分级，将原有的中级庄联盟规范化运行。在当时，有248家酒庄被列入名单，这些中级庄也被分为3个等级，其中一级34家，二级64家，三级150家。

随后，很多酒庄在战争、经济危机、家族传承等重重打击之下一度消失。1979年，欧盟决定给予中级庄这一称谓法律支持，前提是法国政府也认可这一称谓。1985年，随着市场对中级庄酒的需求量增大，波尔多工会组织了“梅多克中级庄杯评选大赛”来奖励优秀的酒庄，同时也为了扩大中级庄在世界上的影响力。2000年，中级庄被重新划分为特级中级庄（Cru Bourgeois Exceptionnel）、优级中级庄（Cru Bourgeois Supérieur）、中级庄（Cru Bourgeois）3个等级。2003年6月17日，经过严格的评审，从490家酒庄中，选拔出了247家酒庄认定为新的中级庄，并由法国农业部部长签署认可。但是在当时，这一结果却不能得到大多数酒庄的认可。2007年，经过上诉，2003年6月17日签署的中级庄评定法令被下令作废。

2009年，新的质量保证举措得到了批准：2009年10月20日的法令和2009年11月16日的部长令授权对梅多克中产阶级进行定性选择。新的士族名庄的官方评选自2010年起每年9月发布。2017年9月，最新排名发布，针对2015年份有271家酒庄入选。同年，“梅多克中级庄杯评选大赛”冠军是来自利斯塔克梅多克产区的萨朗索酒庄（Château Saransot Dupré）。2020年新排名改革，将5年评选一次，同时将恢复3个等级。

（6）艺术家酒庄分级制度

在梅多克，艺术家酒庄分级制度已经有150多年的历史了，他们由一群梅多克本地的小规模酒庄组成，这些酒庄庄主本身就参与种植、酿造以及销售工作，他们在酿酒之外还做着制作木桶、修车轮、钉马掌、铁匠等工作，这些职业在波尔多地区被称为工匠。在20世纪中期的时候，这个联盟逐渐被淡忘，但在1989年重获新生，人们重新成立梅多克工匠（Crus Artisans du Médoc）协会，一些小型的酒庄开始加入这一联盟。这些酒庄的庄主一般都会从事种植和酿酒的工作。他们的酒从种植酿造到灌装都在自己的酒庄中完成。

1994年6月，欧盟给予了他们法律上的认可和支持，并且允许他们在酒标上印制“Cru Artisans”这一标识。2006年开始公布获得认可的酒庄名单，一共有44家酒庄入选。

2012年，经重新审核，新增选6家酒庄，目前共有50家，以后每10年更新1次。这个联盟没有等级之分，这些酒庄的总面积约340公顷，占梅多克葡萄园面积的2%，分布在梅多克的7个AOP当中。

2018年最新公布的数量为36家。由于一些酒庄或被出售，或负责人退休等原因，许多艺术家酒庄被从名单中减去。与此同时，也有多个新酒庄加入这个等级。根据最新规定，艺术家酒庄名单不再以10年为1个轮回，而是将每5年更新1次。

（六）主要葡萄酒产区

法国波尔多是一个盛产顶级佳酿的“葡萄酒圣地”，主要有梅多克（Médoc）和上梅多克（Haut Médoc）、格拉夫（Graves）、苏玳和巴尔萨克（Sauternes & Barsac）、圣埃米利永（Saint-Émilion）、波美侯（Pomerol）5个知名产区（见表1-17），拥有波尔多和优级波尔多家族（Bordeaux & Bordeaux Supérieur），波尔多山坡家族（Côtes de Bordeaux），梅多克和格拉夫家族（Médoc et Graves），圣埃米利永、波美侯和弗龙萨克家族（Saint-Émilion，Pomerol，Fronsac），波尔多干白葡萄酒家族（Les Vins Blancs Secs），波尔多甜白葡萄酒家族（Les Vins Blancs Doux）六大家族。

1.梅多克和上梅多克（Médoc & Haut Médoc）

梅多克是波尔多最著名的产区之一，沿着吉隆特河，葡萄园呈宽4~12千米，长约80千米的条状，约为15000公顷。以圣爱斯泰夫（Saint-Estèphe）为界，葡萄园被分为两部分，圣爱斯泰夫及以南地区，地势较高，被称为上梅多克（Haut Médoc），有着最适合赤霞珠生长的砾石土壤。这里出产的红葡萄酒有着严紧细密的单宁，口感强劲，结构匀称，是波尔多最耐久存葡萄酒的产区。

1855年分级的列级酒庄除了一个在格拉夫地区之外，其他的酒庄都来自这个地区。其中4个村庄级产区在全世界有很高的知名度，自北向南分别是圣爱斯泰夫（Saint-Estèphe）、波亚克（Pauillac）、圣朱利安（Saint-Julien）、玛歌（Margaux）。在圣爱斯泰夫村庄北部被称为下梅多克（Bas Médoc）地区，这里地势较低，土壤主要是黏土，表面覆盖着一些沙砾土壤，部分区域还是沼泽地，因此赤霞珠种植较少，但少数靠近河边，位于砾石土壤的葡萄园能酿出精彩久存的红葡萄酒。

（1）圣爱斯泰夫（Saint-Estèphe）

圣爱斯泰夫地区位置稍偏北，因此气候较凉爽，土壤由大比例的黏土和少量的砾石混合，赤霞珠在这地区较难成熟。该地区的酒口单宁坚实强劲，现在有更多的酒庄增加美乐的种植比例，以增加丰盈柔和的口感。村庄有约1200公顷的葡萄园，最著名的有二级酒庄梦玫瑰酒庄（Château Montrose）、爱士图尔酒庄（Château Cos d’Estournel）和三级酒庄凯隆世家酒庄（Château Calon-Ségur）。

（2）波亚克（Pauillac）

波亚克是梅多克地区最著名的酒村，拥有约1190公顷葡萄园，大部分的葡萄园位于最精华的深厚砾石圆丘上，最适合赤霞珠的生长。波亚克的红葡萄酒有着庞大结实的骨架，单宁强劲饱满，口感厚重，需要超长的时间陈放才能够驯服。不同于圣爱斯泰夫地区的艰涩，波亚克的酒是雄壮中兼带着细致的风格，如同一座气势辉煌的城堡，但其中的每一块砖，每一个城垛都是精雕细刻的。波亚克聚集着众多的明星酒庄，五大一级庄中的3个都在波亚克村内，分别是拉菲古堡（Château Lafite-Rothschild）、拉图酒庄（Château Latour）、木桐酒庄（Château Mouton-Rothschild）。

（3）圣朱利安（Saint-Julien）

圣朱利安葡萄园面积只有约910公顷，在4个村庄里面积最小，却有11个列级酒庄，其中有5个大名鼎鼎的二级庄：宝嘉隆酒庄（Château Ducru-Beaucaillou）、金玫瑰酒庄（Château Gruaud-Larose）、雄狮酒庄（Château Léoville Las Cases）、巴顿酒庄（Château Léoville-Barton）、波菲酒庄（Château Léoville-Poyferré）。此外还有三级酒庄力关酒庄（Château Lagrange）、丽冠巴顿酒庄（Château Langoa-Barton）和四级酒庄龙船酒庄（Château Beychevelle）、班尼尔酒庄（Château Branaire-Ducru）、圣皮尔酒庄（Château Saint-Pierre）、大宝酒庄（Château Talbot）。该地区土壤是深厚的砾石，以赤霞珠为主，酿出的酒的风格较波亚克更加细腻优雅。

（4）玛歌（Margaux）

和前面3个村庄不同，玛歌村并不靠近河边，它坐落于上梅多克内陆南面，一片宽阔深厚的砾石台地，总共有约1400公顷葡萄园。梅多克的列级酒庄中，玛歌村就占了1/2，其中排名第一的是一级酒庄玛歌酒庄（Château Margaux）。玛歌村的酒呈女性化的风格，轻盈温顺，以细腻柔美的口感著称，完全不同于波亚克厚重强劲的风格，这也和当地种植较多比例的美乐品种有关。其著名酒庄还有二级酒庄鲁臣世家酒庄（Château Rauzan-Ségla），三级酒庄麒麟酒庄（Château Kirwan）、宝玛酒庄（Château Palmer）、菲丽酒庄（Château Ferrière）等。值得一提的是宝玛酒庄（Château Palmer）虽然只是三级酒庄，在玛歌地区的声望却仅次于玛歌酒庄。

2.格拉夫（Graves）

格拉夫“Graves”这个法语单词的意思就是砾石，当地有很多一片片的砾石土壤，大多数地区并不是上梅多克地区那样深厚的砾石，而是多混合着沙质土壤，并较为平坦。格拉夫地区位于波尔多南部，气候更为温暖，有益于葡萄成熟，美乐的种植比例相较于梅多克地区更高，因此这里的红葡萄酒更加柔和，多一些甜美的果味。白葡萄酒通常都是干型，不过也有少量甜酒的酿造。

格拉夫是波尔多唯一一个红白葡萄酒都非常出色的产区，这在以红葡萄酒为主导的波尔多尤其可贵。其最精华的产地位于格拉夫北部的佩萨克－雷奥良（Pessac-Léognan）产区，该产区于1987年被单独划分为法定产区，区内汇集了众多的格拉夫列级酒庄。佩萨克－雷奥良的土壤由一层厚厚的砾石构成，最厚的地方可达2~3米。干白葡萄酒主要是用长相思和赛美容调配，再用新橡木桶培养，酿出的酒色泽金黄，带有蜂蜜、槐花、柑橘类水果的香气，具有极强的陈放能力，常可达数十年。一级酒庄侯伯王酒庄（Château Haut-Brion）是区内最负盛名的酒庄，无论红白葡萄酒都相当精彩，此外精英酒庄还有伯纳德骑士酒庄（Domaine de Chevalier）、美讯酒庄（Château La Mission-Haut-Brion）、拉图尔－侯伯王酒庄（Château Latour-Haut-Brion）、奥利弗酒庄（Château Olivier）等。

3. 苏玳与巴尔萨克（Sauternes & Barsac）

该产区位于波尔多南部，加龙河左岸，绵延40多千米，是波尔多最精华的贵腐甜酒产区。苏玳法定产区集合了5个村庄，其中包括巴尔萨克地区。土壤主要为沙砾土，覆盖在一层石灰质黏土上。葡萄园西面被一大片松林所庇护，以抵抗恶劣的天气。葡萄品种主要以赛美容为主，因其皮薄，所以容易感染贵腐霉。常加入长相思调配可以起到加酸的作用，并且也增添一些果香。有时候添加密斯卡黛葡萄为葡萄酒带来野生植物的气息。

在秋季，水温较低的西陇溪（Ciron）水注入加龙河生成大量的水汽，因此河的两岸常常是雾气弥漫。潮湿的空气让葡萄皮变得湿软、薄弱，容易滋生贵腐霉菌，细长的菌丝能蚀穿葡萄果皮，让葡萄皮表面形成千百万个小孔。午后太阳升起，葡萄里面的水分顺着小孔蒸发出来，果肉干缩，浓缩成金黄色果酱般的葡萄，糖分和香气都无比浓郁，还带有特殊的贵腐香气。由于感染贵腐霉的时间和程度不同，所有贵腐葡萄的采摘只能手工进行，每次仅采用接近成为葡萄干的贵腐葡萄，并需要进行多次反复采摘，有时采摘时间长达数月，产量极低，因此格外的珍贵。苏玳区的甜酒可谓是全世界最为浓郁奢华的甜酒，浓郁的蜂蜜、杏桃的香气伴随着馥郁甜美的酒液，其最著名的就是超一级酒庄滴金酒庄（Château d'Yquem），又译伊甘酒庄。北部的巴尔萨克地区，风格并不像苏玳那般浓甜，却显得更为均衡优雅。

4. 圣埃米利永（Saint-Émilion）

圣埃米利永是波尔多右岸最重要的产区，也是波尔多最古老的产区，共有5400公顷葡萄园。这里地形复杂，平原、坡地、台地交替分布，土壤以黏土和沙质土为主，混合少量的砾石。葡萄酒的风格也变化多样。葡萄主要以美乐为主，有些地区会使用更多的品丽珠，通常使用新法国橡木桶熟成。年轻的酒带有红色水果香气，成熟后会生成复杂的皮革、松露香气，口感柔和圆润，单宁如同丝绸般顺滑。得益于10年更新1次的分级制度，圣埃米利永的酒庄保持着一贯的较高水准。该地区最著名的酒庄是一级特等酒庄A级的欧颂酒庄（Château Ausone）、白马酒庄（Château Cheval Blanc）、金钟酒庄（Château Angélus）、柏菲酒庄（Château Pavie），尤其是欧颂酒庄，近10年来酒价不断攀升，已经接近波美侯酒王柏图斯酒庄（Château Pétrus）。

邻近圣埃米利永，还有4个卫星产区，这里的酒风格和圣埃米利永相近，但相对更加简单些，因此价格也会便宜一些。这4个产区是吕萨克（Lussac–Saint–Émilion）、蒙塔涅（Montagne Saint–Émilion）、普瑟冈（Puisseguin Saint–Émilion）和圣乔治（Saint–Georges Saint–Émilion）。

5.波美侯（Pomerol）

紧挨着圣埃米利永的这一块小产区，仅700多公顷，总体上看，葡萄酒的价格比周围都高出一截，虽然大部分的酒庄都很小，产量也低，但经过几十年的发展，波美侯已今非昔比，在右岸中具有帝王般的地位。

波美侯位于一大片平坦的台地上，东北部地势略高，有着厚厚的沙质结土层，是美乐最喜欢的土壤，许多著名的酒庄都位于此地，如柏图斯酒庄（Château Pétrus）、拉尔弗酒庄（Château Lafleur）。这里出产的酒较其他地区更为厚重坚实，能体现出美乐最强劲和丰满的一面。随着陈年，又能展现出细微的复杂和变化。当然价格也是远远高于其他地区，如著名的里鹏酒庄（Le Pin）就要卖到几万元一瓶。有意思的是，虽然波美侯声名远播，但该地区却没有自己的分级制度，无论多贵的酒也仅只标示“Pomerol”产地。

位于波美侯北部的拉朗德–波美侯（Lalande–de–Pomerol），也拥有上佳的黏土土壤，购买这里的酒，能够以较低的价格欣赏到波美侯的风味。

表1–17　波尔多葡萄酒产区一览表

<table>
<tr><th>名称</th><th colspan="2">产区概况</th></tr>
<tr><td rowspan="4">梅多克和上梅多克（Médoc & Haut Médoc）</td><td rowspan="4">梅多克是波尔多最著名的产区之一，以圣爱斯泰夫为界，葡萄园被分为两部分，圣爱斯泰夫及以南地区，地势较高，被称为上梅多克，有着最适合赤霞珠生长的砾石土壤。
在圣爱斯泰夫村庄北部被称为下梅多克地区，这里地势较低，赤霞珠种植较少，位于砾石土壤的葡萄园能酿出精彩久存的红葡萄酒</td><td>圣爱斯泰夫：该地区的酒口感显得艰涩细瘦，单宁坚实强劲。现在有更多的酒庄增加美乐的种植比例，以增加丰盈柔和的口感</td></tr>
<tr><td>波亚克：是梅多克地区最著名的酒村，波亚克的红葡萄酒有着庞大结实的骨架，单宁强劲饱满，口感厚重，聚集着众多的明星酒庄，五大一级庄中的拉菲酒庄 、拉图酒庄、木桐酒庄都在波亚克村内</td></tr>
<tr><td>圣朱利安：葡萄园土壤是深厚的砾石，以赤霞珠为主，酿出的酒的风格较波亚克更加细腻优雅</td></tr>
<tr><td>玛歌：坐落于上梅多克内陆南面，玛歌村的酒呈女性化的风格，轻盈温顺，以细腻柔美的口感著称，完全不同于波亚克厚重强劲的风格，与当地种植较多比例的美乐品种有关</td></tr>
</table>

续表

名称	产区概况
格拉夫（Graves）	位于波尔多南部，是波尔多唯一一个红白葡萄酒都非常出色的产区，这里的红葡萄酒更加柔和一些，多一些甜美的果味。白葡萄酒通常都是干型，不过也有少量甜酒的酿造
苏玳与巴尔萨克（Sauternes & Barsac）	位于波尔多南部，加龙河左岸，是波尔多最精华的贵腐甜酒产区。葡萄品种主要以赛美容为主，因其皮薄，所以容易感染贵腐霉。苏玳区的甜酒可谓是全世界最为浓郁奢华的甜酒，浓郁的蜂蜜、杏桃的香气伴随着馥郁甜美的酒液。北部的巴尔萨克地区，风格并不像苏玳那般浓甜，却显得更为均衡优雅
圣埃米利永（Saint-Émilion）	是波尔多右岸最重要、最古老的产区，地形条件复杂。葡萄主要以美乐为主，有些地区会使用更多的品丽珠，通常使用新法国橡木桶熟成。年轻的酒带有红色水果香气，成熟后会生成复杂的皮革、松露香气，口感柔和圆润，单宁如同丝绸般顺滑。顶级的圣埃米利永有20年以上的陈年能力
波美侯（Pomerol）	位于一大片平坦的台地上，是美乐最喜欢的土壤，许多著名的酒庄都位于此地，这里出产的酒较其他地区更为厚重坚实，能体现出美乐最强劲和丰满的一面。随着陈年，又能展现出细微的复杂和变化

八、西南产区

（一）产区历史概况

从历史上看，这里葡萄种植历史悠久，早在公元前1世纪，西南产区就已经开始了葡萄种植，并在罗马帝国时期迅速发展。而后，由于波尔多的地方保护主义，西南产区长期笼罩在波尔多的阴影之下。有将近5个世纪的时间，西南产区的葡萄酒必须等到波尔多葡萄酒售罄之后才能通过波尔多的经销商以波尔多之名销售到海外市场。随着地方铁路的发展，西南产区终于迎来了自己的大发展。

（二）气候与地理环境

西南产区位于波尔多产区南侧，西邻大西洋，多尔多涅河（Dordogne）和加龙河（Garonne）的上游正好处于该产区。该产区幅员辽阔，是法国第五大葡萄种植产区，葡萄种植总面积达到50000公顷，主要分布在阿基坦大区（Aquitaine）和比利牛斯地区（Pyrénées）西边。这里每年葡萄酒产量约4.5亿瓶，其中白葡萄酒2.42亿瓶，红葡萄酒和桃红葡萄酒2.08亿瓶，30%的葡萄酒为法定产区AOP级。这里土壤类型丰富多样（黏土、石灰石和鹅卵石），加上品种繁多的优良本土葡萄品种，西南产区是整个法国葡萄酒产区中葡萄酒品种最齐全、风味最丰富多样的产区之一。

这里的气候较为复杂多变，因为相较于地中海，这里更靠近大西洋，所以当地受到海洋性气候影响强，而受地中海气候影响较弱，东部内陆地区为大陆性气候，夏季炎热，秋季温和且光照充足，冬季与春季凉爽多雨，为葡萄的生长创造了非常好的先天条件。

（三）主要葡萄品种

西南产区主要葡萄品种有：赤霞珠、美乐、丹娜、赛美蓉、长相思、白玉霓。

（四）主要葡萄酒产区

1.贝尔热拉克与多尔多涅河（Bergerac & Dordogne）

贝尔热拉克和多尔多涅河位置最接近波尔多，产区气候与波尔多也极其相似，都受到大西洋气候影响，因为更靠近大陆，所以相较波尔多气候更加温暖，葡萄园多分布在多尔多涅河两岸。之所以说这里出产的葡萄酒有着波尔多的影子，是因为这里出产的红、白或桃红甚至是贵腐甜白都采用波尔多的葡萄品种酿造，如以出产白葡萄酒闻名的蒙哈维尔（Montravel），以出产更为丰满类型红葡萄酒闻名的佩夏蒙（Pécharment），以及以出产贵腐甜白葡萄酒闻名的索西涅克（Saussignac）、罗塞特（Rosette）和蒙巴齐亚克（Monbazillac）。这里常见的白葡萄品种有长相思、白玉霓、赛美蓉、白诗南、密斯卡黛、昂登（Ondenc），红葡萄品种有赤霞珠、品丽珠、美乐、马尔贝克、梅瑞乐（Mérille）。

2.加龙河与塔恩河（Garonne & Tarn）

该区域以两大主要河流命名，位于西南产区的东部，产酒区域一直延伸到法国南部的第四大城市——图卢兹（Toulouse）。这里气候多变，偏西面的位置主要受大西洋气候影响，而偏东面的地方则以地中海气候为主，高温少雨，不过气温也不会很高。这里种植的葡萄品种与贝尔热拉克和多尔多涅河产区类似，只不过还掺杂着一些本土品种，红葡萄品种有费尔莎伐多（Fer Servadou）、杜拉斯（Duras）、佳美（Gamay）、内格瑞特（Négrette）、西拉（Syrah）、丹娜（Tannat）、阿布修（Abouriou）、黑普鲁内拉（Prunelard）、神索（Cinsault）、黑福尔（Jurançon Noir）、莫泽格（Mouyssaguès）和黑皮诺（Pinot Noir）；白葡萄品种有兰德乐（Len de l' EL）、白莫扎克（Mauzac Blanc）。

（1）布哈瓦兹（Brulhois）与布泽（Buzet）

布哈瓦兹以风格强劲有力的红葡萄酒闻名，而布泽则主要以波尔多品种酿造红、白和桃红葡萄酒。杜拉斯丘（Côtes de Duras）、马蒙德丘（Côtes du Marmandais）、米劳丘（Côtes de Millau）等子产区也出产风格各异的葡萄酒，而子产区圣桑多（Saint-Sardos）则出产充满甘草和香料气息的红葡萄酒和果味充沛的桃红葡萄酒。

（2）弗龙东（Fronton）

弗龙东是一个AOC级产区，位于图卢兹以北。早在中世纪，这里就以充满显著的动物气息和紫罗兰味的内格瑞特（Négrette）葡萄酒而闻名。

（3）加亚克（Gaillac）

加亚克是该产区最大的子产区。这里有着西南产区最古老的葡萄园，也是好几种本土葡萄的原产地，如兰德乐、杜拉斯、黑普鲁内拉和费尔莎伐多等。

（4）加亚克一级丘（Gaillac Premières Côtes）

加亚克一级丘是一个新晋AOC级产区，仅出产白葡萄酒，也出产大量的甜酒和起泡酒。这里的葡萄园海拔都高达140~300米，土壤以石灰石、黏土为主，地下水资源丰富，该地区受大西洋和地中海气候双重影响。

3.洛特河（Lot）

这一区域是葡萄品种马尔贝克的故乡，同时受到大西洋气候和地中海气候双重影响。这里种植的葡萄品种与加龙河和塔恩河种植的葡萄品种相同。卡奥尔（Cahors）是这里最出名的子产区，因为它是马尔贝克的故乡。卡奥尔红葡萄酒承蒙英国和俄国皇室的恩宠已达数个世纪之久。卡奥尔出品的葡萄酒颜色深邃，充满浓郁的李子、烟草气息，有时还伴随有一抹植物性气息。马西亚克（Marcillac）和凯尔西丘（Côteaux du Quercy）出产单宁结实的红葡萄酒和口感圆润的桃红葡萄酒，埃斯坦（Estaing）出产果味精致的白葡萄酒和充满红色浆果风味、口感顺滑的红葡萄酒，两者特别适合酒体年轻时饮用。艾特雷克-勒弗（Entraygues-Le Fel）则位于多石的山坡之上，地势陡峭，阳光充沛，因此这里出产的葡萄酒陈年潜力较强。

4.比利牛斯山区

比利牛斯山是法国和西班牙的天然国界，这里出产的葡萄酒风格粗犷，主要采用本土葡萄品种丹娜酿造，其他品种还包括：白葡萄品种白卡拉多（Camaralet）、大芒森（Gros Manseng）、小芒森（Petit Manseng）、露泽（Lauzet）、阿芙菲雅（Arrufiac）、拉菲亚（Raffiat）、库尔布（Courbu）、白克莱雷（Clairette Blanche）和巴洛克（Baroque）；红葡萄品种黑芒森（Manseng Noir）、丹娜、黑库尔布（Courbu Noir）、费尔莎伐多（Fer Servadou）。

（1）马迪朗（Madiran）

马迪朗是这里最著名的AOC级产区，丹娜则是这里的红葡萄品种之王。根据产区法规定，这里的丹娜葡萄酒必须以60%以上的丹娜酿造，不过，在这里发现采用100%的丹娜酿造的葡萄酒也并非难事。丹娜葡萄酒充满浓郁的黑色水果味，还伴有烘烤的香料气息，单宁丝滑，数个世纪以来都深受人们的喜爱。

（2）维克-贝勒帕夏尔（Pacherenc du Vic-Bilh）

维克-贝勒帕夏尔位于法国和西班牙交界处，这里出产的干白葡萄酒以热带水果味和果脯味著称，而贵腐甜白葡萄酒则充满了新鲜核果味和白色花香味。

（3）伊卢雷基（Irouléguy）

伊卢雷基是法国巴斯克地区唯一的AOC级产区，葡萄园大多位于陡峭的山坡上，出产美味的干白葡萄酒和泛着泥土气息的精致红葡萄酒。

（4）图尔桑（Tursan）

图尔桑以本土白葡萄品种巴洛克最为出名。而在圣山（Saint Mont）产区，一些老藤葡萄树树龄超过150年，其红葡萄酒充满浓郁黑色水果气息，白葡萄酒充满新鲜矿物味，而桃红葡萄酒则充满红色浆果气息。

（5）贝恩产区（Bearn）

贝恩产区以种植丹娜为主，而其邻居朱朗颂（Jurançon）则仅出产白葡萄酒，其中以朱朗颂甜白最为出名。

此外，西南产区还拥有众多IGP级葡萄酒产区，如加斯科涅丘（Côtes de Gascogne IGP）、塔恩丘（Côtes du Tarn IGP）、阿列日（Ariège IGP），等等。

九、罗讷河谷产区

（一）产区历史概况

罗讷河是连接地中海、北欧和大西洋的重要通路，是古代法国内陆贸易最重要的地标。古希腊人从罗讷河向北航行至高卢经商，用酒换取大量的生活用品，当时主要用来运输葡萄酒的器皿是罗马双耳陶罐。大量的考古发现和长期的史学研究使我们能够比较自信地说，罗讷河谷产区的葡萄酒比起法国许多其他产区，有着更加悠久的历史。

罗马人在罗讷河谷的北部建造了维也纳城，并在罗第（Côte-Rôtie）和埃米塔日（Hermitage）陡峭的坡地上开始了葡萄的种植。拜罗马人所赐，1世纪以后，这里成了当时最好的葡萄酒产地，这些酒大多外销到了罗马及海外国家。14世纪，罗马教皇五世克雷芒将教廷迁移到罗讷河南部的阿维尼翁地区。后来，教皇约翰二十二世在教皇新堡（Châteauneuf du Pape）修建了一座宏伟的城堡作为自己的行宫，这里的酒也被称为教皇新堡葡萄酒，在17世纪，罗讷河谷丘（Côte du Rhône）的酒也越来越受到人们的关注，每个人都喜欢这种带有香料味的“罗讷河酒”。为了保证该地葡萄酒的纯正性，国王颁布法令，所有运输和销售使用的酒桶必须贴上印有字母“C. D. R.”的商标贴。

提起法国有名的AOP制度，一定要提到一个人，那就是罗伊公爵（Pierre Le Roy de Boiseumarié）。在20世纪初，有些不法商人将其他地区的葡萄酒冠以教皇新堡的名义贩卖，使教皇新堡葡萄酒在名声上陷入了危机。罗伊公爵和当地的庄主制定出一套教皇新堡葡萄酒种植、酿造的规范标准，以保证葡萄酒的真实性和品质。可以说，这是法国最原始的AOP产地命名制度的雏形。后来，这个理念被推广到全法国，于1936年诞生了历史上最重要的AOP产地制度。AOP制度严格规定了种植区域、品种、产量、剪枝方法、采摘技术、酿造方法以及人文等各方面要素，保证了各个产地的质量和风格。1937年，罗讷河谷也加入了这个系统。

（二）气候与地理环境

罗讷河谷地区从法国中部一直延伸到地中海附近，长长的罗讷河由北到南，贯穿整个河谷地区。从地理位置上，我们把罗讷河谷被分为南北两块，北罗讷河从维埃纳城（Vienne）开始一直向南延伸至瓦朗斯（Valence），约40千米，长呈带状，属于大陆性气候形态，土壤以花岗岩、板岩为主，很多葡萄园种植在陡峭的梯田上。

由瓦朗斯开始至蒙特里马尔（Montélimar）之间约50千米没有葡萄种植，但在空白带东部的迪城（Diois）地区，有一个很大的产地——德蒂克莱雷（Clairette du Die），当地气候因受到山峰影响而更加温和，土壤由坡地底部倒塌的花岗岩泥石构成，非常适合克莱尔特（Clairette）和麝香葡萄（Muscat）的生长，该地区大量生产起泡酒。

蒙特里马尔以南开始则是南罗讷河产区，地域宽广属于地中海型气候，气温高，夏季长，日照充足。土壤种类多样，以河流的冲积土壤为主，还包含卵石、红色砂质黏土、砾岩等。南罗讷河地区还经常刮密斯托拉风（Mistral），这种强风来自阿尔卑斯山，冷而干燥，对河谷的葡萄种植造成很大的影响，需要搭建支架预防葡萄树被风吹折。

（三）主要葡萄品种

罗讷河谷可以说是拥有最复杂的葡萄品种，总共可以使用20多种葡萄品种（见表1-18）。当地酿酒师富有想象力的混搭手法，配合当地风格迥异的葡萄，诞生了很多不平凡的作品。

1. 三大主要红葡萄品种

三大主要红葡萄品种为：歌海娜（Grenache）、西拉（Syrah）、慕合怀特（Mourvèdre）。

歌海娜是南罗讷河地区最重要的葡萄品种，主要用于和西拉以及慕合怀特调配，把3个葡萄品种的开头合起来，可以简称为“GSM”。歌海娜是个晚熟的葡萄酒品种，只有南罗讷河炎热的气候和阳光才能使它完美成熟，酿造出高酒精度、口感圆润的葡萄酒。歌海娜颜色较浅，因此也常用于酿造桃红葡萄酒。

西拉是北罗讷河地区酿造红葡萄酒的唯一红葡萄品种，酿造出的酒颜色深黑，单宁结实、耐久存，还带有强烈的胡椒和香料风味，罗第（Côte-Rôtie）允许最多使用20%的维欧涅和西拉混合，以获得柔和的口感。在南罗讷河地区，西拉主要用于和歌海娜、慕合怀特调配，给酒提供颜色、果香和单宁。

慕合怀特颜色深黑，单宁强劲，带着强烈的香料气息，主要用于调配，给酒中增添单宁和结构。

2. 九个次要红葡萄品种

九个次要红葡萄品种为：佳丽酿（Carignan）、神索（Cinsault）、黑古偌瓦兹（Counoise

Noire）、黑莫斯卡丹（Muscardin Noir）、卡马海斯［Camarèse，也称为黑瓦卡尔斯（Vacarèse Noir）］、黑匹格普勒（Picpoul Noir）、黑德瑞（Terret Noir）、灰歌海娜（Grenache Gris）、桃红克莱雷（Clairette Rose），最后两个品种常常用于酿造桃红葡萄酒。

3. 六大主要白葡萄品种

六大主要白葡萄品种为：玛珊（Marsanne）、瑚珊（Roussanne）、维欧尼（Viognier）、白歌海娜（Grenache Blanc）、克莱雷（Clairette）、布尔布朗（Bourboulenc）。

玛珊和瑚珊在一起，便可酿造出最精彩的罗讷河白葡萄酒，其亲密程度就像长相思和赛美容一样，各自的特点完美结合互相交融，爆发出无穷的力量，诞生出口感厚实，带有蜂蜜、缎花香气的顶级干白。

维欧尼的特点是极其芬芳，带有浓郁的杏子、水蜜桃的果香，让人一闻就难以忘怀，可惜酸度较低不耐久存，加之产量不高，总共种植面积不到100公顷，仅种植在格里叶堡（Château-Grillet）和孔得里约（Condrieu）地区。可喜的是，随着维欧尼在新世界开始崭露头角，这里也变得相当受关注了。

4. 两个次要白葡萄品种

两个次要白葡萄品种为：白玉霓（Ugni Blanc）、白匹格普勒（Picpoul Blanc）。

表1-18　罗讷河谷产区主要葡萄品种一览表

分类	品种名称
主要红葡萄品种	歌海娜（Grenache）、西拉（Syrah）、慕合怀特（Mourvèdre）
次要红葡萄品种	佳丽酿（Carignan）、神索（Cinsault）、黑古偌瓦兹（Counoise Noire）、黑莫斯卡丹（Muscardin Noir）、卡马海斯也称为黑瓦卡尔斯（Camarèse/Vacarèse Noir）、黑匹格普勒（Picpoul Noir）、黑德瑞（Terret Noir）、灰歌海娜（Grenache Gris）、桃红克莱雷（Clairette Rose）
主要白葡萄品种	玛珊（Marsanne）、瑚珊（Roussanne）、维欧尼（Viognier）、白歌海娜（Grenache Blanc）、克莱雷（Clairette）、布尔布朗（Bourboulenc）
次要白葡萄品种	白玉霓（Ugni Blanc）、白匹格普勒（Picpoul Blanc）

（四）分级制度及主要产区

罗讷河谷生产全系列的葡萄酒，以红葡萄酒为主，在利哈克（Lirac）和塔维勒（Taval）两个产区也出产桃红葡萄酒。在圣佩雷（Saint-Péray）和德蒂（Die）两个产区生产起泡酒，圣佩雷使用玛珊和瑚珊酿造，而黛只使用白克莱雷。南部地区的博姆-德沃尼斯（Beaumes-de-Venise）和拉斯多（Rasteau）两个产区则生产天然甜葡萄酒（VDN），博姆-德沃尼斯使用品种为小粒种白麝香（Muscat Blanc à Petits Grains），酿出的甜酒水准极高，拉斯多则使用黑、白、灰3种歌海娜品种酿造，风格接近葡萄牙的波特酒，但更加细致。此外罗讷河丘还生产白兰地和果渣白兰地。

图1-18　罗讷河谷分级

罗讷河等级的划分很有意思，除以质量来划分外，还加入了地域概念。罗讷河产区内的法定产区主要分为3级（见图1-18）：最低等级是罗讷河丘（Côte-du-Rhône），属于大区级；更高一级是村庄级，可以标注（Côte-du-Rhône Villages），共有95个村庄在此范围内，其中有16个条件好的村庄可以标注村名；最高等级是15个条件最好的独立村镇，被称为“Les Crus”。

1.罗讷河丘（AOP Côte-du-Rhône）

只有位于罗讷河两岸的葡萄园才有资格标注上罗讷河丘（Côte-du-Rhône），可见坡地在罗讷河人眼里是多么的重要，宁可让标签复杂无比，也决不放弃精确的划分。罗讷河丘的产区范围很广，种植面积40200公顷，有6000个生产商，占有罗讷河一大半的产量。酿造风格大多是使用混合品种达到平衡，主要以歌海娜、西拉和慕合怀特三者为主，酿出的酒带有成熟的果味和热情洋溢的口感。神索在桃红葡萄酒和新酒里表现出细腻的果香，白葡萄酒则融合六大白葡萄酒品种的各种风格，可以显现出新鲜且复杂的香气。根据1996年的新条例，红葡萄酒和桃红葡萄酒中歌海娜最少使用量为40%（使用单一品种西拉的北罗讷河除外），所有葡萄酒最低自然酒精度不得低于11%vol。

2.罗讷河丘村庄（AOP Côte-du-Rhône Villages）

位于德龙省（Drôme）、沃克吕兹省（Vaucluse）、加尔省（Gard）和阿尔代什省（Ardèche）的95个村庄被允许生产该级别酒，种植面积4550公顷，土壤变化多样，在黏土和石灰质为主的土壤上，酿出的酒富于甜美的果香，口感迷人，优雅精致。在干燥多石的土壤上，酿出颜色深、香味浓郁、口感圆润，结构强的红葡萄酒。红葡萄酒使用歌海娜最少为50%，西拉或慕合怀特最少为20%，其他品种不得超过20%。桃红葡萄酒除品种比例和红葡萄酒有相同限制外，混入的白葡萄酒品种不得超过20%。白葡萄酒除六大品种之外，其他比例不许超过20% 。所有葡萄酒最低自然酒精度不得低于12%vol。

16个上等酒村允许在标签的AOP罗讷河丘村庄AOP后面加上自己的村庄名，除遵守村庄酒相同条例外，生产条件和品质也更为严格一些，这个等级的酒更加复杂且具有个性，陈年能力也更强。这16个村庄名分别是罗榭古德（Rochegude）、鲁塞村

（Rousset-les-Vignes）、圣莫里斯村（Saint-Maurice）、圣潘塔雷昂（Saint-Pantaléon-les-Vignes）、万索布雷（Vinsobres）、许思克朗（Chusclan）、洛丹村（Laudun）、圣热尔韦村（Saint Gervais）、博姆－德沃尼斯（Beaumes-de-Venise）、凯拉纳村（Cairanne）、拉斯多（Rasteau）、罗艾村（Roaix）、萨布莱村（Sablet）、赛古埃村（Séguret）、瓦尔西村（Valréas）、维桑村（Visan）。

3.罗讷河丘特级村镇（AOP Crus des CDR）

来自罗讷河谷的15个独立村镇，出产最好的罗讷河佳酿，用Cru来标示这些酒具有好的骨架和肌肉，善于陈放，并带有鲜明的个性和特色，是最值得尝试的酒。其中北罗讷河有8个，南罗讷河有7个这样的特级村镇，下面介绍一些重点的村镇。

（1）北罗讷河特级村镇

1）罗第（Côte-Rôtie）

法国最古老的葡萄酒种植地之一，法文原意是灼热的山丘。这里的葡萄树种植在陡峭的梯田上，常年暴晒在热烈的阳光下，却酿出全球最为顶级、最让世人仰慕的西拉葡萄酒。根据土壤和地形的不同，罗第还分为棕丘（Côte Brune）和金丘（Côte Blonde），棕丘土壤呈现褐色，由黏土混合铁氧化物组成，酿出艰涩紧实的红葡萄酒。金丘表面覆盖一层沙质石灰石，色泽较浅，酿出的酒更加均衡优雅。大多数罗第的葡萄酒混合两边的葡萄酿造，有3款来自吉佳乐世家的罗第酒最为有名，被称为“La La La”，分别是兰度（La Landonne）、图克（La Turque）、慕林（La Mouline），是酒迷朋友们绝对值得一试的好酒。罗第使用单一红葡萄品种西拉，但最多可以使用20%的维欧尼调配，给酒增加更多的新鲜度并均匀西拉艰涩的口感，最好的罗第能体现罗讷河酒最为均衡优雅的一面。

2）孔得里约（Condrieu）和格里叶堡（Château Grillet）

孔得里约紧挨着罗第，是罗讷河地区备受好评的白葡萄酒圣地，种植法国非常少见的维欧尼葡萄，酿出的干白带着浓郁的杏子、水蜜桃以及精巧的椴花香气，唯一的缺点是口感酸度较低，不耐久存。这里维欧尼葡萄的种植面积不超过100公顷，产量非常稀少，酒价因此也较贵，不过却非常值得体验一下这种花朵在口中绽放的感觉。

在孔得里约的产区里面还有一个独立的袖珍法定产区格里叶堡，全区只有一个葡萄酒庄，面积只有大约3.8公顷。这里的维欧尼至少要在橡木桶内熟成两年，香气浓郁细腻，口感饱满圆润，有杏仁味，好的年份具有陈年能力，酒价则更为昂贵。

3）圣约瑟夫（Saint-Joseph）

圣约瑟夫酿酒葡萄的种植面积不断扩充，现在的面积已经有920公顷，最好的葡萄园位于花岗岩土壤的坡地上，主要使用的红葡萄酒品种是西拉，可以添加不超过10%

的白葡萄玛珊和瑚珊，口感较为柔和，白葡萄酒也非常出色。

4）埃米塔日（Hermitage）和克罗兹－埃米塔日（Croze–Hermitage）

埃米塔日红葡萄酒曾在19世纪前相当长一段时间内被公认为是最贵最好的红葡萄酒之一，传说骑士斯特利伯格厌倦了屠杀和与阿比尔派教徒的斗争，来到此地虔心忏悔，同时在这块能够俯瞰泰纳村（Tain）的地方种植葡萄。

埃米塔日的葡萄园分布在最好的南向斜坡上，让葡萄得到完美的成熟。大多数埃米塔日红葡萄酒都是使用100%西拉酿造，年轻的酒液深黑，扑鼻而来的是黑醋栗、黑胡椒和紫罗兰的复杂香气，口感相当艰涩，极耐久存。陈年后能展现出诱人的酒香和细密紧实的口感。埃米塔日的白葡萄酒和它的红葡萄酒一样出色，由于产量更少，尤其显得珍贵。酒体年轻时带有蜂蜡、杏仁、烤杏仁的香气，口感丰润，陈年能力极强，能陈放20年以上。环绕埃米塔日的克罗兹－埃米塔日，地势较为低矮，酿出的酒更多果味，口感更加清淡可口，但也不乏出产一些精彩的好酒。

5）圣佩雷（Saint–Péray）

圣佩雷地区主要生产起泡酒，采用的是传统香槟发酵法，带有花香和柑橘香，具有清新活跃的酸度。顶级的圣佩雷有着香槟酒的力道和细腻，主要使用玛珊葡萄酿造。

6）科尔纳斯（Cornas）

科尔纳斯产区种植面积仅有90公顷，却是北罗讷河最为粗犷硬实的西拉葡萄酒，口感厚重沉滞，需要足够的耐心等待熟化，近年来新式酿酒法使酒质变得柔软，酒体年轻时容易入口，不过仍有一些传统的酿酒师坚决捍卫科尔纳斯原始的风味。

（2）南罗讷河特级村镇

1）教皇新堡（Châteauneuf–du–Pape）

教皇新堡是南罗讷河的超明星产区，地处沃克吕兹（Vaucluse）省，覆盖了几乎整个教皇新堡镇与4个相邻村镇贝达里德（Bédarrides）、库特松（Courthézon）、奥兰治（Orange）、索尔格（Sorgues）。1936年得到法定原产地命名。土壤主要为大颗粒圆形鹅卵石，在吸热及反光双重作用下，成为当地最炎热干燥的地区，酿出的葡萄酒很容易达到超高的酒精度，可生产优质红、白葡萄酒。

有以下13个葡萄品种为。

红葡萄品种：歌海娜（Grenache）、西拉（Syrah）、神索（Cinsault）、慕合怀特（Mouvèdre）、库瓦兹（Counoise）（已很少种植，主要为果香，着色浅，酒体细致）、穆斯卡登（Muscardin，可增加花香和清新感）、瓦卡瑞斯（Vaccarèse，可软化酒体）、黑德瑞（Terret noir，酒精度低，色浅，花香）。

白葡萄品种：克莱雷（Claitette）、布尔布朗（Bourboulenc）、匹格普勒（Picpoul）、瑚珊（Roussanne）、皮卡丹（Picardan）（香气细腻）。

2）吉恭达斯（Gigondas）

处于沃克吕兹（Vaucluse）省的吉恭达斯境内，名字源于拉丁语“Jocunditas”（欢乐）。从12世纪起，已经有很多宗教人士在此潜心种植并扩大葡萄园，1971年得到法定原产区命名。土壤类型为红色黏土沉积层，有鹅卵石层，可生产红、桃红葡萄酒。使用葡萄品种：歌海娜（至多使用80%），混酿西拉和慕合怀特（最少15%），还可以使用其他法定葡萄品种，如佳丽酿。

吉恭达斯是南罗讷河品质最可以媲美教皇新堡的葡萄酒，而价格又平实很多，使用歌海娜作为主要葡萄品种，酿出的酒热情洋溢，充满胡椒、甘草、薰衣草的香气，陈年能力达数十年，有小教皇新堡之称。桃红葡萄酒应在酒体年轻时饮用。

3）瓦给拉斯（Vacqueyras）

位于沃克吕兹（Vaucluse）省，瓦给拉斯和萨尔里昂（Sarrians）村镇。1990年得到法定原产地命名，之前曾命名为罗讷河谷瓦给拉斯和罗讷河谷村庄瓦给拉斯。土壤为沉积层与第四纪留下的冰河沉积层。可生产红葡萄酒，以及少量的桃红和白葡萄酒。

4）博姆－德沃尼斯（Beaumes-de-Venise）

位于沃克吕兹（Vaucluse）省的博姆－德沃尼斯、拉法尔（Lafare）、叙泽特（Suzette）、拉罗屈厄阿尔里（La Roque-Alric）村镇，2005年得到法定产区命名。此地被蒙米拉伊花边山脉（Dentelles de Montmirail）挡住了来自地中海的密斯托拉风，气候较为炎热。土壤主要为泥灰岩。只生产红葡萄酒，品种为歌海娜（至少使用50%）、西拉（25%），其他葡萄品种如慕合怀特至多使用20%，白葡萄品种至多使用5%。适宜酒体年轻时饮用，也有优质年份可陈放。

5）万索布尔（Vinsobres）

位于德龙（Drôme）省万索布尔镇周围的山丘上。1956年，当橄榄树受到冰霜的摧毁后，才开始大量发展葡萄种植，2005年得到法定原产地命名。土壤为多石头的泥灰岩和冲积土。只生产红葡萄酒，品种为至少50%的歌海娜、25%的西拉，慕合怀特及其他葡萄品种至多25%。

6）塔维勒（Tavel）

塔维勒所产的酒曾备受阿维尼翁教皇的青睐，并被誉为“桃红葡萄酒之王”。该酒不同于一般清淡的桃红葡萄酒，口感和酒精度要浓郁许多。酒体年轻的时候呈现鲜明的玫瑰色，有着花香、红果香和新鲜杏仁香，在6个月至1年后，酒会显现出一点儿黄色，当地人称为雄鸡冠，这时会生出更多的坚果和杏仁气味。

7）利哈克（Lirac）

处于嘉德（Gard）省的4个村镇利哈克（Lirac）、罗克莫尔（Roquemaure）、圣洛朗代阿尔布雷带（Saint-Laurent-des-Arbres）、圣热涅德孔（Saint-Geniès-de-Comolas）。

土壤类型为沙砾土、黄土、石头层。生产红、桃红、白葡萄酒。

4. 天然甜酒（VDN）产区

（1）蜜斯嘉－伯姆维尼斯（Muscat Beaumes-de-Venise）

蜜斯嘉－伯姆维尼斯位于沃克吕兹省，蒙米拉伊花边山脉（Dentelles de Montmirail）山坡上，土壤多为沙砾土、泥灰岩、钙质土壤。罗讷河非常有特色的一款天然甜味葡萄酒（VDN），使用小粒麝香葡萄酿制，可生产桃红、白天然甜酒，带有甜美的葡萄、荔枝、梨子的甜香，口感甜腻，酒精度高。

（2）拉斯多（Rasteau）

位于沃克吕兹省的拉斯托、凯拉纳（Cairanne），萨布莱（Sablet）村镇，面积很小。土壤类型多为沙烁土、泥灰岩、红色黏土。

1994年得到天然甜酒法定产区命名，可生产红、白天然甜酒，使用葡萄品种至少90%的黑歌海娜和其他罗讷河谷法定葡萄品种，事实上，大部分以100%的黑歌海娜酿造。

2009年，其干红葡萄酒也得到了法定产区命名，使用的葡萄品种为黑歌海娜（至少50%）、西拉、慕合怀特。

5. 其他法定产区

部分AOC产区虽然也位于罗讷河流域，但是并不属于罗讷河谷（北部或南部），因此我们将它们归类为其他产区。

（1）AOC格里尼昂雷阿德马尔法定产区（Grignan les Adhrémar）

2010年前，这里曾称为特里卡丝汀丘，位于德龙省的22个村镇。土壤类型为黏土、含砂砾的泥灰岩、硬质钙土。可生产白、桃红、红葡萄酒。主要葡萄品种为白葡萄品种：白歌海娜、克莱雷、瑚珊、维欧尼。红葡萄品种：黑歌海娜和西拉、佳丽酿、神索、慕合怀特。

（2）AOC旺度法定产区（Ventoux）

非常古老的葡萄种植地，位于沃克吕兹省内的51个村镇。土壤类型为沉积土、硬质石灰石土壤。生产红、桃红、白（只占3%左右）葡萄酒，主要使用的葡萄品种有。

白葡萄品种：克莱雷、布尔布朗、白歌海娜、瑚珊 。

红葡萄品种：歌海娜、西拉、神索、慕合怀特、佳丽酿。

（3）AOC吕贝隆法定产区（Luberon）

AOC吕贝隆法定产区位于吕贝隆自然保护区中，包括36个村镇。土壤类型为红色黏土、砂砾土，可生产白、红葡萄酒。主要葡萄品种有白葡萄品种：白歌海娜、玛珊、瑚珊、克莱雷、布尔布朗；红葡萄品种：黑歌海娜、慕合怀特、西拉、佳丽酿、神索。

（4）AOC尼姆坡地法定产区（Costière De Nîmes）

AOC尼姆坡地法定产区位于加尔省中24个村镇。土壤类型为含有多石的黏土、石灰石土壤，可生产红、白葡萄酒。主要葡萄品种有白葡萄品种：白歌海娜、玛珊、瑚珊、布尔布朗、克莱雷、马卡贝奥、维蒙蒂诺、维欧尼；红葡萄品种：黑歌海娜、慕合怀特、西拉、佳丽酿、神索。

（5）AOC夏蒂隆–迪法定产区（Châtillon–en–Diois）

AOC夏蒂隆–迪法定产区是一个很小的葡萄田，只有15公顷左右，所生产的白葡萄酒清淡易饮，红葡萄酒芳香宜人，适合年轻时饮用。主要土壤为多石黏土、石灰石土壤，生产白、红葡萄酒。主要葡萄品种为白葡萄品种：霞多丽、阿里高特；红葡萄品种：佳美（至多使用75%）、黑皮诺、西拉。

（6）AOC 德蒂克莱雷法定产区（Clairette de Die）

起泡酒产区，位于德龙省。土质为黏土、石灰石土壤，页岩、黑色石块层。

（7）AOC德蒂克莱雷法定产区古老酿造法（Clairette de Die Méthode Dioise Ancestrale）

使用葡萄品种：小粒麝香（带来香气），克莱雷（带来细腻）。

（8）AOC德蒂克莱雷法定产区传统酿造法（香槟法）（Clairette de Die Brut）

使用葡萄品种：100%克莱雷。

（9）AOC迪镇起泡酒法定产区（香槟法）（Crémant de Die）

使用葡萄品种：至少55%的克莱雷，以及麝香葡萄、阿里高特。

（10）AOC迪丘法定产区（静止酒）（Côteaux de Die）

平静型白葡萄酒，使用克莱雷酿造，产量小。

（11）AOC 维瓦莱山坡法定产区（Côtes du Vivarais）

位于阿尔代什省（Ardèche）与加尔省（Gard），主要土壤为石灰石土壤，可生产红、桃红、白葡萄酒。使用葡萄品种有白葡萄酒品种：白歌海娜、克莱雷、玛珊；红葡萄品种：歌海娜（红葡萄酒至少使用30%，桃红葡萄酒使用60%~80%）、西拉（红葡萄酒至少使用40%，桃红葡萄酒10%）、神索。

十、朗格多克和露喜龙

（一）产区历史概况

朗格多克和露喜龙（Languedoc–Roussillon）产区位于法国南部的地中海沿岸，是最具南法风情的葡萄酒产区。美丽的葡萄园从罗讷河的入海口，形如一轮美丽的月牙，经过连绵起伏的山丘和开阔的平原，沿着地中海岸一直蜿蜒到西班牙北部的比利牛斯山。当地炎热的气候非常适合葡萄的成熟，是法国面积最大的葡萄酒产区，产量高达全国总量的30%，其中价格便宜、质量上乘的地区餐酒产量，占法国餐酒的60%，是法国当之无愧的餐酒之王。

早在公元前6世纪，希腊人就已经在朗格多克地区种葡萄和酿酒了。随后罗马人进驻，给这个地区带来了活力和繁荣。17—19世纪，随着南方运河的开通和南北铁路的贯通，朗格多克和露喜龙地区的葡萄酒销售飞速增长且声名远扬，历史上称为黄金年代。紧接着，厄运来临，随着根瘤蚜虫病横扫整个法国，葡萄酒的产量急转直下，市场出现了严重的供不应求。后来人们发现嫁接的美洲葡萄品种根可以抵抗根瘤蚜虫病后，该地区又再次掀起了栽种葡萄的热潮。为了满足市场的需求，获得更多的利益，大部分酒庄种植的都是高产量、品质低的葡萄，也给消费者留下了低价葡萄酒的印象。随后一场生产过剩的危机发生了，导致葡萄酒的销售价格大跌，很多酒庄纷纷破产，该地区的声誉飞速下滑。为了挽救这场危机，当地政府决定拔除大量的葡萄树，并逐步更换成高品质的葡萄品种。进入20世纪60年代后，朗格多克和露喜龙地区的葡萄酒品质获得了改善和长足的进步，并在最近10年来飞速发展，葡萄酒明星不断产生。2007年，法国国家原产地命名管理局（INAO）又在当地划分出了法国最大的一个大区级AOP产区——朗格多克法定产区，几乎覆盖了当地所有的葡萄园，旨在通过严格一致的要求和生产规范，提高大区葡萄酒的整体品质，树立优秀的大区品牌——朗格多克将不再是生产低廉葡萄酒的地方，而是性价比最好的产区之一。

（二）气候与地理环境

朗格多克和露喜龙地区是典型的地中海式气候，这里是法国最炎热干燥的葡萄酒产区，降雨稀少，同时还受到北部密斯托拉风和西部的塔蒙丹风的影响，可有效吹干葡萄，防止虫害。

葡萄园产区面积广阔，土壤变化多样，靠近地中海岸的地区主要以平原居多，土壤多沙质、砾石和淤泥，适合生产较便宜的餐酒，山丘上的土壤则多以石灰石和页岩组成，更加贫瘠干燥，大多精彩的葡萄酒皆出于此。

（三）主要葡萄品种

一方面，朗格多克地区流行的单品种地区餐酒主要以国际流行葡萄品种为主，例如赤霞珠、美乐、霞多丽、长相思等，大量出口到世界各地；另一方面，本地的传统葡萄酒则多使用地中海葡萄品种混合酿造，红葡萄酒以佳丽酿、神索、歌海娜、慕合怀特、西拉为主，白葡萄酒以歌海娜、白克莱雷、麝香葡萄、匹格普勒（Picpoul）较为常见。

（四）主要葡萄酒产区

朗格多克和露喜龙产区出产法国最重要的一个地区餐酒，即奥克餐酒（IGP Pay d'Oc），区内还细分了一些小的地区餐酒产区，以生产红葡萄酒为主（见表1-19）。奥克地区餐酒大多使用国际葡萄品种，性价比高，酒标简单易懂，在海外非常受欢迎，其主要竞争对手是澳大利亚、美国的一些酒。

位于产区东北部的皮克·圣－鲁普（Pic Saint-Loup）地区，葡萄园种植在海拔较高且陡峭的山岩上，昼夜温差较大，酿出的酒除热烈饱满外，还多了一些草本植物的味道，口感显得更加均衡细致。往西还有一个著名的酒村蒙佩路（Montpeyroux），富有传奇色彩的玛德玛嘉萨酒庄（Mas de Daumas Gassac）就坐落于此。

表1-19　朗格多克和露喜龙主要葡萄酒产区一览表

名称	产区概况	
朗格多克和露喜龙	朗格多克和露喜龙产区是法国最重要的一个地区餐酒产地，以生产红葡萄酒为主	菲杜（Fitou）：东部沿海地区，品种以西拉和慕合怀特为主，出产的酒风格粗犷。西部的山区，品种以传统的歌海娜和佳丽酿为主，出产的酒显得更加雅致一些
		柯比耶（Corbières）：生产红葡萄酒，酒常带有黑色水果和香料味，单宁强劲，可陈年。另有少量的白葡萄酒和桃红葡萄酒生产
		米内瓦（Minervois）和米内瓦－利文尼耶（Minevois-1a-Livinière）：主要出产柔顺易入口的红葡萄酒，细致中带有迷人的果味。少量白葡萄酒使用橡木桶熟成，复杂圆润，充满各种奇异的花香和香料香气，甚至在酒中还可以闻到些许海风的味道
		圣希尼昂（Saint-Chinian）：酒骨架结实，带有树脂和月桂香气
		利穆（Limoux）：适合种植白葡萄，出产的酒酸度较高，香气精致。这里生产起泡酒的历史比香槟地区还要悠久，主要出产布朗盖特－利穆起泡酒，有着精细优雅的气泡，带有淡雅的洋槐花、山楂花以及苹果的香味
		蜜斯嘉天然甜葡萄酒（Muscat VDN）：香气芬芳，带有梨花、荔枝、葡萄皮的香气，口感甜美，酒精度高
		莫利（Maury）：盛产甜红葡萄酒，主要使用歌海娜葡萄酿造，颜色深红，带着黑浆果、李子干、咖啡和巧克力的香气，适合与黑巧克力搭配饮用
		班努斯（Banyuls）：班努斯甜红葡萄酒主要使用黑歌海娜酿造，是法国最高贵、最细致的甜红葡萄酒，可以媲美顶级的波特酒，酿出的酒带有特殊的氧化香气
		里韦萨尔特蜜斯嘉（Muscat de Rivesaltes）：使用亚历山大蜜斯嘉和小粒白爵香来酿造口感细致的甜白葡萄酒，适合尽快趁酒体年轻饮用

1. 朗格多克主要产区（Languedoc）

（1）菲杜（Fitou）

历史悠久的知名产区，1948年获得朗格多克地区第一个法定产区称号。菲杜位于朗格多克最南端，和露喜龙产区相邻，被北部的柯比耶产区突出的一块分成东西两个独立的部分。东部沿海地区土壤主要为石灰质黏土，品种以西拉和慕合怀特为主，出产的酒风格粗犷。西部的山区主要由板岩构成，品种以传统的歌海娜和佳丽酿为主，出产的酒显得更加雅致一些，见图1–19。

图1–19　香奈酒庄JP. Chenet Réserve

品种　美乐 赤霞珠

酒裙　深邃的宝石红色酒裙边缘泛着砖红色的光泽

香气　以黑色水果酱香气为主，淡淡的成熟樱桃味非常宜人，伴随浓郁的木香和迷人的皮革香

口感　浓郁饱满，酒体醇厚，层次丰富宜人的黑色水果、香草、木香，余味中又带有一缕烘焙气息，引人入胜

餐酒搭配　烤羊肉、法式红葡萄酒炖牛肾、浓郁的羊奶酪

（2）柯比耶（Corbières）

种植有约1.3万多公顷葡萄园，是区内最大的法定产区。西部受大西洋气候影响，90%以上都生产红葡萄酒，酒常带有黑色水果和香料味，单宁强劲，可陈年，另有少量的白葡萄酒和桃红葡萄酒生产。由于产区较大、地势复杂，很难保持一致的品质，因而选择值得信任的酒商是非常有必要的。

（3）米内瓦（Minervois）和米内瓦–利文尼耶（Minevois–1a–Livinière）

位于柯比耶的北部，常被称为柯比耶的姊妹产区，主要出产柔顺易入口的红葡萄酒，细致带有迷人的果味。使用布尔布朗（Bourboulenc）混合玛珊、瑚珊酿造的少量白葡萄酒，使用橡木桶熟成，复杂圆润，充满各种奇异的花香和香料香气，甚至在酒中还可以闻到些海风的味道。米内瓦北部有块小高地叫作米内瓦–利文尼耶，这里出产的酒更加浓郁集中，品质非常出色。

（4）圣希尼昂（Saint–Chinian）

北部地区90%的土壤为厚度达40厘米的板岩和砂岩，这种土壤酸度高、蓄水力差，只适合高耐旱性的地中海葡萄生长，出产的酒骨架结实，带有树脂和月桂香气。

（5）利穆（Limoux）

利穆靠近内陆，并位于地势较高的山地，气候相对比较寒冷，适合种植白葡萄，出产的酒酸度较高，香气精致。这里生产起泡酒的历史比香槟地区还要悠久，主要出产布朗盖特－利穆（Blanquette de Limoux）起泡酒，大多使用100%的莫扎克（Mauzac）葡萄酿造，有着精细优雅的气泡，带有淡雅的洋槐花、山楂花以及苹果的香味。利穆起泡酒（Crémant de Limoux）含有较多比例的霞多丽和白诗南。利穆白葡萄酒主要使用霞多丽，并在橡木桶中发酵和培养，红葡萄酒则至少需含有50%的美乐葡萄，其余则使用西拉、歌海娜、佳丽酿调配。

（6）蜜斯嘉天然甜葡萄酒（Muscat VDN）

朗格多克产区还是法国最大的生产蜜斯嘉甜酒的产区，平均每10瓶里面就有9瓶来自这里。区内包括4个著名蜜斯嘉甜酒产区：吕内尔麝香（Muscat de Lunel）、米雷瓦克（Muscat de Mireval）、芳蒂娜麝香（Muscat de Frantignan）、圣让密内瓦（Muscat de Saint-Jean- de-Minervois）。蜜斯嘉甜酒香气芬芳，带有梨花、荔枝、葡萄皮的香气，口感甜美，酒精度高。

2.露喜龙主要产区（Roussillon）

露喜龙产区从朗格多克南部一直到比利牛斯山脚下，靠近西班牙边境，三面环山，气候炎热，每年日照多达2500个小时，是法国阳光最充足的地区。产区内的法定产区露喜龙丘（Côtes du Roussillon）生产红葡萄酒、白葡萄酒、桃红葡萄酒，以红葡萄酒为主，使用传统的佳丽酿、歌海娜、西拉生产。

位于露喜龙丘北部的地区，有20多个地理条件较好的村庄，出产露喜龙丘村庄（Côtes du Roussillon-Villages）酒，酿出的酒色深，口感浓厚丰满，香气辛辣，耐久存。露喜龙也是法国最主要的天然甜葡萄酒（VDN）的产区，其中有3个产区最为著名，包括莫利（Maury）、班努斯（Banyuls）和里韦萨尔特蜜斯嘉（Muscat de Rivesaltes）。

（1）莫利（Maury）

莫利盛产甜红葡萄酒，主要使用歌海娜葡萄酿造，颜色深红，带着黑浆果、李子干、咖啡和巧克力的香气，适合与黑巧克力搭配饮用。

（2）班努斯（Banyuls）

班努斯位于法国的最南端，由科利乌尔（Collioure）、望德尔港（Port-Vendres）、班努斯－梅尔（Banyuls-sur-Mer）和赛伯尔（Cerbère）4个村庄组成。葡萄园分布在地势陡峭的梯田上。班努斯甜红葡萄酒主要使用黑歌海娜，是法国最高贵、最细致的甜红葡萄酒，可以媲美顶级的波特酒，其中一种称为陈年班努斯（Rancio），是将培养中的木桶置于室外，在温暖的环境下慢慢氧化熟成，酿出的酒带有特殊的氧化香气。

特级班努斯（Banyuls Grand Cru）只在好年份才会生产，至少使用75%黑歌海娜，在橡木桶中熟成30个月，带有摩卡咖啡、干果、蜜饯、烟草的香气，陈年能力超常，可达40~50年。除此之外，班努斯也生产一些色泽金黄的天然甜白葡萄酒和天然甜桃红葡萄酒。科利乌尔是靠近海边的一个美丽的渔港，主要生产口感浓烈、高酒精度的干红葡萄酒。

（3）里韦萨尔特蜜斯嘉（Muscat de Rivesaltes）

里韦萨尔特蜜斯嘉使用亚历山大蜜斯嘉（Muscat d'Alexandirie）和小粒麝香（Muscat à Petits Grains）来酿造口感细致的甜白葡萄酒，适合趁酒体年轻时饮用。

十一、普罗旺斯产区

（一）产区历史概况

如同玫瑰颜色一样亮丽的葡萄酒，这就是普罗旺斯最著名的招牌葡萄酒——桃红。普罗旺斯当地桃红葡萄酒的产量占到80%，超过整个法国桃红葡萄酒产量的45%，当仁不让排名法国第一大桃红葡萄酒产区。除此之外，那带有浓浓地中海风格的当地浓郁粗犷的红葡萄酒，具有独特香料气味的白葡萄酒，构成了一个传统而精彩的普罗旺斯风景线。

普罗旺斯的葡萄种植历史可以追溯到公元前600年。腓尼基人最早在这里开辟了葡萄园，很多历史学家都一致认为，这里是法国最古老的葡萄园产区。大概在公元200年，普罗旺斯被罗马人占领，酿酒经验丰富的罗马人不仅改进了葡萄酒的酿造方法，还开辟了更多的葡萄园。随着罗马人向北部扩张，罗讷河、博若莱、勃艮第也开始了葡萄园的种植。中世纪，随着罗马帝国的衰败，教会的修士成了最主要的葡萄种植和酿造者，宗教成为葡萄酒业发展的掌控者。到了14世纪末期，大片的葡萄园被王公贵族和军队占有，成为身份的象征，从这时起，葡萄酒成了普罗旺斯最主要的农作物之一，名气越来越大，普罗旺斯葡萄酒受到了皇室的热烈欢迎，成为法兰西国王最喜欢的葡萄酒之一。

和欧洲其他葡萄园一样，1860年，普罗旺斯的葡萄园也同样遭到了根瘤蚜虫病的侵袭，几乎全军覆没。使用新的美国葡萄根嫁接之后，普罗旺斯葡萄酒又重新焕发出勃勃生机，并在1895年首次获得普罗旺斯丘（Côte de Provence）称号。1977年，普罗旺斯丘被列为当地的第一个AOP法定产区。

（二）气候与地理环境

普罗旺斯主要气候是地中海气候，四季阳光普照，夏季尤其炎热，年日照时间近3000小时，可以让最难熟的葡萄获得完美的成熟。虽然平时比较干旱，但春秋两季总有适当的雨水，让葡萄得以旺盛生长。来自阿尔卑斯山的密斯托拉风，强烈而寒冷，经常在夏天光临普罗旺斯地区，幸运的是，这些强风可以帮助葡萄园更好地抑制霉菌的发生。

普罗旺斯地区的土壤贫瘠、透水性好，以砾质土壤和石灰质黏土为主。在靠近海边的很多地方能看到被强烈风化，裸露的大岩石土层浅薄，保水性差难以种植植物，不过，这种条件却最适合种植喜热的地中海葡萄。

（三）主要葡萄品种

普罗旺斯地区种植着十几种葡萄品种，非常多元，其中酿造红葡萄酒的主要有歌海娜、神索、慕合怀特、佳丽酿、西拉和赤霞珠，由于成熟度很高，酿出来的酒都带有浓郁的水果和香料的气味。

堤布宏（Tibouren）是当地的土生葡萄品种，主要用来酿造优雅爽口的桃红葡萄酒。主要的白葡萄品种有克莱雷（Clairette）、侯尔（Rolle）、白玉霓、赛美容等，其中侯尔葡萄酿出的酒带有浓郁的香梨和柑橘香气，饱满的酒体却有细致入微的口感，相当精彩。

（四）主要葡萄酒产区

普罗旺斯，这个与薰衣草、太阳花、橄榄树、葡萄酒紧密相连的名字，是阳光与浪漫的象征。这里不仅出产白葡萄酒和红葡萄酒，其桃红葡萄酒更是越来越受到世人的关注。见表1–20。

表1–20　普罗旺斯葡萄酒产区一览表

名称	产区概况
东北部产区	普罗旺斯丘（Côte de Provence）：位于普罗旺斯的东北部，是当地最大的区域法定产区，其中87%都是桃红葡萄酒，可谓是名副其实的桃红大户
	艾克斯丘（Côteaux d' Aix–en–Provence）：面积仅次于普罗旺斯丘，桃红葡萄酒是这里的主角
	瓦尔丘（Côteaux Varois）：位于普罗旺斯最中间，生产的葡萄酒拥有脆爽的酸度风味和结构，以桃红葡萄酒为主
	雷波–普罗旺斯（Les Baux–de–Provence）：是位于艾克斯丘和罗讷河之间的一个小产区，红葡萄酒的风格显得更加浓郁，颇有些罗讷河的风格
南部沿海产区	邦斗尔（Bandol）：出产当地最浓郁的红葡萄酒，酿造出的酒常带有熟透的黑色水果、动物皮毛和香料的气息，年轻的邦斗尔口感粗犷，具有野性的单宁，需要5~10年方可成熟。出产一些桃红葡萄酒和白葡萄酒，口感显得更加浓厚一些
	卡西斯（Cassis）：著名的旅游胜地，白葡萄酒极富特色，是世界上最有特色的白葡萄酒之一

续表

<table>
<tr><th>名称</th><th>产区概况</th></tr>
<tr><td rowspan="2">帕莱特和贝莱产区（Palette Bellet）</td><td>帕莱特（Palette）：种植有20多种传统的葡萄品种，比教皇新堡使用的品种还多，生产出极具当地风味的红、白、桃红葡萄酒，有数百年历史的西蒙酒庄（Château Simone）在此地位之高，无出其右</td></tr>
<tr><td>贝莱（Bellet）：位于尼斯的北部，气候相对凉爽，酿造出来的酒要显得多酸细致，这里大多使用的是意大利的葡萄品种</td></tr>
</table>

1. 东北部产区

普罗旺斯丘（Côte de Provence）位于普罗旺斯的东北部，占地广阔，从内陆一直延伸到海边，是当地最大的区域法定产区，20000多公顷，年产约1.3亿瓶葡萄酒，其中87%都是桃红葡萄酒，可谓是名副其实的桃红大户。规模仅次于它的两个区域产区，西边的艾克斯丘（Côteaux d' Aix-en-Provence）和瓦尔丘（Côteaux Varois）。

瓦尔丘的北部靠近内陆，又受到高地的阻隔，温度较低，酿出的酒酸味较高，显得清爽一些。雷波－普罗旺斯（Les Baux-de-Provence）是位于艾克斯丘和罗讷河之间的一个小产区，红葡萄酒的风格显得更加浓郁，颇有些罗讷河的风格。

2. 南部沿海产区

位于南部海边的邦斗尔（Bandol）是普罗旺斯的一颗璀璨的明珠，这里出产当地最浓郁的红葡萄酒，也是法国最好的慕合怀特产地之一。得益于炎热的气候，晚熟的慕合怀特在这里达到完美的成熟，酿造出的酒常带有熟透的黑色水果、动物皮毛和香料的气息，年轻的邦斗尔口感粗犷，具有野性的单宁，需要5~10年方可成熟。邦斗尔也出产一些桃红葡萄酒和白葡萄酒，口感显得更加浓厚一些。在邦斗尔的西边有一个小渔港，叫作卡西斯（Cassis），三面环山，面对大海，是当地著名的旅游胜地。卡西斯的白葡萄酒使用白玉霓、长相思、玛珊等葡萄混合而成，带着奇特的花香和香料的味道，极富特色，是世界上最有特色的白葡萄酒之一，绝对值得尝试。

3. 帕莱特（Palette）和贝莱（Bellet）产区

在普罗旺斯还有两个袖珍产区也颇有名气，一个叫作帕莱特（Palette），被称作是普罗旺斯的“品种博物馆”，这里种植有20多种传统的葡萄品种，比教皇新堡使用的品种还多，生产出极具当地风味的红、白、桃红葡萄酒，有数百年历史的西蒙酒庄（Château Simone）在此地位之高，无出其右；另一个叫作贝莱（Bellet），位于尼斯的北部，这里受阿尔卑斯山冷空气的影响，气候相对凉爽，酿造出来的酒要显得多酸细致。贝莱犹如一个小意大利酿酒王国，这里大多使用的是意大利的葡萄品种，比如红葡萄品种布拉凯多（Brachetto）、福拉（Fuella）[也称黑福尔（Folle Noire）]，白葡萄酒以侯尔为主。

十二、科西嘉产区

（一）产区历史概况

科西嘉（Corse）岛地处地中海，位于普罗旺斯和意大利的托斯卡纳之间的海域中，远远望去，仿佛是一座浮在海面上的山，自古希腊以来，就被称为“美丽岛”。它以其独特的海上山脉、湍急的水流，为世人展现出了一系列难得一见的美丽景象。南部干旱，有着长长的白色沙滩，在此驻足欣赏美景的游客还贪念着它举世闻名的文化遗产。崎岖的悬崖、美丽的海滩、清澈无污染的海水以及独特的人文环境共同培育了科西嘉岛葡萄酒自成一格的特性。

科西嘉是拿破仑的出生地，很久以前就已经开始种植葡萄。不过，在拿破仑统治期间，科西嘉本地的葡萄酒业受到廉价葡萄酒的冲击。虽然在19世纪中期，科西嘉岛人试图复兴本地的葡萄酒业，但20世纪爆发的葡萄根瘤蚜虫病以及当地人口的锐减使得科西嘉的葡萄酒业再次受到重创。直到21世纪，该产区的葡萄酒业才逐渐复兴。

（二）气候与地理环境

科西嘉岛为地中海气候，有着法国本土任何一个地方都无法企及的阳光和干燥的气候。多山的地形诠释了岛上多元化的风土条件，其最广泛的土壤是花岗岩和片岩，土壤色深贫瘠。该岛有关葡萄酒的酿造条件都更接近于意大利，不过其近代的酿酒史，主要是受法国的影响。

（三）主要葡萄品种

科西嘉产区总共有40多种酿酒葡萄，大部分用来酿造VDP法国地区餐酒（Vin de Pays）等级的葡萄酒。不过目前该产区的AOC级别葡萄酒产量和品质都有了很大的提升。该岛最主要的葡萄品种为韦尔芒提诺（Vermentino）和涅露秋（Nielluccio），两者均为意大利的原产葡萄。

韦尔芒提诺的与众不同在于早期采摘可以酿制白葡萄酒，晚期采摘则可酿制红葡萄酒。该岛上还种植有来自意大利著名产区托斯卡纳的涅露秋，它是岛上最名贵的葡萄品种，常用于酿制充满果香，单宁精致优雅的红葡萄酒和桃红葡萄酒。

此外，该岛还种植有许多非常独特的葡萄品种，不但有地中海的葡萄品种，如歌海娜、神索和麝香，还有其本土特有的品种西雅卡雷罗（Sciacarello）。值得一提的是，西雅卡雷罗在花岗岩土质上表现良好，广泛种植于从阿雅克修（Ajaccio）到萨尔泰讷（Sartène）的西岸。用其酿制的葡萄酒，常伴有香料和胡椒的香味。

（四）种植与酿造

产区主要出产酒体丰满和中等偏低、果味浓郁的红葡萄酒，还有酒体轻盈的干白葡萄酒和干型桃红酒，年产量约1300万瓶，其中，桃红葡萄酒是产区主要的葡萄酒类型，产量占比达55%，其余30%为红葡萄酒，14%为白葡萄酒，此外还有小部分甜酒等其他类型葡萄酒。

科西嘉葡萄酒很少使用新橡木桶熟成，出产的白葡萄酒和桃红葡萄酒在年轻时有时会带有海盐的味道，红葡萄酒大部分可陈年7~10年，也有少部分白葡萄酒可以陈年。产区海拔较低的坡地、东部冲积平原地区出产的葡萄酒用盒袋盛装并批量出售，优质的葡萄酒则用精美酒瓶装瓶用于出口。

（五）分级制度

科西嘉产区分级制度与法国本土产区一致，14%的酒是AOP级别，产区内出产AOP级别葡萄酒的有一个大区级即科西嘉大区级葡萄酒（Vin de Corse），大区中特定的村庄和小镇可以在法定产区名后标上村庄名和城镇名；还有两个市镇帕特里摩尼欧（Patrimonio）和阿雅克肖（Ajaccio），帕特里摩尼欧在1968年成为科西嘉的第一个AOP产区。其余的酒多是地区餐酒和日常餐酒级别的，冠名“美丽岛地区餐酒”出售，非常有当地的特色。

（六）主要葡萄酒产区

1.帕特里摩尼欧（Patrimonio）

帕特里摩尼欧是科西嘉产区的第一个AOP法定产区，产区内覆盖有钙质土，主要种植涅露秋、歌海娜和维蒙蒂诺，出产的红葡萄酒浓烈、圆润，白葡萄酒则清新脆爽。产区拥有安图尼酒庄（Domaine Antoine Arena）、圣提尼酒庄（Clos Santini）和丽其雅酒庄（Domaine Leccia）等知名酒庄，历史悠久。其中，安图尼酒庄的现任庄主安托万·阿列纳（Antoine Arena）也是科西嘉产区著名的葡萄种植者之一，出产红、白和桃红葡萄酒。

2.阿雅克肖（Ajaccio）

阿雅克肖是科西嘉的一个AOP产区，海湾花岗岩质土壤，主要种植西雅卡雷罗，出产果香浓郁、易饮、柔顺并带有香辛味的红葡萄酒和酒精度高、口感活泼的桃红葡萄酒。产区内代表酒庄有皮拉尔迪伯爵酒庄（Domaine Comte Peraldi）、达泽托酒庄（Clos d'Alzeto）等。

3.萨尔泰纳（Sartène）

这里也是西雅卡雷罗、歌海娜和神索的主要种植区，西雅卡雷罗、神索和涅露秋混酿而成的酒散发着玫瑰、黑醋栗、牡蛎和烟熏的香气，入口带有酸樱桃和矿物质的风味，十分清新。

4.卡尔维（Calvi）

卡尔维产区内以花岗岩质土为主，以红葡萄品种歌海娜和西雅卡雷罗为主，出产的酒口感细腻、饱满。产区内的库伦布酒庄（Clos Culombu）创建于1973年，为保证质量，酒庄将平均每公顷葡萄园的葡萄酒产量控制为4000瓶，在法国及国际葡萄酒比赛中屡获殊荣。

此外，科西嘉产区还包括以出产维蒙蒂诺白葡萄酒和以麝香葡萄为主要原料的天然甜酒的科西嘉角（Côteaux-du-Cap-Corse）产区、白葡萄酒口感爽脆的费嘉利（Figari）和韦基奥港（Porto-Vecchio）产区。

十三、干邑

（一）产区历史概况

干邑（Cognac）白兰地已经有近 700 年的历史，曾受到荷兰人、英格兰人的喜爱，也曾受惠于蒸馏技术的发展及橡木桶陈年带来的惊奇发现，尽管在19 世纪后半期发展受阻，但从 20 世纪后叶开始起死回生，不仅恢复了生产，而且还通过严格的质量控制力求达到完美品质，成为人们口口称道的“生命之水”。

19世纪50年代，原产于北美的葡萄根瘤蚜虫病传入法国，几乎横扫整个欧洲葡萄园。因此，法国的葡萄酒产量急剧减少，到最后整个法国葡萄酒产业都濒临破产。截至1893 年，整个法国的葡萄园面积已经从当初的30万公顷下降至4万公顷。

20世纪，随着葡萄根瘤蚜虫病逐步得到治理，法国葡萄园开始种植一些抗病能力强的美洲葡萄品种。此时，传统的葡萄品种如白福尔（Folle Blanche）和鸽笼白（Colombard）也被更具抗病性且酸度更高的白玉霓（Ugni Blanc）替代。

从 1936 年开始，干邑产区也引入原产地保护制度，这也使其成为世界上烈酒生产最严格的产区之一。按照原产地保护制度的规定，被称为“干邑”的烈酒必须由指定产区出产的指定葡萄品种酿造，而且必须经过铜制蒸馏装置进行两次蒸馏，还要在产自法国利慕赞（Limousin）或特隆赛（Tronçais）的橡木桶中陈年2年以上。

1948年，法国国家干邑酒行业管理局成立，进一步对干邑的生产进行管理。法国国家干邑酒行业管理局是一个代表干邑生产商的贸易团体，严格规范干邑生产的各个环节以保证干邑的品质。

（二）气候与地理环境

干邑位于巴黎西南方向约465 千米处，距离波尔多北侧有120千米。葡萄园面积92700公顷。

干邑产区有得天独厚的砂壤土，钙质土与硅质黏土。加上受到大西洋季风气候的影响，成为最适宜种植酿制葡萄酒的优质葡萄的地区之一。

（三）主要葡萄品种

生产干邑白兰地的三大白葡萄品种：

白福尔（Folle Blanche），鸽笼白（Colombard），白玉霓（Ugni Blanc）。

（四）酿造工艺

十月，采摘后装入背筐中进行运输，可以防止氧化和葡萄口味的流失，使用平行压榨机压榨葡萄汁，自然发酵要在压榨大约 8 天后开始，汁液不经过加糖或硫化处理。此发酵持续 10~12天。所得葡萄酒具有足够的酸度，较低的单宁，酒精度为7%vol~10%vol。然后，在等待蒸馏的过程中，酒汁静置，11月15日开始蒸馏，直到春季前完成。

1.蒸馏

像所有的酒精一样，这种严密的操作是在法国国家监管局（DGCCRF）的监督下进行的。蒸馏必须进行两次，在蒸馏器中或使用 30升最大容量的夏朗德壶。葡萄酒和酒糟经过锅炉（蒸馏炉），并煮沸。蒸汽通过鹅颈管进入冷凝器，得到第一遍蒸馏酒，称为“头蒸酒”，酒精度约 27%vol~28%vol。此头酒重新回到锅炉，第二遍被称为“双蒸酒”。蒸馏工人通过换桶，将流出的第一批酒精分离出，就是所谓的“酒头”，最后流出的被称为“酒脚和酒尾”。工人们仅保留“酒心”，它出来时最大酒精度为69%vol~72%vol，是一种无色的酒精，清澈，带着沁人心脾而强烈的香味。

2.陈年

从蒸馏壶中出来，干邑被存放在利穆赞或位于阿列地区的特隆赛森林出产的新橡木桶中，桶容量为270升或350升。以往，橡木桶露天放置5年时间，以三层排列的方式存放，在酒库中经历季节性温度的变化。按照条例，酒库应该与放置酒精容器的其他区域分隔开。在陈年期间，将发生酒精和单宁以及木材的交融、柔化和天然蒸发，以每年约总容积4%的速度蒸发。过段时间后，酒窖主管将酒汁倒入原先就用来装干邑的桶中。在极理想的情况下，超过40年的干邑就不再老化，将被存储在玻璃容器中，在清凉和安静的酒窖中，建成的藏酒被称作“酒窖之始”或“天堂”。

3.调配

装瓶之前，酒窖主管按照所期望的干邑品质，将不同种类和不同年份的干邑相混合。干邑的年龄是指所混合干邑中最年轻的酒龄。

（五）分级系统

大香槟区干邑（Cognac Grande Champagne 或 Cognac Grande Fine Champagne）。

小香槟区干邑（Cognac Petite Champagne）。

优质香槟干邑（Fine Champagne Cognac）：混合了大、小香槟区的酒液，至少 50%酒液来自大香槟区。

三星级 VS（Very Special）：最年轻的酒液至少在橡木桶陈年 2 年。

优级 VSOP（Very Superior Old Pale）：最年轻的酒液至少在橡木桶陈年4年。

特级 XO（Extra Old）：最年轻的酒液至少在橡木桶陈年6年。自 2018 年 4 月 1 日起，所有标注 XO 的干邑，基酒要在橡木桶陈年至少10年。为使生产商更好地过渡，BNIC（法国国家干邑酒行业管理局）允许 2018 年3月 31日前包装的，陈年时间为6~9 年的 XO，可以在 2019 年 3 月 31 日之前进行销售。但有如此预先包装的XO存货的生产商，需在2018 年3月 1 日前向 BNIC 递交1份存货声明。

（六）主要葡萄酒产区

1. 大香槟区（Grande Champagne）

大香槟区总面积34703公顷，用于干邑生产的葡萄种植面积为13159公顷。这里出产的干邑，品质细腻、轻盈，带有花香，需要一个长时间地在橡木桶中的熟成过程才能达到完全的酒质成熟。

2. 小香槟区（Petite Champagne）

小香槟区总面积65603公顷，用于干邑生产的葡萄种植面积为15246公顷。这里出产的干邑特点同大香槟区的特点很相似，只是酒质的细腻程度略逊一筹。

3. 边林区（Borderie）

边林区是6个产区中最小的，只有12540公顷。这里的表面土壤主要是由石灰石脱碳后形成的燧石构成的。边林区位于整个干邑地区的东北方，出产的干邑酒质圆润，带有甜味，特别是带有紫罗兰的芳香。

4. 优质林区（Fins Bois）

这些种植区的泥土大部分都是“脱钙黏土”，它也是一种类似于香槟区的表面泥沙质土壤，但颜色是红色的，而且石块比较多，这里的石灰石是侏罗纪时形成的。在干邑地区的北部，有个地方称为“低地”，土壤以黏土质为主（黏土含量可高达60%）。优质林区环绕着前面说的3个林区，面积349803公顷，其中31001公顷用于干邑葡萄种植。出产的干邑酒质圆润、柔和，熟成过程也比较快，还带有葡萄压榨后的清香。

5. 良质林区（Bons Bois）

良质林区靠海部分中的一些谷地，特别是南部区域的土壤是含沙的，这些沙子由风化作用从中央高原而来。这里的葡萄园比较分散，中间夹杂着其他作物，周围则被草场、松树林和栗树林环绕，呈带状分布，面积372053公顷，其中9308公顷用于干邑生产。

6. 普通林区（Bois Ordinaires）

面积 260417公顷，其中不到1101公顷的面积用于生产干邑白葡萄酒。土壤含沙多，沿大洋分布，出产的干邑熟成速度很快，而且口味独特。

（七）著名品牌

干邑地区著名品牌主要有轩尼诗（Hennessy）、马爹利（Martell）、豪达（Otard）、人头马（Remy Martin）、卡慕（Camus）。

十四、雅文邑

（一）产区历史概况

雅文邑（Armagnac）是法国最早的蒸馏烈性酒，比干邑还早200年。雅文邑的诞生源于3 种文化的交汇：罗马人的葡萄藤；阿拉伯人的蒸馏技术；凯尔特人推广了橡木桶陈酿技术。

在公元前 600 年左右的时候，希腊人将葡萄藤和葡萄栽培技术带到了法国南部的马赛地区。至公元前 1 世纪的时候，法国西南部也开始了葡萄的种植并在罗马帝国时期迅速扩张，加斯科涅（La Gascogne）也在此时开始了葡萄酒产业的发展步伐。但是长达5个世纪之久，法国西南地区的葡萄酒产业都笼罩在波尔多的阴影之下。

阿拉伯人的蒸馏技术已传承了数千年，当时这种技术主要用来制作药物、香水和染料。当摩尔人入侵欧洲时，他们也给欧洲人带去了蒸馏技术。摩尔人占领了西班牙和法国卢瓦尔河谷以南的地区长达7个多世纪，直到15世纪。

公元13世纪，法兰西的祖先凯尔特人从两河流域学到了制桶手艺，为“木桶的复兴”埋下了伏笔。因为法国遍布橡木林，在几百年之后，用橡木制作的木桶风靡全法国。

齐集了葡萄、蒸馏技术和橡木桶，经过一段时间的沉淀，雅文邑便应运而生了。1310 年，一位修道院院长在书中记录了一种叫“Aygue Ardente”的蒸馏酒，它被认为是雅文邑的前身。15 世纪时，雅文邑已经在市场上流通。至 17 世纪荷兰商人介入，雅文邑开始享誉欧洲。

（二）气候与地理环境

雅文邑位于法国西南部加斯科涅（La Gascogne）。在波尔多以南160千米，比邻另一白兰地著名产区——干邑产区。它覆盖了整个热尔省、朗德省（Landes）的一部分和洛特-加龙省一些地区。除这些地区外，一律不得在酒标上标注雅文邑的名称，而只能标注白兰地。

雅文邑整个产区拥有种植葡萄的理想气候——长而温暖的春季、热而湿润的夏季、晴朗的秋季和短暂的冬季。

（三）主要葡萄品种

雅文邑主要的葡萄酒品种有白玉霓（Ugni blanc）、白福尔（Folle blanche）、鸽笼白（Colombard）、白巴科（Baco Blanc）。

巴科是一种由白福尔和诺亚（Noah）杂交而得的白葡萄品种，由弗郎索瓦·巴科（François Baco）于 1898 年在法国西南部的朗德（Landes）发现，故取名巴科。是唯一允许用于酿造法国法定产区（AOC）葡萄酒的种间杂交葡萄品种。用白巴科酿造的雅文邑口感圆润、醇厚，带有成熟的水果香气。

（四）酿造工艺

雅文邑一般在秋天采摘葡萄，冬天进行蒸馏，所有工艺必须在次年3月31日之前完成。通常，雅文邑会在一种叫作 Alambic Armagnacais 的单一小型塔式蒸馏器中进行1次蒸馏（干邑为 2 次蒸馏），少数生产商也会采用罐式蒸馏器。如果蒸馏后立即发售的话，酒精会变得非常呛人，因此当酒液蒸馏至 52%vol~72%vol时（多数生产商会选择蒸馏至 60% 左右），酒液会进入熟成阶段。通常，雅文邑会置于400升的法国橡木桶中熟成。在新桶中陈酿 6 个月至 12 个月，然后再转移置老桶中，这样可以避免橡木味占据主导地位。

对讲究的饮酒者来说，雅文邑的低度干邑还有一个好处——它在橡木桶里经年累月地陈年以后，单靠期间缓慢的酒精蒸发，已经能让酒精降到装瓶所需的烈度，比如40%vol或43%vol，所以它完全可以不加水、不加焦糖直接装瓶。

（五）分级系统

根据法国国家雅文邑白兰地行业管理局（简称 BNIA）2018 年 4 月 1 日发布的新规，雅文邑按基酒陈年时间的不同，主要分为以下等级（见图1–20）。

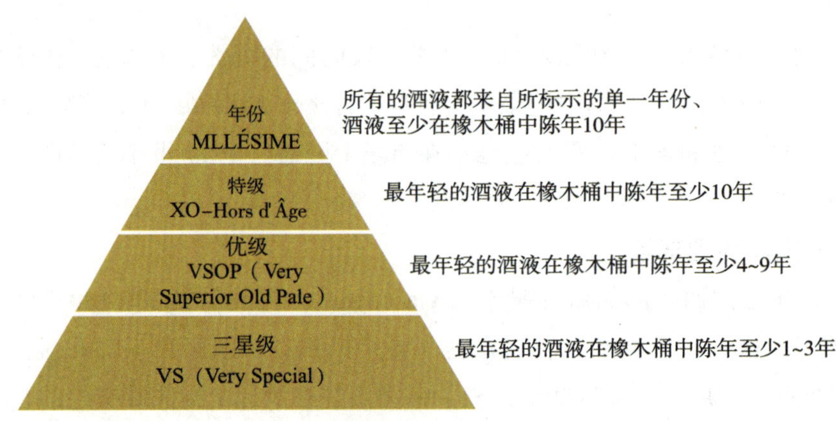

图1–20　雅文邑分级示意图

（六）主要葡萄酒产区

1. 上雅文邑产区（Haut Armagnac）

上雅文邑产区出产的雅文邑产量极少，个性刚烈质朴，需要精心的蒸馏和精制工序。

2. 泰纳雷兹产区（La Ténarèze）

泰纳雷兹产区出产的雅文邑拥有强烈的紫罗兰和香料味。初产时刚劲有力、激情澎湃，随着时光流逝更能获得优美的复合口感。要想使其结构温和柔顺下来，至少需要陈化15年。在这片土地上，白玉霓（Ugni blanc）和鸽笼白（Colombard）酿造的雅文邑是最为出众的。

3.下雅文邑产区（Bas-Armagnac）

下雅文邑产区出产的雅文邑最为精细，富有强烈的香气表现和出色的高雅程度，李子干味、橙皮味、香草味是其独特标志。巴科（Baco）葡萄通常匍匐于下雅文邑西部的大平原黄褐色的沙土上，充分展现了其加斯科涅葡萄藤的特性，以它为原料的雅文邑需要至少20年的窖藏时间，远长于其他同类产品，但以它为原料酿制的雅文邑在酒杯里拥有无可比拟的个性和特点，糖渍橘子味、可可味、李子干和氧化香气，令人流连忘返。白福尔（Folle blanche）制成的雅文邑果味更重，达到充分表达的状态所需要的时间稍短，但也需15年以上。

【本章参考文献】

[1] 孙志军．葡萄酒品鉴百问百答 [M]．北京：中国轻工业出版社，2018。

[2] 蓝芩．世界美食 [M]．四川：四川科学技术出版社，2013.

[3] 人民日报《环球时报》创编．地球为强者转动 [M]．黑龙江：黑龙江人民出版社，2000.

[4] 佚名．法国葡萄酒何以誉满天下 [J]．中国商界，2017（4）：122-123.

[5] 图行世界编辑部．全球最美的地方特辑：法国 [M]．北京：中国旅游出版社，2013.

[6] 杜娟．法国葡萄酒：品牌与文化的融合 [J]．公关世界，2011（8）：24-25.

【思考练习题】

一、选择题

1. 法国葡萄酒分为（　　）级？

A. 3　　B. 4　　C. 5　　D. 6

2. 阿尔萨斯产区在法国的什么方位？

A. 西北　　B. 西　　C. 东南　　D. 东北

3. 下面哪一个描述对于朗格多克和露喜龙产区是正确的？

A .法国AOP级别葡萄酒最多的产区

B. 以干白葡萄酒为主的产区

C. 法国葡萄种植面积最大的葡萄酒产区

D. 以起泡酒为主的葡萄酒产区

4. 露喜龙地区靠近哪个国家

A. 西班牙　　B. 葡萄牙　　C. 德国　　D. 意大利

5. 勃艮第帕斯图格兰斯（Bourgogne Passe-Tout-Grains）葡萄酒使用（　　）和（　　）混合

A. 黑皮诺和霞多丽　　B. 黑皮诺和佳美

C. 佳美和霞多丽　　D. 西拉和歌海娜

二、问答题

1. 2009年后法国葡萄酒是如何分级的？
2. 博若莱特级村庄的10个明星村庄名称有哪些？各有什么特点？
3. 请列出波尔多产区波亚克3个1855一级列级名庄。
4. 请列举酿造香槟所使用的3个葡萄品种。
5. 简要说明无年份香槟与有年份香槟的区别？
6. 请问哪里的葡萄酒被称为“桃红葡萄酒之王”，并简要介绍。
7. 请简要说明阿尔萨斯葡萄酒的分级系统。
8. 哪个产区的葡萄酒是卢瓦尔河谷产区最有名望的长相思干白？有什么特点？
9. 普罗旺斯的哪个产区被称为葡萄酒的“品种博物馆”？

三、论述题

1. 试述勃艮第产区风土特征及主要葡萄品种。
2. 试述罗讷河谷产区主要葡萄品种及酿酒风格特色。

【经验性训练】

通过对不同法国葡萄酒的比较认识以及感官体验，学生能够区分常见法国葡萄酒。

【实践考核项目】

酒水的认识与识别

（一）本项目考核的目的

认识酒标，了解法国葡萄酒分级及特点，能阐述各类法国葡萄酒的特点、产地及代表性品牌。

（二）所需理论和设备器材知识

掌握法国葡萄酒的分级制度、酒水的特点、品牌、产地等知识。

（三）所需仪器设备和消耗性器材

准备常见法国葡萄酒。

（四）实训考核内容和要求

1. 能按照行业规范熟练进行酒水鉴别，并掌握法国葡萄酒的特点、产地及品牌。

2. 能较熟练地对各类法国葡萄酒进行区分。

3. 实训考核标准：

法国葡萄酒酒水识别考核评分表

班级________ 姓名________ 学号________ 操作时间________ 分数________

项目	名称（5分）	感官评价（5分）
01		
02		
合计		

考核说明：考生对以上酒种进行盲品，在6分钟内说出酒杯中酒水的名称，答对1杯得5分，不对不得分。每超时30秒扣1分，扣完为止。

考核时间：　　年　　月　　日　　　　　　　　考评教师签名：____________

第二章　西班牙

【本章概要】

本章主要讲述了西班牙葡萄酒的历史发展和西班牙主要产区的葡萄种植情况，并就当地葡萄品种、酿造工艺及所产葡萄酒的风格特点进行了详细的描述。此外，本章还对西班牙葡萄酒等级的划分标准进行了系统介绍。

【学习目标】

1. 了解西班牙葡萄酒历史发展过程与市场现状发展。
2. 掌握西班牙葡萄酒产区风土条件，葡萄品种及特色。
3. 掌握西班牙葡萄酒的法规及分级标准。
4. 掌握西班牙产区概括，重点掌握知名产区详解。

【关键术语】

西班牙葡萄酒　葡萄品种　法规　分级　产区

【讲师语录】

你不知道的西班牙葡萄酒

欧洲葡萄酒酿造三驾马车——法国、意大利、西班牙，无疑是整个欧洲的葡萄酒酿酒的中坚力量。说起法国、意大利，有太多让我们如数家珍的著名葡萄酒及产区，但是当我们提起西班牙，对于中国的消费者甚至专业人士而言，似乎可以谈论的并不太多。

但是，西班牙葡萄酒真的只是我们在家乐福的货柜上见到的几十元的拉曼恰（DO La Mancha）干红吗？

西班牙葡萄酒悠久厚重的历史，决定了它是一个不折不扣的传统酿酒国家。但是，西班牙人的冒险精神，以及毕加索、达利等现代艺术大师留给世人的精神遗产，皆在影响着西班牙的酿酒产业。西班牙的各个产区监管局仍守着祖辈传承的葡萄酒陈酿级别制度，极力维护本土葡萄品种的统治地位。当我们站在费雷·波贝酒庄（Bodegas Ferrer Bobet）、伊修斯酒庄（Bodegas Ysios）等现代派艺术酒庄的令人咋舌的酒窖建筑面前，何尝不会去沉思，也许葡萄酒的未来就在这里呢？

——法国CAFA葡萄酒&烈酒学院高级讲师　闫帅

第一节　西班牙葡萄酒概述

一、西班牙葡萄酒历史与现状

（一）西班牙葡萄酒历史

在欧洲大陆西南端伊比利亚半岛，西班牙占据了半岛绝大部分面积，与同为葡萄酒生产大国的法国接壤，土地肥沃、气候十分温和，葡萄被作为主要经济作物广泛种植。根据人类学家推断，西班牙的葡萄种植史大约可追溯到公元前4000—公元前3000年，这远比我们目前认为的是腓尼基人公元前1100年在西班牙的西南部建立卡迪斯城（Cádiz），并在此种植葡萄的时间要久远得多（在此发现了西方最古老的酒窖遗址，建立于公元前4—前3世纪）。之后的古希腊人、迦太基人皆对西班牙的葡萄种植产生了影响。当然，正如欧洲其他主要酿酒国家一样，古罗马对西班牙葡萄酒的发展产生了最为深远的影响——屋大维钟爱来自西班牙北部的葡萄酒，而从西班牙出口到高卢地区的葡萄酒数量甚至超过了当时的意大利。到了大航海时代，西班牙的传教士以及征服者，将西班牙本土的葡萄藤、酿酒技术带到了西班牙帝国的广大殖民地。英国人对于西班牙雪莉酒的钟爱，更是将这种极其复杂的加强型葡萄酒的威名传播到了全世界。

1868年，葡萄根瘤蚜虫病让许多法国的酿酒师被迫前往西班牙北部里奥哈和佩内德斯发展，其中包括为数众多、来自法国著名产区波尔多的知名酿酒师，他们为西班牙带来了精湛的酿酒技术和经验，以及先进的葡萄种植技术。

为了根除葡萄根瘤蚜虫病，法国国内大面积的葡萄园被铲除与销毁，导致葡萄酒销售紧缺，法国葡萄酒生产商从西班牙进口了大量的葡萄酒，这一举动让西班牙产的葡萄酒为更多的人所了解和接受。为了保证利润，葡萄酒商也乐于为西班牙葡萄酒酿造作坊提供更多的关键技术，这使西班牙葡萄酒全面进入了一个高速发展的时期。

（二）西班牙葡萄酒现状

自20世纪70年代以来，西班牙国内的葡萄酒行业开始全面改革。无论从质量还是数量上，葡萄酒都得到了明显的提升，这样成功的改革让西班牙的葡萄酒在世界葡萄酒出口数量上位列前三名，也被誉为世界葡萄酒行业的革命性成功案例。

纵观整个西班牙葡萄酒业的改革，从20世纪70年代开始，老一代葡萄酒酿造厂开始了酿造技术改革，老旧酿造设备逐渐被经久耐用的不锈钢设备取代，葡萄原料压榨设备以及储酒罐也得到了更新。到了20世纪80年代，针对葡萄酒业的改革开始转向并集中在葡萄园种植技术上，疏枝减产、改变葡萄植株之间种植间距等方法的推广，让葡萄得到了更充分的阳光和水分，从而令葡萄原料质量得到改善与提高。

从20世纪90年代开始，葡萄酒的行销机构也应市场需求掀起了革命浪潮。但由于酒桶质量低劣，葡萄酒不能长期存放，西班牙葡萄酒被困于国内市场，很难运出半岛以满足海外市场的需求。因此酿酒师开始制造适合西班牙葡萄酒窖贮藏存放的高档橡木桶，高档橡木桶让西班牙葡萄酒中橡木的杂味减少，葡萄风味更加馥郁。

同时，为满足市场需求重新设计的酒标看起来更简洁美观，葡萄酒名也更简明易读便于记忆。这些因素使得西班牙的葡萄酒全面打开了海外市场，特别是在美国市场上非常畅销。随着海外订单的增多，西班牙几乎所有葡萄酒酿造厂家都建立了销售部门，专门负责寻找销售代理，刊登广告，为知名葡萄酒评论家提供评测样酒。

时至今日，西班牙葡萄酒行业开始进入了第四次革命，也就是葡萄酒旅游业。所有新建的葡萄酒厂都建有自己的葡萄酒商店、游客中心和品酒室，葡萄种植园也成为休闲度假的场地。

除了西班牙葡萄酒业的自强与自励，西班牙政府对葡萄酒业的扶持也起着同样重要的作用。自从宣布加入欧盟以来，西班牙政府适时把握住机会，引入了更多的投资以及设备、技术，以帮助葡萄酒行业全面快速地发展。

1970年12月2日《葡萄园、葡萄酒和烈性酒法》颁布，这是首部生效的西班牙葡萄酒法律。2003年7月1日，西班牙政府又颁布了新的《葡萄园和葡萄酒法》，对上一部法律进行了修订，去除了不适宜的条款。该法的修订明确规定了葡萄酒的质量和等级制度。1972年，西班牙农业部首次参照借鉴法国、意大利的成功经验，建立了属于西班牙自己的原产地保护制度。这样，西班牙从法律和等级制度划分方面同时拥有了相应的规范，西班牙的葡萄酒终于迎来了真正的飞跃。

（三）西班牙葡萄种植面积

在欧洲传统葡萄酒产酒国中，西班牙是近10年来酿酒水平进步最快速的国家。现在，西班牙变成了全欧洲最前卫的葡萄酒产酒国之一，其酿酒传统在新的观念及新的酿酒技术带动下，不仅酿酒水平大幅提升，而且出现了许多新兴的、具有浓厚地方特色的世界级新产区，也成立了很多新兴酒庄，成为传统葡萄酒产酒国里的新秀。

西班牙是全世界葡萄种植面积最大的国家，超过百万公顷，但是因为严酷干燥的生长环境和比较粗放式的种植方式，葡萄园的平均产量非常低，每年生产约35亿升的葡萄酒，目前是全球第三大葡萄酒生产国。

当然，在西班牙中部以及南部地区，相对干燥的天气也不是完全没有好处。葡萄藤感染霉菌病、白粉病、灰霉菌病等植物疾病的概率会大大降低，种植者同时也会挑选一些更加抗旱，或者适应了本地干旱气候的特化品种来进行种植，减少葡萄藤之间对于水分的争夺。在较为干旱的胡米亚法定产区（DO Jumilla）、拉曼恰法定产区（DO La Mancha），葡萄藤密度可以低至每公顷900至1600株，是其他世界著名产区，如波尔多与勃艮第的1/8。西班牙在极力倡导尽量减少人类干预及农药使用的有机葡萄品种，以及采用生物动力的实施上一直位于世界前列。

二、气候与地理环境

地形在定义西班牙的多种葡萄酒风格方面起着基础性作用。从北部凉爽的加利西亚和白雪皑皑的比利牛斯山脉，中部炎热的高原，到南部多沙、阳光明媚的安达卢西亚，西班牙的风景地貌非常多样化。西班牙横跨7个纬度（北纬 36°至北纬 43°），大西洋和地中海沿岸相距 800 千米。

在这两条截然不同的海岸线之间是连绵的山脉，每一座山脉对当地的景观和气候都有其独特的影响。例如，坎塔布里卡山脉（Cordillera Cantábrica）在其北部大西洋一侧的郁郁葱葱的绿色土地与南部内陆一侧干燥多尘的卡斯蒂利亚–莱昂之间形成了鲜明的对比。在山峰和高原之间，有许多西班牙葡萄园赖以生存的河流。这些水源对当地土壤和微气候都产生了影响。西班牙“葡萄酒之河”中最重要的是米尼奥河、杜罗河、塔霍河、瓜迪亚纳河和埃布罗河。前四条向西流入葡萄牙，成为米尼奥河、杜罗河、特茹河和瓜迪亚纳河。另一条向东流经一些最重要的葡萄园的埃布罗河在其整个旅程中都保持着纯粹的西班牙风情。埃布罗河从坎塔布里亚山脉发源，流经卡斯蒂利亚–莱昂、纳瓦拉、里奥哈和阿拉贡，最后到达加泰罗尼亚，流入地中海。

由于西班牙各地的气候、地质和地形各不相同，因此葡萄酒风格也各不相同。遥远的北部和西北部凉爽的葡萄园出产清淡、爽口的白葡萄酒。那些位于更温暖、更干燥的内陆地区的葡萄园倾向于生产中度酒体、果香浓郁的红葡萄酒，如里奥哈、里贝拉德尔杜埃罗和比埃尔佐。靠近地中海的地区生产更重、更浓郁的红葡萄酒，但海拔较高的地区除外，那里较低的热量和湿度可以生产较淡的红葡萄酒和起泡的白卡瓦酒。

三、西班牙葡萄酒分级制度

西班牙葡萄酒的分级制度有两个维度：以葡萄酒产区地理位置为划分依据的产区分级制度（见图2–1），以及以葡萄酒陈酿时长为划分依据的陈酿级别分级制度。

图2–1　西班牙产区分级示意图

随着西班牙葡萄酒业的发展，西班牙逐渐意识到对本国葡萄酒进行法律保护的重要性。1932年，西班牙葡萄酒法律建立 Denominación de Origen（DO）等级体系，并于1970年进行了一次较为全面的修订。

1972年，西班牙农业部借鉴法国和意大利的成功经验，成立了Instito de Denominaciones de Origen（INDO），该部门相当于法国的INAO。其创立的DO等级体系吸收了当时法国 Appellation d'Origine Controlée（AOC）、葡萄牙的Denominação de Origem Controlada（DOC）以及意大利的 Denominazione di Origine Controllata（DOC）三大等级体系的成功经验，所以与其有许多相似之处。

截至2009年，西班牙共划分出70个DO等级的葡萄酒产区。此外还有最高级法定产区等级的 Denominación de Origen Calificada（DOCa 或DOQ），这些都是用来保证DO产区的红葡萄酒具有一致的质量纪录。目前只有两个DOCa/DOQ产区，分别是里奥哈（Rioja）和普里奥拉（Priorat）。

每一个法定产区都拥有一个当地葡萄酒规范委员会作为当地葡萄酒行业监管机构执行DO法规和标准，包括从葡萄种植到酿酒工艺。这些法规监管法定种植的葡萄品种，均严格控制可收获的最高产量以及该类型葡萄酒产品标签上所标示的陈酿年限。若产区的葡萄酒酿酒厂需要销售其产品，必须将其产品提交至当地规范委员会的实验室以及品酒小组进行测试以及评估。只有通过当地规范委员会实验室以及品酒小组的最终评定与授权，才能在其产品标签上标注相应的DO标志。

20世纪80年代，西班牙加入欧盟，西班牙葡萄酒法律按照欧盟相关法律法规进行调整，由西班牙农业部高品质葡萄酒管理办公室统筹负责实施。该办公室还负责转换欧盟组织关于葡萄酒的法律法规，以期与欧盟其他成员国接轨。

在西班牙实际实施该类法律条款的是各类具有监管职能的机构组织。这些组织主要由葡萄种植者、葡萄酒生产厂商和酒类专家所组成。他们针对每个不同的法定产区建立了所有与葡萄酒酿造过程相关的规则以及法规，如主要品种的葡萄树应该栽培的地区、葡萄作物最适宜的修剪办法、每公顷葡萄园的最高限产标准、新的葡萄酒研究方向以及未来可能需要的酿造技术等，对规范种植、生产和酿造合格的西班牙葡萄酒起到了十分积极的作用。

在监管机制方面，西班牙作为欧盟的成员国，有责任和义务对欧盟制定的针对葡萄酒相关的法律法规进行转换及实施。同时，西班牙原有的相关葡萄酒法律法规也并轨实施。

那么，根据葡萄酒陈酿时长的分级制度是怎样的呢？对于所有的VDLT、DO、DOCa产区，全部适用一套非常严密的葡萄酒陈酿时长分级制度。在这个制度体系中，对于静止红葡萄酒、静止白葡萄酒、静止桃红葡萄酒的桶陈时长以及瓶陈时长皆进行了非常细致的规定（见表2–1），作为所有适用产区的最低要求标准。各个产区可以根据自身情况，适当提高标准要求，或者无效化某一葡萄酒类别（例如某些完全不产法定产区级别白葡萄酒的产区），但是不可以降低此标准。

表2–1　西班牙葡萄酒橡木桶陈酿时间分级

分级	红葡萄酒		白葡萄酒/粉红葡萄酒	
	陈酿时间	橡木桶陈酿（330L MAX）	陈酿时间	橡木桶陈酿（330L MAX）
新酒（Joven）	没有经过陈酿，或陈酿时间没有达到最低时长标准			
陈酿（Crianza）	24个月	6个月	18个月	6个月
珍藏（Reserva）	36个月	12个月	24个月	6个月
特级珍藏（Gran Reserva）	60个月	18个月	48个月	6个月

需要说明的是，这些对于陈酿时长的要求，不论是桶陈还是瓶陈，全部需要在酒庄内部进行并完成。这也是西班牙葡萄酒平易近人的一个方面。当你在专业酒窖或者超市的货柜上看到一款带有陈酿级别标识的西班牙葡萄酒时，那么它很可能已经在适饮期了。当然，最好的特级珍藏（Gran Reserva），也许还是要再放一放。

某些以原产地命名的西班牙葡萄酒，例如卡瓦起泡酒，雪莉酒等，它们拥有更适合自己的分级制度体系。

四、主要葡萄品种

西班牙拥有600种以上的葡萄品种，比较常见的其实大约只有20种，几乎都是西班牙本地原产的品种，占了全国种植面积的80%。西班牙主要用于葡萄酒酿造的葡萄品种有60多种，除了传统本土品种外，也有许多外来国际知名品种如赤霞珠、美乐、霞多丽及长相思等，近年来也有相当不错的表现，并且在一部分高端西班牙葡萄酒中占有越来越重要的地位。

下面列举在国际市场上较具知名度也较具代表性的7款西班牙传统品种，包括4款红葡萄品种（见表2–2）及3款白葡萄品种（见表2–3）。

表2–2　主要红葡萄品种一览表

品种名称	特征
丹魄（Tempranillo）	该品种是西班牙最重要、最受瞩目的红葡萄品种，分布很广，几乎每个产区都有种植。该品种所酿的酒有清新的草莓味，带些许辛香的特色，另外该葡萄品种可用于酿制各式不同风格的红葡萄酒
歌海娜（Garnacha）又名加尔纳恰	西班牙第二大红葡萄品种，可酿制各种不同风格的葡萄酒。除了可酿制富含果味容易上口的红葡萄酒外，也可酿制其他酒体厚实具有不同特色的红葡萄酒，该品种也很适合酿造清爽富果味的桃红葡萄酒
博巴尔（Bobal）	富有水果香味且具染色特性的红葡萄品种，酿制的红葡萄酒色泽深红，带黑莓水果口味，是西班牙优质桃红葡萄酒的主要酿造品种
莫纳斯特雷尔（Monastrell）	也被称作Mourvèdre，实际上就是在法国南部种植非常广泛的慕合怀特，酿出酒的颜色鲜艳且酒精含量高

表2–3　主要白葡萄品种一览表

品种名称	特征
维奥娜（Viura）	西班牙白葡萄酒的主力品种，在加泰罗尼亚则称为马卡贝奥（Macabeo）。由该品种所酿的白葡萄酒轻淡不甜。里奥哈的维奥娜（Viura）白葡萄酒经橡木桶熟成，别具风味，极负盛名的卡瓦（Cava）气泡酒，也多以该葡萄品种酿制而成

续表

品种名称	特征
阿尔巴利诺（Albariño）	被称作是西班牙顶级的白葡萄品种，果实小、甜度高，且甘油含量高，与德国的白葡萄皇后雷司令有着几乎完全相同的特色。所酿之酒不甜，但富甜桃、香瓜及青草的鲜味
青葡萄（Verdejo）	卢艾达产区境内的传统白葡萄品种，所酿之白葡萄酒口感平滑，甜度不高但香味浓郁。在西班牙被视为是堪与阿尔巴利诺（Albariño）匹敌的优异白葡萄品种

第二节　西班牙葡萄酒产区

一、西班牙重要葡萄酒产区

西班牙传统上可分为12个主要葡萄酒产区（外加岛屿区共计13个产区），这些葡萄酒产区在某种程度上构成了现代西班牙的17个自治区的行政边界。中央自治区卡斯蒂利亚－拉曼恰是最大的葡萄酒产区，产区面积达1300万公顷，占西班牙葡萄酒产量的1/3。加泰罗尼亚是第二大产区，年产量550万百升（占总产量的14%），拉里奥哈是第三大产区，年产量近500万百升（占总产量的13%）。这些较大的葡萄酒产区进一步划分为较小的葡萄酒产区，这些产区根据西班牙葡萄酒法律体系进行分类，共有 138个法定葡萄酒产区。

（一）加泰罗尼亚（Cataluña）

位于西班牙东北与法国接壤的加泰罗尼亚，是西班牙最富有的繁华地区，2500 多年前，希腊人在此种植了第一批葡萄树，创建了一个沿海殖民地用于贸易目的。后来罗马人将葡萄酒文化扩展到整个西班牙。在根瘤蚜虫病入侵欧洲后（19世纪），加泰罗尼亚成为世界上最著名的起泡酒生产地之一。

加泰罗尼亚葡萄酒是指产自加泰罗尼亚葡萄酒产区的葡萄酒。有时，该名称会用于加泰罗尼亚鲁西永地区生产的一些法国葡萄酒，此地也被称为北加泰罗尼亚。巴塞罗那市是加泰罗尼亚的首府，尽管不在葡萄酒产区，但它是加泰罗尼亚葡萄酒行业的焦点，也是主要的消费市场之一，其港口提供出口功能，以及金融资源和投资的来源。

该地区拥有悠久的酿酒传统，是卡瓦起泡酒的发源地。在 20 世纪之交，加泰罗尼亚葡萄酒行业处于西班牙崛起为世界优质葡萄酒生产领导者的最前沿，是西班牙第一个采用不锈钢发酵罐的葡萄酒产区。该地区也是一个重要的软木生产区，其产品主要针对该地区的 Cava 酒厂。目前，加泰罗尼亚是西班牙第二大葡萄酒产区，年产量超过5.5亿升。

（二）埃布罗河上游（Alto Ebro）

流经西班牙东北部的埃布罗河沿岸是西班牙非常重要的葡萄酒产区，上埃布罗地区由埃布罗河两岸的洛格罗尼奥省和纳瓦拉省的下游部分组成，包括里奥哈、纳瓦拉和阿拉贡（Aragon）三个自治区。该地区包含世界著名的里奥哈和普里奥拉（Priorat）葡萄园，拥有最高质量的优质法定产区DOCa标志。

埃布罗河流经西部山区，北面是比利牛斯山脉，南面是德曼达山脉。河流流经区域周边连绵起伏的丘陵海拔在200~500米。尽管它距大西洋仅100千米，但属大陆性气候，北部受比利牛斯山脉保护，西部受乌尔巴萨山脉和坎塔布里亚山脉保护，南部受德曼达山脉保护。全年气温变化不大，冬季平均温度为5ºC，夏季平均温度为20ºC，年降水量为400毫米。

上埃布罗葡萄酒产区有一个优质法定产区（DOCa）、一个法定产区（DO）和三个酒庄葡萄酒（VP）。

（三）纳瓦拉自治区（Navarra）

纳瓦拉（Navarra）是西班牙的重要DOP，代表来自纳瓦拉自治区（西班牙纳瓦拉、巴斯克纳法罗亚）南半部的葡萄酒。葡萄园位于比利牛斯山脉较低的斜坡上。

关于纳瓦拉葡萄种植和葡萄酒生产的最早的历史记载可以追溯到公元前2世纪，当时古罗马人建造了酿酒厂（bodegas）。在中世纪，纳瓦拉是一个强大的独立王国，与法国有着密切的联系，葡萄种植业蓬勃发展。12世纪，纳瓦拉的葡萄酒在旅游指南中被推荐给朝圣者，并出口到国外。到18世纪末，葡萄栽培是该地区的主要农业活动。在波尔多地区爆发根瘤蚜虫病3年后，该产区也暴发了虫害。到了1892年，根瘤蚜虫病摧毁了当时种植的50000公顷葡萄园中的98%。20世纪初，通过嫁接新世界葡萄藤，葡萄园得以恢复生机。当地也成立了葡萄酒合作社，并通过大量散装出口葡萄酒成功地增加了产量。在1980年代，私人酿酒厂和合作社开始逐渐生产装瓶贴标优质葡萄酒。

纳瓦拉的气候为大陆性气候，拥有漫长、炎热、干燥的夏季和寒冷的冬季，8月份的夜晚已开始变得凉爽。

该地区过去只以桃红葡萄酒闻名，但近年来也生产优质的红葡萄酒和白葡萄酒。

（四）阿拉贡自治区（Aragón）

阿拉贡位于西班牙东北部，从比利牛斯山脉一直向南延伸至伊比利亚半岛中部。阿拉贡东部是加泰罗尼亚葡萄酒产区，西部是里奥哈、卡斯蒂莱–莱昂和纳瓦拉葡萄酒产区。阿拉贡的首府是萨拉戈萨。

由于面积大，阿拉贡的葡萄酒产区气候差异很大。在北部，白雪皑皑的比利牛斯山脉有助于营造更加凉爽的气候；而在南部，以其干旱的平原而闻名。在中心地区，有众多的山脉，海拔在这里对葡萄园起着重要的作用，高海拔的山区比较凉爽。这种气候的多样性意味着该地区可以种植多种多样的葡萄。

阿拉贡有4个原产地命名保护产区（DO）：卡拉塔尤（Calatayúd）、博尔哈（Campo de Borja）、卡利涅纳（Cariñena和索蒙塔诺（Somontano）。这些DO主要由它们在埃布罗河谷内的位置来划分，其中索蒙塔诺（Somontano）位于最北端。此外，阿拉贡境内还有一个卡瓦酒产区。

就葡萄品种而言，最受欢迎的红葡萄酒包括歌海娜、佳丽娜和丹魄。古老的本土品种莫利斯特尔（Moristel）也很受当地人欢迎。白葡萄品种包括马家婆（Macabeo）、霞多丽（Chardonnay）和莫利斯特尔（Moristel）。大型酿酒合作社在当地葡萄酒生产中发挥着重要作用。直到最近，当地将重点放在散装葡萄酒生产上，并且瓶装歌海娜葡萄酒开始流行。

（五）卡斯蒂莱－莱昂（Castilla y León）

卡斯蒂莱－莱昂位于伊比利亚高原中部的北半部，是西班牙17个行政区中最大的，占全国总面积的1/5左右。它从西班牙中部几乎延伸到北海岸，绵延接壤里奥哈葡萄酒产区和葡萄牙边境，大约350千米。

卡斯蒂莱－莱昂盛产红葡萄酒，丹魄是最主要的葡萄品种，在这里有各种同义词，包括Tinta del País、Tinto de Toro和Tinto Fino。

卡斯蒂莱－莱昂的白葡萄酒主要由白葡萄品种弗德乔（Verdejo）和维奥娜（Viura）酿造，虽然数量上远少于红葡萄酒，但知名度仅稍逊一筹。

卡斯蒂莱－莱昂丰富的文化历史可以追溯到2000多年前，拥有6处联合国教科文组织世界遗产地，其中包括阿维拉的中世纪城墙、塞戈维亚的罗马渡槽和阿塔普埃尔卡，这是一个拥有丰富青铜时代和石器时代文物的考古遗址。该地区的葡萄酒生产甚至可能早于公元前1世纪开始的罗马占领时期。尽管该地区的经济以谷类作物为主，但2000多年来，葡萄种植一直是卡斯蒂莱－莱昂的一项重要经济活动。20世纪末和21世纪初，葡萄园的种植面积大幅下降，重点从数量转向质量。

卡斯蒂莱－莱昂与大西洋的距离让它具有非常强烈的大陆气息。这里炎热干燥的夏季过后是寒冷的冬季，气温通常会降至冰点以下。漫长炎热的白天过后，凉爽的夜晚让葡萄园焕然一新。昼夜温度的变化，在当地葡萄酒风格中起着至关重要的作用。

该地区著名的是杜罗河，在卡斯蒂莱－莱昂的9个DO葡萄酒产区中，有8个位于杜罗河流域内。此外，该地区3个最有影响力的葡萄酒产区［托罗产区（Toro）、卢埃达产区（Rueda）、杜埃罗河岸产区（Ribera del Duero）］都位于杜罗河谷。例外的是位于该地区最西北部的比埃尔佐（Bierzo），那里的气候和葡萄酒与邻近的加利西亚更接近。

（六）西北大西洋岸（Northwest Atlantic Coast）

西班牙西北部受大西洋影响，白葡萄酒和红葡萄酒风格独特、口感清爽、矿物质感明显，该地区的葡萄种植历史可以追溯到古罗马时代。近年来由于该地区农民和酿酒师的不懈努力，当地的葡萄品种和传统风格已经回归并获得不错的赞誉。

（七）加利西亚（Galicia）

加利西亚葡萄酒是产自西班牙西北角加利西亚自治区的葡萄酒。它包括在拉科鲁尼亚、奥伦塞、蓬特韦德拉和卢戈等省生产的葡萄酒。加利西亚境内有5个产区：分别是里贝罗（Ribeiro）、萨克拉河岸（Ribeira Sacra）、瓦尔德奥拉斯（Valdeorras）、蒙特雷依（Monterrei）和下海湾（Rías Baixas）。近年来，由于下海湾地区的阿尔巴利诺（Albariño）葡萄酒获得国际赞誉，该地区的葡萄酒行业出现了复苏的迹象。

加利西亚位于大西洋沿岸，气候非常潮湿，年平均降雨量超过1300毫米，但该地区年平均2000多个小时的日照有助于平衡该地区的高湿度。东部安卡雷斯（Serra dos Ancares）山脉成为与卡斯蒂莱和莱昂的边界；南部的米尼奥（Miño）河形成了该地区与葡萄牙边界的一部分。该地区靠近葡萄牙，实际上与西班牙其他地区隔绝，这对加利西亚葡萄酒的风格产生了显著影响，其中许多葡萄酒在风格上更接近葡萄牙葡萄酒。

19世纪，整个地区经济不景气，许多葡萄园工人只能外出寻找工作。西班牙于1986年加入欧盟，随后开始对当地进行资金援助，以帮助刺激葡萄酒行业的复兴。

加利西亚地区葡萄园的种植采收效率一直相当高，平均0.4公顷采收5.7吨（100升/公顷）。该地区的大部分葡萄园都位于南部的奥伦塞省和蓬特维德拉省，不过东部的卢戈也有一些重要的种植园。靠近米尼奥河（Miño）的地区通常出产阿尔巴利诺、洛雷罗（Loureira）和凯尼侯（Caiño blanco）混酿的葡萄酒。更内陆的白葡萄酒通常是托伦特（Torrontés）和特雷萨杜拉（Treixadura）的混酿。还有以戈德罗葡萄为主的白葡萄酒。该地区的桃红葡萄酒主要由门西亚（Mencía）葡萄酿制而成。

（八）巴斯克（País Vasco）

巴斯克（正式名称为La Comunidad Autonoma del País Vasco）是一个非常独立的地区，位于西班牙北部海岸，靠近比利牛斯山脉和法国边境。在巴斯克语中，该地区被称为Euskadi，但对于大多数英语世界来说，它被称为巴斯克地区。巴斯克的主要地质特征是贯穿该地区的巴斯克山脉。大多数葡萄园位于毕尔巴鄂周围的海岸附近，那里的海洋性气候以降雨量大和生长季节温和为特征。再往南，靠近埃布罗河谷和里奥哈，葡萄种植较少。

坎塔布连山脉构成其西部边界，而著名的里奥哈葡萄酒产区位于南部。尽管如此，该地区的葡萄酒也并不是特别出名，吸引游客前来的是历史悠久的港口城市毕尔巴鄂（古根海姆博物馆所在地）和美丽的海滨度假胜地圣塞巴斯蒂安。

巴斯克主要葡萄酒是查科丽（Txakoli，发音为“Chac-o-lee”），其名字“Txakoli”一词即由巴斯克语中“Etxakoa（自制）”一词演变而来。它具有清新的风格，以水果香气为主，伴有轻微的火石气息和高酸度。这里的主要葡萄品种是白苏黎（Hondarrabi Zuri）和红贝尔萨（Hondarrabi Beltza），但也允许种植白福尔、小芒森和大芒森。

（九）东部地区莱万特（El Levante）

“莱万特”指的是西班牙东海岸，即瓦伦西亚和穆尔西亚。它是西班牙著名的柠檬酸产品的核心产地，例如橙子、克莱门汀柑橘和柠檬。同时，这里也是著名的旅游胜地。

但是当地的葡萄酒长期以量著称，销售的葡萄酒都是以桶为计量单位。那时候，大多数人并不关心年份酒和葡萄园或未经过滤的庄园葡萄酒，他们只是生产葡萄酒，将其泵入大容器中，然后运往其他欧洲国家以低价出售。直到今天，大规模的葡萄酒出口仍然蓬勃发展，因为这些地区的产品在国外的销量往往比在国内要多，但已经出现了向更高质量发展的显著转变。

莱万特子产区中最有名的是 D.O. 胡米利亚，分布在穆尔西亚省的北部地区。多年来，它专注用一种名为莫纳斯特雷尔（Monastrell）的葡萄品种酿制普通红葡萄酒，这种葡萄正是慕合怀特（Mourvèdre）葡萄品种的西班牙名称。

瓦伦西亚自治区有3个主要的法定产区。由南向北，第一个是 D.O. 阿利坎特。数百年前，阿利坎特（Alicante）因酿造一种名为 Fondillón（阿利坎特的本土特有葡萄酒）的浓郁的陈年葡萄酒而闻名。

然后是 D.O. 瓦伦西亚葡萄酒产区。瓦伦西亚真正的强项是用麝香葡萄酿造餐后甜酒。除此之外还会生产一些廉价的红、白、桃红葡萄酒。

再往内陆是 D.O. 乌迭尔－雷格纳（Utiel–Requena），是西班牙的一个传奇葡萄酒产区，以优质的桃红葡萄酒闻名。

（十）穆尔西亚（Murcia）

穆尔西亚是西班牙较小、鲜为人知的葡萄酒产区，隐藏在该国遥远的东南角，西与安达卢西亚接壤，北与卡斯提亚－拉曼恰接壤，东与巴伦西亚接壤，南临地中海。这个小行政区仅由同名的一个省和一个行政中心组成。据说葡萄藤是在古代由腓尼基人引入该地区的。几个世纪以来，穆尔西亚的酿酒声誉一直起伏不定。该地区在 19 世纪下半叶再次崭露头角，当时邻国法国的葡萄园被根瘤蚜虫病摧毁，很多从业者来到这一地区，大幅度提高了当地的生产水平。

这里的条件适合生产莫纳斯特雷尔葡萄，这种葡萄生产的葡萄酒单宁高、色泽深，适合橡木桶陈酿。

穆尔西亚拥有3个 DO 产区。北角的耶克拉（Yecla）、南边的胡米利亚（Jumilla）和布利亚斯（Bullas），其区域覆盖该省西半部的大部分地区。酒体风格以强劲浓郁的果香著称。在该地区的东侧，还有两个 IGP 级区域，阿巴尼拉（Abanilla VT）和卡塔赫纳坎波（Campo de Cartagena VT）。其余区域的葡萄酒，或不符合DO规定的葡萄酒，可能会被归类为区域范围的穆尔西亚VT。这里的气候分为受附近海域影响的海洋性气候和受西班牙炎热干旱内陆地区影响的大陆性气候。在布利亚斯地区的低洼（其中大部分地区因海拔升高而降温），夏季白天有时能达到45°C的温度。

（十一）中央高原地区（La Meseta）

西班牙的梅塞塔（也称为中央高原）是一个重要的葡萄酒产区，生产了西班牙近一半的葡萄酒。几乎2/3的西班牙葡萄园都在这片辽阔的中部高原上，该高原包围着北部的马德里、西部的卡塞雷斯和东部的阿尔巴塞特。这里是世界上种植最广泛的白葡萄品种“阿依伦（Airén）”的故乡，这种葡萄生产的餐酒相当不起眼，但在蒸馏生产赫雷斯白兰地时却表现出色。

卡斯蒂利亚－拉曼恰地区对高价值的品种葡萄酒的关注正在推动该地区的革命性转变。这里有拉曼恰产区（DO La Mancha）及其他DO，包括阿尔曼萨产区（Almansa）、曼确拉产区（Manchuela）、门特里达产区（Méntrida）、蒙德哈尔产区（Mondéjar）、乌克莱斯产区（Uclés）、瓦尔德涅斯产区（Valdepeñas）和马德里产区（Viños de Madrid），所有这些都在高架葡萄园中生产快速改善的葡萄酒。埃斯特雷马杜拉地区位于西部，就像卡斯蒂利亚－拉曼恰一样，这里出产一些非常好的葡萄酒。包括丹魄、赤霞珠和西拉在内的多个葡萄品种已引入该地区，利用白天和夜间温度之间的巨大差异，葡萄果实可以迅速成熟和聚集酚类物质，可以生产优质的葡萄酒。

最高级别的西班牙葡萄酒被称为Vino de Pago，这是一个单一的葡萄园区域名称。瓦德布莎酒庄葡萄园成为第一个获得产区认证的葡萄园，现在该地区共有8个DO Pago。

（十二）安达卢西亚（Andalucía）

安达卢西亚位于西班牙阳光普照的西南部，是西班牙大陆行政区中最南端的一个，是世界著名的加强型葡萄酒雪莉酒的故乡。这里是西班牙人口最多的地区，有着丰富多彩的历史。它位于地中海门户的战略位置和靠近非洲的位置使其成为历史上许多族群的定居点和入侵的目标。穆斯林、罗姆人、伊比利亚人、腓尼基人、迦太基人、希腊人、罗马人、汪达尔人、西哥特人、拜占庭人、基督教徒和卡斯蒂利亚人都曾在某个阶段称安达卢西亚为家，每种文化都在这里留下了自己的印记。

除了壮观的摩尔式建筑、美丽的海岸线和多样的景观外，安达卢西亚还拥有可追溯到公元前8世纪的悠久酿酒历史，并拥有5个DO。虽然这里也生产佐餐酒，但真正将各个DO区域统一起来的是加强型葡萄酒。这些葡萄酒包括清淡爽口的菲诺（Fino）和曼萨尼亚（Manzanilla）雪莉酒，以及酒体饱满、甘香甜美的佩德罗希梅内斯（Pedro Ximénez或“PX”）。

安达卢西亚的气候严重影响这里的葡萄酒生产，根据气候影响不同可大致分为

3个区域：受大西洋影响的凉爽西海岸，包括赫雷斯和桑卢卡尔德巴拉梅达的雪莉酒产区；南部马拉加地区及马拉加山脉周围的地中海气候；以及蒙的亚－莫利莱斯（Montilla–Moriles）周围相对炎热干燥的环境。后两个区域最适合生产安达卢西亚的标志性甜酒，由佩德罗希梅内斯（Pedro）和马斯喀（Moscatel）葡萄酿制而成，而西南海岸较低的平均温度对于保存帕洛米诺葡萄中的酸度至关重要，用于生产菲诺（Fino）和曼萨尼亚雪莉酒。

阿依仑是另一个重要的葡萄品种，生长在安达卢西亚北部，但它主要用于白兰地和混酿葡萄酒。赤霞珠、美乐和小维多等国际品种也在该地区较温暖的地方种植，出产优质葡萄酒，并越来越受到当地种植者的欢迎。

（十三）岛屿区（Las Islas）

位于地中海的巴利阿里群岛（Islas Baleares）和位于大西洋上、邻近非洲的加那利群岛（Islas Canarias）也都生产葡萄酒。

巴利阿里群岛是西班牙 17个官方行政区之一。这个田园诗般的群岛位于地中海西部伊比利亚半岛以东约95千米处。这些岛屿最近的邻居是西部的瓦伦西亚省和穆尔西亚省，以及北部的加泰罗尼亚省。4个最大的岛屿（马略卡岛、梅诺卡岛、伊维萨岛和福门特拉岛）是众所周知的典型地中海度假胜地。

尽管自罗马时代以来岛上就开始生产葡萄酒（葡萄藤在公元前 121 年左右被引入）。这些岛屿有两个官方 DO 葡萄酒名称：普拉耶旺特产区（Pla i Llevant）（2001年推出）和比尼萨莱姆－马约卡产区（Binissalem–Mallorca），两者都位于马略卡岛。后者是该岛的第一个DO产区，也是西班牙大陆以外的第一个DO头衔。虽然只有两个DO，但许多VT产区分布在其他岛屿上，包括伊维萨岛产区（Ibiza VT）、福门特拉岛产区（Formentera VT）、梅诺卡岛（Isla de Menorca VT）、马略卡岛（Mallorca VT）和周围的巴利阿里（Illes Balears VT）。

目前，大多数巴利阿里群岛的葡萄酒都以新鲜、芳香的风格酿造，适合快消。除了葡萄酒，岛上还生产一些利口酒和烈酒，包括苦艾酒和杜松子酒。甚至当地还有一家啤酒厂，为游客提供啤酒。

加那利群岛位于北大西洋中，是西班牙位置最南的一个自治区，距离摩洛哥西海岸110千米，是欧洲最热的葡萄酒产区。

该地区著名的马尔姆塞甜葡萄酒由玛尔维萨（Malvasia）葡萄酿制而成，曾经深受英国人、荷兰人和德国人的欢迎。如今，由于当地需求旺盛和旅游业蓬勃发展，很少出口。10个产区在1990—2000年被正式授予DO头衔。

加那利群岛属炎热潮湿的热带气候，理论上不适合种植酿酒葡萄，但这些岛屿具有独特的气候和地形特征，使葡萄酒生产成为可能。人们利用当地的山地地形和岩石土壤筑成梯田，分布在海拔500~1000米的区域，使得葡萄可以保持一定的酸度和结构感。另一个重要因素是土壤，这在很大程度上源自岛上的火山活动。土壤赋予了当地葡萄酒矿物质味和微妙的咸味。

加那利群岛最大的岛屿特内里费岛拥有该地区一半的 DO，分别是：安宝娜产区（Abona）、塔科隆特–阿森台霍产区（Tacoronte–Acentejo）、古马尔谷产区（Valle de Guimar）、奥罗塔巴峡谷产区（Valle de la Orotava）和伊科登–多迪–伊苏拉（Ycoden–Daute–Isora）。

二、西班牙重要产区：里奥哈（Rioja）产区

西班牙北部的里奥哈最著名的是用丹魄和歌海娜酿造的带有浆果香味的桶装红葡萄酒。这里可以说是西班牙顶级葡萄酒产区，仅次于赫雷斯。葡萄园沿着哈罗镇和阿尔法罗镇之间的埃布罗河河道延伸大约100千米。

里奥哈葡萄酒产区主要位于拉里奥哈行政区内，里奥哈河流经该行政区。然而，其最北端的葡萄园位于邻近的纳瓦拉和巴斯克地区（Pais Vasco），该地区较少受到政治和行政边界的划分，而更多地受到地理特征的划分。

位于里奥哈北部和西部两侧的坎塔布连山脉为葡萄园免受大西洋寒冷潮湿空气的影响提供了庇护所。这是当地气候的一个重要因素，当地气候比北方要温暖和干燥得多。该地区的土壤因地而异，最好的土壤含有大量的石灰石。

（一）葡萄品种

添帕尼优和歌海娜是里奥哈最重要的两个葡萄品种，一般而言，等级较高的红葡萄酒都含有高比例的添帕尼优，不仅风格细致、颜色深，也非常适合在橡木桶内进行培养。相较起来，歌海娜虽然酒精度高，口感圆润，但是却较容易氧化，比较经不起长年的橡木桶培养，不过在质量优异的葡萄园仍可酿成非常迷人的优质红葡萄酒。最重要的白葡萄品种是维奥娜（Viura），实际上这个白葡萄品种就是卡瓦起泡酒的主力白葡萄品种马卡贝奥（Macabeo），在西班牙全境都有种植，但是在里奥哈产区被精雕细琢为具有更大潜力的优质干白葡萄酒，经过一定时间法国橡木桶的陈酿，此品种能够展现出非常复杂的香气以及十分优雅细腻的口感。

被里奥哈产区监管局授权的传统品种，自1925年，一直为7种，包括4种红葡萄品种和3种白葡萄品种。

红葡萄品种：丹魄（Tempranillo）、红歌海娜（Garnacha Tinta）、马士罗/佳丽酿（Mazuelo/Cariñena）、格拉西亚诺（Graciano）。

白葡萄品种：维奥娜/马卡贝奥（Viura/Macabeo）、玛尔维萨（Malvasía）、白歌海娜（Garnacha Blanca）。

2007年，里奥哈产区监管局首次在法定产区界限内添加9种新授权品种。

本地红葡萄品种：红马图拉纳（Maturana Tinta）、帕达马图拉纳（Maturana Parda）、莫纳斯特雷尔（Monastrell）。

本地白葡萄品种：白马图拉纳（Maturana Blanca）、白丹魄（Tempranillo Blanco）、图伦特斯（Turruntés）[注意不是加利西亚品种特浓情（Torrontés）]。

外来品种：霞多丽、长相思、青葡萄（Verdejo）。

另外，这9种葡萄品种只能种植在先前拔除了葡萄藤的葡萄园，其原因是为了不增加整个产区的植被总数量。

对于这些新授权的本地葡萄品种，不管是红葡萄品种，还是白葡萄品种，并没有关于混酿百分比的限制，所以允许产区内的酒庄利用它们酿造单一葡萄品种的酒款。相反地，对于外来的3个白葡萄品种霞多丽、长相思、青葡萄，却规定不可以在任意葡萄酒款中占据主导地位。

里奥哈产区监管局亦会授权其他的葡萄品种作为“实验品种”，不作为主要比例混酿品种，在酒标中不标示葡萄品种，或者只标示“其他品种（Otras Variedades）”。

实验品种：赤霞珠、美乐、西拉、维欧尼、麝香、瑚珊、玛珊 。

（二）产区特点

广达6万公顷的葡萄园位于埃布罗河上游河谷的南北岸，东西绵延120千米，还分3个子产区，生产的葡萄酒有各自的风格。

1. 上里奥哈（Rioja Alta）

此产区位于里奥哈地区西北部，为大陆性气候，也受大西洋气候影响，越向东，大西洋气候逐渐消失。降雨量700毫米/年。夏季短更加凉爽，某些年份秋天会提前到来，使得葡萄的染色及酒精度的发展受到阻碍，特别是当种植地块并不朝向南方的时候。在这种条件下，丹魄与歌海娜经常混酿，以得到更好的颜色及酒精度。

2. 东里奥哈（Rioja Oriental）

此产区属于地中海气候，同时受到大陆性气候影响。夏季更长，更炎热。葡萄藤开花更早，享受更多日照。降雨量400毫米/年。湿度更低，干燥的空气气流能够使葡萄成熟得更好，同时减轻患病虫害的危害。这里的葡萄酒酒精度更高，颜色更深。但在过于炎热干燥的年份，葡萄酒不具备足够好的平衡性，在现代技术的保护下，可以在一定程度上通过灌溉系统弥补缺水的不足。传统上，一些比较重要的酒庄会出产一些混合了上下里奥哈的酒款，来消除这种不平衡性。

3. 阿拉维萨里奥哈（Rioja Alavesa）

此产区是三个子产区中受大西洋气候影响最大的产区。但是，这里的山坡大部分朝向正南方，改善了气候及地理条件，并反映到在这里出产的高质量葡萄酒之中。

在里奥哈有许多规模庞大的酒厂，跟西班牙大部分的酒厂一样，他们除了采用自己种植的葡萄酿酒，也经常跟葡萄农购买来自不同区的葡萄进行酿造，之后再根据需要调配，混合出最均衡丰富的葡萄酒。因为规模大，使得里奥哈能一直以合理的价格供应高质量的葡萄酒。

里奥哈是西班牙葡萄酒生产规定最严格的葡萄酒产区，特别是等级最高的Reserva和Gran Reserva等级，对于培养和储存的时间都有规定，例如Gran Reserva等级的酒都需经过至少5年的培养才会上市，许多酒厂储存的时间通常都会比规定的时间还要长，所以酒刚出厂就已经成熟适饮，这对喜爱陈年葡萄酒又没有储酒条件的人最为体贴。

受到来自波尔多的影响，里奥哈的酒庄习惯采用225升装的橡木桶来培养葡萄酒，不过，除了少数的法国橡木桶外，里奥哈区使用最多的是美国橡木桶，也因此常让里奥哈红葡萄酒含有较多的香草、焦糖和咖啡的味道，也能较快带有陈年风味。

里奥哈的葡萄酒分为经培养成熟（Con Crianza）和未经培养成熟（Sin Crianza）两种，虽然差别只在有无经橡木桶培养，但大部分的酒厂会挑选比较浓厚、较耐久存的酒来做橡木桶的储存。所以未经培养的酒通常比较清淡、容易入口，饱含丰富的新鲜果香，又称为新酿（Joven）。不过，即使是一般等级有时也会在橡木桶中储存短暂的时间。

每一等级的里奥哈都会在酒瓶的背后贴上不同颜色的背标以方便辨识（见表2–4）。标示Joven是一般等级的葡萄酒，主要来自下里奥哈地区，酒体年轻多果味，顺口好喝，不适久藏，价格非常便宜。标示陈酿等级必须有2年以上的培养，其中1年必须是在橡木桶中进行。标示珍藏红葡萄酒则要有1年以上橡木桶和2年以上的瓶中培养。标示特级珍藏红葡萄酒就要有2年以上橡木桶和3年以上的瓶中培养。

因为特级珍藏橡木桶的培养时间非常长，所以有些酒庄的顶级酒不一定是特级珍藏，特别是新式的顶级酒大多是属Reserva等级或甚至一般新酿等级。

在里奥哈白葡萄酒方面，过去也有经长期橡木桶培养的类型，但新式的低温发酵与酵坛的培养，让里奥哈白葡萄酒有更多迷人的新鲜果味与爽口酸味。

表2–4　里奥哈分级一览表

等级标识	名称	特点
Vino Joven	新酿葡萄酒	
Crianza	陈酿葡萄酒	须经过2年熟化，其中至少12个月在橡木桶中进行陈酿；白葡萄酒和桃红葡萄酒须经过1年熟化，其中至少6个月在橡木桶中进行陈酿
Reserva	珍藏葡萄酒	须经过3年熟化，其中至少12个月在橡木桶中进行陈酿；白葡萄酒和桃红葡萄酒须经过2年熟化，其中至少6个月在橡木桶中进行陈酿
Gran Reserva	特级珍藏葡萄酒	须经过5年熟化，其中至少24个月在橡木桶中进行陈酿；白葡萄酒和桃红葡萄酒须经过4年熟化，其中至少6个月在橡木桶中进行陈酿

三、西班牙重要产区：普里奥拉（Priorat）产区

（一）葡萄品种

最常见的葡萄品种是红歌海娜，这种葡萄的优良特性在这一地区显露无遗。其次是佳丽酿。此外，用以制作白葡萄酒的主要品种是马卡贝奥（Macabeo）、佩德罗－希梅内斯（Pedro Ximénez）和白歌海娜。

普里奥拉酿酒业技术先进，新鲜爽口的即饮型红葡萄酒、白葡萄酒和桃红葡萄酒的产量呈上升趋势。

（二）产区特点

普里奥拉是加泰罗尼亚地区历史最悠久的葡萄种植区之一。该地区壮观的山脉地貌和所出产的个性化葡萄酒，使它成为西班牙最独特的葡萄酒产区。

当地的葡萄种植区位于塔拉戈纳省（Provincia de Tarragona）境内休拉纳河（Rio Siurana）所流经的峡谷地区，大部分葡萄园均位于山坡的梯田上，部分地区的海拔达到了近1200米。“上帝之梯”（Scala Dei）可能是普里奥拉葡萄酒最早的产地。传说一千年前，一个牧人看到众天使经由一道阶梯登上天空。之后，人们在幻象出现的地方修建了一座修道院，随着时间的流逝，修道院四周逐渐形成了一个向修士们供应食品和生活用品的小村落。如今，修道院虽已成为一片废墟，但昔日的小村落却日渐繁荣，并已发展为葡萄酒的生产中心之一。

过去的火山活动在普里奥拉中部地区留下了一条条红黑相间的带状石英岩和板岩，使峡谷两侧的山坡呈现奇特的虎皮状外观。这种土地在加泰罗尼亚自治区绝无仅有。地表由大量不完整的板岩和云母组成，厚度约45厘米。表层的板岩和云母以及地下的一道道槽沟使葡萄园能够被牢牢固定在山坡之上，而不会像同样位于斜坡上但不具备这一地质条件的其他葡萄园那样，每当大雨来临，葡萄秧都会有被雨水连根拔起的危险。普里奥拉葡萄种植区的海拔在100~600米。

普里奥拉的气候也是独一无二的，基本属于大陆性气候，但在南来的密斯托拉风和穿越山谷自北而来的寒风的影响下，这里的气候也会相应变得温暖或更加寒冷。总体而言，这一地区夏季较长而炎热，冬季寒冷，但霜冻现象并不多见。

最有名的普里奥拉葡萄酒是传统的红葡萄酒，这种酒由百分之百的加尔纳恰葡萄酿成，自然发酵后酒精度接近14%vol。新酒的颜色很深，近于黑色，可以存放很长时间，其在橡木桶的贮存期也有专门的规定。

陈酿（Crianza）：至少在橡木桶中贮存1年，并在酒瓶中贮存一段时间，直到第3年才上市的红葡萄酒。

珍藏（Reserva）：至少在橡木桶中贮存1年，并在酒瓶中贮存2年，直到第4年才

上市的红葡萄酒。

特级珍藏（Gran Reserva）：至少在橡木桶中贮存2年，并在酒瓶中贮存3年，直到第6年才上市的红葡萄酒。

第三节　西班牙著名葡萄酒：雪莉酒

雪莉酒（Jerez）是1种由3个白葡萄品种酿制而成的加强酒，此3种白葡萄品种生长在西班牙安达卢西亚赫雷斯－德拉弗龙特拉市附近。雪莉酒展现出多种迥异的风格，主要原料选用帕洛米诺葡萄。其中，有清淡的类型，如曼萨尼亚（Manzanilla）和菲诺（Fino），适合作为佐餐酒；也有更加深厚、浓郁的风格，如阿蒙提亚多（Amontillado）和奥罗索（Oloroso）。这些酒在陈酿过程中可能会发生氧化，赋予其独特的口感和风味。此外，还有一些甜型雪莉酒，采用佩德罗－希梅内斯（Pedro Ximénez）或莫斯卡特（Moscatel）葡萄酿制而成。这两种甜型的雪莉酒也可与菲诺（Fino）、阿蒙提亚多（Amontillado）等口感较为轻盈的雪莉酒进行混合，带来更加丰富多样的口感体验。

赫雷斯产区（D.O.P. Jerez–Xérès–Sherry），是西班牙的重要葡萄酒产区之一。雪莉酒这个词是 Xérès（赫雷斯）的英语化。雪莉酒以前被称为sack，来自西班牙语saca，意思是从solera 中“提取”。在欧洲，“雪莉酒”具有受保护的原产地名称，根据西班牙法律，所有标有“雪莉酒”的葡萄酒必须合法地来自雪莉酒三角区，该三角区位于加的斯省（Cádiz）赫雷斯－德拉弗龙特拉（Jevez de la Frotera）、桑卢卡尔－德巴拉梅达（Sanlúcar de Barrameda）和圣玛丽亚港产区（El Puerto de Santa María）。1933 年，赫雷斯原产地保护成为第一个以这种方式获得官方认可的西班牙产区，正式命名为 D.O.赫雷斯和 D.O.，圣卢卡－德－巴拉梅达，共享同一个管理委员会。

尽管雪莉酒品种繁多，但实际上全部的雪莉酒仅仅来自3个葡萄品种：帕洛米诺（Palomino）、麝香葡萄（Moscatel）、佩德罗－希梅内斯（Pedro Ximénez）。帕洛米诺（Palomino）是当之无愧的雪莉酒皇后，为酿造雪莉酒的主要品种，酸度和甜度都相对较低；麝香葡萄特别用来酿造同名葡萄酒，甜度较高；佩德罗－希梅内斯甜度和酸度都较高，用来酿造同名葡萄酒，将用其酿成的雪莉酒与其他种类雪莉酒混合，从而制成口味更复杂的甜酒。

雪莉酒的种类繁多，每家酒厂常推出十几款甚至数十款的葡萄酒，酿造与培养熟成的过程各不相同，不过，一般而言主要可以分为菲诺和奥罗索两大类。

一、细致型雪莉酒-菲诺（Fino）

菲诺（Fino）是雪莉酒中最干、最淡的一种，适合在相对年轻的时候饮用，而且开瓶后需要尽快饮完。

菲诺雪莉酒的决定性成分是被称为flor的酵母菌株，它漂浮在酒桶中雪莉酒的顶部。直到19世纪中叶，大多数雪莉酒酿酒师才明白这种随机出现在酒桶中的淡黄色泡沫是什么。他们会将这些桶标记为“病态”，并将它们降级为最低瓶装的葡萄酒。事实证明，这种酵母菌株会在空气中茁壮成长，桶中的“头部空间”越大，它就越有可能发展。随着时间的推移，酿酒师注意到这些葡萄酒比其他雪莉酒更清淡、更新鲜。

赫雷斯菲诺（Jerez Fino）由赫雷斯周围葡萄园种植的葡萄酿制而成，并在当地的酒窖中陈酿。由于此地相较沿海地区更加炎热，高温环境不利于酵母的生长，因此这些生长在酒液表面的酵母花整体厚度较薄，无法完全阻隔酒液与空气的接触。这会使得酒液在陈酿期间拥有更高的氧化程度，更浓郁的氧化风味口感。

普托菲诺（Puerto Fino），使用圣玛丽亚港（El Puerto de Santa María）周边产区种植的葡萄酿制而成。与赫雷斯菲诺（Jerez Fino）相比，该地区靠近海边，气候较为凉爽，更有利于酸度的保持，以及酵母花的生长。因此，口感较为酸爽。

在菲诺的生产中，酿酒师通常只会使用自流汁——在将葡萄送往压榨机之前，在葡萄自身重量的作用下压榨所产生的果汁。压榨后的果汁通常更粗糙，可以酿造出酒体更重的葡萄酒。这种果汁通常用于制作奥罗索雪莉酒。

使用菲诺方法制作的雪莉酒桶仅被部分填充，以允许酵母的作用赋予干雪莉酒独特的新鲜味道。菲诺是最精致的雪莉酒，应该在装瓶后1年内饮用，尽管有些人认为菲诺不应超过6个月。一旦打开，它会立即开始变质，应该一次喝完以获得最佳效果。如有必要，可以在开封后储存、塞住和冷藏最多1周。

由于雪莉酒没有陈年年份，因此很难判断其具体年份。虽然装瓶日期印在标签上，但是以编码形式出现的。背面标签上是一个以字母 L 开头的小点阵数字。L 之后是一个4位或5位数字。对于4位数字，如 7005，第1个数字是年份，最后3个数字是1到 365 之间的数字，表示一年中的第几天。所以这瓶酒是在2007年1月5日装瓶的。5位数代码类似，比如00507，装瓶日期在年份之前，这也是 2007 年 1 月 5 日。

二、阿蒙提亚多（Amontillado）雪莉酒

阿蒙提亚多比菲诺颜色深，但比奥罗索颜色浅。它以西班牙的蒙蒂利亚地区命名，该风格起源于18世纪。

阿蒙提亚多雪莉酒最初是一种菲诺酒，酒精含量大约为15.5%vol，并带有一层酵母菌盖，限制其暴露在空气中。如果酵母层未能充分发育、被额外强化故意杀死或因未补充而死亡，则此桶菲诺被认为是阿蒙提亚多。如果没有一层花粉，阿蒙提亚多必须将酒精浓度提高到大约 17.5%vol，这样才不会氧化得太快。经过额外的强化后，阿蒙提亚多缓慢氧化，通过略微多孔的美国或加拿大橡木桶暴露在氧气中，并获得比菲诺更深的颜色和更丰富的风味。

阿蒙提亚多的特点是坚果香气、烟草、香草和优雅的橡木味。两种不同陈酿过程的融合赋予了阿蒙提亚多葡萄酒独特的风味。

阿蒙提亚多可以用几种不同的方式生产。菲诺–阿蒙提亚多（Fino Amontillado）是一种已经开始从菲诺转变为阿蒙提亚多的葡萄酒，但还没有陈酿足够长的时间来完成这个过程。普托–阿蒙提亚多（Amontillado del Puerto）是一种产自圣玛丽亚港产区的阿蒙提亚多。它们自然干燥，有时会以低等至中等甜度出售，但这些不能再贴上阿蒙提亚多的标签。

2012年4月12日颁布新的规定，只有真正产自蒙的亚–莫利莱斯和赫雷斯地区的雪莉酒才能使用相应的甜味和强化名称。禁止使用“甜型阿蒙提亚多”这样的名称，而要求将这些酒标记为“中等雪莉酒阿蒙提亚多”。

三、曼萨尼亚（Manzanilla）雪莉酒

曼萨尼亚是一种干白葡萄酒，由帕洛米诺葡萄酿制而成，并在一层被称为酒花的酵母菌下陈酿。它仅在桑卢卡尔–德巴拉梅达（Sanlúcar de Barrameda）的酒窖中生产。位于瓜达尔基瓦尔河河口的小镇的特殊气候条件有利于形成一种特殊的花面纱，赋予葡萄酒独有的特色。

有时，曼萨尼亚葡萄酒会经历非常长的陈酿期，其中的花香会略微减弱，形成小程度的氧化，赋予酒体更多的复杂性，被称为巴萨塔·曼萨尼亚（Manzanilla Pasada）。

四、奥罗索（Oloroso）类型的雪莉酒

奥罗索（西班牙语意为“香味”）是一种加强酒（雪莉酒），产于赫雷斯和蒙蒂利亚–莫里莱斯，通过氧化陈酿而成。它通常比阿蒙提亚多颜色更深，坚果味更浓郁。

与菲诺和阿蒙提亚多雪莉酒不同，奥罗索在早期酵母发酵阶段被酒精强化所抑制。致使成品酒缺乏菲诺雪莉酒的新鲜酵母味。

奥罗索雪莉酒有时会通过木炭过滤去除颜色，以达到预期的效果。由于奥罗索雪莉酒已经过多年的氧化老化，因此在开封前可以安全地存放多年。开封后，

奥罗索会逐渐失去一些香气和味道，所以建议在开封后，用软木塞密封好，可冷藏保存长达两个月。奥罗索陈年时间越长，适合饮用的时间就越长，最长可达12个月。

历史上，通常将运送奥罗索雪莉酒的木桶留在英国，用于苏格兰和爱尔兰威士忌的陈酿。西班牙政府于1981年修改了出口法，规定雪莉酒必须在西班牙装瓶。雪莉酒桶现在纯粹是为威士忌行业制造的——酿酒厂陈酿威士忌之前，会先用奥罗索或其他雪莉酒对酒桶进行调味。

五、奶油（Cream）雪莉酒

在干型的奥罗索中加入甜酒进行调和，我们将甜酒加得少、甜味较低、酒体颜色较浅的雪莉酒称为淡色奶油雪莉（Pale Cream）。

六、佩德罗-希梅内斯（Pedro-Ximenéz）雪莉酒

酒色深黑、口感极端浓甜的佩德罗-希梅内斯雪莉酒，采用同名的葡萄品种酿成。它的甜度高，为了让葡萄的甜度更浓缩，采收之后还要在烈日下暴晒一两个星期，等葡萄成为葡萄干之后再进行榨汁，因此酒的糖分更高，且酒的颜色非常浓黑。为保留甜度，发酵中途就添加酒精到15%vol以上，以保留酒中的糟分。如此浓重甜腻的雪莉酒，建议冰镇至6°C~8°C后饮用，除了单喝也可佐配甜点。

七、帕洛·科塔多（Palo Cortado）雪莉酒

帕洛·科塔多是一种罕见的雪莉酒品种，最初在酵母下陈酿成为菲诺或阿蒙提亚多，但莫名其妙地失去了酵母花层，并开始氧化、老化为奥罗索。最终只有大约1%~2%的雪莉酒会自然发育成帕洛·科塔多。

这个名字的意思是“交叉斜杠”，指的是在木桶上做的标记。这款酒最初是要酿制成为菲诺或阿蒙提亚多，因此它最初会在木桶上标出一个笔画。当酿酒师意识到葡萄酒正在变成帕洛·科塔多时，他会在初始笔画（或斜杠）上画一个十字（或叉号），从而形成交叉笔画或“切割棒”。此时酒会被强化到17.5%左右的酒精度，以防止与空气接触后变质。酿酒师会随着时间的推移继续监测葡萄酒，必要时向木桶中添加更多的酒精以继续其发展。这些额外的措施在桶上标记为更多的叉号，根据桶上标记的“切割”数量，葡萄酒被指定为“一杠（Dos Cortados）”“三杠（Tres Cortados）”等。切割次数越多，酒越老。

与其他高品质葡萄酒相同，瓶装雪莉酒需要认真地对待，从它离开酒窖，直到最终被消费，要经历尽可能少的辗转。

瓶装雪莉酒能够保持品质及特点的最大期限很大程度上取决于雪莉酒的种类。逻辑上，最为脆弱的是菲诺以及曼萨尼亚雪莉酒，因为自从把它们从橡木桶中取出后，它们便失去了酵母花薄膜的保护，直接暴露于氧气中，从而巨大地改变了它们的"共生关系"。

与其他种类的优质葡萄酒相同，雪莉酒应当保存在一个安静、避光、温度稳定、没有震动的环境中。但是与其他葡萄酒不同的是，雪莉酒在存放时应保持竖直形式，使酒液与空气接触的面积最小，从而限制氧化的发生。

【本章参考文献】

[1] 桂祖发. 西班牙葡萄酒 [J]. 食品工业，2002（04）：13-14.

[2] 钟俏. 西班牙葡萄酒别有一番滋味在心头 [J]. 中国食品工业，2003（08）：8-10.

[3] 孙萌. 认识西班牙葡萄酒 [J]. 财富生活，2019（17）：7.

【思考练习题】

一、选择题

1. 在（　　）年代，西班牙的葡萄酒全面打开了海外市场，特别是在美国非常畅销。

A.20世纪60　　B.20世纪70　　C.20世纪80　　D.20世纪90

2.（　　）是全世界葡萄种植面积最大的国家。

A. 西班牙　　B. 葡萄牙　　C. 意大利　　D. 德国

3. 西班牙最重要、最受瞩目的红葡萄品种是（　　）。

A.Tempranillo（丹魄）　　B.Garnacha（歌海娜）

C.Bobal（博巴尔）　　D.Monastrell（莫纳斯特雷尔）

4.（　　）产区以出产经过美国橡木桶长期培养的红葡萄酒闻名。

A. 加泰罗尼亚（Cataluña）　　B. 埃布罗河上游（Alto Ebro）

C. 卡斯提亚-莱昂（Castilla-y-León）　　D. 西北大西洋岸（Espagna Verde）

二、问答题

1. 西班牙红葡萄品种主要有哪些？

2. 简述西班牙主要白葡萄品种中的Viura（维奥娜）？

3. 西班牙重要葡萄酒产区是哪些?

4. 西班牙最著名最独特的葡萄酒是什么?为什么著名?

5. 西班牙葡萄酒生产规定最严格的葡萄酒产区是哪里?如何辨认其等级?

6. 西班牙美食具有什么特色?请简单叙述。

三、论述题

1. 试述西班牙葡萄酒的酒品风格。

2. 试述西班牙葡萄酒的等级分类。

【经验性训练】

通过对不同西班牙葡萄酒的比较以及感官体验,使学生能够区分常见的西班牙葡萄酒。

【实践考核项目】

酒水的认识与识别

(一)本项目考核的目的

认识酒标,了解西班牙葡萄酒分类及特点;能识别各类西班牙葡萄酒的特点、产地及代表性品牌;掌握西班牙葡萄酒主要的区分方法。

(二)所需理论和设备器材知识

掌握西班牙葡萄酒的分类方法、酒水的特点、品牌、产地等知识。

(三)所需仪器设备和消耗性器材

准备主要常见西班牙葡萄酒。

(四)实训考核内容和要求

1. 能按照行业规范熟练进行酒水鉴别,并掌握西班牙葡萄酒的特点、产地及品牌。

2. 能较熟练地对各类西班牙葡萄酒进行区分。

第三章　意大利

【本章概要】

本章主要讲述意大利葡萄酒的历史发展和意大利主要产区的葡萄种植情况，并就当地葡萄品种、酿造工艺及所产葡萄酒的风格特点进行详细描述。本章还对意大利葡萄酒等级的划分标准进行系统介绍。

【学习目标】

1. 了解意大利葡萄酒历史发展过程与市场现状。
2. 了解意大利葡萄酒产区风土条件、葡萄品种及特色。
3. 掌握意大利葡萄酒的法规及分级制度。
4. 了解意大利产区，重点掌握知名产区。

【关键术语】

意大利葡萄酒　葡萄品种　法规　分级　产区　美食

【讲师语录】

被我们忽视的酒中“贵族”

对于我们来说，法国的葡萄酒要比意大利的葡萄酒更为人所知，可是在欧美人的餐桌上，意大利葡萄酒的身影要比法国酒更常见。要知道，意大利才是世界上葡萄酒产量最多的国家，以美国为例，意大利葡萄酒的进口量也远远高于法国。

那么是什么原因导致了意大利葡萄酒如此“低调”呢?

总结一下原因：酒体太过复杂、口味偏重、不善推广。以上原因导致意大利葡萄酒的知名度不及法国，但这对真正喜爱葡萄酒的人来说反而是极大的利好，因为这使得意大利葡萄酒物美价廉，性价比更高。

意大利葡萄酒正是因为复杂，所以充满了神秘，令人不禁想深入探索。比如著名的莫斯卡托起泡酒，非常适合在炎热的夏季来一杯，清凉又解暑。大家不妨跟着老师一起揭开意大利葡萄酒的神秘面纱，让我们了解这个来自亚平宁半岛的酒中贵族！

——山东青年政治学院　葡萄酒与酒窖管理专业方向　教授　单铭磊

第一节　意大利葡萄酒概述

一、意大利葡萄酒历史与市场概述

（一）意大利葡萄酒的起源

大约在公元前4000—公元前3000年，葡萄酒起源于古代美索不达米亚（今天的伊朗附近）。希腊人把酿酒的技术带到了意大利南部和西西里岛，来自小亚细亚的伊特鲁里亚人又把它带到了意大利中部。

公元前700年左右，定居在意大利中部的伊特鲁里亚人开创了现代托斯卡纳的葡萄酒产业，在酿酒技术方面，他们也不可思议地走在了时代的前沿。伊特鲁里亚人把希腊人引进的葡萄藤培育成极受欢迎的葡萄，并大大改进了酿酒技术。在《向特拉斯肯美食的伊特鲁里亚起源致敬》一书中，作者写道："我们20世纪的高级工程师们所引以为傲的先进的温控发酵技术，实际上伊特鲁里亚人在好多年前就发明了——只是他们的技术体现形式跟现代不同。他们在酿酒时把葡萄碾碎后，必须倒进深埋在地下的黏土容器中，因为这里的温度要低得多。当发酵周期完成后，葡萄酒被储存在比发酵容器更深的地窖里。"

好的食物和好的葡萄酒——是使神秘而先进的伊特鲁里亚人青史留名的两个标签，今天仍然被意大利文化所传承。意大利人对待食物和酒的态度是：如果一个人酒喝多了一点，意大利人不会说他喝得太多，而会说他吃得不够。

（二）意大利葡萄酒的发展——古希腊对意大利葡萄酒的贡献

虽然在几千年前酿酒葡萄便被用于酿制葡萄酒，但直到希腊殖民时代，意大利的酿酒业才蓬勃发展。

由于古希腊人，尤其是来自希腊本土和爱琴海地区的居民，视酒为家庭生活的主要物品和重要的经济贸易商品，他们在殖民定居点（位于今天的西西里岛和意大利南部）鼓励民众种植葡萄，开垦葡萄园用于葡萄酒的酿造，供当地使用，并与希腊本土的城邦进行贸易。意大利南部丰富的本土葡萄藤为葡萄酒生产提供了理想的条件，因此该地区在希腊语中被称为Oenotria（奥诺特里亚，是古希腊语中的一个名词，意指意大利东南部），意思是“葡萄酒之乡”，更准确地说是“用杆支撑的葡萄树之乡”。

在荷马的《伊里亚特》中，“紫红色海洋”的影像就像乐曲中的副歌那样不断重现。诗人对英雄阿基里斯（Achilles）之盾有一段精彩的描述：“一个挂满果实的葡萄园是用金子修饰的，葡萄被欢娱的小伙子和姑娘们用篮子提走，还有一个男孩在七弦琴悦耳的音乐中用高亢的嗓音唱起动听的歌曲。他们合着节拍，随着音乐和歌声起舞。那是对葡萄丰收时节、对金秋、对劳动和欢笑的一种永不褪色的憧憬……。”

在壁画与浮雕中，古希腊人用双耳瓶盛装葡萄酒来供奉他们的酒神，这种容器的容量大致相当于目前的4瓶常规葡萄酒（750毫升）。你也能看到酒神拿着一种角状酒杯的饮酒器具，这种器具通常用犀牛角、铜、金或黏土等材料制成，并进行精美装饰，用来品尝葡萄酒。

古希腊的红葡萄酒都未经过橡木桶发酵或陈酿。为了增添葡萄酒的风味，人们会采用某些药草或植物汁液来增加葡萄酒的复杂性。古希腊人认为，葡萄酒是一种有利于健康的饮品，因此常与药材、树汁、橄榄油或植物根茎等制成药剂来治疗诸如痛经或抑郁症之类的疾病，就连古希腊著名的哲学家和自然学家泰奥弗拉斯托斯（Theophrastus）和素有古希腊“医药之父”之称的希波克拉底（Hippocrates）也一再在其著作中强调葡萄酒的药用价值。

泰奥弗拉斯托斯被认为是古希腊葡萄酒之父。他生活在公元前371—公元前287年，是一位任职于亚里士多德学院的哲学家和自然学家。在其巨著《植物探究》一书中，详细阐述了葡萄酒中香气的来源，并将这种发酵的香气与其他难闻的发酵气味区分出来。在该书中，还提出许多关于葡萄种植和葡萄酒酿造的意见与建议，比如不同葡萄品种适合的不同土壤，如何栽培，采用降低产量来获取品质更高的葡萄的方法等。

（三）意大利葡萄酒的辉煌——古罗马对意大利葡萄酒的影响

古罗马在葡萄酒的历史上扮演了一个关键的角色。罗马帝国的崛起见证了酿酒技术的进步，并将饮用葡萄酒的习惯传播到帝国的各个角落。并对今天法国、德国、意大利、葡萄牙和西班牙等主要酿酒地区的历史产生了深远的影响。

公元前3世纪，罗马人征服了希腊控制的意大利城市塔兰托，从希腊人那里吸收了聚在一起喝一杯的观念。他们在丰收后的节日里喝酒，以庆祝丰收。事实上，任何场合都可以喝上一杯。

罗马人相信酒是日常必需品，这使得酒“民主”，且无处不在，它被以各种形式提供给奴隶、农民、妇女和贵族。为了确保给予罗马士兵和殖民者稳定的葡萄酒供应，葡萄栽培和葡萄酒生产传播到帝国的每一个角落。葡萄酒贸易带来的经济机遇吸引商人与高卢和日耳曼尼亚的土著部落做生意，甚至在罗马军队到来之前就把罗马的影响带到这些地区。

公元前2世纪罗马人击败迦太基人后（当迦太基的图书馆被洗劫和焚毁时，幸存下来的迦太基著作中有26卷马戈的农业专著），意大利的葡萄酒酿造开始进一步蓬勃发展，大面积的奴隶种植园在沿海地区兴起，并蔓延至帝国广大的区域。公元92年，罗马皇帝图密善下令摧毁大量的葡萄园，以腾出土地来生产粮食。在这期间，根据罗马法律，在意大利以外的地区种植葡萄是被禁止的。意大利出口葡萄酒到各省以换取更多的奴隶，而高卢对该贸易的需求极为强烈，主要由于当地居民沉迷于这种纯粹的、不受约束的意大利葡萄酒。人们习惯于将葡萄酒与一定比例的水混合饮用，饮用葡萄酒已成为早期意大利人生活中不可或缺的一部分。哈罗德·惠特斯通·约翰斯顿（Harold Whetstone Johnston）在《罗马人的私人生活》（*The Private Life of The Romans*）中写道："除了水和牛奶，葡萄酒是罗马各阶层的普通饮料。"家家户户通常每餐饭都要喝葡萄酒。当鲜花盛开的时候，富人会不辞辛劳地在一些特别美丽的地方，比如花园里喝酒。酒馆里满是盛满了酒的，像罐子一样的双耳壶。罗马人认为酒是一种药，罗马士兵们被要求每天喝一升酒。

罗马人在公共浴室也有喝酒的习惯。罗马哲学家塞尼加（Seneca）和罗马学者老普林尼（Pliny The Elder）都反对在澡堂喝酒。诗人玛尔（Martial）抱怨，有一个沐浴者邋里邋遢，"不知道如何清醒地洗完澡回家"。

古罗马的葡萄酒在一定程度上代表着身份和地位，比如优质葡萄酒供应给精英阶层，廉价葡萄酒供应给奴隶。葡萄酒成了人人追求的生活必需品，葡萄的种植和酿造也迅速扩张，甚至影响了其他农作物的种植。西西里岛卡塔尼亚大学的考古学家说："公元1世纪颁布了一项法令，禁止种植葡萄园，因为人们不再种植小麦了。"

与现代不同的是，罗马人总是把葡萄酒和水混合饮用，葡萄酒稀释的程度由不同的饮用环境决定，通常水比酒多。比如在家里吃饭时，水和酒的比例约为3∶1，在小酒馆里，水往往很少。老普林尼提到，有一种葡萄酒经得起8倍于自身体积的水的混合。

在当时，作为日常饮料，葡萄酒中的酸和酒精可以抑制细菌和其他病原体的生长，所以通常比水喝起来更安全。为了让葡萄酒喝起来不那么酸，罗马人会在里面加入蜂蜜和水。和古希腊葡萄酒一样，古罗马葡萄酒通常用香草和香料调味（类似于现代的苦艾酒和热红酒），有时存放在有树脂涂层的容器中，赋予它一种类似现代希腊松香酒的味道。罗马人对葡萄酒的香气特别感兴趣，并尝试了各种方法来增强葡萄酒的酒香。在高卢南部得到广泛应用的一种技术是在葡萄园中种植薰衣草和百里香等草药，人们相信它们的味道会通过地面进入葡萄的果实中。现代罗讷河谷的葡萄酒通常以薰衣草和百里香的香气描述为特征，这也反映了所使用的葡萄品种和当地的风土特征。另一种广泛使用的做法是将双耳罐贮存在一个称为熏蒸室的烟室中，以增加葡萄酒的烟熏味。

（四）罗马酒的类型

在罗马帝国葡萄酒发展的鼎盛时期，据估计，罗马每年消耗的葡萄酒超过1.8亿升，相当于每个公民每天喝一瓶葡萄酒。

费乐纳斯（Falernian）：罗马时代最为昂贵的葡萄酒，仅供达官贵人享用。它的酒体饱满，酒精度高，一般在饮用前都会进行陈年，且大众认为即使是陈年20年，它依然是一款适饮的葡萄酒。

穆尔森（Mulsum）：酿造技术近似现代，不过会通过加入蜂蜜来提高甜度，而且为了使酒香味更浓，罗马人还会在其中添入百里香和肉桂等香料。

图里瓜（Turricuar）：是一种罗马人喜欢搭配鱼和牡蛎饮用的干白葡萄酒。它的颜色是淡黄色的，通过与海水和一些香料进行混合来提高其风味的复杂度，尝起来有点梅子干的味道。

劳拉（Lora）：使用最后一次压榨的葡萄汁酿造，是罗马品质最低的葡萄酒，供奴隶或最低级别的士兵饮用。由于酒液在酿造过程中长时间与葡萄皮与葡萄籽接触，这种酒口感苦涩，且单宁含量高。

波斯卡（Posca）：一种水和尚未变成醋的酸酒的混合物。它的酸度不及醋，但仍保留了葡萄酒的一些芳香和口感，而且由于其酒精度较低，是罗马士兵口粮中的首选酒。

在葡萄酒侍酒方面，古罗马人想法比较奇特，令现代人难以接受。但他们改善了许多酿酒工艺，这是值得赞扬的：他们引进了棚架，改进了希腊的葡萄酒压榨机以提取更多的汁液，他们也是决定哪些葡萄在哪些气候条件下生长的专家。这些都促使了葡萄酒生产向更高质量和更大产量发展。

随着葡萄栽培法的限制在各省逐渐放宽，大片的葡萄园开始在欧洲其他国家蓬勃发展，特别是高卢（现在的法国）和西班牙。同时这也促成了新葡萄品种的发展，如比图里卡（Biturica，是赤霞珠的始祖）。新的葡萄园获得巨大的成功，令意大利最终成为各省葡萄酒的进口中心。

罗马作家的作品为我们了解葡萄酒在罗马文化中扮演的角色以及当代对酿酒和葡萄栽培实践的理解提供了深刻的见解。许多在古罗马时代首先发展起来的技术和原则仍然可以在现代酿酒中找到。

罗马人所使用的许多酿酒技术至今仍在使用之中，比如采收下来的葡萄会通过压榨的方法来获取葡萄汁，这个步骤要么通过脚踩完成，要么使用复杂的机械完成，这取决于酿酒者财富的多寡或是葡萄酒酿造量的大小。此外，为了获取最多的葡萄汁，这些葡萄往往会被反复压榨多次，第一次是自然压榨，利用的是葡萄本身的重量和地心引力的作用，而第二次和第三次则是手工或机械压榨，这样做的原因是罗马人很在意不同次压榨下葡萄汁质量的不同，他们会分别处理每次压榨出来的葡萄汁，从而酿造出不同价位的葡萄酒。

压榨过后，葡萄汁便被转移至大陶罐中发酵2个星期到1个月的时间，在酿出葡萄酒后，再放置于两耳细颈酒罐（Amphorae）中陈年，这样，一款罗马时代的葡萄酒就酿成了。不过，有些葡萄酒在陈年后还会继续进行发酵，并在过程中释放出二氧化碳，因此，罗马人酿酒所用的两耳细颈酒罐往往在罐顶会钻上一些小孔，以便让在第二次发酵中产生的气体挥发出去，不然的话，长时间积攒的气压很可能会导致罐体爆炸。

古罗马人也是最早发掘葡萄酒陈年能力的人，他们偏爱那些存放了10~25年的葡萄酒。他们还意识到，为了有效地陈酿，他们需要密封容器，并因此发明了木桶。他们很可能也是最早使用玻璃罐和软木塞的人。

在罗马帝国的鼎盛时期，葡萄酒出口到欧洲其他地区。很快，其他地区采用了罗马人发明或改进的酿酒方法。但是随着罗马帝国的衰落，对葡萄酒的需求有所减少，尽管一些罗马天主教僧侣仍在继续生产葡萄酒，但直到文艺复兴时期，葡萄酒才再次流行起来。

（五）近现代的意大利葡萄酒

随着天主教的兴起，葡萄酒作为圣礼的一部分，重要性也随之增强。意大利在整个中世纪继续完善酿酒技术，稳固了其生产优质葡萄酒的国际声誉。

“意大利”从罗马帝国以后就沦为一个只有酿酒没有好酒的地方，更谈不上有什么“葡萄酒教父”了。这种数百年的黑暗空白与技术落后、质量不佳的状态，被意大利学者称之为“Decadenza”（意大利语：衰落）。

从罗马帝国分裂到1871年意大利统一，经历了一千多年的战争，严重影响了意大利葡萄酒的发展，往日的辉煌已烟消云散。

意大利在统一之后，原本应该有机会迎来一波葡萄酒产业复兴的契机，但又爆发了世界葡萄酒史上最大的危机——根瘤蚜虫病。长达40年的病虫害侵扰使得大量的葡萄园废耕，农民转而种植其他作物，原有的微弱的基础更是被破坏殆尽。重新种植的葡萄园通常重视数量而不是质量，意大利成为全球廉价餐酒的产地。19—20世纪，意大利葡萄酒经常被诟病质量低劣，加上意大利统一后人口大幅度增加，经济尚未发展，粮食种植无法满足需求：世界大战与法西斯造成的动荡局势，使得意大利农民大规模移民到新世界，葡萄酒产业更是难以发展。而下一个意大利葡萄酒产业复兴机会，便是第二次世界大战之后的事情了。

直到20世纪60年代，一系列控制葡萄酒质量和标签的法律得以通过，现代酿酒时代才开始。政府通过设立法定产区保护制度DOCG和更严格的葡萄酒法规，使得葡萄酒质量不断提高，意大利葡萄酒才开始重新恢复光彩并且在国际上获得很高的声誉。

今天，意大利葡萄酒比以往任何时候都更多样化，更受欢迎。尽管根瘤蚜虫病造成了损失，但意大利人种植了数百种葡萄，其中许多只在意大利种植。从传统到超现代，意大利生产的各种风格的红葡萄酒、白葡萄酒和起泡酒令人惊叹，深受世界各地的评论家、收藏家和消费者的喜爱。意大利葡萄酒的未来和它传奇的过去一样光明。

二、气候与地理环境

意大利位于欧洲南部，包括亚宁半岛及西西里、撒丁岛等岛屿。北以阿尔卑斯山为屏障，东、南、西三面临地中海，国境线长9054千米，海岸线长约7200千米。意大利陆地主要由山脉、丘陵和平原组成，高大的阿尔卑斯山脉横亘在整个意大利的北部，而亚平宁山脉则沿意大利东部，从北往南几乎纵贯整个意大利，是意大利地形的脊梁。山地和丘陵占了意大利总面积的80%，在上述两山交接处以东便是意大利著名的波河平原。波河平原是意大利最大的平原，地势平坦，土壤肥沃，气候温和，降雨充足，是意大利的主要农业区。除此以外，意大利还拥有地中海上最大的岛屿——西西里岛，以及撒丁岛。西西里岛的大部分地区海拔在200~500米之间，北部有欧洲最高的活火山——埃特纳火山。撒丁岛的地形也以山脉为主，在其西南部有一片较大的平原。虽然在纬度上意大利地处温带，但由于地形狭长，境内多山，南部位于地中海之中，所以南北气候差异很大。北部为温带大陆性气候，冬季寒冷，1月份波河平原的平均气温为零度，而阿尔卑斯山区气温可降到-20℃，有些山峰甚至终年积雪。南部的半岛和岛屿属亚热带地中海式气候，除内陆山区外，1月的平均气温可达到10℃。夏季，整个意大利除海拔较高的山区外平均气温在24℃~25℃。

意大利气候类型比较复杂，狭长的地形从北到南跨越了10个纬度。因受山脉和海洋的影响，各地区微气候区别很大。北部气候属冬季寒冷、夏季炎热的大陆性气候；往南推进，从亚平宁半岛一直到意大利南端都属地中海气候，地中海气候的特点是夏季炎热干燥，冬季温和多雨，气候温和。

意大利因纬度和海拔跨越幅度都非常大，使得其土壤构成千变万化。大部分的土壤是火山石、石灰石和坚硬的岩石。此外，也有大量的砾石质黏土。多样化的土壤，加之相应的气候条件，为意大利种类繁多的葡萄品种提供了良好的栽培条件。

三、意大利葡萄酒分级制度

意大利的酒标通常晦涩难懂，生产商在酒标上标出的信息除了法定信息之外，还会任意加上想要标出的信息，因此意大利需要一套能够清晰明确生产者、产地，以及其他重要元素的酒标上最主要名称的酒标表达系统。从 19 世纪 60 年代起，意大利政府着手进行这项艰巨的任务，规划出和法国一样严谨的法定产区命名制度，该系统分为四个等级，从高到低依次为 DOCG（Denominazione di Origine Controllata e Garantita原产地命名控制保证葡萄酒)、DOC(Denominazione di Origine Controllata原产地命名控制葡萄酒)、IGT(Indicazione Geografica Tipica 地区餐酒)、VdT(Vino da Tavola 日常餐酒)(见图3–1)。

后来也进行了数次的调整和修改，最新的一次改革是在2010年，目的是配合欧盟2009年颁布的新酒法。虽然新酒法已经颁布，但是大部分酒庄仍然使用改革前的法定分级标注自己的葡萄酒。

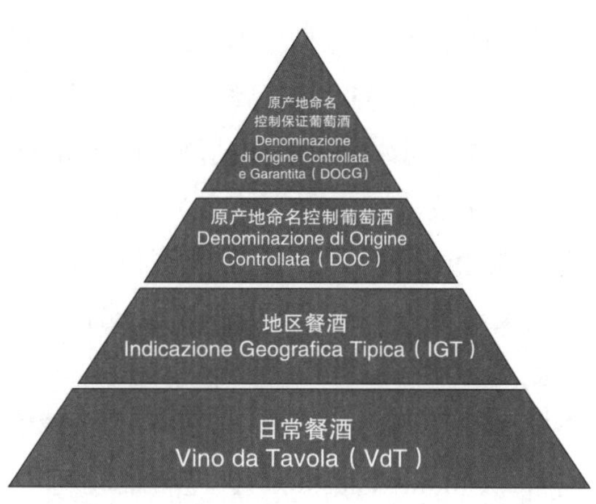

图3–1 意大利产区分级

(一)2010年改革前意大利葡萄酒的法定分级

意大利葡萄酒法规旨在通过划分地理区域提高和改善意大利葡萄酒的名声。20个意大利省共分布有大约350个DOC和DOCG产区。每一个省都是独立的政治单元。这些地区的DOC、DOCG产区生产总共多达850种葡萄酒，包括白、桃红、红、起泡、加强，从极干到非常甜。

1. 日常餐酒(Vino da Tavola，VdT)

在哥利亚法案实施之前，一些意大利最好的葡萄酒也以日常餐酒等级灌装。因为该国的许多手工葡萄酒生产者希望酿造世界级的葡萄酒，而这类葡萄酒不符合1963年通过的DOC法规中法定的传统葡萄品种使用规定。从1996收获开始，这些好酒就不能再称为日常餐酒，法定产区DOC法规延续了最初“餐酒”命名的意图。此类葡萄酒被灌装，商标只能标有颜色(如Vino da Tavola Rosso，红葡萄餐酒)以及生产商的名字。葡萄的种类、已知的地理名称和年份都不能列在酒标上。

2. 地区餐酒(Indicazione Geografica Tipica，IGT)

每一个IGT葡萄酒都必须用特定大产区的葡萄并在当地酿造。IGT葡萄酒必须是在法定的DOC或者DOCG产区酿造，但是IGT的产地标注不能与法定产区名称相同。1992年以前，这些葡萄酒都只能被简单地命名为典型葡萄酒(Vino Tipico)。尽管典型葡萄酒等级自从1963年就是意大利葡萄酒法规的一部分，却没有一个意大利葡萄酒被如此命名过；到1996年，似乎IGT命名也面临着相同的命运。非传统的葡萄酒，比如说基安蒂(Chianti)地区用桑娇维塞和赤霞珠调配的葡萄酒，或者是皮埃蒙特生产的霞多丽，这些酒的生产商会把酒命名为日常餐酒。现在意大利生产成百上千的IGT葡萄酒，这个数字还在不断上升。

IGT中包含了大量的非常好的葡萄酒(大多数IGT葡萄酒在托斯卡纳生产)，它们是从过去的日常餐酒等级中提名的好酒，由信誉良好的生产商酿造。因为他们完美地表达了酿酒者的艺术，特别是在很多IGT等级的酒在出口市场上取得了令人惊奇的商业成果之后，IGT命名已经发展成为值得炫耀的标识。

3.原产地命名控制葡萄酒（Denominazione di Origine Controllata，DOC）

一款被命名为原产地命名（DOC）的葡萄酒，意义同法国AOC/AOP相等，是用法定地理区域内的法定葡萄品种酿造的。此级别也说明了葡萄酒的地理区域、葡萄种类及产量等。310个左右的DOC产区，有的只有一个公社或者村镇那么大。二级地区就是指某些包含在大产区中的小产区（即次产区），比如说某个DOC产区的传统核心地区即经典产区（Classico）可能被单独划分出来，一些有名的二级区域有经典基安蒂（Chianti Classico），经典维波利（Valpolicella Classico），经典奥维多（Orvieto Classico），以及经典索阿维（Soave Classico）。

除了DOC法规的广义规定之外，当地的种植者和生产商联盟会进一步限定某一个DOC的标准，比如经典维波利地区的种植者联盟会商定在国家DOC标准的限定之内再规定每一个葡萄园每亩的产量。新提名的DOC产区由各联盟和当地商会提交给地区DOC代表，然后再上交给隶属于农业部的联邦DOC机构。

每一个DOC要在以下几个方面控制该范围内生产的葡萄酒：

（1）批准的葡萄品种、比例以及某些葡萄种植的最低和最高海拔进行规定。

（2）每亩葡萄产量以及葡萄藤的修剪方法。

（3）每公顷葡萄园生产葡萄酒的最大产量。

（4）葡萄酒酿造方法。

（5）陈酿方法和一些珍藏酒（Riserva）的最短陈酿时间（每个DOC葡萄酒都有自己最短的陈酿时间限制）。

（6）自2007年起，管理机构也为DOC等级的葡萄酒加封瓶标，这是一种细长型的类似于DOCG等级的封签。

除以上规定外，DOC法规还指出酿酒过程中加糖以提高酒精度的做法在任何意大利葡萄酒里都是不被允许的。

4.原产地命名控制保证葡萄酒（Denominazione di Origine Controllata e Garantita，DOCG）

这是DOC法规里的最高等级。DOCG葡萄酒必须瓶装出售，酒瓶容量要小于5升，官方编码的标签必须放在瓶子的橡木塞上。如果DOCG产区的生产商被品尝委员会公开否决，这些酒就必须降级到日常餐酒，申请DOCG等级的DOC产区必须作为被认可的命名地持续至少5年的时间（对IGT葡萄酒而言，这个过程需要最少10年，必须花至少5年时间作为IGT名称的部分，然后另外5年作为DOC产区整体的一部分申请DOCG等级）。根据意大利葡萄酒法规，申请成为DOCG产区的葡萄酒必须充分展现其酒庄的自身特点，并且在国内市场和国际市场上都享有较高的声誉和商业影响力。

向DOC产区授予DOCG称号有4个核心条件：

第一，这个可能的DOCG产区已经生产了历史上重要的葡萄酒。

第二，该产区生产的葡萄酒质量已经在国际范围被认知，并且具有持续性。

第三，葡萄酒质量有了巨大提升并且受到关注。

第四，该地区生产的葡萄酒已经为意大利经济的健康发展做出巨大贡献。

综上，DOCG命名并不完全简单受葡萄酒的质量影响，它取决于很多条件。

意大利葡萄酒法规及分级标准见表3–1。

表3–1　意大利葡萄酒分级一览表

名称	中文名称	标准及要求
VdT	日常餐酒	如果葡萄酒被灌装，那么商标只能标有颜色（如Vino da Tavola Rosso，红葡萄餐酒）以及生产商的名字。葡萄的种类、已知的地理名称和年份都不能列在酒标上
IGT	地区餐酒	IGT葡萄酒都必须用特定大产区的葡萄并在当地酿造。IGT葡萄酒必须是在法定的DOC或者DOCG产区酿造，但是IGT的产地标注不能与法定产区名称相同
DOC	原产地命名控制葡萄酒	用法定地理区域内的法定葡萄品种酿造，其中详细说明了葡萄酒的地理区域、葡萄种类，产量，等等
DOCG	原产地命名控制保证葡萄酒	DOC法规里的最高等级。DOCG葡萄酒必须瓶装出售，酒瓶容量小于5升，官方编码的标签必须放在瓶子的橡木塞上

（二）2010年改革后意大利葡萄酒的法定分级

1. 基础餐酒（Vini）

意大利文Vini在英文中是Wine（葡萄酒）的意思，这些葡萄酒可以来自欧盟的任何地方，没有具体的产地标识，也没有规定葡萄品种，也可以不标注年份。

2. 品种葡萄酒（Vini Varietali）

这些葡萄酒可以来自欧盟的任何地方，但至少要有一个国际葡萄品种的含量在85%以上，或完全是由两种甚至多种国际葡萄品种酿造，这里的国际品种是指品丽珠（Cabernet Franc）、赤霞珠（Cabernet Sauvignon）、美乐（Merlot）、西拉（Syrah）、霞多丽（Chardonnay）、长相思（Sauvignon Blanc）。酒标上可以标注葡萄品种和年份，但不能标注具体的产地。

3. 地理标识保护标签酒（Vini IGP）

这个级别是意大利原酒法的IGT级别葡萄酒。这个级别对产区、允许使用的葡萄品种、具体的栽培方法、酿酒方法、葡萄酒的质量水平、酒精度、酒标的标注规范等各方面都有详细规定。

4. 原产地保护标签酒（Vini DOP）

这个分级包含了意大利原酒法的DOC和DOCG两个级别。

四、意大利葡萄酒的四种命名方式

在意大利有四种方式来对葡萄酒进行命名。

（1）以产地命名：通过葡萄产地来命名（如基安蒂）。

（2）以葡萄品种命名：通过采用的葡萄品种来命名，这种品种商标是指100%采用该品种（如霞多丽）。

（3）以葡萄品种和产地名称，或者是私有庄园、想象品牌名称命名：通过葡萄品种和产地名称的结合来命名，这种比较常见，它可以比简单地以品种为商标更好地显示出其品质等级，或者以私有庄园或者想象品牌的名称来命名。

（4）以类别命名：以说明其类别而命名。

如Classico经典（指产区传统的中心区域）；

Riserva（珍藏，据DOC等级要求具有更长的陈酿期）；

Vecchio（较老的，选择性地贮藏陈酿，没有法定的最少陈酿期）；

Novella（薄若莱新酒风格）；

Secco（干性）；

Amabile（半干性到半甜性）；

Abbocato（半干性）；

Dolce（甜性）；

Superiore（比法定最低酒精百分比高出至少1%）；

Frizzante（微起泡酒）；

Spumante（起泡酒）；

Passito（由干化葡萄酿制而成）；

Recioto（用威尼托区的甜型风干葡萄酿制的葡萄酿制而成）；

Amarone（采用威尼托区的风干葡萄酿制的干型且酒精度较高的红葡萄酒）；

Liquoroso（甜型和加强型的葡萄酒）。

一些重要的葡萄园的名字也越来越多地出现在意大利DOC和DOCG等级的酒标上，在葡萄酒法规中并没有对葡萄园的法定排名和等级进行分类。大部分意大利人认为给葡萄园评等级的做法是从表面上仿效法国，而且是没有必要的，但是在皮埃蒙特、托斯卡纳和威尼托地区则已经实施了。

五、主要葡萄品种

拥有数千年酿酒文化的意大利是世界上最大的葡萄酒生产国之一，几乎没有哪个国家拥有比地中海半岛更多的本土葡萄品种。意大利是一个具有多样性的产酒国，意大利拥有的酿酒葡萄品种数量远远超过其他国家，其中有600种葡萄常被用来酿制商业化葡萄酒。而且约有3000种本土品种尚在研究和种植中。

在著名葡萄酒大师杰西斯·罗宾逊（Jancis Robinson）撰写的《酿酒葡萄》（*Wine Grapes*）一书中，收录的意大利本土葡萄品种就多达377种。

意大利南北的地理环境和气候条件差异极大，各地区种植的葡萄品种也不尽相同。根据米兰大学研究记录，意大利大概有800种本土葡萄，而意大利农业局只认可其中350多种为酿制葡萄酒的法定葡萄（法国只有大约40种）。

最知名的意大利葡萄是桑娇维塞（Sangiovese）、巴贝拉（Barbera）、内比奥罗（Nebbiolo）、蒙特布查诺（Montepulciano）和灰皮诺（Pinot Grigio）（尽管从技术上讲，灰皮诺更像法国葡萄而非意大利葡萄）。这些品种覆盖了数千公顷的葡萄园，可以在不同的地区找到，也有像圣西米诺（Centesimino，又称红苏维翁Savignon Rosso）和多罗娜（Dorona）这样鲜为人知的稀有品种。

（一）种植面积最大的五大白葡萄品种

1.格莱拉（Glera）

曾用名：普洛赛克（Prosecco）

2009年，意大利官方为了更好地保护普洛赛克葡萄酒的出口，将这个品种的官方名字更改为Glera。主要种植在意大利东北部。

原产地：意大利。

品种特性：格莱拉葡萄比较中性，有明显的梨子、苹果和其他白色水果的香气，暗含白花气息，余味清爽芳香。

代表性酒种：普洛赛克。

2.灰皮诺（Pinot Grigio）

在法国阿尔萨斯产区被称为Pinot Gris，在德国被称为Rulander。高品质的灰皮诺酒体浓郁，有时带有烟熏味、核果甚至热带水果味道。

原产地：灰皮诺自中世纪起就在法国勃艮第地区为人所知。

品种特性：在意大利，灰皮诺通常采收早以保持清爽的酸度，并减少其过多的果味以创造出一种更为中性的风味，更多表现为酒体轻盈、爽脆，带有柑橘类果香、花香和矿物质气息风格。

3. 卡塔拉托（Catarratto Bianco）

有多个变种，常见的有普通白卡塔拉托（Catarratto Bianco Comune）和闪亮白卡塔拉托（Catarratto Bianco Lucido）

卡塔拉托的种植面积正在减少，但目前仍为意大利种植面积第三的酿酒白葡萄品种，是西西里岛种植最为广泛的葡萄品种，主要集中在三个省份：特拉帕尼、巴勒莫和阿格里真托。

原产地：意大利西西里岛（1696年就有记载）。

品种特性：产量高，所酿造的葡萄酒酸度较低，具有柑橘类水果和草本、矿物质香气，是海鲜、绿色蔬菜、鸡肉沙拉的最佳搭配。

代表性酒种：玛莎拉酒（Marsala）。

4. 特雷比亚诺（Trebbiano）

有几个亚变种或克隆，在法国常用名为白玉霓（Ugni Blanc）。

在意大利种植广泛，最重要的产区位于中部，如阿布鲁佐（Abruzzo）。在拉齐奥（Lazio）的弗拉斯卡蒂（Frascati）出产优质可陈年的干白。

原产地：意大利。

品种特性：适应性强，高酸低糖，有柑橘类水果（如柠檬和榅桲）的香气，还常伴随着桂皮和丁香的芬芳。由于产量较大，经常被酿成清淡、口味适中的葡萄酒。

代表性酒种：圣酒（Vin Santo del Chianti Classico）。

5. 霞多丽（Chardonnay）

1982年的意大利农业调查统计出霞多丽种植数量为零，2000年则为11700公顷。20世纪70年代末，意大利东北部的酿酒师发现他们的葡萄园里有霞多丽（之前被误认为是白皮诺）。

主要种植于伦巴第（Lombardia）、特伦托（Trentino）、弗留利（Friuli）和上阿迪杰（Alto Adige），通常酿成起泡酒。在南部（如西西里岛），与朗格多克–露喜龙的风格相似 。

嘉雅和安东尼世家等也在精心酿造一些优质、过桶的霞多丽，其中嘉雅酒庄出产的盖娅与雷伊干白葡萄酒（Gaja Gaia & Rey Langhe）被认为是意大利最好的霞多丽葡萄酒。

原产地：法国勃艮第。

代表性酒种：弗朗齐亚柯达（Franciacorta）。

（二）其他重要白葡萄品种

1. 阿内斯（Arneis）

别名：在巴罗洛产区又称为白内比奥罗（Nebbiolo Bianco）、白巴罗洛（Barolo Bianco）。

一个“从灭绝的边缘被拯救出来”的品种，主要种植在意大利皮埃蒙特产区的罗埃罗（Roero）和朗格（Langhe），在利古里亚（Liguria）和撒丁岛（Sardinia）也有少量种植。

原产地：意大利皮埃蒙特。

品种特性：以香气水果为主（苹果、桃、白柚），夹有白色花香和一些杏仁、矿物香气，口味适中，柔和圆润，酸度偏低，陈年潜力较弱。常与内比奥罗混酿以增添香气、顺滑口感。

代表性酒种：罗埃罗（白）葡萄酒（Roero DOC）。

2.柯蒂斯（Cortese）

1614年，该品种首次出现在意大利皮埃蒙特（Piemonte），曾一直被认为是当地最好的白葡萄酒品种。现主要种植在意大利西北部、皮埃蒙特东南部的阿斯蒂地区（Asti）和亚历山德里亚省。

原产地：意大利皮埃蒙特。

品种特性：柯蒂斯以其即使在炎热的环境下，仍能保持高酸度的能力而闻名。除了苹果、桃子和蜜汁的味道，通常还带有酸橙、杏仁和淡淡的草本或青草的香味。

代表性酒种：加维葡萄酒（Gavi DOCG）。

3.莫斯卡托（Moscato）

是世界上最古老和分布最广的葡萄家族之一。法国称为Muscat，意大利称为Moscato，西班牙和葡萄牙称为Moscatel，德国称为Musketeller。是一类葡萄品种的总称，有几百个变种。意大利的小粒白麝香（Moscato Bianco）是麝香家族中，最古老和最有价值的品种之一，如今在全世界范围都有广泛种植。

原产地：起源于中东，从古希腊时代就被用于酿酒。

品种特性：芳香葡萄品种的共同特征是带着葡萄本身的香气。小粒白麝香赋予酒浓郁的葡萄、桃子、玫瑰和柑橘的香气，如果是用橡木桶成熟，则带有葡萄干、水果蛋糕、太妃糖和咖啡的香气。

代表性酒种：阿斯蒂（Asti DOCG）和阿斯蒂莫斯卡托（Moscato d Asti DOCG）。

4.维蒙蒂诺（Vermentino）

有各种各样的名字，比如在利古里亚被称为Pigato，在皮埃蒙特被称为Favorita，在普罗旺斯被称为Rolle，在意大利西北部有时也被称为Rollo，在科西嘉有时被称为Malvoisie de Corse。维蒙蒂诺生长在地中海西部的许多地方：意大利西北部、法国南部和邻近的科西嘉岛和撒丁岛。

原产地：意大利皮埃蒙特。

品种特性：芳香品种，具有清新的酸度和迷人的桃子、柠檬皮、干香草和咸味矿物质的芳香。

代表性酒种：加卢拉维蒙蒂诺（Vermentino di Gallura DOCG）。

5.加格奈拉（Garganega）

中文又译作卡尔卡耐卡、佳纳佳，与格来卡尼科（Grecanico，该品种在西西里岛的叫法）是同一葡萄品种。

原产地：意大利威尼托。

品种特性：芳香葡萄品种。果皮厚，产量高，具有较高酸度。典型香气为成熟水果、白花、杏仁、柑橘类水果和金苹果气息。可以酿干型酒，也可以酿优质甜酒。

代表性酒种：索阿维（Soave DOC），超级索阿维（Soave Superiore DOCG），索阿维雷乔托（Recioto di Soave DOCG）。

（三）种植面积最大的五大红葡萄品种

1.桑娇维塞（Sangiovese）

桑娇维塞的英文名称来自意大利语"Sanguis Jovis"，意为"朱庇特之血"。这个品种在法国被称为Nielluccio。

桑娇维塞是意大利栽培最多的传统红葡萄品种，托斯卡纳是其最重要的产区，另外在拉齐奥、翁布里亚、马尔凯，以及法国的科西嘉岛等地广泛种植。

原产地：意大利托斯卡纳。

品种特性：一般带有红色水果、草本植物、香料味中带有肉桂、黑胡椒的香气，以及新鲜的泥土芬芳，较新的酒有时还展现一丝花的香气。

代表性酒种：超级托斯卡纳（Super Tuscana），基安蒂（Chianti DOCG），经典基安蒂（Chianti Classico DOCG），布鲁奈罗蒙塔奇诺（Brunello di Montalcino DOCG）。

2.蒙特布查诺（Montepulciano）

蒙特布查诺也是托斯卡纳大区锡耶纳附近一座小城的名字。

广泛种植在意大利中部，最著名的是东部的阿布鲁佐（Abruzzo）、马尔凯（Marche）和莫利塞（Molise）地区。以干红佐餐葡萄酒而闻名。

原产地：意大利阿布鲁佐大区。

品种特性：黑色水果香气为主（黑樱桃和黑李子等），有时会有黑胡椒香气，适合在沿海环境生长，单宁绵密，颜色较深，常用于混酿。富含花色苷，不用或者少浸皮就可以酿出桃红。

代表性酒种：阿布鲁佐蒙特布查诺（Montepulciano d'Abruzzo DOC），阿布鲁佐蒙特布查诺·泰拉莫山坡（Montepulciano d'Abruzzo Colline Teramane DOCG）。

3.美乐（Merlot）

命名来源于当地的一种名为merlau的乌鸦。

托斯卡纳温暖的阳光赋予美乐更丰富的果味，令其单宁更加柔软。弗留利－威尼斯朱利亚大区生产凉爽气候产区类型的美乐，带有些许的茴香、香料、石头等风味。

原产地：法国波尔多。

品种特性：比较中性，带有花的芳香和香料气息。

代表性酒种：超级托斯卡纳（Super Tuscana）

4. 巴贝拉（Barbera）

有专家认为，巴贝拉（Barbera）的名字来自一种小檗属果酒（Vinum Berberis）。

在皮埃蒙特，艾米利亚－罗马涅、普利亚、坎帕尼亚、西西里岛和撒丁岛都有种植，从19世纪起，巴贝拉一直是阿斯蒂产区重要的葡萄品种。

原产地：意大利皮埃蒙特。

品种特性：有清新的红色水果（红樱桃、草莓等）香气和花香，酸度突出，清新爽口，单宁柔和圆润。

代表性酒种：巴贝拉·阿斯蒂（Barbera d' Asti DOCG），巴贝拉·阿尔巴（Barbera d' Alba DOC），超级蒙菲拉托·巴贝拉（Barbera di Monferrato Superiore DOCG）。

5. 黑达沃拉（Nero d'Avola）

西西里岛最重要和种植最广泛的红葡萄品种。可以理解为“阿沃拉村的黑葡萄”，也被称为Calabrese。

原产地：发源于临近的卡拉布雷亚（Calabria）产区，成名于西西里岛西南部的阿沃拉（Avola）村。

品种特性：生命力很强的品种，其果皮颜色很深，所酿葡萄酒常呈深邃的红色，带有浓郁且持久的成熟水果（如樱桃、果脯）的味道，以及桂皮、香草等香料香和香脂味。酒体较为饱满。

（四）其他重要的红葡萄品种

1. 内比奥罗（Nebbiolo）

名字源于拉丁语“Nebbia”，是“雾气”的意思，是意大利皮埃蒙特大区最重要的葡萄品种之一，有多个克隆和子品种。

原产地：意大利皮埃蒙特。现在也是这里最重要的葡萄品种之一。

品种特性：皮薄粒小但果皮较硬，有红色浆果（如覆盆子或红醋栗）、玫瑰花、紫罗兰、烟草、胡椒等香气，丹宁强劲，酸度高挑，结构紧密。对土壤非常敏感，种植在富含钙质泥灰岩的土壤能出产风格柔和、香气轻盈的葡萄酒，而种植在富含铁质上的内比奥罗所酿造的葡萄酒结构硬实，蕴含巨大陈年的潜力。

代表性酒种：巴罗洛（Barolo DOCG），巴巴莱斯科（Barbaresco DOCG）。

2. 普里米蒂沃（Primitivo）

普里米蒂沃意思是“早熟的品种”，现在该品种最主要的产区是普利亚。

原产地：发源于克罗地亚，至今仍在那里种植。

品种特性：成熟早、酒精度高。有红樱桃和草莓酱等香味，有时还有烟草和焦油的气息。酒体饱满、颜色深，风格较为奔放。

代表性酒种：曼杜里亚普里米蒂沃（Primitivo di Manduria DOC），曼杜里亚普里米蒂沃自然甜白（Primitivo di Manduria Dolce Naturale DOCG）。

3. 艾格尼科（Aglianico）

意大利顶级酒评家伊安·达加塔（Ian D'Agata）曾这样评价：“艾格尼科同内比奥罗和桑娇维塞一起并称为意大利三大最好的酿酒葡萄，但在我眼里，它可能远不止如此！”

艾格尼科被誉为“意大利南部的巴罗洛”，是意大利南部种植最广泛的葡萄品种，在卡帕尼亚和巴斯利卡塔表现最好。

原产地：意大利南部。

品种特性：发芽早，但是成熟得十分晚，即使生长在炎热的气候下也能达到高酸度。颜色很深，香气复杂（有黑樱桃、蓝莓、覆盆子、白胡椒、烟熏、肉豆蔻和烟草等），酒体饱满，单宁充沛，酸度十足。

代表性酒种：陶拉西（Taurasi DOCG）。

4. 科维纳（Corvina）

名字起源于当地的方言“Cruina（未成熟的）”，意指其晚熟的特征。也有人认为该品种的名字来源于意大利语中的“Corvo（乌鸦）”一词，用以形容其深邃的果皮颜色。

科维纳广泛生长于加尔达湖畔的威尼托区和瓦尔伯利塞拉山地区，北部和东北部的维罗纳也有种植。

原产地：意大利维罗那省（Verona）。

品种特性：成熟较晚，收获期易受雨水影响而腐烂。颜色和单宁较少，具有酸樱桃、草本和苦杏仁等香气。

代表性酒种：阿玛罗尼（Amarone della Valpolicella DOCG）。

5. 萨格兰蒂诺（Sagrantino）

绰号“单宁王”，被公认为意大利乃至全世界葡萄品种中单宁最重的葡萄。

原产地：意大利翁布里亚产区，现在主要生长在此大区首府佩鲁贾附近的蒙特法尔科地区。

品种特性：果实颜色深黑，酸度活泼，酒体饱满，单宁厚重，陈年能力强。具有黑色水果和熟透了的红色水果气息，如梅子、黑樱桃、成熟的黑莓，还可能有辛香料、松香和肉桂、泥土气息。

代表性酒种：萨格兰蒂诺-蒙特法尔科（Sagrantino Montefalco DOCG）。

表3-2 意大利主要葡萄品种一览表

主要红葡萄品种		主要白葡萄品种	
桑娇维塞	Sangiovese	格莱拉	Glera
蒙特布查诺	Montepulciano	灰皮诺	Pinot Grigio
美乐	Merlot	卡塔拉托	Catarratto Bianco
巴贝拉	Barbera	特雷比亚诺	Trebbiano
黑达沃拉	Nero d' Avola	霞多丽	Chardonnay
内比奥罗	Nebbiolo	阿内斯	Arneis
普里米蒂沃	Primitivo	柯蒂斯	Cortese
艾格尼科	Aglianico	莫斯卡托	Moscato
科维纳	Corvina	维蒙蒂诺	Vermentino
萨格兰蒂诺	Sagrantino	加格奈拉	Garganega

第二节 意大利葡萄酒产区

一、意大利葡萄酒产区概述

意大利是国土呈靴子形状的半岛国家，北部起自阿尔卑斯山脉，南部止于地中海海岸。领土还包括地中海上的西西里岛和撒丁岛。国土面积为301333平方千米，人口6080万。北方的阿尔卑斯山地区与法国、瑞士、奥地利以及斯洛文尼亚接壤，其领土还包围着两个微型国家——圣马力诺与梵蒂冈。意大利被划分为20个行政大区，每个大区都是独立的葡萄酒产区，并且这些产区都有以各自大区名称命名的DOC法定产区头衔。

意大利的葡萄酒产区划分与行政划分一致，分别为：奥斯塔河谷（Valle d'Aosta）、皮埃蒙特（Piedmonte）、利古里亚（Liguria）、伦巴第（Lombardia）、特伦蒂诺-上阿迪杰（Trentino-Alto Adige）、弗留利-威尼斯朱利亚（Friuli-Venezia Giulia）、威尼托（Veneto）、艾米利亚-罗马涅（Emilia-Romagna）、托斯卡纳（Tuscana）、马凯（Marche）、翁布利亚（Umbria）、拉齐奥（Lazio）、阿布鲁佐（Abruzzo）、莫利塞（Molise）、卡帕尼亚（Campania）、巴斯利卡塔（Basilicata）、普利亚（Puglia）、卡拉布

里亚（Calabria）、西西里岛（Sicilia）和撒丁岛（Sardegna）。

通常，我们还可以把意大利这20个大区粗略划分为西北部、东北部、中部、南部四个大的区域。

（一）意大利西北部

意大利的西北部接壤法国，阿尔卑斯山为其造就了独特的山区气候类型——葡萄生长季炎热，秋季漫长。西北地区包含了三个葡萄酒产区：奥斯塔河谷、皮埃蒙特、利古里亚。

意大利西北部具有酿造优质葡萄酒的悠久历史，与法国联系密切。但与法国不同的是，意大利西北部的各产区在20世纪发展得并不好。1980年年末，皮埃蒙特逐渐恢复声誉，如今与托斯卡纳一同成为意大利最著名的两个大区，生产意大利最具代表性的红葡萄酒。当然，意大利西北部不只有生产红葡萄酒的内比奥罗葡萄，伦巴第和利古里亚大区生产的白葡萄酒也非常有名。

奥斯塔河谷自治省位于瑞士、意大利、法国三国交界的阿尔卑斯山区，高山峻岭环绕，种植葡萄的地方不多。不过葡萄已经是当地主要的种植物，因为除了葡萄，其他作物很难适应这里严酷的环境。河谷两侧的梯田是主要种植区，产量小，出产的酒大部分不是DOC等级酒。不过这里的葡萄品种却相当多元，混有意大利、瑞士、法国以及德国的各类品种。

皮埃蒙特无疑是意大利最重要的葡萄酒产区，阿尔巴（Alba）和阿斯蒂（Asti）周边地区的葡萄酒产量尤其高。主要的红葡萄品种是种植在同一山坡上的内比奥罗、巴贝拉和多姿桃，内比奥罗拥有最好的产地，其葡萄酒从不混合其他品种。顶级葡萄酒是巴罗洛（Barolo DOCG），被誉为意大利葡萄酒之王，这是一种口感厚重、单宁含量和酸度都很高的葡萄酒，由内比奥罗葡萄酿造，如果采用传统方法，它必须在木桶中陈酿至少3年，而且在饮用前需要至少5年的陈酿时间。为了满足市场对葡萄酒果味更浓、更早饮用的需求，一些生产商缩短了发酵时间，以减少单宁的提取，并在新的法国橡木桶中陈酿。

利古里亚是一个著名的旅游区，生产少量葡萄酒并且主要在当地消耗，其白葡萄酒品质更为优秀出众。

（二）意大利东北部

意大利的东北部，北以白云石山脉为界，南临亚得里亚海。同西北部的气候类似，这里夏季炎热，冬季寒冷，但是雾少、冰雹多。大部分的葡萄园都在冰碛层上，这是由沙土、砾石和冰河时期就沉积的泥沙共同形成的一个坚韧的混合层。大部分是黏土或砂质黏土，最好的地方是泥灰土，含有丰富的钙。东北部包含了四个葡萄酒产区：特伦蒂诺－上阿迪杰产区（Trentino–Alto Adige）、威尼托产区（Veneto）、弗留利－威尼斯朱利亚产区（Friuli–Venezia Giulia）、伦巴第产区（Lombardia）。意大利东北部产区比西北部更多山，也比其他地区使用更多的国际葡萄——美乐、赤霞珠、品丽珠、黑皮诺、灰皮诺、霞多丽。

意大利东北部是该国技术较发达、质量意识较高的葡萄酒生产区，有大量的葡萄酒出口。这些地区生产的红、白、起泡葡萄酒令人印象深刻，可以说这些葡萄酒是意大利较国际化的或者说是较不本土化的产品。东北部产区因为地理、气候条件的影响，每年天气的不可知变化太多，所以年份就非常重要，尤其针对红葡萄酒而言。

1.伦巴第（Lombardia）

伦巴第是一个富饶的工业区，北与瑞士相连，西接皮埃蒙特产区，从山区到北部地区，再到温暖的沿岸平原地区，气候非常多变。伦巴第以酿造口感较厚重的内比奥罗葡萄酒而闻名，名声仅次于皮埃蒙特。伦巴第也出产清淡的红葡萄酒和桃红葡萄酒、细致的干白葡萄酒以及起泡酒，其中弗朗齐亚柯达（Franciacorta）是意大利最有名的起泡酒，由黑皮诺和霞多丽用传统法酿造，被誉为“意大利的香槟”。

2.威尼托（Veneto）

意大利最大的DOC葡萄酒产区，西接伦巴第（Lombardia），南临艾米利亚-罗马涅（Emilia-Romagna），东边是奥地利。由于受北部山脉与东部海洋的影响，威尼托气候温和、稳定，非常适合葡萄的生长。该产区有一半的面积为平原，土壤表层遍布泥沙，含有黏土和钙质石灰岩屑。产区种植量最大的葡萄品种是格莱拉（Glera），用于生产起泡酒普洛赛克（Prosecco）占比24%；其次为加格奈拉（Garganega），占比14%；红葡萄品种美乐，占比12%；用于生产阿玛罗尼瓦坡里切拉（Amarone della Valpolicella）的科维纳（Corvina）占比10%；白葡萄品种灰皮诺（Pinot Grigio）占比9%。

威尼托是意大利当之无愧的重量级葡萄酒产区。该产区有着多变的地形与微气候，出产的葡萄酒风情万种。其中，最负盛名的是瓦坡里切拉产区，它位于威尼托北部，是阿玛罗尼的故乡。这里的红葡萄酒主要采用科维纳、罗蒂内拉（Rondinella）和莫利纳拉（Molinara）混酿。除了阿玛罗尼外，该产区还盛产有着“小阿玛罗尼”之称的瓦坡里切拉里帕索（Ripasso）和甜美迷人的雷乔托（Recioto）红葡萄酒。西北部的索阿维（Soave）气候较为凉爽，海拔较高，以加格奈拉酿造的优质干白葡萄酒为主，这些白葡萄酒大多风格清新，口感脆爽。索阿维是意大利最著名的白葡萄酒之一。而东北部则有知名的起泡酒产区——普洛赛克，这款起泡酒采用威尼托种植面积最为广泛的品种——格莱拉（Glera）酿制，其风格简单易饮，口感甜美，伴随着浓郁的桃子、李子与甜瓜的香气。

（三）意大利中部

意大利中部受到地中海气候的影响，夏天较为炎热，冬天较温和。炎热和缺雨成为当地发展种植业面临的主要问题。而山丘地区由于高海拔和方位的影响，形成许多微气候。此地区的土壤较为多样化，一般以砂砾、石灰岩、钙质的岩石层或中积岩为主。意大利中部也是该国最主要的优质葡萄酒出口中心，桑娇维塞红葡萄酒占主导地位。意大利中部包含以下7个葡萄酒产区：艾米利亚-罗马涅产区 、托斯卡纳产区、马凯产区、拉齐奥产区、阿布鲁佐产区、翁布利亚产区、莫利塞产区。

1.艾米利亚-罗马涅（Emilia-Romagna）

这里以大陆性气候为主，产区西部靠近阿尔卑斯山脉，冷凉的气流会随山而下，葡萄园较为凉爽，东部沿海地区地势平坦，气温较为温暖。产区土壤多为岩石和冲积土。这里的主要葡萄品种是玛尔维萨（Malvasia）、蓝布鲁斯科（Lambrusco）、特雷比亚诺（Trebbiano）、巴贝拉（Barbera）、伯纳达（Bonarda），当然还少不了桑娇维塞。其中种植量最高的葡萄品种为特雷比亚诺，占比30%，排在第二位的是蓝布鲁斯科，占比18%。

2.拉齐奥（Lazio）

东为中亚平宁山脉，西濒第勒尼安海（Tyrrhenian Sea），北临托斯卡纳产区和翁布利亚产区。拉齐奥属于亚热带地中海气候，海岸附近的地区炎热干燥，内陆地区较湿润凉爽。土壤为丘陵和平原，多火山岩。火山岩肥沃，排水性好，富含钾元素，是葡萄种植的理想土壤，尤其适合白葡萄品种的生长，可以很好地平衡酸度。该产区白葡萄品种包括玛尔维萨（Malvasia）、特雷比亚诺；红葡萄品种包括美乐、桑娇维塞、蒙特布查诺（Montepulciano）和切萨内赛（Cesanese）。

3.翁布利亚（Umbria）

翁布利亚的气候与邻近产区托斯卡纳较为相似，冬季寒冷多雨，夏季干燥且光照充沛。产区多数的葡萄园都位于山腰的梯田上，所以翁布利亚许多DOC的名称中都有“丘colli”的字样。主要的红葡萄品种有桑娇维塞、绮丽叶骄罗（Ciliegiolo）、卡内奥罗（Canaiolo）、赤霞珠、美乐；白葡萄品种有特雷比亚诺、格莱切多（Grechetto）、华帝露（Verdelho）。翁布利亚以出产白葡萄酒而闻名，其中以欧维耶多（Orvieto）酿制的白葡萄酒最为出名，该酒也是意大利最好的白葡萄酒之一。

（四）意大利南部

意大利南部通常炎热且干燥，但沿海地带和岛屿因为海风的作用，气候相对会凉爽一些。区域内的地形以山脉或丘陵为主，葡萄园大多位于平原和普利亚（Puglia）平缓的斜坡上。最好的位置是面朝北面山丘边的斜坡上，这里受光度较高且温度低，葡萄得益于高海拔的影响，具有更长的生长期。此地区的土质以火山土和花岗岩为主，但是也有一些露出地面的黏土质石灰土岩层。主要包含了六大葡萄酒产区：西西里岛产区（Sicilia），卡帕尼亚产区（Campania），普里亚产区，巴斯利卡塔产区（Basilicata），卡拉布里亚产区（Calabria），撒丁岛产区（Sardegna）。

意大利南部是非常古老的葡萄栽培区，希腊人称其为“葡萄酒之乡”。在过去的20

年里，现代化已经席卷了那里的葡萄园和酿酒厂，这些努力正在产生明显的结果。在卡帕尼亚地区的山区，用各种本地品种酿造的红、白葡萄酒都受到了评论家的好评。著名的维苏威火山和庞贝古城位于这个产区。

西西里岛和撒丁岛是意大利非常重要的产区，它们的葡萄酒风格相似。这里的气候通常很热，其中一些葡萄酒可以与法国南部的葡萄酒相媲美。西西里岛是意大利种植面积最大的产区，以马萨拉（Marsala）等餐后甜酒闻名全世界。撒丁岛地处孤岛，由于历史和地理位置原因，种植了很多法国和西班牙的葡萄品种，葡萄酒酿造也受到了这两个国家的影响。

1.西西里岛（Sicilia）

西西里岛是地中海最大的岛屿，该产区属典型的地中海气候，常年阳光普照，雨量适中，十分适合葡萄的生长。境内大部分为山地，火山活动频繁。东北部有欧洲最高的活火山——埃特纳火山，它带来了富含矿物质的深色土壤，赋予埃特纳DOC级别葡萄酒鲜明的个性。该区葡萄园大多坐落于山坡高处，那里有着更凉爽的气候和更富饶的土壤。西西里岛产区最具潜力的红葡萄品种是黑达沃拉（Nero d'Avola）和马斯卡斯奈莱洛（Nerello Mascalese），前者能酿造出丰润、结实，且带成熟红色水果风味的酒款，后者是酿造埃特纳红葡萄酒和一些细致起泡酒的原料。白葡萄品种则有尹卓莉亚（Inzolia）、卡塔拉托（Catarratto）等，其中卡塔拉托用于酿制西部产量最大的白葡萄酒。该地区的卡塔拉托（Catarratto）品种也会与冷凉地区的葡萄进行混酿，用于提升葡萄酒的饱满程度，卡塔拉托同时还是该地区酿造马萨拉甜酒（Marsala）的主要品种。

2.撒丁岛（Sardegna）

撒丁岛是意大利第二大岛，坐落在地中海中部，是孤立的岛屿。岛上气候温和湿润，是典型的地中海式气候，但高山顶部的积雪可达半年之久。这里有沿海地区，也有内陆地区，有山丘，也有平原，葡萄园主能够充分利用地形和气候的多样性酿造出自己所喜欢的葡萄酒类型。撒丁岛位于北纬38°~41°，是欧洲距离赤道最近的产区之一，原本气候应该炎热，因受地中海冷却效应的影响，该产区比其他同纬度地区更适合栽培葡萄树。撒丁岛种植很多与法国和西班牙极其相近的葡萄品种，如卡诺乌（Cannonau，歌海娜的克隆品种）和佳丽酿（Carignan，当地称作Carignano），还有赤霞珠，博巴尔（Bobal），玛尔维萨（Malvasia）。

二、意大利知名葡萄酒产区简介

（一）皮埃蒙特（Piedmonte）

1.产区历史概况

罗马帝国衰落后，皮埃蒙特也受到战火的纷扰。动荡时期，僧侣继续着葡萄酒的生产，直到13世纪，皮埃蒙特葡萄酒才终于获得了新生。1268年的一份文献上提到内比奥罗（Nibiol）这一葡萄品种，证明内比奥罗的确是皮埃蒙特当地的葡萄品种。

1758年，阿尔巴镇颁布了一条法令禁止进口和使用其他产区的葡萄酒来进行调配，并规定了葡萄采收的开始时间。根据当时的记载，内比奥罗酿造的葡萄酒是甜型的，带微气泡；当地种植的主要葡萄品种为玛尔维萨（Malvasia）和莫斯卡托（Moscato）。

干型的内比奥罗从19世纪开始出现，这要得益于卡米洛·加富尔（Camillo Bensoali Cavour，政治家，被称为意大利国家统一之父）的推动。路易斯·奥达特酿造出了具有丰满酒体的干型红葡萄酒，取名为巴罗洛（Barolo）。作为一个成功的政治家，加富尔与法国萨瓦皇室、意大利都灵皇室、贵族都有很好的往来，他的葡萄酒自然从一开始就享有“特权”。到1896年，巴罗洛葡萄酒已经步入意大利最好的葡萄酒行列。

2.气候与地理环境

皮埃蒙特位于阿尔卑斯山脉的丘陵地带，其名字“Piedmonte”在意大利语中就是“山麓”之意。西北部与法国、奥斯塔河谷和瑞士相邻，南邻利古里亚，东邻伦巴第，葡萄园面积约57487公顷。

约1850年前后，加富尔邀请法国酿酒师路易斯·奥达特（Louis Oudart）为他的酒庄——法莱蒂巴罗洛女侯爵（Marquise Giulia Faletti di Barolo）基于波尔多的技术酿造一款干型的、具有陈年潜力的红葡萄酒。

皮埃蒙特离地中海不远，但是因为南部被阿尔卑斯山和亚平宁山所环绕，所以属于大陆性气候，冬季长而寒冷，夏季却相当干燥炎热，秋季常有潮湿的细雨。此地的土壤类型多样，最主要的土壤是混有沙土和陶土的灰质泥灰岩。葡萄园大多分布在比较温和的东南部朗格（Langhe）和蒙非拉多（Monferrato）两个丘陵区，前者以阿尔巴市为中心，酿造出全球最精彩的内比奥罗，后者则以阿斯蒂市为中心，因起泡酒莫斯卡托-阿斯蒂（Moscato d’Asti）闻名全球。

3.主要葡萄品种

皮埃蒙特地区酿酒葡萄几乎都是本土品种，而且多是单一品种酿造。主要红葡萄品种有内比奥罗和巴贝拉，主要白葡萄品种为莫斯卡托。内比奥罗酿造的葡萄酒在意大利很有影响力，在全球葡萄酒界也是赫赫有名。莫斯卡托是皮埃蒙特最具代表性的白葡萄品种，可以酿制在全球引起风潮的阿斯蒂起泡酒和莫斯卡托-阿斯蒂。

内比奥罗皮薄粒小，晚熟且对栽种环境要求较高，必须栽种在条件最好的地区，特别是排水良好的南向斜坡，才能达到足够的成熟度。内比奥罗酿制的葡萄酒颜色较浅，酸度高又含有非常多的单宁，年轻时口感酸涩，需要经过长时间的瓶陈才能逐渐柔化单宁，具有非常好的陈年潜力。香气独特，常有紫罗兰、黑色浆果、焦油、松露与玫瑰等香味。

巴贝拉是皮埃蒙特种植面积最广的品种。过去主要生产酸度高、简单清淡的日常餐酒，但是现在已经可以酿成颜色深、多果味、单宁细致而且酸味适中、能耐久存的精彩佳酿。

莫斯卡托发芽较早，属于中熟葡萄品种，果粒较小，常伴有甜瓜、蜂蜜、桃子、橙花、香料、玫瑰花和柑橘等香气。大部分都用来酿造甜酒和轻微起泡酒，如酒体轻盈且气泡丰富的阿斯蒂。这些葡萄酒口感甜美、清新，酒精度低，十分适合在餐前和餐后饮用。

4. 主要产区

皮埃蒙特是意大利最大的DOC和DOCG葡萄酒产区。如果说皮埃蒙特是意大利西北部的一顶皇冠，它的两个子产区巴罗洛（Barolo）和巴巴莱斯科（Barbaresco）无疑就是这顶皇冠上最闪耀的明珠。这两个DOCG产区，不仅闻名于意大利，在世界上也享有卓越的名声。巴罗洛所产的红葡萄酒是内比奥罗的经典酒款，有“王者之酒，酒中之王”的美誉。与巴罗洛相对应的另一个著名的DOCG产区巴巴莱斯科，同样使用内比奥罗酿造，总体上来说，与巴罗洛相比各有千秋。随着这两个产区在国际上声誉越来越高，更多酒庄意识到了内比奥罗的潜力，越来越多的内比奥罗被种植在这一产区。

巴罗洛葡萄酒被认为是意大利最复杂和高傲的DOCG级葡萄酒，巴罗洛的土质与环境变化相当大，不同的村子、不同的葡萄园，都会让酿成的葡萄酒表现出截然不同的风味。传统方式酿造的巴罗洛会在大橡木桶中进行长期陈年，但某些现代派更趋向于在法式橡木桶中进行陈年，传统和现代工艺酿造出了不同风格的巴罗洛葡萄酒。

1980年，巴罗洛获得了DOCG法定产区授权，是三个首批获得DOCG授权的葡萄酒产区之一。酿造巴罗洛葡萄酒必须使用100%的内比奥罗葡萄品种。在巴罗洛产区内共有11个村庄，其中5个尤为重要，分别是巴罗洛村、拉梦罗村（La Morra）、卡斯蒂戈隆·法列多村（Castiglione Falletto）、塞拉伦加·阿尔巴村（Serralunga d’Alba）和梦馥迪·阿尔巴村（Monforte d’Alba）。这5个村庄内葡萄园的产量占据整个巴罗洛产区的87%。这5个村庄虽然紧紧相连，但因为土壤不同，造就出了不同风格的葡萄酒。

巴巴莱斯科是皮埃蒙特非常重要的葡萄酒产区，西南部就是著名的巴罗洛产区，两地在土壤、地形、地质、品种和酒款风格上都非常相似，但细微处却略有不同。巴巴莱斯科在1966年成为意大利最早的一批法定产区DOC，并在1980年成为最早的一批优秀法定产区DOCG。

巴巴莱斯科被称为巴罗洛的姐妹酒，也是采用内比奥罗酿制而成，但是在巴巴莱斯科地区的内比奥罗葡萄成熟较快，保留了在巴罗洛葡萄酒中缺少的酸度。没有巴罗洛葡萄酒那么“重”的味道，在意大利传统里，它仍然是搭配食物最好的葡萄酒之一。

阿斯蒂位于意大利皮埃蒙特产区南部，塔纳罗河上游的丘陵地带，生产出的甜起泡酒热销全球，被国内人亲切称为“小甜水”。

这里主要生产三种葡萄酒：第一种是全起泡的阿斯蒂，使用100%莫斯卡托（Moscato），这里被称为白莫斯卡托，最终酿成酒款的酒精度不得低于6%vol，最高不得高于9.5%vol（而使用传统法生产的起泡酒，最低不得低于6%vol，最高不得高于8%vol）。将酒精度压低是为了留存足够的糖分。对于阿斯蒂的陈年这里也有要求，最少在发酵罐中存留一个月，而传统法酿造的阿斯蒂起泡酒就要保证最少9个月的酒泥接触。第二种葡萄酒被称为莫斯卡托·阿斯蒂，这种起泡酒被称为微起泡酒，成酒后瓶内压力不得高于2.5个大气压（阿斯蒂葡萄酒大气压通常为5.5或6个），对于成酒后的莫斯卡托·阿斯蒂，最低酒精度为4.5%vol，不得高于6.5%vol，正因为莫斯卡托·阿斯蒂的酒精度更低，酒款中残留的糖分更高，因此酒体风格上也表现得更加甜美。第三种为晚收葡萄酒（Vendemmia Tardiva），同样使用莫斯卡托酿造，但采收更晚，积聚的糖分更高，成品酒最低酒精度为11%vol，同时最短陈酿时间为12个月。

（二）托斯卡纳（Tuscana）

1.产区历史概况

早在公元前800年，伊特鲁里亚人就开始在托斯卡纳种植并酿造葡萄酒，酿造历史要早于罗马。在托斯卡纳的子产区“马里马”，还保留着3000年前伊特鲁里亚人的古墓遗迹，在这里找到了许多与葡萄酒酿造有关的证据。公元前700年，这里就开始了葡萄酒贸易，主要运往意大利南部和法国。公元前300年，希腊的文艺作品中已有托斯卡纳葡萄酒的记载。从第一次世界大战到第二次世界大战的30年间，战争对当地葡萄酒酿造造成了极大的影响，甚至一度被迫停顿。直到20世纪60年代才完全恢复，并酿造出了很多世界顶级葡萄酒。

2.气候与地理环境

托斯卡纳位于意大利中部，葡萄园面积63633公顷，是意大利最知名的葡萄酒明星产区。北邻艾米里亚–罗马涅，西北临利古里亚，南接翁布利亚和拉齐奥，西靠第勒尼安海，地理位置优越。

托斯卡纳主要为地中海气候，冬季温和，夏季炎热干燥。境内大多是连绵起伏的丘陵地，土壤多为碱性的石灰质土和砂质黏土。这里的泥灰质黏土，非常适合桑娇维塞的生长，因此桑娇维塞在托斯卡纳十分受关注。

3.主要葡萄品种

（1）主要的白葡萄品种

特雷比亚诺（Trebbiano）：果皮呈金黄色，甚至还有点琥珀色，是白玉霓（Ugni

Blanc）在意大利语中的常用名称。

玛尔维萨（Malvasia）：一般带有花香、蜂蜜、柑橘、甜椒等香气。

（2）主要的红葡萄品种

桑娇维塞（Sangiovese）：一般带有红色水果、草本植物、香醋、野味和烟熏风味。

绮丽叶骄罗（Ciliegiolo）：颜色浓郁，酒体饱满，散发着樱桃、草莓和香料的气息。

卡内奥罗（Canaiolo）：芳香优雅，酒体饱满，口感成熟、柔软而顺滑，比较易饮。

科罗里诺（Colorino）：颜色深邃，单宁紧实，有黑色或红色水果的馥郁香气。

4. 主要产区

这个以红葡萄酒为主的产区共有11个DOCG和34个DOC葡萄酒，而且其中的大多数都拥有卓越的名声。著名的DOCG包括经典基安蒂（Chianti Classico）、基安蒂（Chianti）和布鲁奈罗蒙塔奇诺（Brunello di Montalcino）。

经典基安蒂、基安蒂：基安蒂是意大利最常见的葡萄酒，产自托斯卡纳中部，虽然属DOCG等级，但大部分还属于柔和可口、清淡多酸的清淡型红葡萄酒。最主要的葡萄品种是桑娇维塞，混酿比例不得低于70%。

最具代表性的基安蒂葡萄酒，产自文艺复兴古城佛罗伦萨与席恩那之间，被称为“经典基安蒂”。这里是基安蒂区内最早种植葡萄的地带，也是自然条件最好的区域，特别是拉达（Radda）、佳奥利（Gaiole）和卡斯特利那（Castellina）三个村子，除了少数例外，顶级的经典基安蒂全产在这个“金三角”里。值得注意的是，经典基安蒂的生产者组织成立了经典基安蒂协会。加入这个协会的会员，其葡萄酒瓶身上会贴一个圆形标志，这个标志的中央绘有一只名为“Gallo Nero”的黑公鸡，在其下方写着“CHIANTI CLASSICO（经典基安蒂）”字样。

（三）蒙塔奇诺（Montalcino）

在托斯卡纳生产传统类型红葡萄酒的产区中，风格雄壮结实的蒙塔奇诺是最闪亮的明星产区，蒙塔奇诺位于托斯卡纳南边一片起伏的山区，比其他区更加干燥与温暖，土壤贫瘠，让桑娇维塞的别种——普鲁诺阳提（Prugnolo Gentile）可以酿成非常强劲的红葡萄酒。蒙塔奇诺顶级的酒称为布鲁奈罗蒙塔奇诺（Brunello di Montalcino）。不像其他产区大多要添加其他品种来柔化，此款酒只能采用100%的桑娇维塞酿造，有特别深厚的果味，口感强劲，单宁紧致，但均衡密实，属于非常耐久型的红葡萄酒，年轻时候口感较为涩口，需要一些时间才能展现成熟丰富的香气和柔顺的单宁质感。

（四）蒙特布奇亚诺（Montepulciano）

蒙特布奇亚诺是座古老精致的中世纪小城，古城周围的美丽乡间出产的酒被称为贵族酒，在15世纪时就已经非常著名。这里的桑娇维塞被称为普鲁诺阳提（Prugnolo

Gentile），酿成的红葡萄酒粗犷多涩味，较少成熟的果味，常会混合其他品种柔化，也许不及蒙塔奇诺来得深厚强劲，但颇耐久存，是最早成立的DOCG产区之一。

（五）超级托斯卡纳（Super Tuscana）

意大利关于葡萄酒有严格的法律规定——酒庄使用外国葡萄（如法国的赤霞珠）酿成的酒，即使品质很高，也不能使用更高等级的DOC或DOCG，只能用PGI/IGT，甚至VdT。除了上述卓越的DOCG、DOC等级的酒，意大利很多PGI/IGT和VdT等级的葡萄酒同样令人印象深刻。例如托斯卡纳，在全球都享有极高的声誉，被称为“超级托斯卡纳”，在葡萄酒界几乎无人不晓。

西施佳雅在（Sassicaia）葡萄酒起源于20世纪中叶的保格利（Boigheri）地区，马里奥·因奇萨侯爵（Marchese Mario Incisa della Rocchetta）使用高品质的赤霞珠（Cabernet Sauvignon）进行酿造，创造了西施佳雅这一传奇酒庄。西施佳雅于是在1968年开始正式在市场上进行销售。紧接着，安蒂诺里家族又推出了1975年份的提娜内罗（Tignanello），此款酒将桑娇维塞与少许的赤霞珠混合，在橡木桶中进行陈酿。这两种反传统的葡萄酒，按照当时的法律规定只能够以日常餐酒的等级出售，不过它们不论品质还是价格都超出了当时所有DOC等级葡萄酒。从此就开始有了超级托斯卡纳酒这样一个独特门类。超级托斯卡纳有些完全使用国际品种酿造，有些则使用非正常比例的本地品种。

超级托斯卡纳是由一些满怀热情，强调独创性的酿酒师，在葡萄品种、混合比例、酿制方法等方面对传统葡萄酒进行大胆革新后酿造出的独特而优质的葡萄酒。如今，著名的超级托斯卡纳酒有西施佳雅和马塞多（Masseto）等。西施佳雅在20世纪70年代中期成为世界知名的顶级红葡萄酒，被称为“最正宗的新派超级托斯卡纳葡萄酒”。

托斯卡纳著名葡萄酒品牌：

1. 安东尼世家酒庄（Marchesi Antinori）
2. 玛奇奥酒庄（Le Macchiole）
3. 圣圭托酒庄（Tenuta San Guido）
4. 奥纳亚酒庄（Tenuta Dell’Ornellaia）
5. 萨塞蒂酒庄（Livio Sassetti Pertimali）
6. 图丽塔酒庄（Tua Rita）
7. 班菲酒庄（Castello Banfi）
8. 碧安帝山迪酒庄（Franco Biondi Santi）
9. 阿加诺酒庄（Argiano）
10. 鲁芬诺酒庄（Ruffino Wines）

【本章参考文献】

[1] 蓝芩. 世界美食[M]. 四川：四川科学技术出版社，2013.

[2] 李祥睿. 西餐工艺[M]. 北京：中国纺织工业出版社，2008.

[3] 查尔斯·基林格. 走世界品文化：风情意大利[M]. 夏蕊，译. 吉林：长春出版社，2012.

[4] 林莹，毛永年. 西餐礼仪[M]. 北京：中央编译出版社，2006.

[5] Jennifer. 2019世界十大意大利葡萄酒[J]. 葡萄酒，2020(02)：13.

[6] 墨菲. "意大利葡萄酒的风土与传承"主题论坛近期在京举办[J]. 中国食品，2019(15)：39–41.

[7] 佚名. 意大利：为保证葡萄酒品质纷纷采取限产措施[J]. 中国食品，2019(18)：83.

[8] Mr葡萄酒. 经常喝葡萄酒，告诉你10个意大利葡萄酒有趣的小知识[EB/OC]. 百度百家号，2019-03-04.

[9] 评论员. 意大利葡萄酒入门指南[EB/OC]. 红酒世界，2019-10-04.

[10] 木糖醇. 意大利葡萄酒产区知识点[EB/OC]. 酒一搜网，2018-07-21.

[11] Belloitalv. 意大利红酒小知识[EB/OC]. 知乎网，2022-04-23.

【思考练习题】

一、选择题

1.公元前1600年左右，(　　)将种植葡萄和酿造葡萄酒的技术带入意大利并广泛传播。

A.罗马人　　B.希腊人　　C.英国人　　D.法国人

2.(　　)是意大利葡萄酒品质提升的关键因素。

A.嫁接技术　　B.发酵技术　　C.酿造技术　　D.葡萄酒法律

3.意大利种植最广的葡萄品种是(　　)。

A.桑娇维塞(Sangiovese)　　B.内比奥罗(Nebbiolo)

C.巴贝拉(Barbera)　　D.蒙特布查诺(Montepulciano)

4.意大利葡萄品种中最"高贵"的一个品种是(　　)。

A.桑娇维塞(Sangiovese)　　B.内比奥罗(Nebbiolo)

C.巴贝拉(Barbera)　　D.蒙特布查诺(Montepulciano)

二、问答题

1. 意大利主要红葡萄品种有哪些？

2.2010年以前意大利葡萄酒是如何分级的？

3. 简述意大利葡萄酒三大产区。

4. 皮埃蒙特大产区中，知名白葡萄酒产区是哪个，属于什么级别？

5. 威尼托大产区中，主要的知名产区瓦波利切拉的代表风格葡萄酒是什么？

6. 意大利菜具有哪些特色？请简单叙述。

三、论述题

1. 试述意大利北部重要产区皮埃蒙特（Piemonte）的葡萄品种及酿酒风格特色。

2. 试述意大利中部重要产区托斯卡纳（Toscana）的主要葡萄品种及酿酒风格特色。

【经验性训练】

通过对不同意大利葡萄酒的比较及感官体验，使学生能够区分常见意大利葡萄酒。

【实践考核项目】

酒水的认知与识别

（一）本项目考核的目的

认识酒标，了解意大利葡萄酒分类及特点；能识别各类意大利葡萄酒的特点、产地及代表性品牌；掌握主要意大利葡萄酒区分方法。

（二）所需理论和设备器材知识

掌握意大利葡萄酒的分类方法、酒水的特点、品牌、产地等知识。

（三）所需仪器设备和消耗性器材

准备常见意大利葡萄酒。

（四）实训考核内容和要求

1. 能按照行业规范熟练进行酒水鉴别，并掌握意大利葡萄酒的特点、产地及品牌。

2. 能较熟练地对各类意大利葡萄酒进行区分。

第四章　德　国

【本章概要】

本章主要讲述了德国葡萄酒的历史发展和德国主要产区的葡萄种植情况，并就当地葡萄品种、酿造工艺及所产葡萄酒的风格特点进行了详细的描述。此外，本章还对德国主要葡萄酒产区进行了系统介绍。

【学习目标】

1. 了解德国葡萄酒历史发展过程与市场现状。
2. 了解德国葡萄酒产区风土条件、葡萄品种及特色。
3. 掌握德国葡萄酒的法规及分级标准。
4. 了解德国产区概况，重点掌握知名产区详解。

【关键术语】

德国　葡萄酒　葡萄品种　法规　分级　产区

【讲师语录】

德国葡萄酒的魅力与探索之旅

众所周知，德国是欧洲传统的种植葡萄的国家，有着悠久的酿酒历史。如果您有机会去德国旅行，一定不要忘了，德国除了宝马、奔驰、格拉苏蒂和朗格名表、科隆大教堂之外，也是出产美酒的国度。特别是德国的白葡萄酒——知名的雷司令，从干到甜，清新纯美，即便是初涉酒坛的人，也很容易被打动，原来滴酒不沾的人在德国迷恋上当地美酒的事屡见不鲜。

从地理位置上讲，德国位于葡萄种植的最北极限，决定了那里的葡萄品种喜冷耐寒。除了知名的雷司令，绝大多数是德国特有而非世界主流的葡萄品种，如米勒-图高（Müller-Thurgau）、西万尼（Silvaner）、黑皮诺（Spätburgunder）、特罗灵格（Trollinger）等。其中白葡萄品种占绝大多数，又以贵族品种雷司令表现最为出色。在一定程度上，白葡萄酒和雷司令成了德国美酒的代名词和标志。

当前，世界上最昂贵的甜酒——干果颗粒贵腐精选葡萄酒（Trockenbeerenauslese）就来自德国的伊贡米勒（Egon-Müller）酒庄，此酒只在最佳年份酿造，只能在拍卖会见到而且一瓶难求。

如果您愿意多停留一段时间，建议您沿着莱茵河（Rhein）和摩泽尔河（Mosel）向南进发。除了领略旖旎恬静的自然风光之外，别忘了摩泽尔（Mosel-Saar-Ruwer）和莱茵高两个产区的雷司令葡萄酒，它们是标志中的经典。前者端庄秀丽，精致优雅，透着贵族气质；后者丰满厚实，雅致内涵，尽显雍容大气。在偏南部产区，如巴登-符腾堡（Baden-Württemberg），因气候偏暖，葡萄成熟度高，红葡萄品种种植比例较高，风格劲道硬朗。希望通过后面内容的详尽介绍，一览德国美酒的风貌和魅力！Prost！

——四川旅游学院　酒店管理专业教师　李佳

第一节　德国葡萄酒概述

一、德国葡萄酒历史与市场概述

（一）德国葡萄酒历史

德国种植葡萄的历史可追溯到公元前50年，古罗马人把葡萄植株带到摩泽尔河，后来又带到莱茵河。摩泽尔产区是德国最古老的葡萄酒产区，当时罗马帝国占领了日耳曼领土的一部分，即现代德国的西南部。罗马殖民者从意大利引进了葡萄树、葡萄栽培技术和酿酒工艺。公元800年，弗兰肯帝国的统治者卡尔大帝推动了葡萄种植业的发展，特别是通过修道院的经营扩大了葡萄种植面积。1100年后，修士、修女、教会侯爵对葡萄园的影响更为深远，很多葡萄园至今还保留着他们的名字。此后，德国的葡萄酒文化与基督教有密切的关系，至今某些种植区的所有权仍在主教之下或者留下了主教教区的名称。1775年，晚摘（Spätlese）葡萄酒偶然诞生，同一时期珍藏酒（Kabinett，又名教会小室酒），最早也因起源于教会而得名。1830年，德国冰酒诞生。1868年，德国第一个酒农合作社在阿尔产区诞生。1872年，消除葡萄根瘤蚜虫病。

1903年，法尔兹行政区设立了第一个葡萄酒检察官“职位”。1949年，第一个被加冕的德国葡萄酒女王诞生，同年德国葡萄酒学会成立。1971年，颁发的葡萄酒法成为德国葡萄种植酿造的基本法。19世纪时，德国的葡萄酒业比较发达，总种植面积是现在的几倍，但是后来由于工业革命和战争等原因，德国葡萄酒业的名气有所下降。

（二）德国葡萄酒市场概述

德国是全球第七大葡萄酒生产国，14万公顷葡萄园，年产11亿升葡萄酒。在欧洲主要的葡萄酒产酒国中，德国的葡萄酒一直有着属于自己的类型与制度。德国纬度偏高，气候寒冷，葡萄生长比较缓慢，也比较难达到南欧的成熟度，只有在地理条件特别好的地方才能产出品质好的葡萄酒，因此德国主要的葡萄酒产区都集中在西南部气候较温和的区域。德国以出产白葡萄酒为主，几乎占所有葡萄酒产量的87%。德国白葡萄酒类型很丰富，从一般的干白到甜白再到不多见的贵腐葡萄酒，都能找到。此外，德国还是全世界闻名的冰酒的故乡。德国的白葡萄酒酒精浓度较低，果味芬芳清爽；冰酒则清甜爽口；红葡萄酒以清淡型为主，产量较少。德国葡萄酒与其他国家葡萄酒的显著区别就是保持了天然的果味，酒精含量低但酒味清醇，酸甜均衡适度。

二、气候与地理环境

德国位于寒冷的大陆性气候区，冬季寒冷，夏季炎热。除了极东部的萨勒温斯图特（Saale-Unstrust）和萨克森州（Sachsen）两个很小的产区，现在德国葡萄园多位于莱茵河与其支流曼茵河（Main）、摩泽尔河（Mosel）等河的沿岸，最佳的葡萄园大多位于向阳的河边坡地上，让葡萄得以接收更充分的阳光，达到更高的成熟度。这些葡萄园土壤类型丰富，有冲击岩、黏土、石灰岩、沙土、片岩、淤泥土、火山岩、花岗岩、玄武岩、砂岩、云母等。

三、德国葡萄酒分级制度

德国的葡萄酒法律与分级制度是欧洲最复杂，也是最严格的，德国的葡萄酒大致分为四个等级（见图4-1）。

（一）日常餐酒（Deutscher Tafelwein）

日常餐酒是德国葡萄酒中的最低等级，产量不到5%，口感简单清淡。

（二）地区餐酒（Landwein）

地区餐酒有19个指定的葡萄种植区域可以生产，需要在酒标上明确注明区域名称。

（三）优质产区葡萄酒（QbA）

这个级别的葡萄酒来自13个指定的优质产区，葡萄的成熟度也较上两个级别要高，

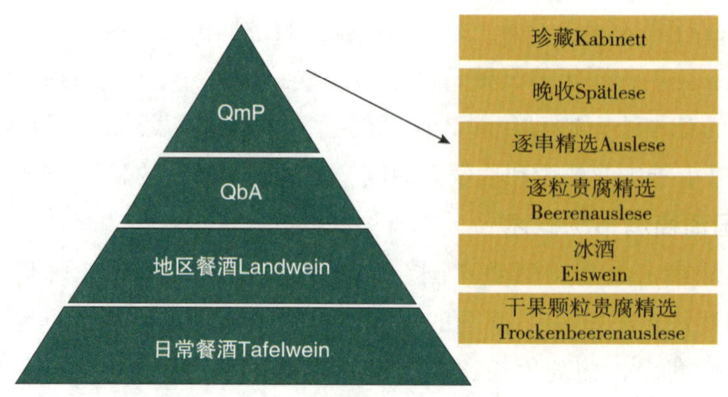

图4-1 德国产区分级

禁止不同产区的葡萄酒混合调配，酒标上必须标识产地以及酒的风格类型。这个等级的葡萄酒仍允许通过加糖的方法提升酒精度数或甜度。

（四）特别优质葡萄酒（QmP）

这个级别是德国要求最高的葡萄酒，除葡萄要来自指定的优质产区外，对葡萄采摘时的成熟度也有着严格的规定。这个级别不允许人工加入糖分，如果年份特别差，葡萄达不到标准，只能降低到QbA级别。

QmP根据葡萄自然糖分含量从低到高又分为以下6个等级（见表4-1）：

1.珍藏（Kabinett）

QmP级别中最清淡的葡萄酒，葡萄成熟度一般，经常被用作餐前酒。轻酒体，会有清爽的酸度，香气里包含了青苹果或柑橘类的水果香。

2.晚摘（Spätlese）

通常会比一般葡萄采摘的时间晚，风味也更加集中一些。会有一些甜味，有时也保持干型的风格，带有一些菠萝和芒果的香气。

3.逐串精选（Auslese）

采用更加成熟的葡萄酿造而成，有些葡萄已经开始出现贵腐霉特征。在这个级别酿酒师发挥的空间非常大，既可以酿造成口感丰满圆润的干型酒，也可以酿造成酸甜均衡优雅的甜酒。这也是QmP里干型酒的最高级别。

4.逐粒贵腐精选（Beerenauslese，BA）

采摘时间更晚，并且葡萄大多感染了贵腐霉，糖分更加浓缩集中，人工逐粒选摘达标的葡萄。酿出的酒口感浓甜，带有糖渍水果的香气，这个级别的酒比较珍贵少见。

5.冰酒（Eiswein）

葡萄在–8℃的结冰状态下采摘，葡萄里面的水分都凝结成了冰块，去除后压榨出高酸高甜的葡萄汁。冰酒的特点是香气纯净甜美，口感浓甜多酸。德国顶级的甜型葡萄酒基本上都是用雷司令葡萄酿造的，但冰酒就不一定了，有时甚至用红葡萄品种黑皮诺酿造。

6. 干果颗粒贵腐精选（Trockenbeerenauslese，TBA）

这是QmP的最高级别，所有葡萄采用完全感染过贵腐霉且因水分蒸发而萎缩的干葡萄酿造。只在最好的年份生产，产量极其稀少。口感浓厚馥郁，带有决裂般的酸甜比。TBA甜酒价值不菲，德国名庄伊贡米勒酒庄2005年产量仅200多瓶，单瓶售价几千美元，还未上市就被收藏家预订，是世界上最贵的TBA甜酒。

表4–1　QmP分类及风味特点一览表

QmP分类	风味
珍藏（Kabinett）	比较清淡，酒精浓度至少在7%vol以上
晚摘（Spätlese）	酒精浓度比较高
逐串精选（Auslese）	香甜
逐粒贵腐精选（Beerenauslese）	甜度高，甜熟香气浓郁
冰酒（Eiswein）	甜度和酸度都非常高
干果颗粒贵腐精选（Trockenbeerenauslese）	甜度极高，口感浓厚甜润，香气浓郁奔放而且相当耐久

四、主要葡萄品种

德国大部分的葡萄酒采用单一葡萄品种酿造，标签上通常会标出品种的名称，雷司令和米勒–图高是最主要的葡萄酒品种。雷司令虽然不是特别早熟的品种，但是质量非常优异，对环境的要求比较高。在大部分比较偏北一点的产区，最好的葡萄园都保留给雷司令，以达到足够的成熟度。米勒–图高是一个人工杂交品种，耐寒且成熟快，适应能力强，容易种植，酸味较低，可以酿成简单可口的白葡萄酒。

西万尼是另一个较重要的品种，大多酿成多果香、多酸味的白葡萄酒，在偏南一点的产区有较好的表现。除此之外，在南部产区还常见琼瑶浆、灰皮诺、白皮诺和夏色拉等。除了米勒–图高，德国也种植其他人工杂交品种，比如有雷司兰尼（Rieslaner）、凯尔纳（Kerner）和施埃博（Scheurebe）等，大多是以雷司令和西万尼两个品种杂交而成。酿造红葡萄酒的品种以黑皮诺为主。其中南部巴登和北边的阿尔产区最为著名。其他红葡萄品种还包括琼州牧（Portugieser）和托林格（Trollinger），大多种植于南部产区，酿造风味平淡的普通红葡萄酒（见表4–2）。

表4-2 主要葡萄品种一览表

葡萄品种	典型特点
雷司令（Riesling）	种植面积最广、最典型的葡萄品种
米勒-图高（Müller-Thurgau）	典型特点：具有西柚（葡萄柚）和麝香等香气 该葡萄酒中文译名有多种，以“米勒-图高”最被业界认可，流传度也最高。该品种原产于瑞士，是用雷司令和西万尼杂交培育出来的新品种，是德国种植最广泛的葡萄品种之一，在意大利、瑞士、美国和新西兰等地也有种植。米勒-图高对种植地点的要求不是很高，因此多种植在不适合其他葡萄品种生长的较平坦地面上。它适合酿制颜色浅黄、口感柔顺平和的简单白葡萄酒，其中以带少许甜味的酒最受好评，适合在年轻时饮用
西万尼（Silvaner）	典型特点：具有花香、植物芬芳、蜜瓜、苹果等香气 是琼瑶浆和奥地利白葡萄的天然杂交品种，属于最古老的葡萄品种之一。在德国，西万尼在弗兰肯和莱茵黑森地区种植最为广泛
灰皮诺（Grauburgunder/Ruländer）	典型特点：带有梨子、杏子、坚果和菠萝的香气
白皮诺（Weissburgunder）	典型特点：酒体活泼、清新，并带有宜人的果酸，有柠檬、香梨、蜜瓜和坚果等香气
黑皮诺（Spätburgunder）	酿造干红的主要品种

第二节 德国葡萄酒产区

德国葡萄酒的特点首先来自其特有的产地和气候条件。这里的葡萄大都种植在河谷地区，南起博登湖，北抵波恩的米特莱茵，西从与法国接壤的地区，东部至易北河。全德国葡萄酒产地共分为13个特定葡萄种植区，如摩泽尔、莱茵高、莱茵黑森、乌尔藤、巴登、法尔兹等。

每一个产区都有自己的特产。北部地区生产的葡萄酒一般清淡可口，果香四溢，带有新鲜果酸。而南部生产的葡萄酒则圆满充实，果味诱人，有时带有更刚烈的味道却又不失温和适中的酸性。最常见到的德国酒是来自摩泽尔（Mosel）河流域和莱茵（Rhein）河流域的4个主要产区：摩泽尔、莱茵高、莱茵黑森、法尔兹。

一、摩泽尔（Mosel-Saar-Ruwer）

摩泽尔河发源于法国境内的弗日山脉，北流出法国后成为德国和卢森堡的天然国界，并在德国西部边境蜿蜒流贯245千米，最后在科布伦茨与莱茵河汇流。作为莱茵河的支流，水对于寒冷的北部地区是很重要的，它可以在寒冷的冬季起到调节温度的作用。同时，水面的反光对于葡萄的种植也十分有利，见图4-2。

图4-2　德国-摩泽尔产区-S. A. Prüem 葡恩酒庄-日晷园特级园雷司令GG

作为德国成功且富有传奇色彩的酒庄之一，葡恩酒庄所生产的酒品名列世界百大佳酿。葡恩酒庄同时也是德国优质酒庄联盟 VDP 的创始会员之一，该联盟创立于1910年，是世界上历史最悠久的高级葡萄酒庄协会，此协会对于酿酒师、产地及品质要求均有严格规范，采用高标准的葡萄栽培管理法以酿造顶尖的葡萄酒，目前只有约3%的酒庄符合入选标准。

摩泽尔是世界公认的德国最好的白葡萄酒产区之一。这里的土壤大部分以板岩为主，所有的葡萄园几乎都位于陡峭的河岸上，坡度一般在60°以上，手工操作是这里唯一可行的办法，葡萄树必须独立引枝以适应如此陡峭的坡度。整个地区一共有12809公顷葡萄园，其中54%的面积种植雷司令、22%的面积种植米勒-图高（Müller-Thurgau）、9%的面积种植艾伯灵（Elbling）。产区内有6个子产区，分别是：摩泽尔（Mosel）、伯恩卡斯特尔（Bernkastel）、奥伯莫尔（Obermosel）、萨尔（Saar）、鲁韦尔（Ruwertal）、莫塞尔特（Moseltor）。里面还划分成19个酒村（Grosslage），525个单一葡萄园（Einzellage），见图4-3和图4-4。

图4-3　德国－摩泽尔产区－彼得美德家族－BREE冰灵葡萄酒

冰灵的外观与包装由德国彼得美德酿酒集团独家设计，在市场上拥有独一无二的亮点。丰富的口感层次以及优异的品质保证，使冰灵于2009年上市后得到了广大的回响，荣获国际著名的红点设计大奖，并在2017年获选为“德国年度葡萄酒品牌”。冰灵成为德国销量成长迅速的品牌之一。

图4-4　德国－摩泽尔产区－彼得美德家族－泰妮莎夫人酒庄

Witwe Dr. H. Thanisch ErbenMüller-Burggraef这个名字与德国最奢华的雷司令葡萄园医生园（Berncasteler Doctor）密不可分。目前医生园所产的葡萄酒品质珍稀，是世界各大拍卖会和富豪争相收藏的品项之一

二、莱茵高（Rheingau）

莱茵高地区的葡萄园面积并不算大，只有3288公顷，但是这里却出产世界级的

葡萄酒。莱茵高地区内只有一个子产区——“约翰山”（Johannisberg），这里被认为是真正的雷司令的老家。在美国，很多雷司令葡萄酒的标签上都会使用Johannisberg Riesling的名称以证明其是正宗的雷司令品种。全区还分为10个酒村和119个单一葡萄园。葡萄园面积的81%种植的是雷司令，但是近年来红葡萄品种的种植有了戏剧性的增长，特别是黑皮诺（在德国叫作Spätburgunder），目前面积已经达到莱茵高葡萄种植面积的9%（也有资料说是11%）。相比摩泽尔的白葡萄酒而言，莱茵高的白葡萄酒不论是颜色、香气、口感、酒体都更重。如果说摩泽尔的酒是莫扎特，那么莱茵高的酒就好比贝多芬。葡萄酒也是装在直型瓶子里，但是瓶子颜色是棕色的。本区的顶级酒厂包括：约翰山酒庄（Schloss Johannisber）、沃尔莱茨酒庄（Schloss Vollrads）、罗伯特威尔酒庄（Weingut Robert Weil）、布鲁尔庄园（Weingut Georg Breuer）等。近年来莱茵高的葡萄酒被批评价格居高，质量下滑，但是这里的著名酒厂依然保持着较高的水准。1994年，本地区开始实行半官方的葡萄园分级制度，来自最好的葡萄园精选级酒（Auslese）等级以上的干型葡萄酒可以使用“Erstes Gewächs”（一等酒）的名称。

三、法尔兹（Pfalz）

Pfalz原文为“宫殿”的意思，因古罗马皇帝奥古斯都在此建行宫而得名。此地区也被称作莱茵法尔兹（Rheinpfalz），葡萄园面积达到23804公顷，是德国第二大葡萄产区。所产77%为白葡萄酒。这里种植的葡萄品种比较丰富，其中雷司令和米勒-图高的种植面积各占21%、凯尔纳（Kerner）占10%、琼州牧（Portugieser）占9%、西万尼（Silvaner）占8%、施埃博（Scheurebe）占6%。

法尔兹内有2个子产区：密特哈特（Mittehardt-Deutsche Weinstraße）、南部（Südliche Weinstraße），包括25个酒村，333个单一葡萄园。最好的法尔兹酒来自该地区北部的那些种植雷司令和米勒-图高的葡萄园。而南部则大量种植西万尼等品种，且大量生产质量平平的葡萄酒。

四、莱茵黑森（Rheinhessen）

莱茵黑森是德国最大的葡萄酒产区，葡萄园的面积有26372公顷。其中23%种植米勒-图高、13%种植西万尼、9%种植雷司令、9%种植施埃博，凯尔纳和巴克斯（Bacchus）各占8%。内有3个子产区，包括24个酒村和434个单一葡萄园。

莱茵黑森地区多数是富饶平坦的土地，因此比较容易种植高产的施埃博、凯尔纳、巴克斯和米勒-图高，这些品种总和超过了葡萄种植面积的1/4。这里出产最多的也是质量平平的酒，其中最具代表性的就是“圣母之乳”（Liebfrauenmilch）。

五、阿尔（Ahr）

仅有632公顷的葡萄园，主要种植红葡萄品种黑皮诺（占总面积52%）和葡萄牙人（Portugieser）（占总面积18%），另有白葡萄品种米勒-图高（占总面积11%）和雷司令占总面积9%。酿成的酒主要在本地消费，该地区有一个子产区：瓦尔波茨海姆（Walporzheim）/阿尔河谷（Ahrtal），包括1个酒村，43个单一葡萄园。这里的黑皮诺虽然很难与勃艮第的黑皮诺相比，但是也有很好的优雅与细致感。这里的雷司令酒，新鲜而具有良好的酸度。

六、米特海姆（Mittelrheim）

662公顷葡萄园地，75%种植雷司令、8%种植米勒-图高。这里包括2个子产区，11个酒村和112个单一葡萄园。由于地理位置靠北，气候寒冷，这里出产的白葡萄酒的酸度颇高。米特海姆是一个风景宜人的地方，莱茵河岸边到处是美丽的古堡，但是这里的葡萄酒价格太低，废弃的葡萄园也比比皆是。

七、那赫（Nahe）

位于莱茵黑森及摩泽尔区之间，出产的葡萄酒也兼有这两区的特色。那赫土壤结构、种植品种都十分多样。全区共有4665公顷葡萄园，26%种植雷司令、23%种植米勒-图高、11%种植西万尼。内有1个子产区，包括7个酒村、323个单一葡萄园。那赫的葡萄酒有细致、高酸度的果味，同时还带有矿物和香料味道，具有良好的复杂性，在价格上也十分合理。

八、巴登（Baden）

巴登是德国的第三大产区，共有16371公顷葡萄园，大约有1/3种植的是红葡萄品种，其中绝大部分为黑皮诺，占到总种植面积的26%，另外有33%种植米勒-图高、9%种植灰皮诺（Grauburgunder）、9%种植古德尔（Gutedel）、8%种植雷司令。巴登有8个子产区，包括16个酒村、351个单一葡萄园。巴登是德国最靠南的葡萄酒产区，位于上莱茵河谷和黑森林之间，气候温暖，产品中红葡萄酒的比例相对较高，以干型酒居多，更具有国际口味。巴登地区的人有饮用葡萄酒的习惯，平均每人每年的葡萄酒消费量比一般德国人高一倍。

九、弗兰肯（Franken）

弗兰肯地区位于法兰克福的东部，以白葡萄酒为主。产区共有6078公顷葡萄园，

46%种植米勒－图高、20%种植西万尼、11%种植巴克斯。内有3个子产区，包括23个酒村和212个葡萄园。与德国其他地方不同的是，这里的酒多数为干白葡萄酒，酒体较重，带有泥土的复合口感。高质量的酒装在独特的扁圆形瓶子里，这种瓶子叫作大肚酒瓶（Bocksbeutel）。弗兰肯地区的酒非常独特，尤其是这里的西万尼和雷司令干白，在德国以外的地方很不好找，而且价格较贵。

十、乌腾堡（Württemberg）

乌腾堡是德国最大的红葡萄酒产区，也是德国少数红葡萄酒产量高于白葡萄酒的产区。共有11204公顷葡萄园，种植24%的雷司令、22%的特罗灵格、16%的黑雷司令、9%的克纳、9%米勒－图高、6%的莱姆贝格。有6个子产区，包括16个酒村和205个单一葡萄园。这里更靠南部，气候更为温暖，但是本地人似乎更加偏爱颜色淡、瘦弱而无特点的红葡萄酒。

十一、黑森山道（Hessische Bergstaße）

此地区仅有469公顷葡萄园，56%种植雷司令、15%种植米勒－图高，内有2个子产区，包括3个酒村、23个单一葡萄园。此区以白葡萄酒为主，口感非常浓郁但是酸度较低，主要为本地消费。

十二、萨勒－温斯图特（Saale-Unstrut）

此地区共有390公顷葡萄园，80%种植白葡萄品种，其中37%种植米勒－图高、28%种植西万尼。生产非常好的QbA和QmP-Kabinett等级的干白葡萄酒。产区内有2个子产区，4个酒村、17个单一葡萄园。

【本章参考文献】

[1] 姚汨醽．解读德国葡萄酒［J］．中国国家旅游，2014（9）：154-161.

[2] 龙玺.古老而独特的德国葡萄酒［J］.中国食品，2008（4）:36-37.

[3] 郭松泉．品味德国葡萄酒［J］．中外葡萄与葡萄酒，2001（1）：65-67.

[4] 彭福臣．冰葡萄酒［J］．老人世界，2022（11）：45.

[5] 梅康妮．德国雷司令的荣耀：莱茵高［J］．葡萄酒，2019（9）：78-79.

[6] 佚名．德国葡萄酒［J］．中外葡萄与葡萄酒，2000（1）：68-70.

[7] Colin．德国葡萄酒:特立独行的极致品味［J］．消费指南，2013（10）：28-31.

【思考练习题】

一、选择题

1. 中世纪时，葡萄和葡萄酒主要由修道院和修道士发展起来，此后德国的葡萄酒文化与（　　）有密切的关系。

A. 伊斯兰教　　B. 天主教　　C. 希腊教　　D. 基督教

2. 德国是全球第（　　）大葡萄酒产国，年产11亿升的葡萄酒。

A.3　　B.5　　C.7　　D.9

3.（　　）是德国最高等级的葡萄酒，有最严格的管控，也必须经过品尝认可才能上市。

A.Deutscher Tafelwein

B.Qualitätswein mit Prädikat

C.Landwein

D.Qualitätswein bestimmter Anbaugebiete（QbA）

4. 德国葡萄酒产地共分为（　　）个特定葡萄种植区。

A.12　　B.20　　C.17　　D.13

二、问答题

1. 德国主要葡萄品种有哪些？

2. 按照葡萄所含糖分或生产方式，德国最高质量等级的葡萄酒QmP分别为哪些？

3. 请分别简述德国南北部葡萄酒的风味特点。

4. 请列举5个德国著名美食。

三、论述题

1. 在欧洲主要的葡萄酒生产国中，德国一直有着属于自己的葡萄酒类型与制度，请论述德国的主要葡萄酒类型及风味特点。

2. 德国人的饮食习惯与欧洲其他民族有着很大的不同，请论述德国主要美食及做法。

【经验性训练】

通过对不同德国葡萄酒的比较认识以及感官体验，使学生能够区分常见德国葡萄酒。

【实践考核项目】

德国的三大皮诺葡萄酒与美食的搭配

（一）本项目考核的目的

在了解德国葡萄酒分类及特点的基础上，结合德国美食的特点准确选出德国知名的三大皮诺葡萄酒与德国不同风味美食的搭配，做出合理的配餐选择。

（二）所需理论和设备器材知识

掌握德国葡萄酒不同酿造原料，酒水的特点、风味、产地等知识。

掌握德国传统美食与葡萄酒搭配的原则。

（三）所需仪器设备和消耗性器材

准备以德国黑皮诺（Spätburgunder）、德国灰皮诺（Grauburgunder）、德国白皮诺（Weissburgunder）为主要原料酿造的葡萄酒；

准备巴伐利亚烤猪肉、德国奶酪、卷心菜、干酪椒盐卷饼、德国面疙瘩。

（四）实训考核内容和要求

1. 鉴别三种不同葡萄酒的特点及风味。

2. 品鉴不同美食。

3. 做出合理的配餐选择。

参考搭配：

项目	酒水名称	美食名称	搭配说明
A	德国黑皮诺	德国面疙瘩	德国黑皮诺通常带有蔓越莓和樱桃的香气，并伴有精妙的泥土芬芳，带有美妙的类似肉桂和甜胡椒的辛香特点。橡木桶中陈年以及土壤特点（包括黄岗岩、板岩、玄武岩、石灰石黏土）都可能让葡萄酒产生这种独特的辛香味。由于酸度较高，很适合搭配德国面疙瘩
B	德国灰皮诺	巴伐利亚烤猪肉、卷心菜、饺子	德国灰皮诺拥有浓郁的白桃和柠檬皮的香气，并伴有德国葡萄酒典型的辛香味，有时会散发类似蜂巢和甜胡椒的味道。巴伐利亚烤猪肉、卷心菜和饺子最适合搭配浓郁微甜的德国灰皮诺，这些食品搭配果味丰富的灰皮诺，菜肴中的微甜感被凸显
C	德国白皮诺	奶酪、干酪椒盐卷饼	白皮诺是德国的皮诺葡萄酒中最细致优雅，且唯一用白葡萄品种酿造而成的葡萄酒，带有白桃和微妙的柠檬皮的香气及蜂巢味。德国白皮诺口感优美，最适合搭配清淡的食物，还可搭配柔软略带臭味的奶酪，以及经典的干酪椒盐卷饼

第五章　葡萄牙

【本章概要】

本章主要讲述了葡萄牙葡萄酒的历史发展和地理条件给葡萄带来的影响，并就当地葡萄品种及所产葡萄酒的种类和风格特点进行了详细的描述，此外本章还对葡萄牙葡萄酒等级的划分标准进行了系统介绍。

【学习目标】

1. 了解葡萄牙葡萄酒历史发展过程与市场现状发展。
2. 掌握葡萄牙葡萄酒的品种和分级制度、产区特色。

【关键术语】

葡萄牙葡萄酒　葡萄品种　分级　产区

【讲师语录】

和光同尘、千姿百态的葡萄牙葡萄酒

伊比利亚半岛西南部的葡萄牙，其葡萄酒产业似乎被邻国西班牙的光芒所掩盖，殊不知在葡萄酒世界里，葡萄牙葡萄酒的历史早已成为一本沉甸甸的世界葡萄酒编年史。波澜壮阔的大航海文明开启了人类对新大陆的探索，同时触发了一系列欧洲文化的进步，其中就包含了葡萄牙葡萄酒几百年的兴盛、衰落与复兴。

浩瀚的历史长卷淘汰了许多葡萄酒，在欧洲航海贸易中反而成就了伟大的波特与马德拉，他们的特殊性、他们“经久不衰”与“不死”在那个加强酒为王的时代，曾

让葡萄牙酒在世界葡萄酒版图中曾长期矗立于世界之巅。

然而，葡萄牙葡萄酒的魅力却不止于此，在流往大西洋的杜罗河两岸陡峭险峻的梯田上，种植着壮观的葡萄园，杜罗产区（Douro）多样的土壤环境、不同的气候、严苛复杂的葡萄园分级，令人惊叹。除此之外，对诸多潜力巨大的原生葡萄品种的保护与复兴又增加了葡萄牙酒的多样性，低海拔群山环绕的杜奥产区（Dão）、受大西洋影响的温和多雨的百拉达产区（Bairrada）、青葱翠绿且非常独特的绿酒产区（Vinho Verde）、产量较大的阿连特茹产区（Alentejo）等，共同构建了一幅葡萄牙完整又多样的产区地图。

——法国CAFA葡萄酒&烈酒学院　高级讲师　章荃

第一节　葡萄牙葡萄酒概述

一、葡萄牙葡萄酒历史与市场概述

（一）葡萄牙葡萄酒历史

葡萄牙素有“葡萄王国”的美称，是欧洲传统葡萄酒生产国之一，自古以来便盛产葡萄和葡萄酒。早在公元前600年葡萄牙就有葡萄酒，距今已有2500多年历史。公元前219年，古罗马帝国的军队进入杜罗河谷，即波尔图酒区。罗马大军在占领葡萄牙的同时，在杜罗河谷大面积种植葡萄，酿成葡萄酒作为军需品。葡萄酒酿造技术得以迅速发展，所酿造的葡萄酒大部分供给军队，当地人同样接受了葡萄酒文化，葡萄酒成为杜罗河谷人日常生活的必需品。

公元1143年，葡萄牙独立之后，葡萄酒酿造业更加发达，葡萄酒开始出口，有大量的葡萄酒出口关税、税务凭证及出口资料被保留了下来。更多的现代文献记录表明在12世纪早期，葡萄牙就出口葡萄酒到英国。1353年，英国和葡萄牙签署了条约，允许葡萄牙渔民远离英国海岸捕鱼，因而也促进了葡萄牙的葡萄酒贸易。

17世纪，当英国与法国打得不可开交的时候，葡萄牙取代法国成为英国主要的葡萄酒供应国，也就在这时，波特酒成为“英国男人的葡萄酒”。特别是到了18世纪，波特酒的大量出口引起了一波商业高潮。

1756年杜罗河谷区制定了一系列法律条文，对葡萄酒的种植、生产、分级起到了规范作用，被称为世界上最早为葡萄酒命名的系统，比波尔多早了179年。

19世纪后30年，葡萄牙同其他欧洲各国一样遭受到根瘤蚜虫病的袭击，葡萄酒业从此萎靡不振。直到1986年，葡萄牙加入欧盟，对葡萄酒业做出了许多革新，葡萄酒业才开始勃兴。如今，葡萄牙的酒农更加注重栽培较为独特的葡萄品种，杜奥、绿酒和阿连特茹等产区也因此赢得了世界的关注。

（二）葡萄牙葡萄酒市场概述

伊比利亚半岛西部的葡萄牙，在加入欧盟之前，因为位处西欧最偏远封闭的环境，并没有受到太多外来的影响，保留了非常多葡萄牙独有的葡萄品种，并且生产出许多风格极为独特的葡萄酒，即使和相邻的西班牙相比，这里的葡萄酒业也完全自成一格。在干燥严酷的环境中生产出全球最浓重的葡萄酒，波特酒不仅是葡萄牙最著名的酒，更是全球甜红葡萄酒的典范。马德拉酒也是老式的经典风格。除了加强酒，葡萄牙的一般葡萄酒也非常多元，包括从极清淡的绿酒到浓郁的杜罗河谷红葡萄酒等各种类型的葡萄酒。

加入欧盟之后，葡萄牙的葡萄酒业在技术上有了很大的进步，逐渐从酿酒合作社独占的葡萄酒业转化成更多元的生产方式，有了更多的独立酒庄（Quinta），不过，至今仍有约45%的葡萄牙葡萄酒产自合作社，这是因为葡萄农拥有的葡萄园都很小，平均不及1公顷，规模太小，很难自己酿造。

葡萄栽培和葡萄酒生产在葡萄牙的国民经济中占有重要的地位。葡萄牙葡萄种植面积大，从事葡萄生产的人数多，葡萄酒的生产和销售直接关系到社会生活的各个方面，国家管理机构包括促进出口基金局、全国葡萄和葡萄酒委员会、各省区的葡萄和葡萄酒生产者协会。具体工作是协助企业开展推销工作、大力支持合作社酒厂的发展、利用经济办法控制供求平衡。

二、气候与地理环境

葡萄牙的西部濒临大西洋岸，东部与西班牙相接，东西仅宽200千米，西部海岸线长达600千米，降雨量相对较大，中部和东北部多为山地。离海的远近以及山脉的阻隔是影响葡萄牙各地气候的主要因素，沿岸地区为温带海洋性气候，潮湿凉爽，气候温和，越往内陆气候变得越严酷，更加干燥，温差也更大，冬冷夏热，接近大陆性气候。南部产区因为纬度比较低，所以天气比较炎热，接近地中海型气候。土壤类型丰富，有冲积土、黏土、石灰岩、砂土、页岩、淤泥土等，北部主要由花岗石和片岩组成，南部主要由砂岩和石灰岩组成。葡萄牙全境都适合生产葡萄酒，因气候相当多变，得以生产出多种风格的葡萄酒。

葡萄牙遍布葡萄种植园，从北部的米尼奥（Minho）葡萄产酿区到东南部的阿尔加维（Algarve）、马德拉群岛和来速尔群岛。在这些地区和岛屿上，约有40万公顷的葡萄园，年均葡萄酒产量在1000万升以上。葡萄牙与其他国家生产的葡萄酒的不同之处，主要在于葡萄品种、微小气候、土地的精耕细作、长期的传统生产经验以及使用先进的技术。目前葡萄牙众多的葡萄种植园和酒窖中已经使用先进技术和设备。

三、葡萄牙葡萄酒分级制度

1756年，波特酒产区就已经划分了产地范围，建立了管制产区质量的法令，让葡萄牙成为全世界最早建立产地命名管制的国家。

现在，葡萄牙的葡萄酒共分为4个等级，最低的一级称为Vinho de Mesa，是普通餐酒。Vinho Regional 则是地区餐酒。另外葡萄牙还有IPR（Indicação de Proveniência Regulamentada）优良地区餐酒等级，是升为最高等级DOC的过渡等级，DOC（Denominação de Origem Controlada）是最高等级，等同于法国的AOP法定产区葡萄酒（见图5-1）。

图5-1 葡萄牙产区分级

四、主要葡萄品种

欧盟对葡萄牙的影响还包括许多产区的葡萄园得以重新整建，开始引进国际品种种植，但是传统的众多葡萄牙品种仍然是最重要的基石，例如在产波特酒的斗罗区就种植了多达80种以上的葡萄品种，而且大多是葡萄牙的特有品种。数以百计的品种很少流传到国外，其中以红葡萄品种国产多瑞加（Touriga Nacional）最为著名。多瑞加是酿制波特酒最佳的品种，皮厚果粒小，酿成的红葡萄酒颜色深黑，带有浓郁的甜熟浆果香，含有非常多的单宁，但是产量很小，除了波特酒，也酿成极端浓重的红葡萄酒。巴加（Baga）是葡萄牙中部的重要品种，可生产粗犷风味的红葡萄酒。里斯本附近产的拉米斯科（Ramisco）则以非常强劲的涩味闻名。另外，西班牙的添帕尼罗在葡萄牙也算常见。

比较著名的白葡萄品种则有阿瑞图（Arinto），是一个酸味非常高的葡萄品种，也有久存的潜力，以杜奥和布塞拉斯（Bucelas）产区较著名，也用来酿造白波特酒。在绿酒产区最著名的则有阿尔瓦里诺（Alvarinho）。

（一）主要的白葡萄品种

1.洛雷罗（Loureiro）

典型特点：香气馥郁。

洛雷罗在葡萄牙东北部的绿酒产区种植最广，此外，在西班牙西北部的下海湾

（Rias Baixas）产区也有种植。

它是一种带月桂香的优质白葡萄品种。洛雷罗常与塔佳迪拉（Trajadura）葡萄混酿，但也可用于酿制芳香四溢的单品酒。在葡萄牙绿酒产区的北部，该品种的产量尤为可观，其中布拉加（Braga）、蓬蒂–迪利马（Ponte de Lima）和沿海地区所出产的洛雷罗葡萄酒品质最突出（这些酒的酒精度通常十分低）。

2.阿瑞图（Arinto）

典型特点：带有清新的酸度和柠檬气味。

阿瑞图最常被用来酿制布塞拉斯葡萄酒（在该葡萄酒中，阿瑞图所占的比例至少要达到75%）。该品种在葡萄牙的其他地方也有种植，尤其是特茹（Ribatejo）和沙特多拉斯（Terras Do Sado）产区。

阿瑞图因具有较高的酸度而备受赞誉，用它酿制的葡萄酒柑橘味浓郁。此外，阿瑞图还是酿制绿酒的原料，在这种酒中该品种被称为培德尔纳（Pederña）。

3.费尔诺·皮埃斯（Fernão Pires）

典型特点：伴有蜂蜜、香料的香气，酒体圆润。

费尔诺·皮埃斯是葡萄牙种植面积最广的白葡萄品种，在中部和南部均有种植。在百拉达（Bairrada），该品种也被称为玛丽亚果麦斯（Maria Gomes）。

费尔诺·皮埃斯的适应性强，是特茹产区内最受欢迎的葡萄品种，在该产区主要用于酿制单品酒，在较温暖的气候条件下表现出色。

4.依克加多（Encruzado）

典型特点：出产的酒细致优雅，带有杏子、桃和柑橘味。

依克加多是葡萄牙的顶级白葡萄品种，具有细致的玫瑰和紫罗兰香气，以及轻盈的柑橘香、松脂香，在一些情况下还能展现出强烈的矿物质香气。另外，依克加多还能够保持良好的糖酸平衡，酿制出严肃、丰满、结构感良好的葡萄酒，该种酒具有卓越的瓶储潜力。依克加多既能够用于单品种酒的酿造，同时也是杜奥产区调配型葡萄酒中的明星调配品种。

5.阿尔瓦里诺（Alvarinho）

典型特点：具有突出的新鲜的水果香和花香。

（二）主要的红葡萄品种

1.国产多瑞加（Touriga Nacional）

典型特点：葡萄牙最主要的红葡萄品种，颜色深、单宁强劲、香气馥郁。

国产多瑞加是酿制波特酒最受推崇的葡萄品种，并日益成为酿制优质干红葡萄酒的最推崇品种（不仅仅是在葡萄牙）。在杜罗河谷和杜奥产区，果粒小的国产多瑞加十分低产，酿制出的葡萄酒颜色深浓，单宁厚重，浓缩度高。

国产多瑞加生命力十分旺盛，但容易出现坐果率低的情况（每株葡萄树所结的果实可能只有300克），这使得它并不受葡萄种植者的青睐。因此，在20世纪中期，该品种几乎绝迹。后来人们花费了大量的精力，培育出了新的克隆品种，这些新品种更多产，平均含糖量更高。

典型香气：草莓、黑醋栗、蓝莓、桑葚、樱桃、李子干、核桃、紫罗兰、松树、丁香、焦糖、咖啡、黑巧克力和烟熏味等。

2. 特林加岱拉（Trincadeira）

典型特点：适合在干燥炎热的环境下种植，酒色浓郁，带有香料味。

特林加岱拉是一种产于葡萄牙南部的红葡萄品种，在南部非常受酿酒师的重视。

特林加岱拉比较容易腐烂，因此只有在最干燥的气候下才能良好健康地生长。所以它比较适合阿连特茹产区的气候，在适当的环境下能够生产出颜色深、香料味道十足的葡萄酒，但如果葡萄园管理不良或者采收时间早，则会呈现令人不悦的植物性气味。

3. 罗丽红（Tinta Roriz）

典型特点：口感浓烈，但是比国产多瑞加柔和。

罗丽红是葡萄牙杜罗河的经典葡萄品种，但也是唯一没有发源于葡萄牙的非本土葡萄品种。罗丽红发源于西班牙，在西班牙称添帕尼罗（Tempranillo）。罗丽红产量中等，对环境要求较高，对高温和干旱有极强的耐受力，在南向缺水的片岩山坡种植生长。这样的地理位置能够保持罗丽红的生长态势，同时避免该品种产生腐烂的病症。

罗丽红葡萄品种皮厚，酿出的葡萄酒颜色十分深浓。酒中的酸度不是很高，酒体雄壮有力单宁十分强势。复杂度良好，同时又具有出色的树脂类香气。

4. 卡斯特劳（Castelão）

典型特点：出产的酒带有新鲜水果香气。

卡斯特劳在葡萄牙种植面积非常广，用途广泛，在整个葡萄牙南部，卡斯特劳用来酿制风格多样的红葡萄酒，所酿制的红葡萄酒果香四溢，口感丰满，甚至带一些猎物味，既可趁年轻时饮用，也可陈年。

卡斯特劳在葡萄牙各地有许多别名：在沙多特拉斯，它被称为比利吉达（Periquita）；在葡萄牙西区（Oeste），它名为圣塔伦若昂（João de Santarém）；在杜奥，它的名字为特林加岱拉（Trincadeira）；在阿尔加维（Algarve），它被称为莫尔塔古（Mortagua）或莫雷托（Moreto）；在特茹（Ribatejo），它的名字是弗兰克卡斯特劳（Castelao Frances）。

第二节　葡萄牙葡萄酒产区

一、葡萄牙十一大产区概述

1. 首都里斯本（Lisbon）

里斯本附近有不少著名的产区，西面是以产甜酒出名的卡尔卡维罗（Carcavelos）和以产拉米斯科（Ramisco）红葡萄酒著名的可拉雷思（Colares）；东面则有著名的干白葡萄酒产区布塞拉斯；以亚阑多种为主；南面则是蜜思嘉甜白酒产区谢度（Setúbal）。

2. 埃斯特雷马杜拉（Extremadura）

埃斯特雷马杜拉位于葡萄牙东部，出产高级葡萄酒。

3. 帕尔迈拉（Palmela）

帕尔迈拉位于葡萄牙的海滨地带，出产高品质的葡萄酒。

4. 阿连特茹（Alentejo）

阿连特茹位于葡萄牙东南部，靠近西班牙边境，气候炎热干燥，除了葡萄酒也出产做软木塞的软木。

5. 波尔图（Porto）

著名的葡萄酒产地，波尔图是杜罗河上游葡萄酒的集散地。波尔图全市有十几家酒厂，酿造的葡萄酒远销欧洲和世界各地，被誉为葡萄牙的“第一大使”，有“酒市”之称。

6. 米尼奥（Minho）

米尼奥位于葡萄牙与西班牙的边境地带，毗邻大西洋。米尼奥出产的“绿酒”是世界公认的佳酿，略带气泡，酒精度比较低。

7. 贝拉达（Bairrada）

贝拉达毗邻大西洋西岸，土壤主要是黏土，混合一些石灰质。这个产区传统上是用巴加葡萄酿造浓郁丰厚的红葡萄酒。贝拉达酒必须用50%的巴加葡萄，有时会达80%。巴加葡萄酿的红葡萄酒单宁含量较高。近年贝拉达产区也开始种植赤霞珠、美乐等葡萄品种。贝拉达葡萄酒酒质接近法国的波尔多或勃艮第的高级红酒。贝拉达产区以出产单宁特强的巴加红酒出名。圣罗兰斯山（Colinas de São Lourenço）是贝拉达产区出产的特级红葡萄酒。

8. 日巴特浩（Ribatejo）

日巴特浩是葡萄牙中部名酒区。

9. 杜奥（Dão）

杜奥是葡萄牙重要葡萄酒产区，在杜罗以南。早期的生产以酿酒合作社为主，现在已经成立了不少独立酒厂。国产多瑞加在这里被公认为最佳的品种。

10. 杜罗（Douro）/ 杜罗河谷

葡萄牙葡萄酒中最有代表性的是波尔图红葡萄酒。波尔图东西走向各100千米的山地有28万多公顷的葡萄种植区域，特别是杜罗河两岸的32400公顷梯田更是上好的栽种良地，葡萄树的根可以在这些含有丰富钾磷的坡地里探伸到地下二三十米，四季湿度和温度的变化都不会影响它们吸收养分，加上葡萄牙充足的阳光使这里可以生长出优良的酿酒葡萄。葡萄牙有23个可以生产DOC的地区，却有24个法定产区名称，这是因为杜罗河谷地区同时拥有强化葡萄酒波尔图和静态葡萄酒杜罗河两种DOC。

11. 亚尔加维（Algarve）

亚尔加维位于葡萄牙最南端，以生产强劲的红葡萄酒为主，另外也生产一种类似菲诺（Fino）雪莉酒的强化白葡萄酒。这里葡萄酒的生产依旧以产量大的制酒合作社为主。

二、葡萄牙重点产区介绍

重点产区的产酒类型见表5-1：

表5-1　重点产区一览表

葡萄牙重点产区	产酒类型
绿酒（Vinho Verde）	白葡萄酒和少量红葡萄酒
杜罗（Douro）	波特酒、干红葡萄酒
杜奥与贝拉达（Dão & Bairrada）	红葡萄酒
里斯本（Lisbon）	红葡萄酒居多，有少量白葡萄酒
阿连特茹（Alentejo）	红葡萄酒居多，有少量白葡萄酒
阿尔加维（Algarve）	红葡萄酒及加强白葡萄酒
马德拉（Madeira）	马德拉酒（加强酒）

1. 绿酒（Vinho Verde）

潮湿凉爽的葡萄牙北部，靠近大西洋的米尼奥地区，以出产极清淡而且多酸味的绿酒闻名。因为葡萄还没有完全成熟就采收酿酒，所以大多酿成清淡、酸度高，而且略带一点气泡的白葡萄酒，是一种简单易喝的大众酒款。因为葡萄农的耕地大多很小，几乎实行杂耕，葡萄采用高架式种植，留出底下的空间种植其他作物。因为采收早，保留了强劲的酸度，酒精浓度常在10%vol以下，有时还带一点点的甜味。绿酒大多混合许多品种，其中最好的品种为阿尔瓦里诺（Alvarinho）。除了白葡萄酒，绿酒产区也产一些红葡萄酒。

2. 杜罗（Douro）

源自西班牙北部高原的杜罗河，进入葡萄牙后，变得蜿蜒曲折，中游的河谷正是波特酒的产地。该产区的葡萄园大多位于狭迫的梯田或陡坡上，在过去，出产的葡萄主要用于波特酒的酿造，但是现在一些高品质的葡萄也会用来酿造干红葡萄酒，而且品质优异，地方特色浓郁。该产区气候炎热干燥，葡萄产量较低，果实成熟度高，所酿造的葡萄酒具有浓郁饱满的花青素、单宁，以及较高的酒精度和较强的陈年潜力。

3. 杜奥与贝拉达（Dão & Bairrada）

杜奥是葡萄牙中北部最著名的葡萄酒产区，位于偏内陆的山区，土壤多花岗岩质，种植非常多元的品种，国产多瑞加（必须含20%以上）、阿弗莱格（Alfrocheiro）以及来自西班牙的罗丽红和哈恩（Jaén）是最佳的品种。虽然生产条件佳，但主要生产单宁涩味重、少果味的粗犷红葡萄酒。近年来已经开始出现风格较细致均衡的红葡萄酒。杜奥也产一些白葡萄酒，在众多品种中，以依克加多（Encruzado）最精彩，可生产出清爽多香味的，或橡木桶酿造的圆润风格的白葡萄酒。

贝拉达在杜奥西边，比较靠近大西洋，气候较温和潮湿，以出产红葡萄酒闻名，大多以巴加葡萄酿造，产量占全区的90%，是葡萄牙少见的单一品种的产区。巴加酿成红葡萄酒颜色深，酸味高，而且口感坚实强劲，颇为耐久，虽然好坏差距大，但已经是葡萄牙在大西洋岸边的最佳红葡萄酒产区。

4. 里斯本附近产区（Lisbon）

葡萄牙中部沿海靠近里斯本附近，称为埃斯特雷马杜拉（Extremadura），有不少著名的传统历史产区，各自成立DOC。但因市区发展，产地的面积日渐缩小。西面有以产加烈甜酒出名的卡尔卡维罗（Carcavelos）和以产拉米斯科（Ramisco）葡萄酿成的老式粗犷红葡萄酒闻名的科拉雷斯（Colares），东北面则有以阿瑞图（Arinto）酿造的干白葡萄酒产区布塞拉斯，南面则有蜜思嘉甜白葡萄酒产区加强酒，是经木桶培养、香气浓郁的老式甜白葡萄酒。

5. 阿连特茹（Alentejo）

位于葡萄牙东南部、面积达全国1/3的阿连特茹，气候炎热干燥，地势平坦，除了生产葡萄酒，也盛产橄榄，亦是软木塞的最大产地，产量达全球2/3。这里的葡萄园面积比较广阔，出产的葡萄酒以红葡萄酒居多，除了传统的比利吉达（Periquita）、特林加岱拉（Trincadeira）、阿拉哥斯（Aragonez）（西班牙的丹魄）和阿利坎特布歇（Alicante Bouschet）外，新引进的赤霞珠和西拉等品种也有不错的表现。白葡萄酒方面则以阿瑞图和胡佩里奥（Roupeiro）最为重要。阿连特茹区内有8个DOC产区，但也生产许多新风格的地区餐酒。

6. 阿尔加维（Algarve）

位于葡萄牙最南端的阿尔加维因为炎热多阳的天气，生产酒精强劲的粗犷红葡萄酒及加强白葡萄酒，虽有数个DOC产区，但所产葡萄酒主要供应当地的市场。

7. 马德拉（Madeira）

隶属于葡萄牙的马德拉岛位于离摩洛哥700千米外的大西洋上。虽属炎热潮湿的亚热带气候，但由于大西洋海风的调节与岛上高海拔的地形，相当适合葡萄的生长，过去400多年来，葡萄一直是岛上最重要的作物。岛上崇山峻岭林立，地势险恶，葡萄园大多挤在狭迫的梯田上。岛上出产加强酒，酿成的酒会放进一种叫作温室法（Estufa）的加热酒槽贮存一段时间，以30℃到50℃之间的高温熟成，酿成相当独特的风味。

在地理大发现时代之后，马德拉岛成为葡萄牙前往美洲、非洲和亚洲的海运中转站，岛上生产的葡萄酒经过加烈（防止变质）后，常被整桶放在船底当压舱石。经过漫长旅程，葡萄酒历经高温培养成具有独特氧化气味的葡萄酒，并且在美洲的殖民地大受欢迎。岛上的酒庄后来便模仿船舱的温度将酿好的葡萄酒加热，以培养出类似风格的葡萄酒。

马德拉酒特别的地方，就在于氧化与加热之后产生包括苹果、焦糖、肉桂和核桃等香气，不仅酒香浓重，余香也非常绵长。因为品种与酿造法的差别，马德拉酒的种类也颇多元，从干型到甜型都有，比较普通的马德拉酒通常是以红葡萄品种黑莫乐（Tinta Negra Mole）为主酿造，在45℃高温下于酒槽中快速成熟3个月以上，熟成后上市，会标示熟成时间3，5，10，15年等，而且没有年份。另外也会标示甜度seco（不甜）、Meio Seco（半干）、Meio Doce（半甜）或Doce（甜）。

标示年份的马德拉酒属最高质量的马德拉，培养的温度比较低，时间也比较长，有时会在橡木桶或大型玻璃瓶中进行熟成，香味比一般马德拉酒丰富细腻，口感也比较均衡和谐，通常采用单一品种酿造（至少85%以上），且只用质量最佳的四大传统品种，分别酿成不同风格的顶级马德拉；用玛尔维萨（Malvasia，又称马姆齐Malmsey）酿成的是口味最甜的一种，非常甜润多香；波尔（Boal）也多酿成甜型，但稍微清爽一点，常带烟熏味；华帝露（Verdelho）是岛上种植最广的白葡萄品种，主要酿成半干和半甜型的马德拉，除一般的酒香外还常有烟熏和蜂蜜香气；舍西亚尔（Sercial）多种植于海拔比较高的地方，多用来生产酸度高、带点涩味的干型顶级马德拉。

马德拉酿造法（Estufagem）：将葡萄酒进行正常的酒精发酵工序，并且加入96%vol的酒精抑制糖分转化成酒精，之后将葡萄酒放入特殊的酒窖加热至45℃~50℃，保持至少3个月，然后在太阳下晒至少2年，使得马德拉酒在开瓶后可以保持长时间不变质。

马德拉酒的种类

精致型（Finest）：至少在橡木桶中培养3年。

珍藏型（Reserve）：培养至少5年。

特别珍藏型（Special Reserve）：培养至少10年。

超长珍藏型（Extra Reserve）：培养至少15年。

索莱拉（Solera）：西班牙培养系统。

年份酒（Vintage）：培养至少20年。

舍西亚尔（Sercial）：使用舍西亚尔品种酿造的马德拉酒，一般是干型。

华帝露（Verdelho）：使用华帝露品种酿制的半干型马德拉酒。

波尔（Boal）：使用波尔葡萄酿造的甜型马德拉酒。

马姆齐（Malmsey）：由马姆齐品种酿造的甜而稠密的马德拉酒。

三、波特酒（Port）

产自葡萄牙北部的波特酒是全球加强酒的典型，"Port"是葡萄牙北部港口城市波尔图（Porto）的英文译名，因为波特酒都是自波特港出口到英国等海外市场，于是这里产的甜红酒便以输出港的英文名为酒名。波特酒的酒商主要聚集在加亚新城（Vila Nova de Gaia），因为葡萄园与酿造的酒庄都位于杜罗河较上游的山区，过去葡萄酒大多靠船运给下游酒商，所以波特酒商大多群集在杜罗河南岸边的码头附近，以方便在这里进行培养、混合和装瓶。

波特酒的起源也跟英国酒商有关。1678年，两位年轻的英国酒商将当地拉美古（Lamego）修道院出产的一种加了白兰地的甜红酒运到伦敦销售，这种奇特的葡萄酒才开始流行起来，并且很快引来其他英国酒商到此设厂生产波特酒。至今，大部分知名的波特酒商都是英国人，其他的酒商也大多来自荷兰或法国。

（一）地势险恶的座乡河谷

出产波特酒的杜罗河谷因地理条件不同，分为三个区：①下科尔戈区（Baixo Corgo）位于最西边，离海较近，地势较低，气候比较潮湿，温和凉爽，出产的酒较清淡柔和，通常用来制造一般等级的红宝石（Ruby）和茶色（Tawny）等。②杜罗河上游是上科尔戈（Cima Corgo），是波特酒的精华区，地势起伏更大，气候更加严酷干燥，葡萄园大部分都位于如悬崖般的板岩或花岗岩山坡上，60%的斜坡必须开凿成狭迫的梯田才能种植葡萄。年份波特或陈年茶色波特酒和晚装瓶年份波特酒（Late

Bottled Vinttage）等浓厚型的波特酒，大部分都是产自这一产区。位于更上游的上杜罗（Douro Superior）地势更险，气候极端严苛，耕种也更为困难，但可以生产风味更强劲的波特酒。波特在1756年开始针对葡萄园的条件划分产区范围，现在波特产区的3万多公顷葡萄园都依据坡度、土质、葡萄树的年龄、密度与产量等非常详尽的数据，划分出A到F等6个等级，A级的等级最高，葡萄的价格也比较高。

（二）波特酒的葡萄品种

波特酒产区所在的杜罗区有超过80种的葡萄品种，其中只有48种允许用来酿造波特酒，几乎所有的波特酒都是混合多种品种酿成，超过七八十年的葡萄园经常混合种植十多种不同的品种，通常一起采收与酿造。波特酒的品种分为6个等级，最佳等级的品种有9个，其中最著名的是国产多瑞加（Touriga Nacional），不过种植的面积不大。另外甜熟丰满的巴罗卡红（Tinta Barroca）、优雅多酸的弗兰克多瑞加（Touriga Franca）、多单宁的罗丽红、质量稳定的卡奥红（Tinta Cão）和均衡的红阿玛瑞拉（Tinta Amarella）等品种也都相当优秀。

（三）波特酒的制造方法

波特酒属于酒精强化葡萄酒，当葡萄的糖分尚未完全发酵成酒精之前，添加以葡萄酒蒸馏成的白兰地结束发酵，让酒中保留未发酵的糖分。酿造法和其他加强酒相似，只是波特酒的酒精浓度更高，通常都在20%vol左右。波特的传统制法是当葡萄采收之后，将其放入以花岗岩砌成的被称为拉加里什（Lagares）的方形低矮酿酒槽中，由几人一组并肩站成排，在槽中连续数小时用脚将葡萄汁踩踏出来。这种方法虽然费时费工，但却能用最轻柔且有效率的方式让葡萄皮和葡萄酒做最多的接触，让发酵浸皮时间非常短的波特酒（通常仅有三天）拥有非常深的颜色和强劲的单宁，所以至今还有不少酒厂沿袭传统采用这样的酿造方法，特别是在酿造顶级的年份波特酒时最为常用。除了传统酿法，也有使用机器进行自动踩皮的方法，而较便宜的波特酒通常只在不锈钢槽中以淋汁的方式酿造。酿造通常在杜罗河的山区进行，酿造完成之后，大部分的波特酒会在来年的春天被运到下游进行培养。

（四）不同种类的波特酒

因为制造和培养的方法不同，波特酒又分为许多不同的类型，口味和风格都不相同，一家波特酒商通常会生产多种不同类型的波特酒，最传统的波特酒类型可分成以下五大类。

波特酒主要类型及特点见表5-2。

表5-2　波特酒主要类型及特点

酒的名称	特点
宝石红波特Ruby	酒色殷红如宝石，以黑色水果香味为主，口感柔和顺口
陈年茶色波特Tawny	颜色较淡，且呈淡棕红色
年份波特Vintage	颜色浓黑，甜美丰厚，有非常浓郁的香气
晚装瓶年份波特L.B.V.	成熟的速度较快
白波特 White Port	口感微甜，酒精度低

1. 宝石红波特（Ruby）

这是所有波特酒中最年轻的一种，酒色殷红如宝石，所以称为Ruby，熟成的时间较短，大多在4年内，储存在大型的木槽中，保有较多的果味，酒香以黑色水果香味为主，带一些肉桂等香料香气，口感柔和顺口，较简单，通常混合不同年份的酒调配而成。有些酒商会将质量较佳的两三个年份的葡萄酒混合在一起酿成“酒垢”波特酒（Crusted Port），这是一种浓度高、常有沉淀、类似年份波特的顶级宝石红波特。

2. 陈年茶色波特（Tawny）

陈年茶色波特在培养时采用被称为Pipe、仅500多升的木桶，因氧化程度高，颜色较淡，呈淡棕红色，所以被称为Tawny。一般都是混合不同年份的酒调配而成。普通等级的陈年茶色波特多经8年的木桶培养，不过也有非常低价的陈年茶色波特是用产自上科尔戈（Cima Corgo）颜色淡的红波特混合白波特调成的，经过4年就会变成红棕色。经过10年以上陈年的陈年茶色波特会有较高的品质，香气的变化也更丰富，有着许多干果的香气，口感更加柔和精致，颜色也更淡，接近淡棕色，甚至如琥珀色，越陈年越会有绿色反光。一般酒商会以10年为单位，推出10年、20年、30年，甚至40年的陈年茶色波特。通常20年的陈年茶色波特保有最好的均衡感，30年以上常会变得较为浓重。有些酒商也会推出产量极少的单一年份，大多是培养数十年的上好年份的陈年茶色波特。

3. 年份波特（Vintage）

波特酒商在条件特别好的年份会酿造年份波特，通常每十年才会有两三个年份生产这种味道最浓也最珍贵的波特酒。通常挑选产自最佳葡萄园的优质葡萄酿造，只经过不到2年的大型木桶培养后就直接装瓶。年轻的时候酒的颜色浓黑，甜美丰厚，也有非常多的单宁支撑，并且有非常浓郁的香气，堪称全球最浓的葡萄酒。年份波特非常耐久，可经得起数10年以上的贮存，最佳的成熟适饮期也需要10年以上，特优的年份甚至需要更久。成熟之后的年份波特有如带着温润甜味的顶级陈年干红葡萄酒，有非常丰富多变的香气，以及更均衡多变的口感。由于装瓶前经常不经过滤程序，酒的口感非常厚实，但沉淀也多，特别是老年份的年份波特，饮用前需换瓶。通常一家酒商会选用多家酒庄的最优葡萄酒混成年份波特，但有时也会选一家酒庄独立装瓶，称为单一酒庄年份波特（Single Quinta Vintage Port）。

4. 晚装瓶年份波特（L.B.V.）

L.B.V. 是Late Bottled Vintage的缩写，和年份波特一样，L.B.V. 也是采用同一年份的葡萄制成，不过只是在较好的年份生产，不一定是绝佳的年份，通常成熟的速度也比较快。比年份波特装瓶的时间晚，会经过4~6年的木桶培养才装瓶。虽然不及年份波特来得浓郁，但却能较快达到成熟期，无需等待太久就可以品尝，而且价格便宜非常多。

5. 白波特（White Port）

白波特酒不及红波特酒出名，产量很少，酿法和红波特酒类似，只是浸皮的时间缩短或取消而已。通常也经过橡木桶熟成，除了一般甜味的白波特酒，标示干型白波特（Dry White Port）的白波特酒大多含有一点甜味，酒精度也稍低一点。

【本章参考文献】

[1] 程琼森. 挑战你的味蕾——葡萄牙葡萄酒［J］. 酒世界，2014（3）60–62.

[2] 莫劳. 葡萄牙葡萄酒——世界三大佳酿之一［J］. 中国食品，2008（18）32–33.

【思考练习题】

一、选择题

1. 葡萄牙的法定产区简写是下列中哪一个？（　　）

A. AOC　　B. DOCG　　C. DOC　　D. DO

2. 葡萄牙最重要的白色葡萄品种是下列中哪一个？（　　）

A. 阿瑞图　　B. 阿里高特　　C. 阿尔瓦里诺　　D. 阿依伦

3. 葡萄牙总共有几大葡萄酒产区？（　　）

A. 十　　B. 十一　　C. 十二　　D. 十三

4. 下列产区中，哪一个是葡萄酒加强酒的知名产区？（　　）

A. 绿酒产区　　B. 杜罗产区　　C. 波特产区　　D. 阿连特茹产区

二、问答题

1. 葡萄牙葡萄品种主要有哪些?

2. 葡萄牙葡萄酒是如何分级的?

3. 简述葡萄牙葡萄酒三大产区。

4. 阿连特茹大产区中，知名白葡萄酒有哪些?

5. 杜罗河产区中，主要的代表风格葡萄酒是什么?

三、论述题

1. 试述葡萄牙西南部重要产区——马德拉产区（Madeira）的主要葡萄品种及酿酒风格特色。

2. 试述葡萄牙南部重要产区——塞图巴尔半岛（Peninsula de Setúbal）的主要葡萄品种及酿酒风格特色。

【经验性训练】

通过对不同葡萄牙葡萄酒的比较认识以及感官体验，使学生能够区分常见的葡萄牙葡萄酒。

【实践考核项目】

酒水的认识与识别

（一）本项目考核的目的

认识酒标，了解葡萄牙葡萄酒分类及特点；能识别各类葡萄牙葡萄酒的特点、产地及代表性品牌；掌握主要葡萄牙葡萄酒区分方法。

（二）所需理论和设备器材知识

掌握葡萄牙葡萄酒的分类方法、酒水的特点、品牌、产地等知识。

（三）所需仪器设备和消耗性器材

准备主要常见葡萄牙葡萄酒。

（四）实训考核内容和要求

1. 能按照行业规范熟练进行酒水鉴别，并掌握葡萄牙葡萄酒的特点、产地及品牌。

2. 能较熟练地对各类葡萄牙葡萄酒进行区分。

第六章　匈牙利、希腊、格鲁吉亚、罗马尼亚、奥地利

【本章概要】

本章主要讲述了匈牙利、希腊、格鲁吉亚、罗马尼亚、奥地利5个国家葡萄酒的历史发展和主要产区的葡萄种植情况，并就当地葡萄品种、酿造工艺及所产葡萄酒的风格特点进行了描述。

【学习目标】

1. 了解匈牙利、希腊、格鲁吉亚、罗马尼亚和奥地利葡萄酒国家概况。
2. 掌握托卡伊葡萄酒的定义及分类。
3. 了解匈牙利、希腊、格鲁吉亚、罗马尼亚和奥地利葡萄酒的主要葡萄品种及产区。
4. 了解希腊独特的松香酒与萨摩斯等酒品。

【关键术语】

匈牙利　希腊　格鲁吉亚　罗马尼亚　奥地利　葡萄酒　葡萄品种　法规　产区

【讲师语录】

拥有“上帝之血”的国度

格鲁吉亚红葡萄酒号称“上帝之血”。之所以这样说，是因为不论是种植葡萄、酿造葡萄酒这里都是起源地之一。同格鲁吉亚一样，匈牙利、希腊和罗马尼亚都是拥有

种植、酿造葡萄酒悠久历史的国家。跟今天主流的葡萄酒产酒国比，这些国家的葡萄酒名气略显不足，但这四个国家各具特色的葡萄酒，都源自古老的传统酿酒方法和充满个性的本地葡萄品种，是对当地风土的精髓展现，可以给消费者呈现很多非主流且风味迥异的葡萄酒，让消费者可以体验到真正的物超所值。

——法国CAFA葡萄酒&烈酒学院　高级讲师　贾真

第一节　匈牙利葡萄酒概述

一、匈牙利葡萄酒历史与现状

公元5世纪，罗马人将葡萄树及葡萄种植技术带到了匈牙利。公元896年，马扎尔人入侵匈牙利，随后从法国、意大利等国引进了新的葡萄品种，开启了匈牙利葡萄酒产业的序幕。

贝拉四世统治时期（阿尔帕德王朝国王，1235—1270年），非常重视葡萄酒产业，积极邀请葡萄种植和葡萄酒酿造方面的人才来到匈牙利，并赠予土地。不久后，匈牙利葡萄酒慢慢开始出口到欧洲其他地区。公元19世纪末的奥匈帝国时期，匈牙利葡萄酒产业达到顶峰。

第二次世界大战后，匈牙利加入以苏联为首的华约集团，开始了大规模的工业化生产。

近现代的匈牙利葡萄酒产业复兴于1989年，土地国有化被取消，以家庭为单位的小规模手工生产方式回归主流。不久，匈牙利的精品葡萄酒再次出现在国际市场，并在国际比赛屡获殊荣。到今天，葡萄园面积约9.5万公顷，年葡萄酒产量约3亿升。

二、气候与地理条件

匈牙利是一个中欧的内陆国家，位于多瑙河冲积平原、喀尔巴阡山（Carpathian Mountains）盆地，与奥地利、斯洛伐克、乌克兰、罗马尼亚、塞尔维亚、克罗地亚和斯洛文尼亚接壤，边境线长2246千米，国土面积为93030平方千米。为典型的温带大陆性气候，夏季酷热、冬季严寒。西部大湖巴拉通湖（Balaton）为欧洲最大湖泊，是该国重要的葡萄酒产区之一。巴拉通湖使周边的气候变得温和，延长了葡萄的生长周期。东部的喀尔巴阡山保护当地的葡萄园免遭冷风的侵袭，秋季较多的阴霾有利于“贵腐菌（Botrytis Cinerea，又称为Noble Rot）”的形成，从而酿造出举世闻名的“托卡伊甜酒”。

三、匈牙利葡萄酒分级制度（见图6-1）

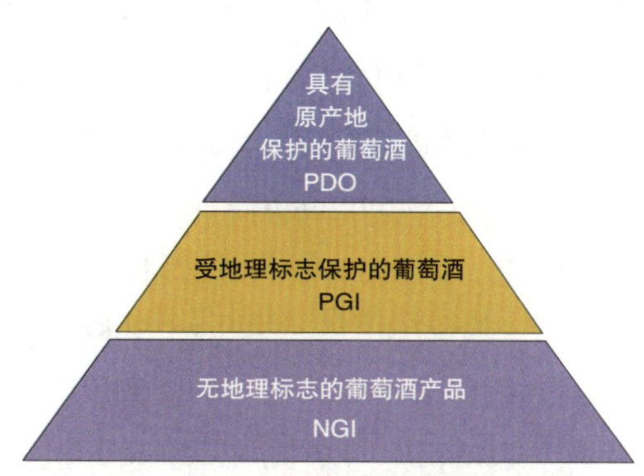

图6-1　匈牙利产区分级

（1）具有原产地保护的葡萄酒（匈牙利的PDO），等同于法国AOP。

（2）受地理标志保护的葡萄酒（匈牙利的PGI），等同于法国IGP。

（3）无地理标志的葡萄酒产品（匈牙利的NGI），等同于法国VSIG。

四、主要葡萄品种（见表6-1，表6-2）

表6-1　匈牙利主要白葡萄品种

中文名称	原文名称
富尔民特	Furmint
哈斯莱威路	Hárslevelü
麝香葡萄	Muscat
威尔士雷司令	Olaszrizling
伊尔塞奥利维	Irsay Olivér
蓝茎	Kéknyelű

表6-2　匈牙利主要红葡萄品种

中文名称	原文名称
卡达卡	Kadarka
卡法兰克斯	Kekfrankos
葡萄牙美人	Portugieser
基科波图	Kékoportó
品丽珠	Cabernet Franc

五、匈牙利葡萄酒产区概述

匈牙利分布着22个葡萄酒产区，包括索普隆产区（Sopron）、纳吉·索姆洛产区（Nagy–Somló）、佐洛产区（Zala）、巴拉顿高地产区（Balaton–Felvidék）、巴达科松尼产区（Badacsony）、巴拉通菲赖德产区（Balatonfüred–Csopak）、巴拉通博格拉尔产区（Balatonboglár）、蓬农豪尔毛产区（Pannonhalma）、莫尔产区（Mór）、埃杰克布达产区（Etyek–Buda）、奈斯梅伊产区（Neszmély）、托尔瑙产区（Tolna）、塞克萨德产区（Szekszárd）、佩奇产区（Pécs）、维拉尼产区（Villány–Siklós）、哈幺巴亚产区（Hajós–Baja）、琼格拉德产区（Csongrád）、马特拉产区（Matraalja）、埃格尔产区（Eger）、布克产区（Bükk）、托卡伊产区（Tokaji）、坤萨克（kunsag）。

在这22个葡萄酒产区中，比较著名的有埃格尔、托卡伊、维拉尼与塞克萨德。

（一）埃格尔（Eger）

位于匈牙利东北部，高海拔，气候凉爽。流纹岩及凝灰岩扮演着重要角色，大约90%的酒窖中都藏有这类岩石。在19世纪和20世纪，公牛血成为埃格尔地区著名的葡萄酒，并且在世界上赢得了广泛的美誉。除了红葡萄酒，此产区还有制作严谨、风味优雅的白葡萄酒。这里是著名的“公牛血”葡萄酒的故乡。

公牛血（Egri Bikavér）在匈牙利仅有2个产区：埃格尔与塞克萨德。对产量、葡萄生长和酿造都有严格的法律规定：至少要使用3种红葡萄品种（必须在13个法定品种之内）的混酿，并在橡木桶中陈酿不少于6个月，在瓶中陈酿不少于6个月后才允许上市。

（二）维拉尼（Villány–Siklós）

维拉尼在匈牙利的葡萄酒产地中名列第三，以红葡萄酒为主。1987年维拉尼镇更是被授予“葡萄酒之乡”的称号。维拉尼出产的红葡萄酒呈深宝石红色，散发着馥郁的香气，酒体丰满、单宁丰富、酒精度高，最为著名的是品丽珠和赤霞珠酿造的红葡萄酒。

（三）塞克萨德（Szekszárd）

塞克萨德在匈牙利的西南侧，为托尔瑙州首府，位于欧里阿什山东北麓山丘上，近希欧河畔，东北距布达佩斯128千米。该葡萄酒产区以红葡萄酒而闻名，出产著名的“公牛血”。塞克萨德也出产一些白葡萄酒，多数是用威尔士雷司令（Welschriesling，当地叫作“Olaszrizling”）和霞多丽酿制的。

（四）托卡伊（Tokaji）

在世界上享有盛誉的托卡伊可称为匈牙利产区最耀眼的明珠。6000公顷葡萄种植区域，良好的自然生态条件，使这里自16世纪中叶起就成为出产世界上最卓越的甜白葡萄酒“托卡伊阿苏”的产区。历史上该地曾拥有很多专供王室或极品珍藏的葡萄酒酒厂，托卡伊也因此而成为匈牙利葡萄酒贸易的中心。

并不是所有品种的葡萄都适合酿造贵腐甜葡萄酒，法律规定的葡萄品种只有6种，分别是富尔民特（Furmint）、哈斯莱威路（Hárslevelü）、黄麝香葡萄（Sárgamuskotály）、吉塔（Zéta）、库维斯卡（Kövérszőlő）和卡巴（Kabar），其中最重要的是富尔民特。

托卡伊葡萄酒的分类：

1.托卡伊干白（Tokaji White）

托卡伊以生产贵腐甜酒而闻名全世界，但事实上酒庄也生产很多高品质的高级干白葡萄酒。托卡伊干白葡萄酒的葡萄没有经过贵腐菌的侵染，有多种风格：有些是果香新鲜，没有经过橡木桶陈酿，适合新鲜时消费的干白葡萄酒；有些是酒体集中，有陈酿潜力的干白葡萄酒；还有一些是经过新橡木桶陈酿的顶级白葡萄酒。

2.晚收葡萄酒（Late Harvest）

有些酒商也开始生产新鲜型的甜白葡萄酒，这些葡萄酒不属阿苏葡萄酒的分类。它们既有单一品种也有混酿，颜色一般从浅绿色到淡金色，具有新鲜果香并带有蜂蜜味，花香明显，口感更集中，拥有精致的酸、糖、酒精平衡度。

3.托卡伊绍莫罗得尼（Tokaji Szamorodni）

托卡伊绍莫罗得尼采用部分被贵腐霉侵染的葡萄串酿造。根据贵腐菌侵染程度的不同，有可能被酿造成干型的，也有可能被酿造成甜型的。干型葡萄酒中会带有一些贵腐的风味。绍莫罗得尼葡萄酒必须在酒庄中存放2年以上的时间才能出售，其中必须至少有1年是在橡木桶中熟成。很多酒庄会选择存放更长的时间才出售。干型葡萄酒在橡木桶陈酿过程中往往不装满，留有一定的空间让酒的表面生长开花酵母，得到的葡萄酒具有西班牙菲诺（Fino）雪莉的风味。甜型葡萄酒不会生长开花酵母，但往往具有比较明显的氧化风味。现在有少数酒庄开始生产没有氧化味道或只有轻微氧化味道的甜型绍莫罗得尼葡萄酒。

4.托卡伊阿苏（Tokaji Aszú）

托卡伊常用“Puttonyos”来描述葡萄酒的甜度。“Puttonyos”可以翻译为“筐”或“篓”，一筐或一篓（One Puttony）能装25千克葡萄，其葡萄酒换算成具体的糖度如下：

（1）3篓（Puttonyos）60g/L~90g/L。

（2）4篓（Puttonyos）90g/L~120g/L。

（3）5篓（Puttonyos）120g/L~150g/L。

（4）6篓（Puttonyos）150g/L~180g/L。

从2013年收获季开始，匈牙利已经取消了“3篓”与“4篓”的等级，要求所有托卡伊贵腐酒中的残糖量不少于120克/升。

5.佛迪塔斯（Fordítás）

佛迪塔斯是用酿制阿苏浸泡压榨后剩下的果渣做成的甜酒，含糖量不低于45克/升。由于经过2次压榨，酒液单宁含量会更多。

6.玛斯拉斯（Máslás）

玛斯拉斯相当于简化版的阿苏。将葡萄汁或刚发酵完的葡萄酒倒进阿苏发酵完留下的酒泥中酿出来的甜酒，含糖量不低于45克/升。

7.托卡伊精华（Tokaji Eszencia）

托卡伊精华是一种极少出现的极品贵腐葡萄酒，也很少出售。托卡伊精华是用完全被贵腐菌侵染的阿苏葡萄的自流汁液酿造的葡萄酒，由于糖度非常高，酵母菌极难发酵，往往需要好几年的时间才能完成发酵过程，而且，即使发酵结束，其酒精度也很难超过5%vol。法定托卡伊精华葡萄酒的最低含糖量不得低于450克/升。另外，葡萄酒中也含有极高的酸度，能与高糖平衡，其香气和风味极其复杂和集中，可以保持自身新鲜的酒体长达一个世纪甚至更长的时间。

匈牙利地方美食，

鱼汤（Halászlé），由多种鱼类及鱼骨熬成汤头、加上红椒粉及青椒熬煮成鲜美的鱼汤。到了塞克萨德不能错过鱼汤。

黄金鸡汤（Újházy Tyukhusleves），用多种匈牙利蔬菜（红白萝卜、洋葱、花椰菜等）及鸡肉炖煮的清澈金黄鸡汤，配上细细的“天使发面”，是一道爽口佳肴。

炖肉（Porkolt），小羊肉、小牛肉、鸡肉、鱼、猪肉、鸭肉、牛肉、兔肉、鹿肉、野猪或虾等配上洋葱和红椒粉都可以做出好吃的炖肉，是匈牙利最普通的菜，在餐厅中价格较为便宜。

第二节　希腊葡萄酒概述

一、希腊葡萄酒历史与现状

由于地理位置优越，古希腊成为人类历史上多种文化的融合中心，这也极大地促进了希腊社会文明发展的进程，为人类文明作出了卓越贡献，也因此被视为西方文明的发祥地。作为悠久而又辉煌的希腊文明的一部分，希腊人生产酿造葡萄酒历史久远。

讲到葡萄酒的起源，目前被普遍接受的观点是：公元前6000年，在高加索地区人们开始种植与酿造葡萄酒，后传到美索不达米亚、腓尼基、埃及、希腊。最为重要的是，通过希腊，向西继续传播，促成了今天欧洲的众多葡萄酒产区，可以说，希腊连接了葡萄酒发展的历史与现代。

历史上，希腊的葡萄酒生产以家庭或社区为单位进行。随着希腊加入欧盟，欧洲资本大量涌入，希腊葡萄酒产业加快了迈向现代化的步伐。如今，希腊种植着300多种当地的葡萄品种和许多国际葡萄品种，葡萄园面积约9.5万公顷，产量4.5亿升。多样的品种酿制出风格多样的葡萄酒，无论是结构鲜明的红葡萄酒，还是芳香四溢、细腻优雅的白葡萄酒，抑或充满独特的异域风格的甜酒，都代表着希腊悠久的历史和丰富多彩的葡萄酒文化。

二、气候与地理条件

希腊地处南欧，三面被地中海包围，内陆多山，3/4均为山地，沿海有低地平原，海岸线上多曲折港湾。也有很多半岛和岛屿，最大的半岛是伯罗奔尼撒半岛，最大的岛屿是克里特岛。国内有2条主要的河流，分别是阿谢洛奥斯河和阿利阿克蒙河。希腊南部地区及各岛屿属于地中海气候，全年气温变化不大，冬季较长，阳光强烈。北部和内陆属于大陆性气候，冬季严寒，夏季炎热。土壤类型多样，冲积土、黏土、石灰岩、砂土、页岩、淤泥土、火山岩、泥灰岩等都能在希腊的产区里找到。

三、希腊葡萄酒分级制度

（一）原产地命名保护（PDO）

1.OPAP

全称Oeni Onomasias Proelefseos Anoteras Poiotitas，是指优质原产地命名保护。在希腊总共有25个OPAP，大多数都为干型葡萄酒，也适用于一些甜型和起泡葡萄酒。

2.OPE

全称Oeni Onomasias Proelefseos Elenhomeni，是指原产地命名保护。其中包括8个采用麝香葡萄（Muscat）和黑月桂（Mavrodaphne）酿制甜型葡萄酒的地区。

（二）地理标志保护（PGI）

1.TO

全称Topikos Oinós，是指地区餐酒。大多数葡萄酒的原料都不是希腊的本土葡萄品种，这类葡萄酒具有重要的商业意义。

2.OKP

全称Onomasía Katá Parádosi，是指传统地区。适用于松香酒（Retsina）（一种松香味希腊葡萄酒），可以在任何地区生产。不过，通常这种葡萄酒都产自阿提卡（Attica）地区，所用的葡萄品种为萨瓦提诺（Savatiano）和荣迪思（Rhoditis），此酒的独特之处在于会将松树脂添加到年轻的葡萄酒中。

在上述两个级别的酒中，可以标注“Reserve”“Grand Reserve”。白葡萄酒和红葡萄酒必须满足以下条件：

1.白葡萄酒

（1）珍藏（Reserve）：不少于2年陈酿，其中不少于6个月的桶内和6个月的瓶内陈酿。

（2）特级珍藏（Grand Reserve）：不少于3年陈酿，其中不少于1年的桶内和1年的瓶内陈酿。

2.红葡萄酒

（1）珍藏（Reserve）：不少于3年陈酿，其中不少于6个月的桶内和6个月的瓶内陈酿。

（2）特级珍藏（Grand Reserve）：不少于4年陈酿，其中不少于2年的桶内和2年的瓶内陈酿。

四、主要葡萄品种

1.主要的白葡萄品种

（1）阿斯提可（Assyrtiko）

原产自圣托里尼岛（Santorini），那里的火山灰土质非常适合其生长。阿斯提可是在希腊种植越来越广泛的顶级白葡萄品种，也是希腊最受欢迎的葡萄酒之一。由于该品种能在较炎热的气候条件下保持较高的酸度，因此，在该岛以外的地方也有种植，尤其是在哈尔基迪基（Halkidiki）周围的东北部内陆地区——希腊北部的马其顿（Macédonia）地区和雅典附近的阿提卡地区。与圣托里尼不同的是，这两个地区出产的阿斯提可更具有水果风味，口感也更为柔和。

阿斯提可白葡萄酒风味集中，清新爽口，带有矿物风味和海盐的余味，与玛拉格西亚（Malagousia）、长相思及赛美蓉搭配也有较出色的表现。阿斯提可酿制的葡萄酒具有较好的陈年潜力。阿斯提可风格多样，也可以用来酿制从拜占庭时期就开始存在的希腊顶级甜酒——圣酒（Vin Santo）。

（2）玛拉格西亚（Malagousia）

一种优雅的白葡萄品种，该品种在希腊展现了相当的潜力，受到消费者的关注。

玛拉格西亚可能与玛尔维萨（Malvasia）葡萄有关。与玛尔维萨一样，它酿制的葡萄酒也具有丰满的酒体和浓郁的香气。

（3）阿斯瑞（Athiri）

阿斯瑞是希腊种植面积比较广泛的一种白葡萄品种，多用于混酿，尤其是和更优质的阿斯提可混酿，酿制出的葡萄酒带有柠檬味。

（4）玫瑰妃（Moschofilero）

玫瑰妃是一种独特的酿酒葡萄，它的果皮呈粉紫色，但酿制出的葡萄酒却是白葡萄酒。玫瑰妃葡萄酒酒香馥郁芬芳，带有玫瑰和紫罗兰的香气，水果风味浓郁，清脆爽口，酸度平衡，酒精度偏低。

玫瑰妃葡萄酒主要产于伯罗奔尼撒（Peloponnese）地区，在希腊其他地区，也广泛种植，酿制出的葡萄酒风格更为浓郁、甜度更高。除了用于酿制静止葡萄酒，玫瑰妃也可以用于酿制桃红起泡酒和甜酒，单独饮用或是搭配海鲜、中东菜和亚洲菜都是不错的选择。

（5）其他白葡萄品种

其他白葡萄品种还有德比娜（Debina）、罗柏拉（Robola）、萨瓦提诺（Savatiano）、麝香葡萄（Muscat）。

2. 主要的红葡萄品种

（1）阿吉提可（Aghiorghitiko）

阿吉提可是希腊最优质的红葡萄品种之一，这种葡萄主要种植在伯罗奔尼撒半岛的尼米亚（Nemea）地区。用它酿成的葡萄酒，具有突出的深红色和非常复杂的芳香。阿吉提可单宁柔顺，与平衡的酸度相结合，可以酿造出许多种不同风格的葡萄酒，从新鲜芳香型到具有非凡陈年能力的葡萄酒。此外，还可以酿出令人愉快的芳香型桃红葡萄酒。

（2）黑喜诺（Xinomavro）

黑喜诺也称西诺玛诺，是一种原产于希腊的红葡萄品种。西诺玛诺的字意为酸度高与颜色深，可以判断这个品种单宁不低。黑喜诺是希腊最优质的葡萄品种之一，黑喜诺葡萄酒具有非常好的陈年潜力，代表希腊葡萄酒在国际舞台上大放异彩。尽管希腊各地都种有黑喜诺，但其本身不易种植。

最经典的4个黑喜诺产区分别是：纳乌萨（Naoussa）、阿敏顿（AmynDeon）、莎莉红（Rapsani）和古门尼萨（Goumenissa），是纳乌萨和古门尼萨这两个地区葡萄酒的主力。

黑喜诺的与众不同使得希腊的酿酒师们为它发明了独特的酿酒方法。尽管与传统方法背道而驰，但这种为黑喜诺量身定制的酿酒方法取得了巨大的成功，得到了广泛的认可。酿制出的葡萄酒单宁强劲，带有橄榄、果脯和辛辣味。黑喜诺葡萄酒也具有不同风格，或酒体轻盈、酸度偏高，或风味浓郁、带有橡木气息。同时，黑喜诺还与国际葡萄品种如西拉、美乐和赤霞珠混酿。顶级的黑喜诺葡萄酒具有非常好的陈年潜力，即使陈放30余年，果香仍丝毫不减。

（3）其他红葡萄品种

在希腊还有曼迪拉里亚（Mandilaria）、黑月桂（Mavrodaphne）、里亚提克（Liatiko）红葡萄品种。

五、希腊主要葡萄酒产区概述

（一）马其顿（Macédoine）

马其顿是希腊北部的一片广阔的地域。马其顿产区所酿造的葡萄酒，尤其是红葡萄酒，具有类似于法国葡萄酒的优雅风格。最知名的子产区是纳乌萨（Naoussa）、古门尼萨（Goumenissa）和阿敏顿（Amyndeon）。

（二）纳乌萨（Naoussa）

纳乌萨位于希腊北部，气候非常凉爽，很多葡萄园种植在高地上，主要生产红葡萄酒。主要用当地的品种黑喜诺酿造单宁强劲、高酸、风味复杂的葡萄酒，让人想起意大利的巴罗洛。黑喜诺也可以和国际知名品种混合酿成当地的地区餐酒。

（三）色雷斯（Thrace）

色雷斯是希腊东北部葡萄酒产区，北部与土耳其和保加利亚接壤，南部与爱琴海接壤。虽然该地区仅占希腊全国葡萄酒产量的很小一部分，但在该国的葡萄栽培历史中却占据着重要地位，这里的葡萄酒已经生产了数千年。

（四）伊庇鲁斯（Epirus）

伊庇鲁斯位于希腊北部，齐特萨（Zitsa）气泡酒是这个地区最具盛名的酒，迈措沃（Metsovo）地区酿造的赤霞珠红葡萄酒质量也很出色。

（五）伯罗奔尼撒（Peloponnese）

帕特雷产区是伯罗奔尼撒最优质的产区，以使用麝香葡萄和黑月桂酿造的甜酒闻名。

（六）尼米亚（Nemea）

尼米亚位于伯罗奔尼撒半岛（Peloponnese Peninsula），这里的葡萄酒产量占希腊葡萄酒产量的1/3左右，葡萄园里不受根瘤蚜虫病困扰。尼米亚属于地中海气候，冬季温暖短暂，夏季炎热，好的葡萄园都位于海拔较高的北坡坡地，只有这些地方才有适合葡萄生长的相对凉爽的气候。降水集中在春秋两季，冬季很少，夏季干燥。即使在海拔高一点的葡萄园，葡萄酒依然很柔顺，酸度低，果香浓郁。尼米亚的红葡萄酒采用阿吉提可（Aghiorghitiko）葡萄酿制。

（七）圣托里尼（Santorini）

圣托里尼最出名的是用阿斯提可（Assyrtiko）葡萄酿造的干白葡萄酒，这个品种可以在完全成熟时还能保持很高的酸度，酿成的酒有点像维欧尼，当地的火山灰质土让葡萄酒带有矿物气息。

（八）希腊中部（Sterea Ellada）与埃维亚岛（Evia）

希腊中部与埃维亚岛以出产萨瓦提诺品种酿造的白葡萄酒闻名。

（九）爱琴海岛产区（Aegean Islands）

萨摩斯岛和里姆诺斯岛是生产麝香葡萄酒最多的地区。

（十）色萨利（Thessalia）

色萨利生产大量的白葡萄日常餐酒，著名的红葡萄酒产区是奥林匹克山和拉普萨尼。

（十一）克里特（Crete）

口感强劲的红葡萄酒由罗梅科（Romeiko）、里亚提克（Liatiko）和卡茨法里（Kotsifali）酿造。

六、希腊独特的松香酒与萨摩斯

（一）松香酒（Retsina）

希腊传统的松香酒有超过2000年历史，选用萨瓦提诺（Savatiano）葡萄酿制，带有独特的松脂香味，是希腊葡萄酒的始祖。古时希腊人将酿制好的葡萄酒存放在尖底的陶制酒器内并以松脂将顶部密封，以防空气进入。希腊人误以为松脂有保存葡萄酒的作用，所以刻意在酿制发酵过程中放入松脂，令酒液也留有松脂香味。后来葡萄酒改在木桶内贮存，但因希腊人习惯了松脂的香味，所以松香酒仍流传至今。

（二）萨摩斯（Samos）

萨摩斯是希腊仅次于松香酒的知名葡萄酒，使用小粒白麝香酿造。来自萨摩斯岛，酒精度高，具有浓郁的麝香葡萄的香气，是一种不可多得的强化葡萄酒。

（1）萨摩斯甜酒（Samos Vin Doux）：利口酒，由葡萄汁加烈酒调配而成。

（2）萨摩斯特甜酒（Samos Grand Cru）：自然甜酒，属于加强酒类型。

（3）萨摩斯琼浆甜酒（Samos Nectar）：以曝晒过的葡萄干作为酿酒的原料，酿成的葡萄酒的酒精度可达到15%vol，需在木桶内进行长时间的陈酿。

（4）萨摩斯安菲米斯甜酒（Samos Anthemis）：选用成熟麝香葡萄酿制，在避光的橡木桶中陈酿超过5年。

第三节　格鲁吉亚葡萄酒概述

一、格鲁吉亚葡萄酒历史与现状

公认最早的葡萄酒被确认来自格鲁吉亚地区，这里保有最古老的酒窖并具有持续了数个世纪的酿酒传统。

格鲁吉亚被称为葡萄酒的故乡和发源地，是世界上最古老的葡萄酒生产国，拥有适宜葡萄生长的得天独厚的地理条件，气候适宜、土壤肥沃。考古专家在格鲁吉亚境内考古发现了距今7000年的人类历史最早的葡萄酒遗迹，作为古代丝绸之路的重要枢纽，格鲁吉亚将葡萄和葡萄美酒传到了欧洲、亚洲和中东地区，英文、法文、德文、俄文中“葡萄酒”一词均来自格鲁吉亚语。

1965年，经对格鲁吉亚出土的10粒葡萄籽考古研究发现：这是距今8000—7000年前人工栽培的欧亚种葡萄（Vitis vinifera L），是人类历史上最古老的品种。由此证明格鲁吉亚是世界葡萄酒的起源地。现在，在全世界范围内，家家户户都保留着酿葡萄酒传统的便只有格鲁吉亚人了，在这里深厚多彩的葡萄酒文化源远流长。

如今，葡萄酒产业重新成为格鲁吉亚的支柱产业，成为其出口创汇的主要商品之一。据统计，格鲁吉亚2022年向66个国家出口葡萄酒1.03亿升，是世界主要葡萄酒出口国之一。当前，中国已经成为格鲁吉亚葡萄酒最重要的出口市场，并且是增长速度最快的市场。随着中格经贸关系的进一步加深，相信物美价廉的格鲁吉亚葡萄酒会越来越多地出现在中国人的餐桌上。

据史料记载，过去在格鲁吉亚主要是用脚踩来榨葡萄汁，以免压碎葡萄籽，影响葡萄酒口味。将葡萄破碎榨汁后直接存入陶罐3~4个月，充分发酵后，再倒入其他储存罐，按基本技术工艺要求进行后发酵。从榨汁后的碎渣中再次榨出葡萄汁并制成酒。酿酒材料在榨汁后的碎渣中陈醇，对葡萄酒特殊风格的形成起了重要作用。

格鲁吉亚葡萄酒酿造工艺独具特色，虽然也采用欧洲酿酒方式，但仍有很多酒庄沿用着最为传统的“克韦夫利”（Qvevri）酿酒法。这是一种工艺较为复杂的传统酿酒方法——用陶罐生产葡萄酒，再将陶罐埋入土中，只露出罐口，使葡萄酒在14℃~15℃下发酵和保存。每个陶罐容量可达3000-5000升，用土封存的陶罐可储存葡萄酒50年。在现代酿酒技术的冲击下，这种传统酿酒方法已经逐渐被边缘化。

为了保护这项传统工艺，格鲁吉亚政府决定向联合国教科文组织将其申请为非物质文化遗产。

二、气候与地理条件

格鲁吉亚位于外高加索中西部，全境约2/3为山地，占国土面积1/3以上的北部地区是大高加索山脉。气候从亚热带到温带，西部年降水1000~4000毫米，东部年降水300~600毫米。土壤有红土、黄土、黑土等。格鲁吉亚复杂地貌所形成的水土多样性非常适合葡萄种植。

三、主要葡萄品种

（一）主要的白葡萄品种——白羽（Rkatsiteli）

白羽种植十分广泛，在全世界范围内的总种植面积约为12.7万公顷。在整个欧洲东部，该品种都有广泛的种植。

在保加利亚，该品种也是种植面积最广的白葡萄品种，其种植面积为11700公顷；而在罗马尼亚，它的种植面积也超过了600公顷。在中国和美国，该品种同样也有种植。

白羽可以酿造出不同风格的葡萄酒，以及加强酒和白兰地。白羽葡萄酒的显著特点是酸度十足，糖分也不低，即使晚至10月采摘，该品种酿制的葡萄酒酸度也能轻易达到9克/升。

（二）主要的红葡萄品种——晚红蜜（Saperavi）

晚红蜜又名萨佩拉维、沙别拉维。酒色通常呈现为明亮的深宝石红色，香气馥郁，酒体肥硕，适合陈年，也可与其他品种调配，来补充颜色和香气。原产格鲁吉亚，在欧美地区栽培广泛。1957年由原产地引入中国。目前我国黄河故道、山东、北京等地有栽培。

四、格鲁吉亚葡萄酒产区概述

格鲁吉亚葡萄栽培和酿酒地区位于北纬41°~43°，东经40°~46°，南高加索中西部，黑海和里海之间。当地自然条件的多样性为优质葡萄栽培和酿酒提供了良好环境。

格鲁吉亚葡萄酒产区主要集中在卡赫基、卡尔特里、伊梅列季三个地区。

（一）卡赫基（Kakheti）

卡赫基地区位于格鲁吉亚东南部，是格鲁吉亚最主要葡萄产区，种植葡萄品种众多，全国约70%的葡萄酒产于此地。该地区具备生产高品质酒葡萄最适宜的气候，年平均降水 400~800毫米。卡赫基分为2个亚区和25个小区，卡赫基地区的葡萄以其特有的味道和芳香气而著名，种植的主要葡萄品种有茨南达里（Tsinandali）、晚红蜜、密卡胡里（Mtsvane kakhuri）和西哈维（Khikhvi）。

（二）卡尔特里（Kartli）

卡尔特里占据着木特克瓦里谷地和哥里、木赫兰低地的广阔地区。卡尔特里地区具有大陆性气候，夏天炎热，年平均降水不超过350~500毫米，葡萄园需定期浇灌。卡尔特里所产葡萄品种中最著名的有：基西（Kisi）、布苏丽特晶（Budeshuri Tetri）、琴纳里（Chinuri）和哥卢丽（Goruli Mtsvane）、密卡胡里（Mtsvane Kakhuri）。

（三）伊梅列季（Imereti）

伊梅列季位于格鲁吉亚西部的东侧，包括里奥尼（Rioni）河、克维里拉（Kvivila）河及其支流的流域。该地区的气候温和湿润，不仅有凉爽的夏季、温和的冬季，还有适宜葡萄生长的充足降水。伊梅列季主产欧洲和伊梅列季口味的葡萄酒和白兰地的酿酒材料。

第四节　罗马尼亚葡萄酒概述

一、罗马尼亚葡萄酒历史与现状

罗马尼亚是世界十大葡萄酒生产国之一。罗马尼亚人称自己的国家是“葡萄酒的土地”，其葡萄酒质量上乘、工艺独特，在国际上的知名度日渐提高。

据记载，4000多年前罗马尼亚就开始了葡萄的种植和酿制，罗马尼亚人相信葡萄酒是酒神的恩赐圣水。古老的葡萄酒酿造历史及葡萄酒文化，催生了今天的罗马尼亚好酒。希腊神话中的酒神狄俄尼索斯就降生在今罗马尼亚境内的色雷斯，位于罗马尼亚东南部的多布罗加地区（Dobrogea）。

罗马尼亚现有约22万公顷的葡萄园，种植面积占农作物总面积的14%，在农副产品出口中，葡萄酒比例最大。罗马尼亚拥有7个葡萄栽培区，40个葡萄种植园，160个葡萄栽培中心。有世界知名葡萄酒产区梦丹尼丘陵（Dealurile Munteniei）和查思尼丘陵（Dealurile Transilvaniei）。

二、气候与地理条件

罗马尼亚地处欧洲中部，北与乌克兰、摩尔多瓦接壤，东南临黑海，水资源丰富，多瑙河流经境内1075千米。喀尔巴阡山脉以半环形盘踞在罗马尼亚中部，山脉以西为特兰西瓦尼亚高原，以东为摩尔多瓦丘陵，以南为瓦拉几亚平原，东南为多布罗加丘陵。境内平原、山地、丘陵各占约1/3的国土面积。属温带大陆性气候，四季分明。

三、罗马尼亚主要葡萄品种（见图6-3和表6-4）

表6-3　罗马尼亚主要白葡萄品种

中文名称	原文名称
白公主	Fetească Regală
贵人香	Italien Riesling
阿里高特	Aligoté
白姑娘	Fetească Albă
长相思	Sauvignon Blanc
霞多丽	Chardonnay
格拉萨	Grasă

表6-4　罗马尼亚主要红葡萄品种

中文名称	原文名称
赤霞珠	Cabernet Sauvignon
美乐	Merlot
黑巴贝萨卡	Băbească Neagră
黑姑娘	Fetească Neagră
黑皮诺	Pinot Noir

四、罗马尼亚葡萄酒产区概述

优秀的红葡萄酒主要来自马雷丘陵（Dealu Mare）、布泽乌山丘（Dealurile Buzăului）、考提（Coteşti）等产区，以及加拉茨（Galati）、瓦斯卢伊（Vaslui）、图尔恰（Tulcea）和康斯坦萨（Constanta）等地的葡萄园，还有巴纳特（Banat）地区的米尼斯（Minis）葡萄园和梅赫丁茨（Mehedinti）、多尔日（Dolj）的丘陵地带。这些适合红葡萄酒生产的地区也同样适合白葡萄酒的生产，但是为了迎合国内和国际市场对红葡萄酒的大量需求，所以才重点酿造红葡萄酒。

主要生产白葡萄酒的地区位于特兰西瓦尼亚（Transylvania）、克里斯纳（Crişana）和马拉穆列什（Maramureş）产区和摩尔达维亚的中部、北部。这里酿造的白葡萄酒相当出色，酸度适中、清新愉悦，酒体丰满又不失活泼。葡萄品种主要为琼瑶浆、麝香葡萄（Muscat Ottonel）和白公主（Fetească Regală）。

（一）特兰西瓦尼亚（Transylvania）

特兰西瓦尼亚的塔纳瓦（Târnave）子产区位于喀尔巴阡山附近锡比乌（Sibiu）的正北方向。这里地势较高，受河流影响，湿度较大，所以气候较凉爽，因此非常适宜出产白葡萄酒。这些酒果味浓郁，酸度适宜。

（二）摩尔多瓦（Moldova）

摩尔多瓦著名的科特纳里酒（Cotnari），该产区位于雅西市西北部的山区，出产罗马尼亚最好的甜型葡萄酒。

（三）蒙特尼亚与奥尔泰尼亚产区（Muntenia-Oltenia）

蒙特尼亚与小瓦拉几亚产区、马雷丘陵子产区分布在喀尔巴阡山脉的山丘次级产区400平方千米的范围内，是罗马尼亚葡萄种植密度最大的产区，是该国红葡萄酒的发源地。由于不同的生态气候条件导致的差异，此地诞生了许多葡萄园和葡萄种植兼葡萄酿酒业中心，一共有6个主要葡萄种植兼葡萄酿酒地区，37个葡萄园和123个葡萄种植酿酒中心。

（四）多布罗加（Dobrogea）

多布罗加位于穆尔法特拉（Murfatlar）产区，是罗马尼亚非常重要的一个产区，以甜酒闻名。这里年平均光照时间达300天，葡萄本身糖分很高，晾制成葡萄干后，所产葡萄酒很甜。黑海使这里的空气较清新，湿度也足够大，这为该产区贵腐葡萄的出产创造了极为有利的条件。

第五节　奥地利葡萄酒概述

一、奥地利葡萄酒历史与现状

葡萄酒作为奥地利文化的一部分已经有两千多年的历史了。酿酒的葡萄籽在公元前10—9世纪的遗迹中被发现和确认，奠定了奥地利作为欧洲酿酒历史悠久国家之一的核心地位。公元前700年，凯尔特人已经在此进行了简单的葡萄种植，随后罗马人带来了系统的葡萄栽培技术。罗马帝国的统治和西多会教士的耕耘让奥地利葡萄酒在14—16世纪达到鼎盛。到了17世纪，宗教战争的爆发、土耳其的围攻、沉重的赋税以及啤酒的兴起给奥地利葡萄酒产业带来了重创。18世纪，在奥地利女大公玛丽亚·特蕾西亚（Maria Theresa）和其儿子约瑟夫二世（Joseph II）的统治下，奥地利的葡萄种植和葡萄酒酿造得以再次繁荣起来。到了19世纪时，白粉病、霜霉病和根瘤蚜虫病等一系列打击，让奥地利的葡萄园遭受了大规模的破坏。随之而来的第二次世界大战几乎摧毁了奥地利葡萄酒产业。雪上加霜的是，第二次世界大战后一部分酒商为提高产量，也为了增加甜度和让酒更好喝，向葡萄酒中添加二甘醇，再次令奥地利葡萄酒产业陷入低谷。为扭转这一局面，奥地利政府制定了极为严苛的法规来规范葡萄酒生产，并于1986年成立了奥地利葡萄酒营销委员会（Austrian Wine Marketing Board，AWMB），致力于奥地利葡萄酒的形象宣传与销售。2003年，奥地利产区体系（Districtus Austriae Controllatus，DAC）正式实施。一系列法规的修订，使奥地利葡萄酒的品质得到了更好的管控。经过30余年的努力，奥地利葡萄酒已重回品质巅峰。不管是干的还是甜的，奥地利都出产过世界上最好的一些葡萄酒。

由于奥地利葡萄酒基本都供本国内需，在国际上一度不为人知，直到2002年英国葡萄酒大师杰西斯·罗宾逊（Jancis Robinson）和蒂姆·阿特金（Tim Atkin）在伦敦举办的白葡萄酒盲品会上，奥地利的绿维林（Grüner Veltliner）和霞多丽，击败一众包括勃艮第在内的各国白葡萄酒，一举占领了前10名里的7个席位。从此，绿维林以其辨识度高的张力和稳定的优秀品质一炮而红，打入国际市场。

二、气候与地理条件

天时、地利、人和，才能成就一番欣欣向荣。位于阿尔卑斯山脉的奥地利，国土从西往东，高开低走。多瑙河在北部横贯东西。葡萄酒产区集中在东部相对低缓地带。在东面潘诺尼亚大陆性气候、西面温和湿润的大西洋季风、北部冷气流和南部伊利里亚地中海气候的影响下，夏秋两季，温暖而阳光普照的白天和冷凉的夜晚形成的日夜温差，完美拉长了葡萄的成熟期，使得糖和酚类物质得以同步成熟，进而能酿出年轻而复杂，饱满却优雅的独特酒风。

奥地利土壤种类丰富多样，加上古迹名胜，天然美景，旅游业高度发达。音乐、艺术、美酒融入当地人的日常生活中，养成了他们从容、闲适、高雅的生活品质，这里的葡萄酒款无论年轻还是饱满，都极具张力和复杂度。

三、奥地利葡萄酒分级制度

奥地利葡萄酒法规以欧盟的葡萄酒法规为基础，在此基础上，奥地利葡萄酒还有一些更为细致的分类。

（一）不受地理标志标签（Geographical Indication，GI）保护的葡萄酒

1. 日常餐酒（Table Wine）

日常餐酒是奥地利分级制度中最低的等级。其酒标上不能标注具体产区，所用的酿酒葡萄糖分含量需不低于10.7°KMW（KMW全称为Klosterneuburger Mostwaage，指葡萄汁含糖量的重量百分比），葡萄酒酒精度需达到8.5%vol。

2. 奥地利起泡酒（Austrian Sekt）

奥地利起泡酒仅允许用法律规定的40个葡萄品种酿造，且在外观、香气和风味上不得存在缺陷。其中一些品质好、满足一定条件的葡萄酒也拥有原产地保护标签，这些葡萄酒被称为“Austrian Sekt G.U.”。

（二）具有地理标志保护（Protected Geographical Indication，PGI）的葡萄酒

这个等级和德国的地区餐酒类似。该等级的葡萄酒需要满足一系列的法规，包括：酿酒葡萄的产量不能超过7500升/公顷（或者每公顷出产的葡萄不超过10000千克），葡萄糖分含量需达到14°KMW，成酒的最低酒精度需达到8.5%vol。此外，地区餐酒所用的酿酒葡萄必须来自奥地利的3个大区：维恩兰德（Weinland），包括下奥地利州（Lower Austria）、布尔根兰州（Burgenland）和维也纳州（Vienna）；施泰尔兰德（Steirerland），包括施泰尔马克州（Sfeiermark）；贝格兰（Bergland），包括上奥地利州（Upper Austria）、萨尔茨堡州（Salzburg）、克恩顿州（Carinthia）、蒂罗尔州（Tyrol）和福拉尔贝格州（Vorarlberg）。

（三）具有原产地保护标签（Protected Designation of Origin，PDO）的葡萄酒

1. 优质葡萄酒（Qualitatswein）

奥地利有4个州及其下的7个子产区可以出产优质葡萄酒。该等级的葡萄酒需要遵循的法规也更为严格，例如，酿酒葡萄的产量不能超过6750升/公顷（或者每公顷出产的葡萄不超过9000千克），含糖量需不低于15°KMW，且成酒最低酒精度需达到9% vol。此外，这一等级的葡萄酒在上市前需要经过政府相关品鉴机构的审查，认证合格的葡萄酒会在包装上展示出官方认证编号。值得一提的是，当这一等级的葡萄酒满足酿酒葡萄糖分含量不低于17°KMW、成酒未发酵糖分不超过9克/升等条件时，也可以标注为“珍藏葡萄酒（Kabinett）”出售。

2. 高级优质葡萄酒（Prädikatswein，即甜酒分类）

当优质葡萄酒达到特定的成熟度且/或采用特定的采收和/或酿造方式时，这类葡萄酒便可以标注为高级优质葡萄酒。这是奥地利葡萄的最高等级，在酿造时不允许向葡萄汁中添加糖分，且必须通过中断发酵来保留葡萄酒中的残糖量。根据葡萄成熟度、含糖量和酿造方式的不同，此等级又被严格细分为6个级别：晚收葡萄酒（Spätlese）、精选葡萄酒（Auslese）、逐粒精选葡萄酒（Beerenauslese，BA）、冰酒（Eiswein）、稻草酒（Strohwein）以及逐粒精选葡萄干葡萄酒。

3. 奥地利产区体系（Districtus Austriae Controllatus，DAC）

DAC是基于优质葡萄酒建立的产区体系，这一体系与法国的AOC制度和意大利的DOC制度相似。当某个特定产区的生产者一致同意使用某个（或某些）葡萄品种酿酒，且酿造的某种葡萄酒风格最能体现该产区的特点，便可申请成为DAC产区。一旦获准成为DAC产区，只有遵守该产区酿酒法规且符合这种风格的葡萄酒才能标注该法定产区的名字，否则只能使用上一级州的名称。DAC体系分为经典（Classic）和珍藏（Reserve）两个级别，这是一个葡萄酒风格指向的体系。截至2020年5月，奥地利一共有15个产区获得了DAC认证。

奥地利葡萄酒酒庄多为家族经营。“价格越高的酒越有性价比”是国际知名葡萄酒大师给予奥地利绿维林的评价，相信同样适用于奥地利其他酒款。传统与现代的结合，使酒庄无论在建筑上，还是在葡萄的种植与葡萄酒的酿造技术，都达到了相当高度。从2005年开始就有一大批奥地利酒农尝试探索自然酒和橙酒的酿造。奥地利引领着世界可持续发展农业：14%的葡萄园是有机种植，另有9%的有机田是可持续发展的种植模式，其余77%也是机动调整的综合型种植模式。奥地利所有的酒农，都不断地在传统、环保、自然和高科技之间探索、平衡着。

四、主要葡萄品种

奥地利法定酿酒葡萄品种包括26个白葡萄品种和14个红葡萄品种，尤其以3个本土品种绿维林、茨威格（Zweigelt）和蓝法兰克（Blaufränkisch）最为重要。

（一）绿维林（Grüner Veltliner）

作为本土的、最重要的、种植最广泛的白葡萄品种，绿维林约占种植面积1/3。该品种酿成的酒通常为干型，具有青柠、柠檬、葡萄柚和核果的风味，有时还隐约带有白胡椒的气息，熟化后还会产生复杂的蜂蜜及烤面包的香气。绿维林若是产量过高，酿出的葡萄酒往往清爽而平淡；而经过精心栽培的高品质葡萄则可以酿成酒体饱满、浓郁度高且带有天然的高酸度的葡萄酒。

（二）威尔士雷司令（Welschriesling）

威尔士雷司令是奥地利种植第二广泛的白葡萄品种，干型的威尔士雷司令葡萄酒通常简单、新鲜，展现出青苹果和柠檬等香气，酸度高。由于易受贵腐菌的侵染，该品种也被用于酿造高品质的甜酒。

（三）雷司令

雷司令在奥地利的种植面积虽然没有那么广泛，但也有部分产区酿出了高品质的雷司令干型白葡萄酒。这些雷司令干白通常有着中等到饱满的酒体以及成熟的桃子果香。一些高品质的雷司令经过陈年之后，品质会变得更加优异。此外，奥地利还种植了霞多丽、米勒–图高和长相思等白葡萄品种。

（四）茨威格（Zweigelt）

奥地利种植最广泛的红葡萄品种当属茨威格。茨威格是由蓝法兰克（Blaufvänkisch）和圣罗兰（St. Laurent）杂交而成的葡萄品种，酿成的葡萄酒颜色深浓，单宁柔和，带有树莓的香气。其酒款风格多样，有年轻易饮型，也有风味复杂、适宜陈年的类型。尽管大多数茨威格都被酿成年轻易饮的风格，但也不乏品质不俗、具有陈年潜力的葡萄酒，这些酒款往往带有浓郁的樱桃风味，以及一丝橡木气息。

（五）蓝法兰克（Blaufränkisch）

奥地利最受重视的红葡萄品种之一，酿出的葡萄酒主要带有黑莓、酸樱桃及些许香料风味，单宁充沛，酸度较高，具有非常不错的陈年潜力。年轻时的蓝法兰克葡萄酒往往略显粗犷，但随着时间的推移能够发展出微妙、如天鹅绒般柔顺的口感。

（六）圣罗兰（St. Laurent）

圣罗兰是奥地利的本土品种，同时也是皮诺家族中的一员，酿出的葡萄酒与黑皮诺颇为相似，带有覆盆子、樱桃和香料的风味，非常适宜陈年。这类葡萄酒通常经过橡木桶熟化，品质不错。许多酒庄都会将这些奥地利本土品种与黑皮诺、赤霞珠或美乐等国际品种混酿。

五、奥地利葡萄酒产区概述

从行政角度看，葡萄酒产区指东北的下奥地利州（最大的葡萄酒产区）、首都维也纳、布尔根兰州和施泰尔马克州（Styria），共拥有46515公顷葡萄园。下奥地利州的白葡萄酒，布尔根兰州的红葡萄酒、贵腐甜酒，维也纳产区的田间混酿，以及施泰尔马克州的国际品种葡萄酒，都有各自的风格特色，而又不局限于此。而这一切应该归功于奥地利政府出台并执行着世界上最严格的有关葡萄酒的法律制度——对酒标和葡萄品种、产量、酒精度等都有很高的标准和要求，超纲的葡萄酒都不能按照产区酒来售卖。

（一）下奥地利州（Niederösterreich/Lower Austria）

下奥地利州产量约占奥地利的60%，是产量最大的产区。位于奥地利的东北部，北部与斯洛伐克接壤，有8个子产区（4个DAC），葡萄园大多位于多瑙河沿岸和边境周围（见表6–5）。

表6–5　下奥地利子产区

子产区	主要品种	葡萄酒风格
瓦豪（Wachau）	绿维林、雷司令	主要为干型
克雷姆斯谷（Kremstal DAC）	绿维林、雷司令	DAC：干型
坎普谷（Kamptal DAC）	绿维林、雷司令	DAC：干型
特莱森谷（Traisental DAC）	绿维林、雷司令	DAC：干型
瓦格拉姆（Wagram）	绿维林、雷司令、红维林（Roter Veltliner）	干型、甜型

续表

子产区	主要品种	葡萄酒风格
威非尔特（Weinviertel DAC）	绿维林	DAC：残糖≤6克/升 DAC Reserve：干型
卡农图姆（Carnuntum）	茨威格、蓝法兰克	主要为干型
温泉区（Thermenregion）	金粉黛（Zinfandel）、黑皮诺、圣罗兰	主要为干型

瓦豪是奥地利最著名的葡萄酒产区之一，位于多瑙河沿岸，以其陡峭的朝南梯田而闻名。这里的典型大陆性气候给葡萄带来了漫长而干燥的生长期。多瑙河不仅可以调节温度，还能反射额外的阳光，极大地增强了葡萄园的昼夜温差。这些条件使得葡萄在成熟过程中能够积累更多的风味物质，同时保留更多的酸度和新鲜的花果香气。瓦豪的土壤以花岗岩、云母和片麻岩为主，赋予葡萄酒显著的矿物质感。如此优秀的瓦豪并没有得到DAC的认证，瓦豪的产区协会为产区的干白葡萄酒设定了要求更高的分级系统（通常入选葡萄酒必须为干型，且遵守国际食品法典委员会的要求，品质优秀，并代表了瓦豪地区不同葡萄园的典型特征），从低到高分别为：

1.芳草级（Steinfeder）

酒精度一般最高不超过11.5%vol，是3个等级里酒体最为轻盈的葡萄酒，风格清爽活泼，口感精致可口。“Steinfeder”一词取自葡萄园内种植的一种轻如羽毛的草类植物。

2.猎鹰级（Federspiel）

酒精度一般处于11.5%vol~12.5%vol，是一种酒体相对中等，口感较为丰富的葡萄酒，其名称源自当地一种猎鹰。

3.蜥蜴级（Smaragd）

该等级的葡萄酒品质最高，口感也最强劲。通常这类葡萄酒的酒精度至少为12.5%vol，酒体也较为厚重，且为最具陈年潜力的葡萄酒，名称则源于生活在瓦豪葡萄园中的祖母绿蜥蜴。

（二）布尔根兰州（Burgenland）

布尔根兰州位于奥地利东部，与匈牙利接壤，是奥地利第二大葡萄酒产区（约占奥地利总产量30%）。这里生产所有类型的葡萄酒，尤其是顶级的甜酒与红葡萄酒。布尔根兰的5个子产区中，最知名的是新锡德尔湖（Neusiedlersee DAC），与产区内的湖同名。温暖的成熟季伴随着湖面的雾气，使得这里盛产贵腐甜酒。除了贵腐甜酒，还有大量的威尔士雷司令出产。此外，位于山区的中布尔根兰（Mittelburgenland DAC）和南部的艾森伯格（Eisenberg DAC）都出产奥地利最优质的红葡萄酒，本土品种蓝法兰克是这里的明星。雷德堡（Leithaberg DAC）和罗萨莉亚（Rosalia DAC）的知名度稍逊。

（三）维也纳（Vienna）

仅600多公顷葡萄园，但仍被单独设立为一个大区——维也纳混合产区（Wiener Gemischte Satz DAC），通常供应给市内的餐馆、酒吧，很少在市场上流通。

（四）施泰尔马克州（Steiermark）

在下奥地利和布尔根兰的阴影下，施泰尔马克的知名度非常低。虽然拥有3个子产区：施泰尔马克火山区（Vulkanland Steiermark DAC）、南施泰尔马克（Südsteiermark DAC）、西施泰尔马克（Weststeiermark DAC），但产量仅占了全国产量的7%，并且绝大多数都是白葡萄酒。除了西施泰尔马克出产一种极具特色的希尔歇桃红（Schilcher）以外，长相思、霞多丽等国际品种，以及威尔士雷司令、琼瑶浆等奥地利常见品种都被种植于此。

【本章参考文献】

[1] TNsjhX. “温泉之国”匈牙利［EB/OL］. 知乎网，2020-12-29.

[2] 佚名. 匈牙利产区概述［EB/OL］. 中国葡萄酒资讯网，2020-03-18.

[3] 佚名. 匈牙利的葡萄酒产区文化［EB/OL］. 葡萄酒网，2019-01-30.

[4] ANhome安家. 被遗忘的希腊葡萄酒文化［EB/OL］. 搜狐网，2020-08-05.

[5] 葡萄酒侦探社. 迷之向往的希腊葡萄酒宝地——圣托里尼岛［EB/OL］. 搜狐网，2019-08-05.

[6] 佚名. 一起去希腊体验神话与葡萄酒的神奇之美［EB/OL］. 葡萄酒网，2018-08-02.

[7] 纷享农园. 葡萄酒的发源地——格鲁吉亚［EB/OL］. 百度百家号网，2021-09-02.

[8] 文姐说教育. 神秘而浪漫的国度罗马尼亚［EB/OL］. 百度百家号网，2018-11-19.

【思考练习题】

一、选择题

1. 匈牙利秋季较多的阴霾，有利于（　　）的形成，从而酿造出举世闻名的“托卡伊甜酒”。

A. 灰霉菌　　B. 霜霉病　　C. 贵腐菌　　D. 白粉病

2. 公元前6000年时，在高加索地区人们开始种植与酿造葡萄酒，后传到美索不达米亚、腓尼基、埃及和希腊，并通过（　　），向西继续传递，促使现代欧洲葡萄酒形成了众多产区，可以说，希腊连接了葡萄酒发展的历史与现代。

A. 美索不达米亚　　B. 腓尼基　　C. 埃及　　D. 希腊

3. 格鲁吉亚葡萄酒独具特色的“克韦夫利”（Qvevri）酿酒法使用哪种发酵容器（　　）。

A. 不锈钢罐　　B. 陶罐　　C. 橡木桶　　D. 水泥槽

4. 以下哪一个是希腊的主要白葡萄品种（　　）。

A. 黑月桂（Mavrodaphne）　　B. 黑喜诺（Xinomavro）

C. 阿吉提可（Aghiorghitiko）　　D. 阿斯提可（Assyrtiko）

5. 酿造托卡伊葡萄酒最重要的葡萄品种是（　　）。

A. 富尔民特（Furmint）　　B. 哈斯莱威路（Hárslevelü）

C. 麝香葡萄（Muscat）　　D. 威尔士雷司令（Olaszrizling）

6. 以下托卡伊甜酒中，甜度最高的是（　　）。

A. 绍莫罗得尼（Tokaji Szamorodni）

B. 托卡伊贵腐5篓白葡萄酒（Tokaji Aszú 5 Puttonyos）

C. 托卡伊贵腐6篓甜白葡萄酒（Tokaji Aszú 6 Puttonyos）

D. 托卡伊精华（Tokaji Eszencia）

二、问答题

1. 可以生产公牛血的产区是哪两个？

2. 匈牙利葡萄酒是如何分级的？

3. 列举保加利亚最重要的红葡萄品种。

4. 希腊葡萄品种主要有哪些？

5. 简述“克韦夫利”酿酒法。

6. 列举格鲁吉亚最重要的葡萄品种。

7. 简述瓦豪产区的法定分级。

8. 奥地利的法定葡萄品种数量有多少，其中最重要的品种是哪些？

三、论述题

1. 试述托卡伊阿苏的主要葡萄品种及分级方式。

2. 试述松香酒工艺。

【经验性训练】

通过对匈牙利、希腊、格鲁吉亚、罗马尼亚和奥地利葡萄酒的比较认识及感官体验，使学生能够了解东欧地区葡萄酒的风格及特色。

【实践考核项目】

托卡伊和奥地利葡萄酒的认识与识别

（一）本项目考核的目的

通过认识酒标及品鉴，了解托卡伊和奥地利葡萄酒的分类及特点。

（二）所需理论和设备器材知识

掌握托卡伊和奥地利葡萄酒的分类方法、酒的特点、产地等知识。

（三）所需仪器设备和消耗性器材

准备主要托卡伊和奥地利不同风格的葡萄酒。

（四）实训考核内容和要求

1. 能按照行业规范熟练进行酒水鉴别，并掌握托卡伊和奥地利葡萄酒不同分类的特点。

2. 能较熟练地对各托卡伊和奥地利葡萄酒进行区分。

第七章　中　国

【本章概要】

本章主要讲述了中国葡萄酒的历史发展和主要产区的葡萄种植情况，并就当地葡萄品种、著名酿酒企业及国内外获奖情况进行了介绍。

【学习目标】

1. 了解中国葡萄酒历史发展过程与市场现状发展。
2. 了解中国葡萄酒产区划分、地理条件、葡萄品种。
3. 掌握中国著名葡萄酒品牌及生产企业名称。

【关键术语】

中国葡萄酒　葡萄品种　产区　品牌　生产企业

【讲师语录】

崛起中的中国葡萄酒产区

从20世纪80年代末开始，中国跻身葡萄酒生产国的行列。从2001年的第15位上升到现在的第5位。自20世纪90年代以来，中国迅速成为葡萄酒的重要进口国，也是葡萄酒的重要生产国。同时，随着国民生活水平的提高和葡萄酒文化的普及，葡萄酒消费逐渐成为一种趋势。

中国的主要葡萄酒产区主要分布在宁夏、山东、河北、新疆等地，这些地区的种植面积占全国总面积的70%以上。这些地区凭借独特的地理和气候条件，生产出高品质的葡萄酒。同时中国葡萄酒生产工艺逐步与国际接轨，国内酒庄与国际知名酒庄合作，提升了葡萄酒的品质和市场竞争力。特别是宁夏、新疆等新兴产区的葡萄酒在国际比赛中屡获殊荣。

近年来，中国葡萄酒年产量已达到约10亿瓶。各主要产区年产量稳定增长，宁夏和山东为主要产区，产量分别约为1.2亿瓶和1亿瓶。

中国作为主要葡萄酒消费国，除了进口海外葡萄酒品牌以外，中国葡萄酒的市场接受度也是节节攀升，并开始逐步打开国际市场，出口量逐年增加，特别是在亚洲和欧洲市场上表现良好。例如宁夏贺兰山东麓产区就受邀参加2024年波尔多葡萄酒节，在国际消费者面前崭露头角。

中国葡萄酒的未来随着技术进步和管理水平的提升，产业将进一步升级，提升整体品质和市场竞争力，并加强品牌建设和推广，提升中国葡萄酒在国内外市场的认知度和美誉度。继续开拓国际市场，特别是在“一带一路”沿线国家和地区，提高中国葡萄酒的出口量和市场占有率。

——法国CAFA葡萄酒&烈酒学院　高级讲师　李雪娇

第一节　中国葡萄酒概述

一、中国葡萄酒历史概述

从汉武帝建元年间张骞从西域引进欧亚种葡萄，到清末民国初的2000多年，形成了绵延不断、流传至今的中国葡萄酒文化。

葡萄，中国古代曾叫“蒲陶”“蒲萄”“蒲桃”“葡桃”等，葡萄酒则相应地叫作“蒲陶酒”等。中国最早有关葡萄的文字记载见于《诗经》。《诗·周南·樛木》中曾有“南有樛木，葛藟累之；乐只君子，福履绥之”的记载。《诗·王风·葛藟》曰：“绵绵葛藟，在河之浒。终远兄弟，谓他人父。谓他人父，亦莫我顾。”《诗·豳风·七月》曰：“六月食郁及薁，七月亨葵及菽。八月剥枣，十月获稻，为此春酒，以介眉寿。”从上可知在《诗经》所反映的殷商时代，人们就已经知道采集并食用各种野葡萄。在约3000年前的周朝，中国已有种植葡萄，已知道怎样贮藏葡萄。

（一）萌芽时期

汉代以前，中国就已开始种植葡萄、酿制葡萄酒了。中国的欧亚种葡萄是在汉武帝建元年间，张骞出使西域时（公元前138年—前119年）从大宛带回来的。在引进葡萄的同时，他也带回了葡萄酒酿造技术。这些栽培葡萄先至新疆，经甘肃河西走廊至陕西西安，其后传至华北、东北及其他地区。到了魏晋及稍后的南北朝时期，葡萄酒的消费和生产又有了恢复和发展，葡萄酒成为王公大臣、社会名流筵席上常饮的美酒，葡萄酒文化日渐兴起。

（二）兴盛时期

到了唐太宗时期，重新从西域引入葡萄和葡萄酒酿造技术，葡萄酒在当时颇为盛行，酿造技术已相当发达，风味色泽更佳。中国葡萄酒生产水平在元代达到了历史最高峰，统治者甚至规定祭祀太庙必须用葡萄酒，并在山西太原、江苏南京开辟了葡萄园，元28年还在皇宫中建造了葡萄酒室，甚至有了检测葡萄酒真伪的办法。

（三）衰退时期

明朝时，粮食白酒的发酵、蒸馏技术日臻完善，蒸馏白酒开始成为中国酿酒产品的主流。由于葡萄酒生产具有季节性，酒产品不易保存，酒精度偏低，这些局限使葡萄酒酿造日渐式微。清末时，由于国力衰败战火不断，人们连基本的温饱都不能满足，葡萄酒业更加颓败。

（四）葡萄酒工业形成和发展时期

1892年，华侨张弼士在烟台建立了葡萄园和葡萄酒厂（即张裕葡萄酿酒公司），从西方引进了优良的葡萄品种和机械化生产方式，并且将贮酒容器改为橡木桶，成为唯一由中国人自己经营的葡萄酒厂。至此，中国近代葡萄酒生产开始起步。此后，青岛、北京、清徐、吉林长白山和通化等葡萄酒厂相继建立，虽然大部分由外国人经营，生产方式落后，但中国近代葡萄酒工业的雏形已经形成。然而，由于军阀连年混战，再加上帝国主义的摧残和官僚资本主义的掠夺，葡萄酒工业一直没有得到发展，直到中华人民共和国成立后，葡萄酒工业才得到重视，有了迅速的发展。

二、中国葡萄酒现状

山东、河北、天津的葡萄酒产区都位于沿海地区，在北纬36°~40°之间。受海洋影响，冬季温和，夏季凉爽，但夏秋季节降水较多，较为潮湿，容易出现极端天气灾害。新疆、宁夏、云南产区在国际葡萄酒界名声渐响，黑龙江、陕西、河北、河南的葡萄酒产量也在迅速增加。

自党的十八大以来，相关地区和部门携手奋进，协同推进沿黄区域的葡萄酒产业，除原有山东、河北、河南产区外，又拓展加强了宁夏、甘肃、青海、内蒙古等新产区，将葡萄酒作为支柱产业进行扶持，打造了一系列世界级葡萄种植及葡萄酒生产基地。

随着国产品牌的崛起，中国葡萄酒品质与世界接轨，屡次斩获国际大奖，越来越多的消费者和经销商关注并选择国产葡萄酒。国产葡萄酒收割存量市场持续加速，“国产”替代“进口”的趋势明显。同时，伴随着进口葡萄酒的持续下滑，国产葡萄酒的替代效应越发明显。

中国葡萄酒未来市场的潜力巨大。一方面，中国葡萄酒市场消费呈年轻化趋势，消费能力快速提升，葡萄酒文化进一步普及。另一方面，国家陆续出台了相关政策，鼓励发展葡萄酒产业，尤其是鼓励葡萄酒国产化，利好葡萄酒行业发展。

第二节　中国葡萄酒产区

2000千米，这是中国葡萄酒产区从东到西，从南到北相距的距离；-40℃，这是中国最寒冷的通化产区冬季的最低气温；45℃，这是炎热的吐鲁番产区夏季的最高温度；1500米以上，这是云南高原弥勒产区的海拔。中国的葡萄酒产区地域跨度非常大：有在沙漠边缘的甘肃武威产区；有依山的银川产区、清徐产区；有傍水的渤海湾产区；有温凉气候的怀涿盆地产区、石河子产区；有夏季高温多雨的黄河故道产区。

中国各葡萄酒产区可谓差异巨大，葡萄酒的风格与种类也因而千变万化。我国较大的葡萄酒产区共有11个，分别是环渤海湾产区、黄河故道产区、昌黎产区、沙城怀涿盆地产区、宁夏贺兰山产区、甘肃武威产区、新疆产区、云南高原产区、东北产区、清徐产区、西藏产区。

一、环渤海产区

（一）胶东半岛产区

胶东半岛三面环海，气候宜人，四季分明。由于受海洋影响，与同纬度的内陆相比，气候温和，夏无酷暑、冬无严寒。其降水量在东部地区较多，西部地区较小。日照量从半岛东部沿海向西北丘陵山地呈递减状态，西北的大泽山、龙口、蓬莱等地年日照时间多达2834.43小时。在半岛近20000平方千米的区域内，各地的小气候和土壤条件的差异很大，因此，又分为几个不同的小区。

烟台的传统产区主要分布在蓬莱、龙口和福山等县市，属渤海湾半湿润区，该区年活动积温3800℃~4200℃，无霜期180天以上，7月平均气温24℃左右，受海洋影响，近海及山地夏季气温不高，有利于葡萄色泽、风味发育。年降水量750~800毫米，成熟季节降水偏高。适合晚熟、极晚熟酿酒品种的栽培，如雷司令、赤霞珠、法国蓝、白玉霓、白羽及佳丽酿。

平度市的大泽山地处胶东半岛西部，属暖温带半湿润季风大陆性气候。年平均温度11.9℃，极高温度38.6℃，极低温度17.9℃。年均降水量688.4毫米，无霜期190~200

天/年，比较适宜种植葡萄。这里光热资源丰富，≥0℃的年日照时间为2712小时，≥10℃的年日照时间为1673.3小时。享有盛名的大泽山葡萄，多植于坡麓梯田上，山前缓平地积土层较厚，分布着典型的棕壤和砂砾质土壤，通透性好。由于多年耕作，肥力和腐殖质含量低，但保水、保肥性好，非常适合雷司令、赤霞珠、白玉霓、霞多丽等名贵葡萄品种的栽培，见图7-1。

烟台是我国近代葡萄酒工业的发祥地。早在1892年，爱国华侨张弼士先生就在此创建了张裕葡萄酿酒公司，他在烟台东山、西山购地近千亩，从欧洲及国内其他地方引进优质葡萄品种120余种，建成了国际名种葡萄基地。1914年，在南洋劝业会和上海招商局于南京举办的商品陈列赛会上，张裕公司的白兰地、琼瑶浆、红葡萄酒等产品被授予最优等奖章。1915年，在巴拿马太平洋万国博览会上，张裕的白兰地、红葡萄酒、雷司令、琼瑶浆等产品荣获金质奖章和最优等奖状，中国第一次有了举世公认的葡萄酒。

胶东产区葡萄酒工业的发展是在1949年以后，张裕公司秉承孙中山先生题写的“品重醴泉”之主旨，企业规模不断扩大，国内外知名度日益提高。1992年，在张裕公司迎来百年庆典之际，烟台又被国际葡萄酒组织授予“国际葡萄和葡萄酒城”。与此同时，威龙葡萄酿酒公司、华东葡萄酿酒有限公司、青岛富狮王葡萄酿酒有限公司、烟台中粮葡萄酿酒有限公司等企业也迅速发展起来，使胶东半岛成为我国最大的葡萄酒产区，产量占全国的40%以上。2002年8月，“烟台葡萄酒”获原产地域产品保护，这是继昌黎葡萄酒之后，我国第二个获得原产地域保护的葡萄酒产品。

该产区的主要葡萄酒企业有：烟台张裕集团有限公司、烟台威龙葡萄酒股份有限公司、烟台中粮葡萄酿酒有限公司、华东葡萄酿酒有限公司、烟台白洋河酿酒集团公司、青岛葡萄酿酒有限公司、萨拉莫世家葡萄酒（青岛）有限公司、蓬莱葡萄酒厂、青岛东尼酿酒有限公司、青岛富狮王葡萄酿酒有限公司、烟台华鲁酒业有限公司、烟台正大葡萄酒有限公司、烟台瑞事临酒业有限公司、烟台欧华酒业有限公司、逃牛岭酒庄，见表7-1。

图7-1 中国-烟台蓬莱葡萄酒产区-姜瑜酝酿

葡萄品种：霞多丽

姜瑜酝酿品牌由独立酿酒师姜瑜于2019年在烟台创立，其首年份的霞多丽先后获得蓬莱产区最佳新酒、中国优质葡萄酒挑战赛金奖、Decanter世界葡萄酒大赛（Decanter World Wind Awards）铜奖等。

表7-1 胶东产区一览表

项目名称	内容
地理位置	胶东半岛：莱州、平度、蓬莱、龙口、大泽山、招远、福山
葡萄品种	雷司令、赤霞珠、白玉霓、霞多丽等
知名品牌	张裕
主要葡萄酒生产企业	烟台张裕集团有限公司、烟台威龙葡萄酒股份有限公司、烟台中粮葡萄酿酒有限公司、华东葡萄酿酒有限公司、烟台白洋河酿酒集团公司、青岛葡萄酿酒有限公司、萨拉莫世家葡萄酒（青岛）有限公司、蓬莱葡萄酒厂、青岛东尼酿酒有限公司、青岛富狮王葡萄酿酒有限公司、烟台华鲁酒业有限公司、烟台正大葡萄酒有限公司、烟台瑞事临酒业有限公司、烟台欧华酒业有限公司、逃牛岭酒庄

（二）天津产区

天津产区的葡萄基地分布在天津蓟州区、汉沽等地，为渤海湾半湿润区，有效积温在2000℃~3000℃，活动积温介于3700℃~4200℃，年降雨量在500~600毫米。最暖月平均气温25℃~26℃。包括天津汉沽、塘沽、宁县在内的东部滨海地区最暖月及果实成熟季节气温较天津市区低1℃~2℃。滨海气候有利于色泽及香气形成，玫瑰香品质最为突出。这里的土质为稍黏重的滨海盐碱土壤，矿物质营养丰富，有利于香气形成和色泽形成。蓟州区东部山区及东北部的遵化、迁西、兴隆山区气温明显降低，晚熟及极晚熟品种成熟期可较平原推迟10天左右，光照充足，微风习习，土壤多为富含砾石、钙质、透气良好的壤土或砂壤土，是生产优质干红、干白葡萄品种的良好基地。目前天津等地栽植的葡萄品种多为赤霞珠、美乐、品丽珠、贵人香、霞多丽、白玉霓、玫瑰香等酿造红、白干酒的名种。

中法合营王朝葡萄酿酒有限公司始建于1980年，是我国最早成立的中外合资企业之一，也是天津市第一家中外合资企业，主要生产王朝牌高档系列葡萄酒。

天津产区主要葡萄酒生产企业有：中法合营王朝葡萄酿酒有限公司、天津施格兰有限公司、天津大唐开元酒业公司、天津吉阳酒业发展有限公司，见表7-2。

表7-2 天津产区一览表

项目名称	内　容
地理位置	天津蓟州区、汉沽等地
葡萄品种	赤霞珠、美乐、品丽珠、贵人香、霞多丽、白玉霓、玫瑰香等
知名品牌	王朝
主要葡萄酒生产企业	中法合营王朝葡萄酿酒有限公司、天津施格兰有限公司、天津大唐开元酒业公司、天津吉阳酒业发展有限公司

二、黄河故道产区

包括河南的兰考县、民权县，安徽的萧县，以及苏北的部分地区。这里气候偏热，无霜期210~240天，土壤为沙土。该地区年降雨量800毫米以上，多集中在夏季，因此黄河故道产区的葡萄生长旺盛，但病虫害较重，适合种植抗病性较强的葡萄品种。目前黄河故道产区的酿酒葡萄种植主要集中在河南省的兰考县、民权县、西华县，安徽的萧县，江苏的丰县和沛县等地。总种植面积仅有几万亩，主要红葡萄品种有品丽珠、赤霞珠、美乐，白葡萄品种主要有白羽、红玫瑰，在萧县还有染色品种巴科。20世纪50年代初，党和国家为改变黄河故道的贫困面貌，曾在这里做了大量工作。种植了梨、苹果、葡萄等水果，并投资建立了葡萄酒厂。第一批建立的有萧县葡萄酒厂、连云港酒厂、民权葡萄酒厂。1956—1976年，先后建立了13个酒厂，分别建在河南民权、仪封、黄泛区农场、民权农林场、兰考和郑州，安徽萧县厂、砀山、界首，江苏连云港、徐州、宿迁和丰县。

民权县是全国四大葡萄生产基地县之一，葡萄园面积曾达到4000多公顷，产量达3500万千克。

民权葡萄酒厂始建于1958年，是我国葡萄酒行业的知名老牌企业。20世纪80年代，酒厂就拥有从德国、意大利、法国引进的葡萄酒加工、灌装设备和具有行业领先水平的高精密度葡萄酒分析检测仪器，年生产能力可达2万吨以上。在半个多世纪的发展历程中，培育了多位国家级、省级酿酒师、评酒师，产品屡获殊荣：主导产品——民权牌红葡萄酒，1963年被评为国家优质酒；1979年，民权牌白葡萄酒被授予中国名酒称号；1988年10月，民权牌干白葡萄酒在法国巴黎第十三届食品博览会上获得特别金奖。1991年3月，被列为中国重点发展的四个葡萄酒生产厂家之一，1993年5月被国家对外经济贸易部授予产品进出口自主权。

安徽萧县有着400多年的葡萄栽培历史，素有“葡萄之乡”的美誉。萧县葡萄1/3供应市场鲜食，2/3用于制罐及酿酒。萧县葡萄酒的生产已有50多年的历史，所产葡萄酒酒质清亮透明，柔和爽口，回味绵长，具有浓郁的葡萄果香和陈酒的醇香。1984年，“双喜牌”白葡萄酒荣获国家优质产品银奖，“双喜牌”红葡萄酒被评为轻工业部部优产品，畅销国内外。

黄河故道产区主要葡萄酒生产企业有：民权五丰葡萄酒有限公司、三九企业集团兰考葡萄酒公司、兰考路易葡萄酿酒有限公司、连云港王府葡萄酒业有限公司、安徽古井双喜葡萄酒有限公司，见表7–3。

表7-3　黄河故道产区一览表

项目名称	内　容
地理位置	河南的兰考县、民权县，安徽的萧县，以及苏北的部分地区
葡萄品种	品丽珠、赤霞珠、美乐、白羽、红玫瑰
知名品牌	民权、双喜
主要葡萄酒生产企业	民权五丰葡萄酒有限公司、三九企业集团兰考葡萄酒公司、兰考路易葡萄酿酒有限公司、连云港王府葡萄酒业有限公司、安徽古井双喜葡萄酒有限公司

三、昌黎产区

昌黎位于北纬39°25′~39°47′，地处河北省东北部。属暖温带半湿润大陆性气候，四季分明。日照、降雨量、昼夜温差、无霜期等都与法国的葡萄酒产地波尔多极为相近。它东临渤海，北依燕山，西南挟滦河，受山、海、河的影响，形成了独特的区域性特点，年有效积温在3940℃以上，降水量725毫米，年日照时数2600~2800小时，昼夜平均温差在12℃。土壤为砾石和沙质地，葡萄的含糖量高，挂果时间长，采收期较迟，一般在国庆节前后。

昌黎有300多年的葡萄栽培历史，素有“花果之乡”美称，特别适宜赤霞珠、美乐等酿酒葡萄的栽培。早在20世纪80年代初，昌黎县就被轻工业部定点为引种国际优质干红葡萄品种，并研制开发高档干红葡萄酒的基地，轻工业部发酵研究所高级工程师郭其昌主持开发研制出了中国第一瓶高档干红葡萄酒。1988年，昌黎建成了我国第一家生产高档葡萄酒的专业公司——华夏葡萄酿酒有限公司，该公司出产的“长城”干红曾荣获法国第29届国际评酒会特别奖，产销量、质量均居全国领先地位，并向英、法、德等国家出口。1997年，该县从法国引进100万根无病毒赤霞珠扦插枝条，于1998年春季全部定植田间，使全县葡萄基地由约667公顷扩大到约2867公顷。2002年8月，“昌黎葡萄酒”获国家原产地域产品保护，成为我国第一个获得原产地域保护的葡萄酒产品。

昌黎产区主要葡萄酒生产企业有：华夏葡萄酿酒有限公司、贵州茅台酒厂（集团）昌黎葡萄酒业有限公司、中化河北地王集团秦皇岛野力葡萄酿酒有限公司、河北昌黎越千年葡萄酿酒有限公司、秦皇岛丘比特葡萄酿酒有限公司，见表7-4。

表7-4　昌黎产区一览表

项目名称	内　容
地理位置	河北省东北部
葡萄品种	赤霞珠、美乐

续表

项目名称	内　容
知名品牌	华夏长城、地王、越千年
主要葡萄酒生产企业	华夏葡萄酿酒有限公司、贵州茅台酒厂（集团）昌黎葡萄酒业有限公司、中化河北地王集团秦皇岛野力葡萄酿酒有限公司、河北昌黎越千年葡萄酿酒有限公司、秦皇岛丘比特葡萄酿酒有限公司

四、沙城怀涿盆地产区

该产区包括河北的宣化、涿鹿、怀来三个县区。这里地处长城以北，光照充足，热量适中。昼夜温差大，夏季凉爽，气候干燥，雨量偏少，年活动积温3532℃，年降水量413毫米，土壤为褐土，质地偏沙，多丘陵山地，十分适于葡萄的生长，见表7–5。

沙城地区属大陆性季风气候，北依燕山、南靠太行山余脉，中有桑洋河横贯其中，形成了两山夹一川的“V”行盆地，其南北长度为30千米，东西宽100千米，盆底海拔在450~850米之间。由于燕山山脉的阻挡和季风气候的影响，盆地内形成了独特的气候特点，为葡萄的生长提供了绝佳的生存条件。盆地内热量丰富，≥10°C的活动积温在3500℃以上，昼夜温差较大，平均为12.5℃，太阳光辐射高达146.36千卡/平方厘米，无霜期长达160天，年平均降雨量在400毫米左右。

表7–5　沙城怀涿盆地产区一览表

项目名称	内　容
地理位置	河北省的宣化，涿鹿，怀来三个县区
葡萄品种	赤霞珠、蛇龙珠、美乐、雷司令、霞多丽
知名品牌	长城、沙城、桑干河、华西村、家和、容辰、马丁
主要葡萄酒生产企业	中国长城葡萄酒有限公司、河北马丁葡萄酿酒有限公司、怀来容辰庄园葡萄酒有限公司、张家口华龙葡萄酒有限公司、怀来斯帕多内葡萄酒庄有限公司、龙泉葡萄发酵有限公司、河北夹河葡萄酒有限公司

经考证，怀来已有800多年种植葡萄的历史。所产白牛奶、龙眼葡萄闻名遐迩。1976年，怀来被定为国家葡萄酒原料基地，是改革开放以来，我国高档葡萄酒的生产基地。1979年，轻工业部在此进行了“酿酒葡萄优良品种选育”等工作，取得了可喜的成绩。经过20多年的建设，目前全县已有葡萄园5300多公顷，其中龙眼2600多公顷，年产量42635吨，酿酒品种有赤霞珠、蛇龙珠、美乐、雷司令、霞多丽等。

中国长城葡萄酒有限公司是我国依靠自己的技术建立起来的大型葡萄酒骨干企业，现成为全行业“三巨头”之一（见图7–2）。在龙头企业的带动下，怀来、涿鹿两县的葡萄产业迅猛发展，先后兴建了龙泉葡萄发酵有限公司、河北夹河葡萄酒有限公司、河北马丁葡萄酿酒有限公司、怀来容辰葡萄酒有限公司、张家口华龙葡萄酒有限公司等17家葡萄酒、葡萄原酒生产企业。葡萄原酒生产能力达15万吨，成品酒生产企业的品牌也得到了进一步的推广，“长城”“沙城”“桑干河”“华西村”“家和”“容辰”“马丁”等都是消费者耳熟能详的品牌。2002年12月，“沙城产区葡萄酒”获国家原产地域产品保护认证。

沙城怀涿盆地产区主要葡萄酒生产企业有中国长城葡萄酒有限公司、河北马丁葡萄酿酒有限公司、怀来容辰葡萄酒有限公司、张家口华龙葡萄酒有限公司、怀来斯帕多内葡萄酒庄有限公司、龙泉葡萄发酵有限公司、河北夹河葡萄酒有限公司。

图7–2　中国–怀来葡萄酒产区–长城桑干酒庄

葡萄品种：西拉

桑干酒庄自1978年作为长城母本园开始，主要栽种新中国首批引进的13个品种，54000株酿酒葡萄，包括赤霞珠、西拉、雷司令、美乐等品种。

桑干酒庄的葡萄树，平均年龄都在40年左右，正是酿酒的黄金树龄。而且，桑干酒庄还拥有自己的苗木繁育中心，可以培育新的苗木，保证葡萄植株的更新换代，使葡萄藤一直处于最佳状态。

五、宁夏贺兰山产区

世界大部分葡萄酒产区位于南北纬30°~50°，年平均气温在16℃~21℃，在葡萄的生长季（北半球在4月—10月，南半球在10月—次年4月）气候不是过于炎热或寒冷。在这个时期，降雨量不能太大，而且土地的排水要通畅。该地区在葡萄的生长期要有充足的光照，一定的海拔使这一条件有所保障。此外，为了使葡萄的糖分得到更好地保存，比较大的昼夜温差也是一个有利的条件。

黄河流域位于我国葡萄酒生产的“黄金地带”，再加上高原地形，使得这里成为优质酿酒葡萄的理想产地。这里日照充足（年日照时数为2851~3106小时），热量丰富（≥10℃的有效积温约为3300℃）。昼夜温差大，虽然年降水量不到200毫米，但蜿蜒奔腾的黄河水为酿酒葡萄提供了充足的水源保障，黄河水的调控和补灌确保了这里每年都是葡萄生长的好年份。此外，这里的种植土壤类型多样，以砂石土壤为主，具有良好的透气性，矿物质含量丰富，进一步促进了葡萄的优质生长。

贺兰山东麓地处银川平原的西部，是黄河冲积平原与贺兰山冲积扇之间的洪积平原地带，总面积为241万公顷，其中有8万多公顷适宜发展葡萄生产。属中温带半干旱气候区，年平均气温8.9℃，4—9月活动积温3289℃，年日照时数3029.6小时，年降雨150~200毫米。这里砂砾结合型土质透气极佳，土壤有机质含量高，加上干燥少雨，光照充足，年日照时达3000小时，昼夜温差大，且西有贺兰山天然屏障抵御寒流，东有引黄灌渠横穿而过，可满足葡萄生长各个时期的水分需要。

1984年，在黄羊滩地区的玉泉营农场建立了全区第一个200多公顷的优质酿酒葡萄基地和1座年产4000吨的现代化葡萄酒厂——玉泉葡萄酒厂，生产出了符合国际标准的西夏牌干红、干白葡萄酒，并以上乘的质量赢得了国内外消费者和专家的好评。农业部规划在宁夏建设优质酿酒葡萄种植基地，宁夏回族自治区计划建设面积6600公顷以上的优质酿酒葡萄种植基地，并大力发展葡萄酒生产。多家葡萄酒生产企业纷纷投资建设酿酒葡萄基地。2003年4月，国家质量监督检验检疫总局通过了对“贺兰山东麓葡萄酒”原产地域产品保护申请。

目前，宁夏约有3.8万公顷的葡萄园，是中国第二大葡萄酒产区，这些葡萄园大部分都位于贺兰山东麓。宁夏产区以波尔多葡萄品种为主，红葡萄品种有赤霞珠、美乐、蛇龙珠；白葡萄品种有霞多丽、雷司令、贵人香，见表7–6。

2013年起，宁夏以波尔多的1855分级为模型建立了自己的葡萄酒分级制度，列级酒庄实行五级制，每两年评定一次。所有参评酒庄都必须先从五级开始评选，逐级晋升。若要晋升到最高级一级酒庄，最少需要10年，目前共有35个酒庄入围。宁夏不但有规模较大的酒庄比如西鸽酒庄，也是精品小酒庄扎堆的地方。

宁夏贺兰山产区主要葡萄酒生产企业有：宁夏恒生西夏王酒业有限公司、宁夏蓝赛葡萄酒业有限公司（见图7–3）、西鸽酒庄、贺兰晴雪酒庄、采缇酒庄（见图7–4）、未迟酒庄（见图7–5）、长城天赋酒庄（见图7–6）、夏木酒庄（见图7–7）、海悦仁和酒庄（见图7–8）、利思酒庄等。

图7-3　中国－宁夏贺兰山东麓葡萄酒产区 蓝赛酒庄 盈川红

品种：黑皮诺

宁夏蓝赛葡萄酒业有限公司成立于2014年，酒庄位于西夏区镇北堡镇昊苑村。酒庄于2016年建成，采用青砖灰瓦仿古建筑。将贺兰山石材文化和中国传统的建筑风格相融合，并将砖雕和瓷雕艺术运用其中，使酒庄独具中式建筑风格。

图7-4　中国－宁夏贺兰山东麓葡萄酒产区 采缇酒庄

品种：赤霞珠

侍酒师点评：采缇珍选干红葡萄酒，深宝石红色泽，璀璨绚丽；浓郁的覆盆子、李子、无花果成熟果香沁人心脾，与太妃糖、巧克力般迷人烘烤香完美搭配，协调优雅，单宁细腻饱满，口感甘润平衡，回味无穷。

表7-6　宁夏贺兰山产区

项目名称	内　容
地理位置	宁夏回族自治区银川平原的西部
葡萄品种	赤霞珠、美乐、蛇龙珠、霞多丽、雷司令、贵人香、马瑟兰等
知名品牌	宁夏红、迦南美地、银色高地、西鸽酒庄等
主要葡萄酒生产企业	宁夏恒生西夏王酒业有限公司、宁夏蓝赛葡萄酒业有限公司、西鸽酒庄、贺兰晴雪酒庄、采缇酒庄、未迟酒庄、长城天赋酒庄、夏木酒庄、海悦仁和酒庄、利思酒庄

六、甘肃武威产区

甘肃产区位于河西走廊东部地区，这里生产的葡萄成熟充分、糖酸适中、无病虫害，特色突出，可称是我国最佳的优质酿酒葡萄和葡萄生态区之一。其中武威地区表现最好。

武威地处河西走廊东端，葡萄种植区位于东经101°43′~104°43′，北纬36°46′~38°09′，

图7-5　中国－宁夏贺兰山东麓葡萄酒产区
未迟酒庄

葡萄品种：赤霞珠

侍酒师点评：这款酒呈现中高深度的宝石红色，伴有浓郁成熟的黑李子、山楂、甘草，以及黑枣和可可的芳香。中味呈现的是大量乳脂、粉末状的单宁感，非常喜欢这的成熟度（恰到好处，而不是过熟）以及明显的集中度。现在可以饮用，但最好再等几年，让橡木的味道和酒融合得更加充分。

图7-6　中国－宁夏贺兰山东麓葡萄酒产区
长城天赋酒庄

葡萄品种：赤霞珠

长城天赋酒庄是集科研、种植、酿造、品评、旅游观光、文化体验、餐饮会议为一体的综合性酒庄。酒庄坐落于贺兰山脚下，是产区内最靠近山脉的酒庄，拥有将近1500公顷精品葡萄种植园。酒庄西面是贺兰山形成的天然屏障，从东面流经的黄河水为葡萄园提供了必需的水资源。平均1266米的高海拔和近200米的海拔落差赋予葡萄种植园独特的微气候。

分布在民勤县、武威市和古浪县北部的沙漠沿线区，正好处于北纬30°~40°世界种植葡萄的“黄金”地带。

（一）温度

产区生长季节的月平均温度与世界著名葡萄产区——法国波尔多地区十分接近，其中最热月7月气温21.9℃，与波尔多的21℃几乎相等，果实成熟期9月气温为

图7-7　中国－宁夏贺兰山东麓葡萄酒产区 夏木酒庄

葡萄品种：赤霞珠

夏木酒庄位于宁夏贺兰山东麓金山产区，近苏峪口国家森林，海拔1180米，庄园占地300亩，秉持理念是在坚持有机、科学种植的基础上追求自然农法精神，节水滴灌、厂字形剪枝，亩产严格控制在300公斤左右。

图7-8　中国－宁夏贺兰山东麓葡萄酒产区 海悦仁和酒庄 一山一水系列

葡萄品种：马尔贝克

宁夏海悦仁和酒庄坐落于贺兰山东麓金山国际葡萄种植示范区。西边贺兰山绵延200多公里，东边的黄河水滋养了干涸的土地。在贺兰山和黄河的围合下，形成了宁夏这一片塞上江南。“一山一水”的品牌名也正是来源于此。在这一山一水的环抱中，海悦仁和酒庄深耕风土，力求酿造出能真正体现贺兰山东麓优雅风情的葡萄酒。

14.9℃，低于波尔多的18℃，有利于葡萄保持较高的酸度。

项目区≥10℃有效积温为：古浪产区1209.5℃，武威产区1363℃，民勤产区1509℃，属葡萄栽培的最凉区和凉爽区，与法国波尔多的有效积温1327℃相近，适合极早、早、中、晚熟品种的栽培。

（二）光照

产区位于中纬度地区的沙漠沿线，空气干燥，大气透明度高，光能资源丰富，年日照时数长达2730~3030小时，日照率为64%~68%，太阳总辐射达到134~138千卡/平方厘米，与河北怀来相当，高于山东蓬莱、天津等地。另外，紫外线和散射光较我国东部产区丰富，更有利于植物进行光合作用。

此外，对光能系数（IH）的计算表明，古浪干武铁路以北沙漠沿线区为3.50，武威4.14，民勤4.66，达到早熟品种2.6~2.8、中晚熟品种3.5~4.5的要求。

（三）降水

产区降水稀少，年降水量在200毫米以下，蒸发量达2600~3100毫米，相对湿度低，农业生产用水以灌溉为主，较之我国东部降水丰富的产区，病虫害大大降低，可以少施农药或不施农药，非常适合生产无污染绿色食品。

（四）土壤

产区土壤以沙质土为主，土壤结构疏松，孔隙度大，有利于葡萄根系生长。沙质土矿物质含量丰富，热交换快，温差大，有利于浆果的着色和成熟，非常适于优质葡萄的栽培。但是土壤有机质含量低，约为0.8%左右，pH值为8左右，略偏高，因此在葡萄园管理中应多施有机肥，并使用一定量的酸性改良剂。

（五）其他条件

产区为传统的灌溉农业区，灌溉条件便利，社会经济较发达，交通、通信条件便利，电力能源较充足，为葡萄栽培提供了有利条件。

武威地区酿酒葡萄的大规模发展始于1983年，黄羊河农场率先引进优质酿酒葡萄品种20多个，已形成1330多公顷酿造葡萄生产基地，葡萄干酒的年产量为5000吨。近年来，随着国家葡萄产业的发展和西移，甘肃省把武威葡萄基地建设列为“再造河西”农业产业化项目之一，从1998年以来，连片开发葡萄园2460多公顷。武威市葡萄基地建设发展至今，累计定植面积已达5600公倾，其中，酿酒葡萄占5400多公顷。目前，武威地区已拥有龙头葡萄酿酒企业3家，加工能力达2.3万吨，由白酒厂改扩建的葡萄酒厂2家，其中莫高酒业公司是西北地区葡萄酒生产的龙头企业，该公司经过10多年精心选育，已经确定了几个最能适宜当地栽种的葡萄品种结构，并于1998年完成了万吨葡萄酒生产的技术改造和扩建项目。实践证明，这里的自然条件，确能使赤霞珠、解白纳系列、皮诺系列、雷司令等世界名种葡萄的品质得以充分发挥。“莫高”已经成为全国知名品牌，“当然”“苏武山”“皇台”等葡萄酒品牌在全国也已崭露头角。

甘肃威武产区主要葡萄酒生产企业有：甘肃莫高实业发展股份有限公司、甘肃苏武庄园葡萄酒业有限公司、甘肃凉州皇台集团公司，见表7-7。

表7-7 甘肃武威产区一览表

项目名称	内容
地理位置	甘肃省河西走廊东部地区
葡萄品种	赤霞珠、黑比诺、雷司令等
知名品牌	莫高、当然、苏武山、皇台
主要葡萄酒生产企业	甘肃莫高实业发展股份有限公司、甘肃苏武庄园葡萄酒业有限公司、甘肃凉州皇台集团公司

七、新疆产区

新疆产区主要的葡萄产区包括吐鲁番盆地的鄯善、玛纳斯平原和石河子地区。此区土壤为砂质土，气候干燥，无病虫害，有效积温高，日照充足，昼夜温差大，有利于糖的迅速积累，但由于夏季温度过高，成熟迅速，致使葡萄糖高酸低。尽管如此，一些地方仍不失为生产特色葡萄酒的好产区。

图7-9　中国-新疆葡萄酒产区　新疆丝路酒庄有限公司

葡萄品种：雷司令

丝路酒庄位于新疆伊犁河谷。伊犁河谷是中国唯一受大西洋暖湿气流影响的地方，素有“塞外江南”之称。河谷年均日照时间长，昼夜温差大，年生长期长达180天以上。

丝路酒庄根据不同气候特点在不同的地方种植了赤霞珠、美乐、雷司令等十几个酿酒葡萄品种，共100公顷。在国内外葡萄酒大赛中获得近260项大奖。

鄯善产区属暖温带干旱区，年活动积温4500℃~5000℃，热量丰富，夏季炎热干燥，最热月平均气温高达28℃~34℃，昼夜温差大，日照充足，降雨稀少，年降雨量20~50毫米，水热系数7月、8月、9月、10月均小于1.5，靠“坎儿井”或天山雪水灌溉。鄯善位于吐鲁番盆地的底部，近邻火焰山，土壤为戈壁沙土、粉沙土或砾石壤土，透水透气性强，漏水漏肥，盐碱较重。1981年，轻工业部下发《酿酒葡萄优良品种选育》，新疆维吾尔自治区轻工业厅根据该地区的自然条件，选择了鄯善葡萄酒厂作为承办单位。1982年，该酒厂由法国引入苗木500株。除引入10个国际名种外，还由山东、北京、安徽等地引入国内较好的酿造品种20个，总计30个品种，10042株，种植面积5.4公顷，形成了当时全国第四个良种园。根据几年的观察，适应鄯善产区的优良酿造品种有：佳美、白诗南、歌海娜、神索、霞多丽、西拉、赛美蓉、白羽，这些品种生长势强，产量较高，酒质好。由于热量充足，葡萄含糖量高达25°~28°，而酸度很低，是生产浓甜葡萄酒的适宜产区，或用于与其他品种搭配生产多品种调配的葡萄酒。现在的主要品种是无核白、喀什喀尔。

玛纳斯平原产区属于中温带干旱或半干旱地区。葡萄生长气候冷凉，年活动积温3200℃~3800℃，6—8月平均气温21℃~22℃，昼夜温差大。年降水量200~300毫米。一般中晚熟品种可以充分成熟。生长后期气候更加冷凉，有利于生产糖酸比协调的干红、干白葡萄酒及香槟酒，是上述三种酒型的优质酒产区。一些病虫害抗性较差的黑皮诺、雷司令、霞多丽及中晚熟品种赛美蓉在该区均有较好的表现。

石河子产区位于天山北麓中段，准噶尔盆地南缘，其地理位置在东经85°~86°30′，北纬43°30′~45°40′，是种植葡萄的“黄金地带”。其地势由东南向西北倾斜，从南到北分别为黄土丘陵、山前倾斜平原、冲积扇平原地带。这里的气候四季分明，年平均气温6.0℃~6.6℃之间，无霜期160~170天。≥10℃的活动积温34.78℃，≥35℃的天数为14天，最冷月平均气温-16.1℃，最热月平均气温24.9℃，年降水量110~200毫米。日照时数2779.5小时，其中生长季4—6月的日照时数在1900~2000小时左右，全年的辐射量为1364856千卡/平方米，日照百分率为63%。石河子地处冲积扇平原地带，土壤可粗分为砾质土、砂壤土、壤质土。由于这里土层深厚，通透性良好，腐殖质含量高，为生产优质葡萄提供了良好的土壤条件，浆果成熟时的品质好，色艳、糖高、酸度适中、涩淡耐贮藏。

1998年成立的新天国际葡萄酒业有限公司是近年来葡萄酒业一支强大的生力军。“楼兰”“新天”“西域”“尼雅”等葡萄酒品牌已经成为西部酒业的主打产品。

新疆产区主要葡萄酒生产企业有（见表7-8）：新天国际葡萄酒业有限公司、新疆西域酒业有限公司、新疆楼兰酒业有限公司、新疆焉耆乡都酒业有限公司、新疆正通葡萄酒厂、新疆伊犁葡萄酒厂、新疆丝路酒庄有限公司（见图7-9）。

表7-8 新疆产区一览表

项目名称	内 容
地理位置	新疆维吾尔自治区吐鲁番盆地的鄯善、玛纳斯平原和石河子地区
葡萄品种	无核白、喀什喀尔、黑皮诺、雷司令、霞多丽、赛美蓉等
知名品牌	楼兰、新天、西域、尼雅
主要葡萄酒生产企业	新天国际葡萄酒业有限公司、新疆西域酒业有限公司、新疆楼兰酒业有限公司、新疆焉耆乡都酒业有限公司、新疆正通葡萄酒厂、新疆伊犁葡萄酒厂、新疆丝路酒庄有限公司

八、云南高原产区

云南地处云贵高原，地理位置在东经97°39′~106°12′，北纬21°9′~29°15′之间，多山、多河流、多湖泊。全省地势大体上从西北向西南、东南、东北倾斜，平均海拔2000米左右，最高海拔6740米，地貌结构复杂多样。云南属亚热带高原型季风气候，各地的年平均气温受海拔和纬度的影响差异很大。由于受太平洋和印度洋气流的影响，这里四季变化不明显，干湿季分明：11月—次年4月为旱季，晴天多、日照足、降水量少、日温差大；5—10月为雨季，降雨多集中在7—9月，雨量充沛、日温差小，年降雨量500~2800毫米。

云南高原产区的酿酒葡萄主要分布在弥勒、蒙自、东川和呈贡等县。世界优良酿酒葡萄品种除了东川和个旧有少量种植外，其他都集中在弥勒坝区的东风农场。该地地貌属岩溶地貌，特征是以山地高原为主，丘陵平台镶嵌其中，形成了面积较大的山间盆地。东风农场场区的土壤由砾岩和白云岩风化而成，土壤中有机质含量高，肥力中上等，非常适合葡萄的生长。该地区的年平均气温为17.38℃，全年≥10℃的活动积温5675℃。该区葡萄2月初萌芽，早熟品种6月上中旬成熟，晚熟品种成熟期为7月上中旬。生长期≥10℃的活动积温3500℃左右。该区全年降雨量720.49毫米，集中在6—10月。全年日照时间较短，只有2129.43小时。

云南具有悠久的葡萄种植历史，其葡萄品种多以巨峰、水晶和玫瑰等鲜食葡萄为主。近年来，随着全国干红葡萄酒热度升温，云南省组建了两家大型葡萄酒企业——云南高原葡萄酒有限公司和云南神泉葡萄酒有限公司。主栽品种除了原来的玫瑰蜜（Rose Honey）外，还有美乐、赤霞珠、歌海娜、烟73、贵人香、霞多丽等，其中美乐和赤霞珠的栽培面积最大。

云南高原产区主要葡萄酒生产企业有：云南红酒业有限公司、云南香格里拉酒业有限公司、云南神泉葡萄酒有限公司，见表7–9。

表7–9　云南高原产区一览表

项目名称	内容
地理位置	分布在弥勒、蒙自、东川和呈贡等县
葡萄品种	玫瑰蜜、美乐、赤霞珠、歌海娜、烟73、贵人香、霞多丽等
知名品牌	云南红
主要葡萄酒生产企业	云南红酒业有限公司、云南香格里拉酒业有限公司、云南神泉葡萄酒有限公司

九、东北产区

东北产区包括长白山麓和东北平原。这里冬季严寒，温度–40℃~–30℃，年活动积温（≥10℃）2567℃~2779℃，降水量635~679毫米，土壤为黑钙土，较肥沃. 在冬季寒冷条件下，欧洲种葡萄（Vitis Vinifera）不能生存，而野生的山葡萄（Vitis Amurensis）因抗寒力极强，已成为这里栽培的主要品种。据1960年资料统计，当时东北采摘野生山葡萄的总量已达1.5万吨，主要用于酿酒。

东北地区生产山葡萄酒的历史可以追溯到20世纪30年代。1936年兴建的吉林市长白山葡萄酒厂和1938年成立的吉林通化葡萄酒厂就是最早利用山葡萄酿酒的两个酒厂。中华人民共和国成立以后，东北地区相继成立了十几家葡萄酒企业，到1974年，总产量超过1万吨。但是，由于该地区冬季严寒，欧亚种葡萄品种大多数浆果不能充分成熟，因此，长期以来，该地区的酿酒原料受到局限，产品基本是单一的甜型红葡萄酒。为了改变这一状况，中国农业科学院特产研究所在1973—1996年间，用山葡萄抗寒种质资源与不抗寒的世界酿酒名种进行了杂交试验，选育出了产量高、品质优的“左山一”“左山二”两个品种，又陆续培育出“双庆”“双丰”以及利用4种杂交模式培育出的“山－欧F1”等品种，为东北地区的葡萄酒发展提供了丰富的资源。

近年来，东北地区的葡萄酒生产有了一定的发展，主要生产地集中在通化。“通化”牌葡萄酒被评为2002年中国名牌产品，主导产品仍然是以山葡萄为原料的爽口葡萄酒。

东北产区主要葡萄酒生产企业有：通化葡萄酒股份有限公司、吉林省长白山酒业集团有限公司、通化通天葡萄酒股份有限公司、通化圣大葡萄酒股份有限公司、通化爽然葡萄酒股份有限公司、通化华龙山葡萄酒有限公司、通化香雪兰山葡萄酒有限公司、通化茂祥葡萄酒股份有限公司、通化天露饮品股份有限公司、吉林天池葡萄酒有限公司、通化帝源葡萄酒有限公司、长春市奥马野生葡萄有限公司，见表7-10。

表7-10　东北产区一览表

项目名称	内　容
地理位置	北纬45°以南的长白山麓和东北平原
葡萄品种	左山一、左山二、双庆、双丰、山－欧F1
知名品牌	通化
主要葡萄酒生产企业	通化葡萄酒股份有限公司、吉林省长白山酒业集团有限公司、通化通天葡萄酒股份有限公司、通化圣大葡萄酒股份有限公司、通化爽然葡萄酒股份有限公司、通化华龙山葡萄酒有限公司、通化香雪兰山葡萄酒有限公司、通化茂祥葡萄酒股份有限公司、通化天露饮品股份有限公司、吉林天池葡萄酒有限公司、通化帝源葡萄酒有限公司、长春市奥马野生葡萄有限公司

十、清徐产区

清徐产区包括山西的汾阳、榆次和清徐的西北山区，这里气候温凉，光照充足，年活动积温3000℃~3500℃，降水量445毫米，土壤为壤土、砂壤土、含砾石，具有“光照强、温差大、降水适中、水可控”的特点。多年的酿制葡萄酒历史使清徐产区名声远扬。该产区葡萄栽培在山区，着色极深，龙眼是当地主栽品种之一，皮薄而透明，素有“北国明珠”的美誉。近年，赤霞珠、美乐也开始用于酿酒。

清徐产区是中国最早种植葡萄的地方之一，也是中国最早酿造葡萄酒的地方之一，素有“葡萄之乡”美称，民间流传着“清源有葡萄，相传自汉朝”的说法。产区境内葡萄栽培历史可追溯到2000年之前。1949年，清徐产区的炼白葡萄酒成为中华人民共和国开国大典指定葡萄酒，2012年“炼白”工艺被认定为“山西省非物质文化遗产”。清徐产区炼白葡萄酒色泽金黄、酸甜可口、醇和圆润、味香浓厚，是世界上独具特色的葡萄酒之一，也是具有民族特色的中国葡萄酒。

1921年10月，由山西人张治平建立了新记益华酿酒公司，成为当时全国仅有的几家用机械设备大规模生产葡萄酒的酒厂之一。中华人民共和国成立后，该厂更名为山西清徐露酒厂，自20世纪50年代初—80年代末期，该酒厂一直是我国七大葡萄酒厂之一。2001年，山西青徐葡萄庄园有限公司成立，旗下拥有“青徐”“柔丁香”“真宝纳”等多个品牌。山西省清徐葡萄酒有限公司始创于1982年，位于清徐县马峪乡。该公司主导产品有“马裕”牌葡萄酒，是山西省农业产业化龙头企业。

十一、西藏产区

西藏一直被誉为朝圣者的天堂，旅游达人、户外爱好者必去的世外桃源。但很少有人知道这里还生产着独一无二，来自世界屋脊的葡萄酒。

有资料显示，西藏葡萄酒的酿造历史可追溯到9世纪中叶，之后让葡萄酒在这里发展起来的是法国传教士。至今在当地的藏式教堂中，还能找到当时传教士带来的，早已在欧洲大陆不见踪迹的葡萄品种，如玫瑰蜜等。现在西藏葡萄园内主要种植的多是国际葡萄品种，如赤霞珠、霞多丽、美乐。在这个低纬度、高海拔的区域，充足的日照、稀薄的空气令其形成了独特的风土条件。西藏生产葡萄酒的地方并不多，主要集中在拉萨、山南、芒康等地。

十二、其他产区

除上述主要葡萄酒产区外，在全国还零星分布着很多酿酒葡萄种植和葡萄酒生产基地，例如四川省的小金、茂县、九寨沟、西昌、攀枝花；广西壮族自治区的永福、罗城、都安；内蒙古自治区的乌海、开鲁、乌兰布和沙漠；陕西省的鄠邑区、丹凤、榆林、渭北；湖北省的黄陂；湖南省的澧县，等等。

【本章参考文献】

[1] 丁慧. 从张裕发展历程看中国葡萄酒文化 [N]. 经理日报，2004-02-22.

[2] 郭松泉. 看中国葡萄酒如何享誉世界（一）[N]. 华夏酒报，2017-09-12（B29）.

[3] 刘松涛，李茜，吕雯，等. 中国葡萄酒产业现状及发展趋势——以宁夏贺兰山东麓产区为例 [J]. 现代农业科技，2019（9）：241–243.

[4] 毛如志，杨宽，鲁茸定主，等. 中国葡萄酒产区——西南产区 [J]. 农业与技术，2019（12）：175–177.

[5] 卢伟霞，庄淑媛. 中国葡萄酒产区《烟台共识》发布 [J]. 中国食品，2019（14）：156–157.

[6] 卢柯. 河西走廊，中国葡萄酒的故乡 [N]. 华夏酒报，2019–03–12（B42）.

[7] 刘翠苹. 让世界爱上中国葡萄酒 [N]. 协商新报，2019–10–15（001）.

[8] 苗春雷. 张裕：不忘初心，领跑中国葡萄酒行业 [N]. 烟台日报，2019–10–01（008）.

[9] 李巍. 中国葡萄酒产区划分浅议 [J]. 中外葡萄与葡萄酒，2010（1）：68–72.

【思考练习题】

一、选择题

1. 获得原产地域保护的葡萄酒有昌黎葡萄酒、宁夏贺兰山东麓葡萄酒和（　　）

A. 天津葡萄酒　　B. 新疆葡萄酒　　C. 东北葡萄酒　　D. 烟台葡萄酒

2. 沙城怀涿盆地产区位于（　　）

A. 山东　　B. 河北　　C. 西北　　D. 东北

3. 新疆产区主要的葡萄产区包括吐鲁番盆地的鄯善、（　　）和石河子地区。

A. 玛纳斯平原　　B. 天山　　C. 天池　　D. 阿克苏

二、问答题

1. 请简要介绍中国葡萄酒发展经历了哪几个时期？

2. 请逐一列出中国葡萄酒十一大产区。

3. 请简要介绍我国第一个获得原产地域保护认证的葡萄酒产区。

4. 请简要介绍甘肃武威产区的葡萄酒概况。

三、论述题

1. 试述宁夏贺兰山产区概况。

2. 试述环渤海湾产区风土特征、葡萄品种。

【经验性训练】

通过对不同中国葡萄酒的比较、认识以及感官体验，使学生能够区分常见的中国葡萄酒。

【实践考核项目】

酒水的认识与识别

（一）本项目考核的目的

认识酒标，了解中国葡萄酒产地及品牌；能识别各类中国葡萄酒的特点、产地及代表品牌；掌握主要中国葡萄酒区分方法。

（二）所需理论和设备器材知识

掌握中国葡萄酒的产区、酒水的特点、品牌等知识。

（三）所需仪器设备和消耗性器材

准备主要常见中国葡萄酒。

（四）实训考核内容和要求

1. 能按照行业规范熟练进行酒水鉴别，并掌握中国葡萄酒的特点、产地及品牌。

2. 能较熟练地对各类中国葡萄酒进行区分。

第八章　澳大利亚、新西兰

【本章概要】

本章主要讲述了澳大利亚和新西兰葡萄酒的历史发展和主要产区的葡萄种植情况，并就当地葡萄品种、酿造工艺及所产葡萄酒的风格特点进行描述。

【学习目标】

1. 了解澳大利亚和新西兰葡萄酒的概况。
2. 掌握澳大利亚和新西兰葡萄酒的主要葡萄品种及产区。

【关键术语】

澳大利亚　新西兰　葡萄酒　葡萄品种　产区

【讲师语录】

澳大利亚与新西兰的葡萄酒特点有何区别?

这两个国家同为新世界葡萄酒国家，又是邻里关系，但葡萄酒的风格与特点却各放异彩。近年来，新世界葡萄酒生产国的销量在世界葡萄酒消费份额中不断攀升，使得更多的消费者感受到了新世界葡萄酒的魅力。

澳大利亚与新西兰葡萄酒有以下区别。

第一，国家面积不同。澳大利亚国土面积769.2万平方千米，而新西兰只有27万平方千米。澳大利亚葡萄种植面积大，葡萄品种多样且分布广泛，新西兰葡萄种植面积小，葡萄品种单一。

第二，气候不同。澳大利亚气候多样，主要产区气候为地中海气候、温带海洋性气候、亚热带海洋性气候、热带雨林气候，等等。新西兰的气候主要以海洋性气候为主。多样性气候造就了澳大利亚葡萄酒的多元化，通常采用西拉、美乐、赤霞珠、黑皮诺等品种酿制，酒柔和饱满，味道浓郁，口感清新，果香四溢，带有巧克力香味是一大特点。新西兰葡萄酒更加轻盈但又不失力量，品种主要是黑皮诺和长相思。澳大利亚享誉世界的葡萄酒产区在澳大利亚的南部巴罗萨谷地区。在澳大利亚，不同的产区都有其闻名世界的特定葡萄品种。新西兰比较出名的是马尔堡产区，最出名的莫过于长相思白葡萄酒，长相思也是新西兰标志性的葡萄酒。

第三，虽然都是新世界国家，采用的都是现代化酿酒设备和先进酿造工艺。但是新西兰的酒庄更多是精品小酒庄，走小众路线，产量少而精，价格普遍要比澳大利亚葡萄酒价格高一些。葡萄酒的质量品控要做得更加严格和精细，例如，黑皮诺的单宁和香气集中度都很高，长相思的水果类果香饱满且浓郁，酸度活泼口感清爽。而澳大利亚的葡萄酒生产一般以大规模生产为主，同时保证葡萄酒的风格、品质稳定且统一。走差异化路线的精品小酒庄数量相对较少。

总之，虽然这两个国家是邻居，但是葡萄酒却各具特色。

——法国CAFA葡萄酒&烈酒学院　高级讲师　马星

第一节　澳大利亚葡萄酒概述

一、澳大利亚葡萄酒历史与市场概述

（一）澳大利亚葡萄酒历史

澳大利亚葡萄种植始于1788年，1810年开始了商业化的葡萄酒酿造和销售，但由于人口、饮食习惯等原因，生产规模较小。直到20世纪50年代，随着大量欧洲移民的到来，欧洲居民的生活方式和葡萄酒文化也一并被带入澳大利亚，澳大利亚葡萄酒消费开始活跃，极大地促进了葡萄种植与葡萄酒酿造业的发展。进入20世纪80年代，葡萄酒产销矛盾日渐突出，供过于求的局面愈演愈烈，澳大利亚葡萄酒产业面临生产过剩的极大压力。为了加强宏观调控、引导产业有序发展，澳大利亚政府颁布了葡萄酒白兰地机构法案，并成立了相应的政府管理机构——澳大利亚葡萄酒及白兰地管理局（AWBC）。在AWBC法案的监管下，澳大利亚葡萄酒产业逐步进入有序的发展轨道，出口大幅增加，国内消费稳中趋升，供求矛盾逐步缓解，产业规模迅速扩大。

（二）澳大利亚葡萄酒市场概述

澳大利亚最重要的产区在南澳大利亚区，这里气候温暖，日照充足。目前，澳大利亚已经形成了60多个葡萄酒产区，主要分布在澳大利亚东南部的南澳（South Australia）、新南威尔士（New South Wales）和维多利亚（Victoria）3个州，西澳（Western Australia）、塔斯马尼亚（Tasmania）和昆士兰州（Queensland）产量较小但发展迅速，首都堪培拉及周边地区是良好的冷凉气候的葡萄酒产区。

南澳以得天独厚的优良环境，成为现今澳大利亚最重要的葡萄酒产区，其大部分的葡萄园集中在巴罗萨谷（Barossa Valley）、河地（Riverland）及阿德莱德（Adelaide）附近区域。新南威尔士为澳大利亚最早的葡萄栽种地区，澳大利亚主要知名酒厂都集中于此。维多利亚的葡萄酒类型众多，其内陆产区以甜型的加烈葡萄酒闻名；东北部除了甜型酒外，也生产酒色深浓、酒精度高、口味重的红葡萄酒；西澳产区则以玛格丽特河（Margerat River）最负盛名，此地以出产霞多丽和赤霞珠（包括波尔多混酿）而闻名。由于产地不同，澳大利亚葡萄品种也很多，不但生产红、白葡萄酒，加强型酒，红起泡葡萄酒，而且剩余的发酵汁还能用于蒸馏制酒。

澳大利亚葡萄酒的特色之一是混合两种或两种以上的葡萄品种来酿酒，创造出一种完全属于澳大利亚的风味。最常见的就是赤霞珠和西拉葡萄品种的混合，在葡萄酒的正标或背标上会清楚标明。澳大利亚在酿葡萄酒时，普遍采用橡木桶储存及低温发酵技术，制造出的葡萄酒以口感丰腴，并带有巧克力和水果香为其特色。

澳大利亚于18世纪末才开始发展精品葡萄酒产业，不仅成长快速，转化的速度更是惊人。从最早期的加烈甜红葡萄酒与赛美蓉白葡萄酒，到20世纪90年代初，散发着香草与奶油香气、如鲜奶油般肥润的霞多丽白葡萄酒从无到有，在10年间几近独占式地成为澳大利亚葡萄酒的主流。20世纪90年代中期和后期，带着甜熟桑葚与胡椒香气、厚实多酒精的西拉红葡萄酒，以10年间成长5倍的惊人速度，成为澳大利亚葡萄酒的最典型代表。

澳大利亚已经是一种葡萄酒类型的象征，最具代表性的霞多丽或西拉，都有毫不羞怯的奔放香气、浓厚丰满的口感与严格技术管控的稳定质量。澳大利亚输出的不仅是非常可口的葡萄酒，他们精密掌控的酿酒技术和理念，也影响着全球许多产区的葡萄酒发展。除主流风格之外，现在澳大利亚也出现了非常多样的产区与葡萄酒风格。

二、气候与地理环境

澳大利亚的很多葡萄园集中在邻近海岸的地区，南极寒流和西风漂流等洋流给这些炎热干燥的陆地带来一些降温效果和水分的补充，稍偏内陆的地区则多为日夜温差大的大陆性气候，也非常适合种植葡萄。整体而言，澳大利亚的葡萄园位于较炎热干燥的地区，但在海岸边或海拔较高的地区，也有葡萄园种植于较寒冷或多雨的区域。

澳大利亚的葡萄酒产区主要集中在东南部。从新南威尔士州的猎人谷（Hunter Valley），往南经过维多利亚州再到南澳大利亚州的阿德莱德市的地区，集聚了全国约95%的葡萄园。除此之外的产区只有西澳大利亚州的西南端、塔斯马尼亚岛与昆士兰州的东南角，其余大部分地区几乎完全不适合欧亚葡萄的种植。

三、主要葡萄品种

澳大利亚主要的葡萄品种包括：西拉、赤霞珠、美乐、歌海娜、慕合怀特、黑皮诺、霞多丽、雷司令、长相思、赛美蓉，此外一些小众的意大利品种也变得日益重要。如：内比奥罗、巴贝拉、桑娇维塞和菲诺（Fino）。

来自法国罗纳河谷产区的西拉（Syrah）在澳大利亚称为Shiraz，是目前种植最广也最重要的品种，超过40%的红葡萄酒以西拉酿造。

白葡萄酒品种以霞多丽最为重要，带有浓重橡木味和成熟水果香气的霞多丽是澳大利亚的代表酒款之一。不过来自波尔多的赛美蓉的历史最悠久，种植面积也相当广阔，而且非常有特色，具有相当的陈年潜力。来自德国的雷司令在澳大利亚也有非常优异的质量，是欧洲以外最令人兴奋的产区之一。长相思在澳大利亚也早已酿出激动人心的酒款，来自法国北罗纳河谷罗帝丘的西拉混合维欧尼酿造的葡萄酒，也越来越受到消费者的关注。

第二节　澳大利亚葡萄酒产区

澳大利亚的葡萄种植面积快速增长，产区的多元性也快速增加，特别是许多过去被视为太冷的区域也开始种植葡萄，酿造较优雅多酸的葡萄酒。非主流的葡萄品种也渐受重视，小型的特色酒庄也逐渐增多。虽然主流市场以企业的品牌与品种为主，但是，产区特色也开始扮演更重要的角色。

澳大利亚共有六个大的产区（见表8–1）：

表8–1　澳大利亚六大产区

中文名称	原文名称
新南威尔士州	New South Wales
维多利亚州	Victoria
塔斯马尼亚岛	Tasmania

续表

中文名称	原文名称
昆士兰	Queensland
南澳大利亚州	South Australia
西澳大利亚州	Western Australia

一、新南威尔士州（New South Wales）

1788年，澳大利亚最早的葡萄园种植在悉尼附近，因为过于潮湿，不太适合种植葡萄，新南威尔士的葡萄园大多往内陆发展。位于悉尼北边的猎人谷是新南威尔士最重要也最具代表性的产区，自1830年即开始种植葡萄。葡萄酒产量虽只占全国的3%，但却是最多外国游客探访的葡萄酒产区。因为开发较早，猎人谷集聚着相当多的老牌酒庄，虽然本地产量不大，但大型酒庄也会采购其他产区的葡萄进行酿造，从而使猎人谷成为新南威尔士的葡萄酒产业中心。猎人谷最优质的子产区位于下游的下猎人谷，葡萄园与酒庄几乎全都集中在断背山脉东面的山脚与低缓的坡地之上。

从气候的条件上来看，猎人谷似乎不会是一个优质的葡萄酒产区。位置太偏北，天气过于炎热，上游的猎人谷因为过热而完全无法酿出精致的葡萄酒。这里的雨量虽然不高，但降雨主要集中在采收季，让葡萄容易染病腐坏。但这些缺点却造就了猎人谷非常特别的赛美蓉白葡萄酒和西拉红葡萄酒。为了避开阴雨季节，赛美蓉在还没有完全成熟前就被提早采收，酿成的葡萄酒酒精度大多仅有10.5%vol，有着非常强劲的酸味，年轻时喝起来常显得平淡无味，但因高酸却具有相当的陈年潜力，陈年后常出现蜂蜜、干果、矿物以及香料等非常迷人多变的陈年香气，口感也变得柔顺圆润，是澳大利亚风味最独特的白葡萄酒。

采收季的阴雨天气时常遮住太阳，让炎热的猎人谷在葡萄进入成熟期时开始变得凉爽，延缓成熟速度，酿成的西拉红葡萄酒有澳大利亚相当少见的柔和与高雅风格，相当细致迷人。因为特殊的地理条件，猎人谷虽然炎热，却是生产较多白葡萄酒的产区，除了赛美蓉，也生产非常优质的霞多丽。还有不少的华帝露（Verdelho）酿成清爽可口、带一点点甜味的适合年轻时饮用的白葡萄酒。除了西拉之外，赤霞珠也大多会酿成风格相当柔和细致的红葡萄酒。

悉尼西边的内陆山区有马奇（Mudgee）产区，气候更炎热干燥，主要生产红葡萄酒。马奇南边的奥兰治（Orange），作为一个新兴的产区，因为海拔较高，红、白葡萄酒都颇具潜力且较为均衡。东边的考兰产区（Cowra）海拔较低，以出产厚重的霞多丽为主。更内陆的滨河沿岸（Riverina）则是新南威尔士最大的产区，传统上以生产加强型甜酒为主，现在除了生产大量的平价酒之外，偶尔可以见到非常优质的赛美蓉贵腐甜白葡萄酒。悉尼西南方的新南威尔士南部海拔较高，气候较为凉爽，其中以堪培拉（Canberra）和希托普斯（Hilltops）最为著名，虽然产量不多，但西拉（甚至是西拉和维欧尼的混酿）、赤霞珠，甚至黑皮诺和雷司令，都有不错的水平。

二、维多利亚州（Victoria）

不同于澳大利亚其他地区，维多利亚州与首府墨尔本是澳大利亚最欧洲化的地方，至少，这里的居民这样认为。这样的地区文化特色，结合了因为位处南方而更为寒冷的气候，以及更为多变起伏的地形地势，这一切，让维多利亚成为全澳大利亚最多元化的葡萄酒产区，有着最多实践欧洲酿酒理念的小型酒庄，酿造出最类似欧洲风格的葡萄酒。而这也说明了为何维多利亚州虽然面积不大，却拥有最多的葡萄酒产区以及为数最多的葡萄酒庄。

在靠近墨尔本附近的南部海岸区凉爽多雨，有着比勃艮第还要寒冷的气候，越往北内陆气候越干燥炎热，在西北部的天鹅山（Swan Hill）和墨雷达令河岸（Murray Darling）已经是几近荒原，以人工灌溉的广阔葡萄园生产大规模的廉价葡萄酒。在众多环境殊异的产区中，以环绕着菲利普港（Port Phillipe）海湾，气候寒冷的雅拉谷（Yarra Valley）、吉龙（Geelong）、莫宁顿半岛（Mornington Peninsula）、山伯利（Sunbury）和马其顿山（Macedon Range）等南部的寒冷产区最为特别。这里主要生产清爽多酸的起泡酒，柔和精巧多果香的黑皮诺红葡萄酒，均衡多酸较少橡木影响的霞多丽，产自凉爽气候、高酸优雅的赤霞珠和西拉红葡萄酒等，这些酒都有极为精彩的展现，共同成为南澳成熟浓郁型的葡萄酒，另一种更为均衡精致、有更多细节、也更适合佐餐的葡萄酒风格。

墨尔本东北郊的雅拉谷是州内最早种植葡萄，而且最知名的葡萄酒产区。因为气候寒冷，可以酿出均衡多果味的高质量黑皮诺，霞多丽也表现出较优雅均衡的风格，两者都名列澳大利亚的最佳产区。西拉和赤霞珠虽不及南澳的巴罗萨谷（Barossa Valley）名声显赫，但却更为优雅，且有很强的陈年潜力，甚至有着接近北罗纳河与梅多克的架构与质地。此外，雷司令和长相思也相当迷人可口，而且，雅拉谷还是澳大利亚最佳的气泡酒产区之一，在全球各产区中，很少有一个面积这么小的产区却生产出这么多样风格的精彩葡萄酒。墨尔本南边的莫宁都半岛和西边的吉龙因为直接临海，更加寒冷，主要专注于生产更细致多酸的黑皮诺，另外也生产非常清丽迷人的霞多丽。马其顿山虽然离海较远，海拔高，也相当寒冷，该产区以气泡酒闻名，黑皮诺和霞多丽也有相当精彩的表现。

维多利亚州中部的气候较为干燥和极端，具有明显的大陆性气候特征，日夜温差大，适合红葡萄品种的生长，尤其是西拉和赤霞珠。班迪戈（Bendigo）是面积最大的葡萄种植区，但希斯科特（Heathcote）产区的品质更加优秀。相比班迪戈，希斯科特的气候更为凉爽，土壤为寒武纪（Cambrian）时期的红色石灰黏土，非常适合种植西拉。这里酿造的西拉红葡萄酒单宁圆润、口感厚重饱满，在均衡与精细度方面甚至可以媲美南澳的巴罗萨谷。此外，来自意大利的葡萄品种桑娇维塞和内比奥罗在此地也展现出很大的潜力。希斯科特东边的史庄伯吉山区（Strathbogie Ranges）和上高宝（Upper Goulburn）地区，海拔从北向南逐渐上升到1800米。史庄伯吉山区海拔较低，主要生产较为坚实的西拉和赤霞珠。上高宝则位于更南边的高海拔地区，主要生产高酸的霞多丽和芳香的雷司令。

维多利亚州东北部的格林罗旺（Glenrowan）和路斯格兰（Rutherglen）地区过去以出产氧化风格的加强酒为主，现在则生产酒体厚重高酒精度的西拉和赤霞珠红葡萄酒，也产一些厚重的干白葡萄酒。稍南边一点的阿尔派谷（Alpine Valley）和国王谷（King Valley）海拔较高，气候比较凉爽，除了西拉和赤霞珠之外，也种植较多的意大利品种葡萄。

三、西澳大利亚州（Western Australia）

虽然西澳是澳大利亚面积最大的一州，但葡萄酒产区却局限在西南部尖端的小角落，因为地广人稀，虽然有相当优异的条件，但是葡萄园的面积一直不是很大。位于西澳首府珀斯（Perth）北方的天鹅谷（Swan Valley）酷热干燥，是最早成名的产区，以白诗南酿成的平价白葡萄酒均衡可口。伯斯南方的海岸边因为有南极寒流经过，气候比较温和，更适合酿造精彩的葡萄酒，以极西南边的玛格丽特河（Margaret River）产区最为著名，是澳大利亚最佳的赤霞珠产区之一，有厚实坚挺的架构。美乐也有好表现，经常混合成波尔多混酿风格的红葡萄酒。霞多丽也是明星品种，除了浓郁丰满之外，也具有极佳的陈年潜力。长相思和赛美蓉混酿的干白葡萄酒也相当可口。西澳最南端的大南部产区（Great Southern）产区面积广阔，除了湿凉的海岸区，大部分属于大陆性气候区。雷司令是最具代表性的品种，展现出迷人的香气和爽口的酸味，丝毫不逊色南澳克莱尔谷（Clare Valley）和伊顿谷（Eden Valley）的水准。除了赤霞珠、西拉以外，很多小众品种也越来越精彩。

四、塔斯马尼亚岛（Tasmania）

位于澳大利亚最南端的塔斯马尼亚岛气候寒冷潮湿，加上强劲的西风，非常不利于葡萄的生长，因此，葡萄园的面积和产量都很小。但全球气候暖化，以及寻求更凉爽气候种植葡萄的趋势，让塔斯马尼亚岛日渐受到重视。该岛地形多样，造就了一些可以避风和防霜害的特殊环境，北部的塔玛谷（Tamar Valley）和南部的德文特（Derwent）是岛上的主要葡萄产区，适合寒冷气候的黑皮诺、霞多丽，以及雷司令和琼瑶浆是表现最好的品种。除了一般的葡萄酒，该岛也出产爽口的起泡酒。另外，在比较避风的东岸地区，也产寒冷气候的赤霞珠红葡萄酒。

五、昆士兰（Queensland）

昆士兰气候炎热，只在南部靠近新南威尔士边界的山地地区有小量种植，特别是在海拔达800米的格兰纳特贝尔（Granite Belt）产区，可生产和猎人谷类似的西拉红葡萄酒和赛美蓉白葡萄酒。

六、南澳大利亚州（South Australia）

南澳大利亚是澳大利亚最重要的葡萄酒产区，全国近一半的葡萄酒出产于此，其中西拉、霞多丽、赤霞珠和雷司令都是澳大利亚最具代表性的酒款。南澳的气候非常干燥酷热，葡萄园全部集中在东南部向南延伸的狭长海岸区域，受到西风的影响，南澳这片与维多利亚隔邻的东南角落，有着全州最温和凉爽的气候。大部分的葡萄园集中在阿德莱德附近，包括城东的阿德莱德山（Adelaide Hills）、城南的麦克拉伦谷（McLaren Vale）、城北的巴罗萨谷与伊顿谷，以及更北面的克莱尔谷，都名列澳大利亚最佳产区之中。此外，南澳在墨雷河（Murray）上游更内陆的地方，还有一片广大的葡萄酒产区河地（Riverland）和维多利亚的墨雷河岸产区连接，是澳大利亚大规模生产平价葡萄酒最核心的产区。南澳极东南角的气候比较凉爽，这里还有库纳瓦拉（Coonawarra）和帕史维（Padthaway）两个知名产区。

（一）巴罗萨谷

巴罗萨谷是澳大利亚最知名的产区，位于阿德莱德东北方70千米。自1850年就开始了葡萄酒的生产，因为没有遭遇根瘤蚜虫病，当时所种植的葡萄园还有一小部分保留至今。几乎所有澳大利亚的大型酒厂不是总部在此就是在谷地内设有酒厂，这是全澳大利亚最名副其实的酿酒中心，许多南澳其他产区的葡萄也经常被运到巴罗萨谷进行酿造。9000公顷的葡萄园大多种植红葡萄品种，其中超过一半是西拉，这里有不少百年的西拉葡萄园，常酿成颜色深黑、香气浓郁，充满着巧克力、桉树叶与成熟黑莓果味的红葡萄酒，酒香奔放，酒精含量通常很高，口感相当浓厚，并且有着强劲却又圆润的单宁，是澳大利亚红葡萄酒的典型代表。因为环境的关系，巴罗萨谷主要生产厚重的红葡萄酒，除了西拉，赤霞珠也相当精彩，区内也有珍贵的歌海娜与慕合怀特老藤，之前用来酿造加强酒，现常与西拉混合调配。即使非常热，巴罗萨谷也产一些白葡萄酒，以雷司令为主，主要种植于东面海拔较高的区域。

（二）伊顿谷

伊顿谷位于巴罗萨东部，海拔550米，气候比巴罗萨凉爽，葡萄园虽然不多，但这里的西拉却能酿造成更为均衡优雅的美妙红葡萄酒，赤霞珠和美乐也有更优雅的风格。不过伊顿谷的招牌却是白葡萄酒，以雷司令种植最广也最具代表。通常可酿成多酸且具花香、矿石与柠檬果香的清新风格，既爽口早熟又适合陈年，成熟后常有独特的焦味香气。南澳的雷司令通常酒精度较德国和奥地利来得高一些，以干型为主，很少带有糖分，是澳大利亚最值得自豪的风格之一。

（三）克莱尔谷

克莱尔谷虽是南澳最偏北的葡萄酒产区，但由于海拔较高，气候不至于过热，加上更接近大陆性气候，昼夜温差大，晚上的温度很低，连同区内的石灰质土壤，让这里的葡萄保有非常高的酸味，常有柠檬、矿石与汽油香气，具陈年潜力，是澳大利亚典型的雷司令产区。克莱尔谷南北狭长，在南段沃特维尔（Watervale）附近出产多柠檬果香、口感较柔和的雷司令，中段东侧的波利山（Polish Hill）则以出产非常强劲多酸、极适合陈年的雷司令闻名。除了雷司令，克莱尔谷出产的西拉和赤霞珠也相当著名，比巴罗萨多一些变化和酸度，但口感同样厚重，且颜色更深，常有更多的单宁。

（四）阿德莱德山、麦克拉伦谷

阿德莱德山位于阿德莱德市的东部山区，海拔高，气候凉爽，雨量也多。东边最高近600米，甚至因过于寒冷仅能酿造起泡酒。此地出产的霞多丽、雷司令与长相思高酸均衡，是澳大利亚最佳产区之一。西拉和赤霞珠也有种植，主要集中于海拔较低的东部。阿德莱德城南的麦克拉伦谷位于海与山丘之间，因有海洋的调节，气候比较温和，生产的西拉红葡萄酒除了口味厚重，有着甜熟单宁的同时，又能保持优雅和细腻的变化，很适合陈年，是澳大利亚的最佳产区之一。赤霞珠也有类似的风格，这里也有一些歌海娜老藤，白葡萄酒以霞多丽为主，也有不错的长相思。

（五）库纳瓦拉、帕史维

库纳瓦拉位于南澳的最东南边，葡萄园分布在平坦的红土平原上，是一个主要生产红葡萄酒的顶尖产区。这里的红土叫作“Terra Rossa”，排水性佳，底层土则是白色的石灰土，赤霞珠在这样的环境里有相当好的表现，强劲坚实而且陈年潜力上佳，为全澳大利亚最佳的赤霞珠产区。西拉和美乐也相当不错。帕史维位于库纳瓦拉的北边，生产类似风格的红葡萄酒，但白葡萄酒也相当著名，出产可口的霞多丽、雷司令及长相思。

第三节　新西兰葡萄酒概述

一、新西兰葡萄酒市场概述

新西兰是一个发展比较晚的葡萄酒生产国，虽然葡萄园的面积在近10年快速增长了2.5倍，但依旧是一个葡萄园面积仅两万多公顷、产量一亿多升的小型生产国。但是，这完全不影响新西兰跻身全球知名的葡萄酒产区。独特的自然条件赋予了当地葡萄酒无可比拟的风味，展现出纯净美妙的水果香气和诱人的爽口酸度。尤其是出产长相思的马尔堡（Marlborough），以及出产黑皮诺的马丁堡（Martinborough）和中奥塔哥（Central Otago），已经成为备受瞩目的新经典产区。

新西兰位于南半球，由南到北纬度相距约有6°，由于海岛型多雨气候，使得新西兰温度较低，因而与北半球欧洲的大陆性气候有着极大的差异。新西兰距离澳大利亚约有1600多千米，全岛绿草如茵，主要以畜牧业为主，近30年间葡萄耕种逐渐发展成为重要的农业产业。

虽然首府和大城市都在北岛，但新西兰出色的红葡萄酒都来自南岛。作为南岛北部的延伸，马尔堡是新西兰最大的葡萄酒产区，拥有得天独厚的成熟条件，加上成熟季中凉爽的夜晚能够保持葡萄中自然的酸度成分，部分酒庄还盛产优质的雷司令。

其他来自南岛的葡萄酒产区有尼尔森（Nelson）和坎特伯雷（Canterbury）、怀帕拉（Waipara），更南部的地域中具有代表性的是中奥塔哥（Central Otago）。

位于北岛怀拉拉帕（Wairarapa 产区的马丁堡（Martinborough）是以优质的黑皮诺闻名的产区，霍克斯湾（Hawke's Bay）在更远的北方，气候更加温和。吉斯伯恩（Gisborne）地区拥有众多种植高质量白葡萄品种的葡萄园，而怀卡托（Waikato）、奥克兰（Auckland）和丰盛湾（Bay of Plenty）产区则兼有优质红、白葡萄酒出产。

二、气候与地理环境

新西兰南北两个狭长的岛屿，四面环海，纬度高，气候寒冷潮湿，南岛的中部中奥塔哥产区是全世界最南边的葡萄酒产区。北岛的气候较为温和，特别是东部霍克斯湾产区主产成熟浓厚红葡萄酒。新西兰丰沛的雨量不是非常有利于葡萄的生长，为了避开西部较多的水气，不论南北岛，葡萄园大多位于比较少雨的东岸，并且靠着应用精确的藤架与引枝法，解决了过于潮湿的问题。无论如何，新西兰凉爽的气候以及特别长的生长季，让新西兰葡萄酒呈现出非常清新的爽口酸味，以及可口的新鲜果味。

三、主要葡萄品种

新西兰的葡萄酒大多采用单一品种酿制，而品种是营销的最重要指标。因为气候的缘故，白葡萄品种会有更加优秀的表现。长相思是这里种植最广的品种，约占全国种植总面积的2/3。优异的白葡萄品种还包括霞多丽、雷司令和灰皮诺。近年来除了干型葡萄酒，也开始生产甜型葡萄酒。成长快速的黑皮诺是新西兰最重要的红葡萄品种，主要种植于北岛南边与南岛，赤霞珠、美乐和西拉等品种大多种植于北岛北部和东部。

四、新西兰葡萄酒产区详解

新西兰南北差距1600千米，已经有超过10个葡萄酒产区，出产多种风格的葡萄酒。

（一）北岛

北岛气候较为温暖，红葡萄酒的表现最佳。其第一大城市奥克兰附近即是葡萄酒产区，葡萄园主要位于西北城郊，因为气候潮湿，葡萄园不多，但因为交通便利而是新西兰的酿酒中心，集聚许多大型酒厂。奥克兰附近的激流岛（Waiheke Island）因为岛上有特别炎热干燥的气候，可酿出相当厚重、坚实的红葡萄酒。

霍克斯湾是新西兰最早发展葡萄酒产业的地方，气候较全国其他产区更干燥，是新西兰最重要的赤霞珠、美乐和西拉的产区。霍克斯湾也生产相当多的霞多丽和长相思，风格较为柔和甜润，（见图8–1）。

北岛东北角的吉斯本比霍克斯湾炎热、潮湿，主产白葡萄酒，以散发热带水果香气，口感浓郁肥美，因类似澳大利亚风格的霞多丽白葡萄酒在而著名。北岛南端首都威灵顿附近的怀拉拉帕产区气候较凉爽，葡萄酒的风格更均衡高雅，黑皮诺和赤霞珠都有很好的质量，特别是黑皮诺常有非常奔放的果香与清爽多酸的口感，以产自马丁堡河阶沙地的强劲黑皮诺最为著名。

（二）南岛

南岛的气候寒冷但日照充足，得以保留葡萄的清新果味，南岛东北面的马尔堡从1973年开始种植葡萄，现在已经是新西兰最大的葡萄酒产区，近2/3的新西兰葡萄园坐落在这里，以长相思干白葡萄酒闻名全球。这里出产的长相思散发着新鲜浓郁的百香果、醋栗与青草香气，可口多酸且容易辨识，是新西兰具代表性的酒款。马尔堡的霞多丽、黑皮诺、灰皮诺和雷司令也一样具有清新迷人的风味。马尔堡最佳的葡萄园位于多河沙与鹅卵石的怀劳（Wairau）河南岸平原上，寒冷多阳、日夜温差大和较长的生长季节，造就了这里带着奔放果香的长相思白葡萄酒。

位于南岛西北边的尼尔森因为地形阻隔了水气，是新西兰最多晴天的地区，

图8–1　新西兰–马尔堡产区–罗斯柴尔德家族

葡萄品种：长相思

罗斯柴尔德家族在波尔多拥有超过150公顷葡萄园，并且对全球范围内的葡萄园进行了大量的投资，例如阿根廷安第斯之箭酒庄（由世界两大家族罗斯柴尔德家族以及达索家族联手打造）、新西兰五箭酒庄（坐落于马尔堡心脏地带——享有盛名的拉帕乌拉）。

除了黑皮诺外，雷司令也是这里的明星品种。南岛东岸的坎特伯雷气候更冷，怀帕拉（Waipara）和邻近的怀卡里（Waikari）是区内最为精华的产区，出产的黑皮诺和雷司令都有相当精彩的表现。更南边的中奥塔哥是新西兰少数具有大陆性气候的地区，冬寒夏热，而且干燥，地形变化大，有不少页岩土壤，生产香气非常奔放、口感柔和多酸的黑皮诺红葡萄酒。中奥塔哥北边的怀塔基（Waitaki）多石灰土质，是黑皮诺的潜力产区。

【本章参考文献】

［1］佚名. 澳大利亚葡萄酒概况［EB/OL］. 个人图书馆网，2011-05-16.

［2］佚名. 澳大利亚产区概述［EB/OL］. 中国葡萄酒资讯网，2018-09-05.

［3］葡萄酒杂志WINEMAG. 雅拉谷：一个产区两个故事［EB/OL］. 新浪网，2020-08-20.

［4］Decanter China. 新西兰葡萄酒产区——北岛［EB/OL］. 醇鉴中国网，2013-03-12.

［5］佚名. 新西兰葡萄酒：极致纯净的诱惑［EB/OL］. 中国质量新闻网，2012-11-28.

【思考练习题】

一、选择题

1. 以下哪一个子产区不属于西澳大利亚（　　）。

A. 天鹅谷（Swan Valley）　　B. 玛格丽特河（Margaret River）

C. 大南部产区（Great Southern）　　D. 天鹅山（Swan Hill）

2. 以下葡萄品种里，哪一个是澳大利亚的标志性红葡萄酒品种（　　）。

A. 赤霞珠　　B. 西拉　　C. 马尔贝克　　D. 霞多丽

3. 斯马尼亚岛的主要葡萄品种不包含下面的哪一种（　　）。

A. 霞多丽　　B. 雷司令　　C. 黑皮诺　　D. 西拉

4. 哪个产区有特殊的寒武纪红色石灰黏土（　　）。

A. 路斯格兰（Rutherglen）　　B. 希斯科特（Heathcote）

C. 阿尔派谷（Alpine Valley）　　D. 库纳瓦拉（Coonawarra）

5. 新西兰最重要的葡萄品种是（　　）。

A. 霞多丽　　B. 长相思　　C. 黑皮诺　　D. 灰皮诺

6. 新西兰最重要的葡萄酒产区是（　　）。

A. 马尔堡　　B. 马丁堡　　C. 中奥塔哥　　D. 怀帕拉

二、问答题

1. 澳大利亚的葡萄酒产区分为哪几个大区？

2. 请列举新南威尔士州的子产区（不少于3个）。

3. 巴罗萨包含哪些子产区？

4. 新西兰的主要品种有哪些？

5. 新西兰黑皮诺的主要产区有哪些？

6. 新西兰北岛有哪些产区？

三、论述题

1. 试述南澳大利亚及其子产区的风土特征。

2. 试述新西兰南岛各产区的特征。

【经验性训练】

通过对澳大利亚、新西兰葡萄酒的比较以及感官体验，使学生能够体验大洋洲地区葡萄酒的风格及特色。

【实践考核项目】

酒水的认识与识别

（一）本项目考核的目的

认识酒标，了解澳大利亚、新西兰葡萄酒品种、产区及特点；能识别各类澳大利亚、新西兰葡萄酒的特点及产地代表性品种。

（二）所需理论和设备器材知识

掌握澳大利亚、新西兰葡萄酒不同产区的酒水特点、产地等知识。

（三）所需仪器设备和消耗性器材

准备澳大利亚、新西兰主要产区不同风格的葡萄酒。

（四）实训考核内容和要求

1. 能按照行业规范熟练进行酒水鉴别，并掌握澳大利亚、新西兰葡萄酒不同的风格特点。

2. 能较熟练地对澳大利亚、新西兰葡萄酒的主要品种进行区分。

第九章　美国、加拿大

【本章概要】

本章主要讲述了美国和加拿大葡萄酒的历史发展和主要产区的葡萄种植情况，并就当地葡萄品种、酿造工艺及所产葡萄酒的风格特点进行了描述。

【学习目标】

1. 了解美国和加拿大葡萄酒的概况。
2. 掌握美国和加拿大葡萄酒的主要葡萄品种及产区。

【关键术语】

美国　加拿大　葡萄酒　葡萄品种　产区

【讲师语录】

浅谈美国、加拿大葡萄酒

一、在动荡中“逆袭”的美国葡萄酒

仅仅在三四十年前，关于美国葡萄酒的话题还都是“新禁酒运动”“禁酒令之后最严的‘警告标识’管制”。然而如今，美国一跃成为全球第四大葡萄酒生产国，产量仅次于法国、意大利和西班牙，美国葡萄酒被津津乐道，去加州葡萄酒产区的游客越来越多。自2010年以来，美国一直是世界上最大的葡萄酒市场，并且是葡萄酒消费第一大国，其葡萄酒产业产值位居法国之后世界排名第二。

美国的葡萄酒酿造历史早于国家的建立，北美的印第安人如塞尼卡（Seneca）族

和卡尤加（Cayuga）族等，在欧洲人到达北美大陆之前就已经开始用美洲葡萄（Vitis Labusca）酿造葡萄酒。16世纪中叶，来自法国的新教徒就在佛罗里达建立了基地，开始用本土的斯卡帕农（Scuppernong）葡萄酿酒。1607年左右，为了寻求宗教自由的英国移民以及后来到达美国的西班牙传教士，也开始用本土葡萄品种酿酒。但美洲葡萄酿出的酒口感粗糙并且略带骚臭，风味欠佳，于是这些移民请人从欧洲带回各种欧洲葡萄品种，尝试在美国种植，但是全都因“水土不服”失败了。直到19世纪末欧洲葡萄园根瘤蚜虫病大暴发，人们采用嫁接欧洲葡萄品种到美洲本土葡萄根系的方法，来应对这次危机，才使得欧洲的葡萄品种可以在美国大面积种植。从19世纪中期的淘金热潮起到欧洲葡萄品种在美国“安家落户”，美国葡萄酒进入了第一个繁荣期。20世纪60年代，加利福尼亚州葡萄酒行业采用了加州大学戴维斯分校开发的一系列新技术，品质得到极大提升。

然而好景不长，20世纪上半叶，禁酒令、经济萧条和战争共同扼杀了美国的葡萄酒行业。直到第二次世界大战后，美国的社会、文化和经济取得了重大发展，情况才开始发生变化。

20世纪70年代，加利福尼亚州葡萄酒行业的领军人物重新点燃了美国各地对葡萄酒酿造的兴趣，最终引发了葡萄酒的复兴。这一时期，美国各地出现了大量新的小规模酿酒厂，并扩大了经营的规模。

历史不长的美国葡萄酒，像坐过山车一样经历了多次起伏跌宕。作为当前全球主要的葡萄酒生产国之一，美国不仅是新世界的葡萄酒强国，而且携手它的“邻居”加拿大成为北美葡萄酒生产国的代表。

二、加拿大——成也冰酒败也冰酒

与美国不同的是，加拿大是“一个非常大的国家，但葡萄酒产业非常小”。

同美国类似的是，加拿大的葡萄酒产业是世界上最年轻的葡萄酒产业之一。

加拿大的现代化葡萄酒产业只有40多年的历史。虽然自17世纪，加拿大就有葡萄种植和葡萄酒酿造，但到19世纪中期才真正开始商业化生产，现代化的葡萄酒工业只能追溯到20世纪80年代。

作为新世界葡萄酒的一颗冉冉升起的新星，加拿大以其标志性的冰酒、红葡萄酒、白葡萄酒和强化葡萄酒等各种优质葡萄酒赢得了鉴赏家的青睐，但其他地区的消费者却会有一个常见的误解：加拿大专门生产冰酒，而且只有冰酒！然而，加拿大并不是冰酒的发源地。冰酒是1794年在德国偶然生产出来，但由于其在加拿大的巨大产量和杰出的品质、长盛不衰的名气，“冰酒”跟“加拿大”被理所当然地关联在一起。虽然加拿大以各种方式生产葡萄酒，如有机、生物动力等，但葡萄酒爱好者仍然更喜欢加拿大冰酒。

但是，随着全球气候变暖，加拿大冰酒的生产已经受到了明显的威胁。比如，安大略省适合收获冰葡萄的天数在逐年下降：1977年1月，-8 °C以下的天数有26天，到2007年1月，合适的天数减少到只有3天。由于葡萄达不到合适的冰冻条件，尼亚加拉葡萄酒产区有些酒庄在2018年不得不放弃生产冰酒。另外，气温升高会使葡萄藤对寒冷更敏感，容易受到冻害并降低它们在极寒天气中的生存能力。

当前冰酒产业面临危机，加拿大葡萄酒的发展方向只能向北转移选择新的冰酒产区，或者选择让消费者关注和接受其他类型的葡萄酒。现在大多数生产商都专注于黑皮诺、品丽珠、霞多丽和雷司令等品种酿造的葡萄酒，加拿大侍酒大师珍妮弗·休特（Jennifer Huether）说："这些葡萄酒非常好，它们来自家庭手工业，而且正在超越冰酒。"可能由于大多数加拿大葡萄都在其产地就被抢购一空，用于出口的比例极少，所以其他国家的消费者对于冰酒之外的加拿大葡萄酒缺少关注和了解。期待加拿大葡萄酒产业成功转型！

法国CAFA葡萄酒&烈酒学院　高级讲师　李杨

第一节　美国葡萄酒概述

一、美国葡萄酒历史与市场概述

（一）美国葡萄酒历史

印第安人在欧洲人到达北美之前就已经开始使用美洲葡萄（Vitis Labusca）酿造葡萄酒。因为美洲葡萄酿成的葡萄酒较为粗糙并风味欠佳，16世纪来到美洲的欧洲人开始引进欧洲葡萄种植酿酒。因美国东部的气候过于潮湿以及根瘤蚜虫病的侵扰，欧洲葡萄品种早期种植不是非常成功。随着西部的开发，欧洲葡萄才在18世纪末被引进到加利福尼亚州种植，并且有了杰出的表现。优越的自然环境以及19世纪中的淘金热潮，加速了旧金山附近索诺玛县（Sonoma County）葡萄酒业的发展，使其成为美国西岸的产酒中心。1863年，由于欧洲的葡萄园遭遇了严重的虫害，美国加利福尼亚州成了当时唯一用欧洲葡萄酿酒的产地，市场对其需求也急速跃升。到了1876年，加利福尼亚州每年葡萄酒产量达230万加仑（1加仑=3.79升），已成为新兴的全球葡萄酒酿造中心。到19世纪末，加利福尼亚州葡萄酒在国际比赛中频频得奖，赢得了世界声誉。美国葡萄酒业从无到有，直到被广泛认可仅用了300年。但是1918—1933年禁酒令时期，让已经发展起来的加利福尼亚州葡萄酒业瞬间消失，这一严重的打击让全美各地的葡萄酒生产直到20世纪60年代之后才又开始蓬勃发展起来，以加利福尼亚州为中心，成为全球最重要的葡萄酒生产国之一。

自1978年起，负责管理葡萄酒业的美国酒精、烟草和枪炮管理局（BATF）建立了AVA葡萄种植区制度（Approved Viticultural Area），目前已经核准通过100多个AVA产区，其中有一半位于加利福尼亚州，而且数目还在逐年增加。标上AVA产区名称的葡萄酒必须采用85%来自该区的葡萄酿成。AVA仅就葡萄的来源做规范，和法国AOC法定产区的规定并不相同，而且有许多AVA只以行政区为界，并非全部依据地理环境划分。AVA制度虽然不限定葡萄酒的品质，但因为其较为精确的地理划分，许多AVA产区具有独特的自然条件，出产的葡萄酒也有独特的风味和特色，同样具有区分品质的参考价值。

（二）美国葡萄酒市场概述

历经数十年的快速发展，现今美国葡萄酒产量仅次于法国、意大利和西班牙这三个欧洲传统葡萄酒王国，成为全球第四大葡萄酒生产国，也是新世界最重要的葡萄酒生产国。在葡萄酒风潮的带动下，美国也逐渐取代欧洲，成为全球最大的葡萄酒消费国。全美国几乎每个州都生产葡萄酒，但是大部分的产量都不多，加利福尼亚州是北美最大的葡萄酒产区，全美超过90%的葡萄酒产自这个西部大州。而美国其他较具规模且值得注意的产区则只有西北部的华盛顿州（Washington）与俄勒冈州（Oregon），以及东岸的纽约州（New York）。

加利福尼亚州是美国最著名的葡萄酒产地，加州生产酿酒葡萄的上好产地有不少坐落于横断（东西向）山谷内，凉爽潮湿的海洋气流使其温度适宜。大多数优质酿酒葡萄产于加州沿海地区的中北部。加州的知名子产区，特别是位处北海岸（North Coast）的纳帕谷（Napa Valley）和索诺玛等地，已经名列全球顶级的葡萄酒产区。

华盛顿州的产酒业相对较为年轻，但目前已成为美国第二大葡萄酒生产州。华盛顿州与法国大致处于同一纬度，全州的地貌造就了多种局部气候区域，适合不同葡萄品种的生长。州内主要“法定种植区（AVAs）”包括雅吉马谷（Yakima Valley）、沃拉沃拉谷（Walla Walla Valley）、哥伦比亚谷（Columbia Valley）、普基特湾（Puget Sound）、红山（Red Mountain）和哥伦比亚峡谷（Columbia Gorge），各处都具有其独特的气候、土壤和地理特征。

俄勒冈州作为美国主要葡萄产区之一，其最知名的AVA产区有威拉米特河谷（Willamette Valley）和哥伦比亚谷。

东岸是美国葡萄酒业发迹较早的地方，纽约州的长岛（Long Island）在17世纪时就已经开始种植葡萄并酿酒。但是因为过于寒冷，葡萄较难成熟，欧洲的葡萄品种虽然逐渐增加，但仍居少数。采用的品种以美洲的康科德（Concord）、卡托芭（Catawba）、德拉瓦尔（Delaware），以及欧美杂交种威代尔（Vidal）和白谢瓦尔（Seyval Blanc）等品种为主，酒的风格粗犷，质量较难提升，直到近些年才有较大的发展与进步，但葡萄园面积及其重要性仍远不及西部。东岸靠近大西洋或五大湖区的葡萄园有来自海洋或湖水的调节，气候比较温和，葡萄园大多位于近海岸或近湖的区域。东岸的葡萄酒产区以纽约州最为重要，有1.2万多公顷的葡萄园，但附近的宾夕法尼亚州（Pennsylvania）、密歇根州（Michigan）等也都有4000多公顷的规模。纽约州的主要产区位于手指湖（Finger Lakes）、伊利湖（Lake Erie）、哈德逊河（Hudson River）以及长岛等地区，其中以长岛的酿酒水平最高（全部种植欧洲葡萄品种）。位于安大略湖南边的手指湖是纽约州葡萄酒业的重心，但寒冷的大陆性气候让这里除了少数耐寒的雷司令外，还是主要种植美洲葡萄品种。

二、主要葡萄品种

加利福尼亚州种植的红色葡萄品种超过40种，但占据主导的是来自法国的“国际”葡萄品种，如赤霞珠、黑皮诺、美乐和西拉。加利福尼亚州几乎等于美国葡萄酒的代名词，引进多种葡萄品种与酿酒技术，配合加利福尼亚州多变的地形和气候，生产出非常多样的葡萄酒，其中以赤霞珠为主酿成的红葡萄酒，以及浓厚多酒精的金粉黛红葡萄酒是最具代表的加利福尼亚州酒款。金粉黛可用于酿制各种口味的葡萄酒，从淡粉红色、带有果香的“红”酒（著名的白金粉黛），到口感强烈、色泽浓厚、单宁丰富，有着蓝莓和胡椒味的红葡萄酒，都来自这种葡萄。

美国西北部的俄勒冈州和华盛顿州也同样非常适合葡萄酒的生产，俄勒冈州的葡萄园大多位于西部邻近海岸地区，产量虽小，但是自然条件独特，以生产黑皮诺红葡萄酒而闻名。华盛顿州的葡萄种植面积较大，有近20000公顷的葡萄园，大多位于干燥的东部内陆地带，以生产波尔多类型的葡萄酒为主，主要品种有：霞多丽、长相思、雷司令、琼瑶浆、赤霞珠、美乐和西拉。

第二节　美国葡萄酒产区

美国种植欧亚种葡萄最重要的产区（见表9-1）：

表9-1　美国最重要的三大产区

中文名称	原文名称
华盛顿州	State of Washington
俄勒冈州	State of Oregon
加利福尼亚州	State of California

一、华盛顿州（State of Washington）

美国西北部的葡萄酒产区主要集中在华盛顿州和俄勒冈州。因为纬度较高，西北部比加利福尼亚州的气候来得寒冷，但是炎热的长夏还是能提供足够的阳光和温度使葡萄成熟，不过，无论是俄勒冈州或华盛顿州产的葡萄酒都含有较高的酸度。喀斯喀特山（Cascade Mountain）由北而南，将西北区分成东西两个截然不同的气候区。南边俄勒冈州的葡萄园主要位于山脉的西边，但是在北边的华盛顿州大部分的葡萄园却是位于山脉的东边。

在华盛顿州，喀斯喀特山的西边寒冷潮湿、不适合种植葡萄，而且人口密集，葡萄园相当少见，只有西雅图附近的普基特湾（Puget Sound）区域有一些种植米勒–图高等耐寒品种的葡萄园，但仅有数百公顷。喀斯喀特山东边因为山地阻隔了来自太平洋的水汽，形成了非常干燥广阔的半沙漠区，此地拥有超过10000公顷的广阔葡萄园，但是由于过于干燥，葡萄的种植依赖人工灌溉，葡萄园多位于河流两岸以方便取得水源，严酷的冬季低温也常冻死葡萄，葡萄园必须选择在较避寒的向南坡地。华盛顿的葡萄园大部分在沙质地上，少有根瘤蚜虫病的问题，葡萄树大多可以直接种植不用嫁接砧木。

夏热冬寒的极端气候以及早晚两极的巨大温差，让这里出产的红葡萄酒有相当厚重的表现，颜色深、香气奔放、口感厚重，有高成熟度，完全不同于俄勒冈州的优雅风味，不过却大多比加利福尼亚州来得多酸与均衡。在这样的气候下，华盛顿州的葡萄品种主要以来自波尔多的赤霞珠和美乐为主，另外，西拉这个品种也越来越重要。白葡萄以霞多丽最多，但雷司令却有相当好的表现，无论酿成干型和甜酒都有不错的表现。

华盛顿州是美国仅次于加利福尼亚州的第二大葡萄酒产地，葡萄园广阔且多大型酒厂，葡萄园主要分属于哥伦比亚谷、雅吉马谷和沃拉沃拉谷三个区。其中哥伦比亚谷的范围最大，几乎涵盖全区，甚至包括了一部分的俄勒冈州，但大多是工业化生产的大型葡萄园，酒厂并不多。雅吉马谷AVA内反而集聚了最多的酒厂，这个位于雅吉马谷地内的葡萄酒产区，是华盛顿州最早生产葡萄酒的地方。谷地干燥，日夜温差全美最大，加上冬寒夏酷热的环境，让这里的葡萄酒常有非常深的颜色，而且有很强的酸度，也颇耐放。4000多公顷的葡萄园大多位于朝东南的山坡上。虽然霞多丽的种植面积较广，但是表现最好的要数赤霞珠和美乐这些红色葡萄品种。酒的颜色深黑且口感丰厚，但也保有大量的圆润单宁及均衡的酸度。西拉的种植也越来越多，也有类似的风格和表现。此外，也有一些来自奥地利的蓝佛朗克（Blaufränkisch），主要用来生产柔和可口的简单红葡萄酒。谷地东部的红山（Red Mountain）则以赤霞珠闻名，已经成为独立的AVA。

东南部横跨华盛顿与俄勒冈两州的沃拉沃拉谷AVA葡萄园的面积不多，有许多小酒庄是相当著名的产区，因为雨量较多，无需灌溉即可种植葡萄，除了霞多丽白葡萄酒，红葡萄酒一样也以赤霞珠、美乐和西拉为主，以生产浓厚风味的红葡萄酒闻名，比雅吉马谷的酒单宁更多，有更强劲的风格。

在华盛顿州和俄勒冈州东边的爱达荷州（Idaho）也生产一些葡萄酒，主要产自蛇河谷（Snake River Valley）。此地气候条件和华盛顿州东部类似，是冬寒夏热、日夜温差大的大陆性气候，但由于海拔较高，出产的红葡萄酒通常具有浓郁的果味和较高的酸度。

二、俄勒冈州（State of Oregon）

俄勒冈州的葡萄园面积不大，只有5000多公顷，不到华盛顿州的一半，不同于华盛顿州，产区内大部分为小型的酒庄，主要生产精致的高质量葡萄酒，较少大量生产商业化的酒款。州内的葡萄园集中在喀斯喀特山脉西边河谷附近的山坡，和太平洋之间虽然还隔着海岸山脉，但因山势不高且时有开口，能接收到来自海洋的影响，气候温和多雨，比北边华盛顿州的葡萄园寒冷潮湿，非常适合种植喜好凉爽气候的黑皮诺，黑皮诺是这里种植最广的葡萄品种，俄勒冈州曾被认为是勃艮第之外的最佳黑皮诺产区。除了黑皮诺，此地也种植均衡多酸的霞多丽，另外也种有相当多的灰皮诺，风格介于清淡的意大利北部与浓厚的阿尔萨斯灰皮诺之间。雷司令和琼瑶浆也有相当好的表现。红葡萄品种除了黑皮诺外，还有越来越多的佳美，常酿成比法国博若莱更加厚重的风格。美乐和赤霞珠反而较为少见。

州内北部邻近首府波特兰市（Portland）的威拉米特河谷是最著名也最重要的产区。威拉米特河由南往北流经谷地，在波特兰市注入哥伦比亚河（Columbia River）。葡萄园大多位于朝东的左岸山坡以及波特兰市西边的丘陵地。谷地中部的精华产区红丘（Red Hill）有非常适合黑皮诺生长的红色火山黏土地。自1965年开始种植黑皮诺以来，该品种现在已经占了一半的种植面积。另外，在伊奥拉－艾米地山产区（Eola-Amity Hills）也有相当好的种植条件。整体而言，威拉米特河谷的黑皮诺比勃艮第柔和早熟一些，较可口圆润，也较多果香，不过仍比加利福尼亚州海岸区的黑皮诺内敛多变，而且也有较强的陈年潜力。

威拉米特河谷南部还有乌姆普夸河谷（Umpqua Valley）和罗格河（Rogue River）两个产区，因位置偏南，有较温和的气候，是州内少数可以种植晚熟的赤霞珠的地方。

三、加利福尼亚州（State of California）

幅员辽阔的加利福尼亚州（以下简称加州）土地上，有广达32万公顷的葡萄园，是欧洲大陆以外全球最宽广的葡萄酒产区。加州南北长约1255千米，东西宽仅320千米，但是因为沿太平洋岸有来自阿拉斯加的寒冷洋流经过，让加州的气候从东部到西都有着戏剧性的变化，南北的差距反而没有那么明显。海岸寒凉湿润，到了内陆却已是干枯荒凉的炙热沙漠。影响加州葡萄酒风格的关键，正是离海的远近与海岸山势的高低，以及是否有开向海洋的河谷或海湾。加州最好的葡萄园，全都位于离海岸有点距离但又不太远的地带。

充满阳光的加州有着近似地中海型的温暖干燥气候，但受海洋的影响，加州不仅能种植适合南方的葡萄，也能种植来自寒冷气候的葡萄品种，不同种类的葡萄都能在此找到环境适宜的葡萄园，加州也因而得以生产出种类多样，同时又具有绝佳质量的葡萄酒。如果没有海洋的调节，加州的顶级葡萄酒可能因为天气过热而无法保有葡萄酒优雅细致的风味。

过去的加州，一家酒庄的葡萄园常常动辄数百甚至数千公顷，但现在也出现许多仅数公顷的小型酒庄，全加州的酒厂总数已经多达1100家。知名的产区不再局限于纳帕谷与索诺玛，已延伸到中部海岸与旧金山湾区，最精彩的葡萄品种也不仅限于赤霞珠、美乐与霞多丽，金粉黛、西拉与黑皮诺等品种也越来越受重视，出产的葡萄酒从2美元一瓶的日常廉价酒一路攀升到每瓶500美元的稀有酒款。加州已是繁华多变、惊奇处处的葡萄酒乐园。

大部分加州的葡萄酒都由单一葡萄品种酿造，尽量保留品种原有的特性，并且清楚地标有品种的名字，是选择加州酒最重要的参考信息。大部分的酒厂也都会同时出产一系列不同的葡萄酒。不同于东岸，加州的酿酒葡萄几乎全都采用欧洲葡萄品种，而且葡萄的种类非常多，几乎包含了全球各地的主要品种，虽然许多品种的种植面积还相当有限。原产于法国勃艮第的霞多丽是目前加州最重要的葡萄品种，来自波尔多的赤霞珠则占第二位，同是来自波尔多的美乐在加州也随处可见，长相思的种植面积在加州也有5000多公顷。

加州最具代表性的品种是金粉黛，约20000公顷，虽然大多酿成带甜味的粉红葡萄酒白金粉黛，但也常酿成高酒精浓度的浓重红葡萄酒。来自法国罗纳河区的品种包括西拉、歌海娜和慕合怀特，以及维欧尼、瑚珊和玛珊等品种也越来越受重视，特别是西拉的种植面积在不断增加。19世纪自罗纳河区传入的小西拉（又名杜瑞夫Durif），是西拉和佩露西（Peloursin）的杂交品种，在法国虽已经很少见，但却因为能生产风格粗犷浓厚的红葡萄酒而在加州日渐受到重视。意大利的品种以桑娇维塞最为重要，另外也有不少巴贝拉和内比奥罗。勃艮第的黑皮诺虽然对环境非常挑剔，但是在加州近海岸的凉爽气候区种植越来越多，已经成为加州的主要品种之一。

加州的葡萄酒产区主要分为6个大区，分别为北部海岸（North Coast）、中部海岸

（Central Coast）、内陆峡谷区（Inland Valleys）、内华达山区（Sierra Nevada）、加州南部（Southern California）和远北加州（Far North California）。其中以北部海岸最为著名，生产质量相当优异的葡萄酒，中部海岸近年来也越来越受到重视，内陆峡谷区则是美国的葡萄酒仓，生产大量的平价葡萄酒。这6个区域各有特色，其中还分出许多精彩的分区，有更独特的自然环境与葡萄酒风格。

（一）北部海岸

旧金山以北的北部海岸是加州酒业的精华区，包括莱克县（Lake County）、门多西诺（Mendocino）、纳帕谷和索诺玛4个县，所生产的葡萄酒都可以称为北部海岸，是加州相当常见的AVA。在纳帕谷和索诺玛，顶尖酒厂林立，是加州最负盛名的产区。门多西诺县的葡萄酒产区主要位于南部，区内现在已经有8个AVA产区。该县东西两边气候差别非常明显，西部的安德森谷（Anderson Valley）因为直通太平洋岸，夏季午后经常有湿冷的海雾弥漫，气候凉爽，适合种植黑皮诺、雷司令、琼瑶浆与霞多丽，除了优雅多酸的红、白葡萄酒，也生产爽口的起泡酒。在安德森谷西南部山区的门多西诺峡谷海拔400米的山区，因为不受海雾影响，生产精彩的老藤金粉黛红葡萄酒。其他6个AVA都位于内陆的南北向河谷内，气候炎热，主要生产丰满圆润的红葡萄酒。东部雷克县位于更深处内陆，只有1000多公顷的葡萄园，虽有清水湖（Clear Lake）AVA，但多标示北部海岸AVA。

1.索诺玛县

位于纳帕谷和太平洋海岸之间的索诺玛县，地形和气候更加多变，有许多条件殊异的自然环境，生产出全加州种类和风格最多元的葡萄酒。索诺玛谷地虽然生产跟纳帕谷一样精彩的赤霞珠红葡萄酒，但区内也生产全加州最精彩的金粉黛和黑皮诺红葡萄酒。不同于纳帕谷几乎只有葡萄一种单一作物，索诺玛县同时也以奶酪农业和生鲜蔬果闻名，有着比纳帕更迷人，也更贴近自然与真实的加州北海岸风情。

索诺玛县内有10000多公顷的葡萄园，因为环境变化大，分属于13个AVA产区。除了是属于北海岸AVA的一部分外，索诺玛县的最南部也和隔邻的纳帕谷一起共有卡内罗斯（Los Carneros）AVA产区。深入内陆的圣帕布罗湾为索诺玛与纳帕谷带来水汽与海洋的影响，由南往北吹的海风也让这两个谷地的最南端因为太靠近海湾而过于寒冷，几乎无法种植葡萄，越往北边，离湾区越远，海风较微弱，气候也越来越温暖。卡内罗斯的地形非常平坦，含有许多黏土，主要葡萄园位于北部稍温暖一点的地方，有3600公顷的葡萄园，主要种植黑皮诺和霞多丽等较适合凉爽气候的品种，赤霞珠在这里完全无法正常成熟，而美乐和西拉却有不错的表现，较谷地北边会有更优秀的酸度和更轻盈的酒体。除了盛产多酸的黑皮诺与霞多丽，卡内罗斯也是加州重要的起泡酒产区。

往北真正进入索诺玛县之后，气候变得较为温暖。跟纳帕谷比起来，索诺玛县比较狭小，也略为寒冷一点，赤霞珠、金粉黛和霞多丽是最重要的品种，在更温暖的谷地北边，赤霞珠有相当丰厚的表现，但仍保有均衡与优雅，是加州最精彩的产区之一。索诺玛县西边的山区也有一些葡萄园，属于索诺玛山脉AVA，生产较艰涩的赤霞珠。

索诺玛县的北边连接着亚历山大谷（Alexander Valley），葡萄园主要集聚于较凉爽的南部，是县内最大的AVA，因为偏处内陆，这里也是索诺玛县内最炎热的区域，赤霞珠是区内最重要的品种，此外金粉黛与来自法国罗纳河区的品种也颇适合这里的环境。亚历山大谷南边有一个面积较小的骑士山谷（Knights Valley）AVA，是通往纳帕谷的过渡地带，白天炎热、日夜温差大，主产浓厚风格的赤霞珠。

亚历山大谷西边为干溪谷（Dry Creek Valley）AVA，这里的谷地比较狭窄，地形起伏较大，有较多葡萄园位于山坡，也有比较多的小型酒庄，面积仅2400公顷。由于环境与历史原因，干溪谷的葡萄品种相当多元，除了加州所有主流品种外，也种植许多意大利品种，在众多品种中最著名也最具代表性的是金粉黛。在干溪谷区内仍保有许多老藤，有些甚至超过百年，生产出强劲且精致的金粉黛红葡萄酒。干溪谷南端因为受俄罗斯河谷（Russian River Valley）的影响，比较凉爽，也产一些白葡萄酒。

穿过门多西诺县和亚历山大谷的俄罗斯河，在索诺玛县北边蜿蜒穿过山区，最后注入太平洋。湿冷的海雾沿着河谷吹入内陆，不仅让索诺玛县北部的炎热气候得到调节，也带来一些雨水，并且让俄罗斯河谷AVA因为特别寒冷的气候而成为绝佳的黑皮诺产区。这里的谷地中有大量砾石，但多变弯曲的河谷营造了许多不同条件的小气候，河谷内的黑皮诺也因此有了多变的风格，是加州最精彩的黑皮诺产区之一。除了黑皮诺，霞多丽在这里也有很好的表现，此外，也生产独特的金粉黛，凉爽的气候让其柔和而精巧，这里的琼瑶浆也同样有少见的细致风格。俄罗斯河产区的南边有气候更加严寒的绿色山谷（Green Valley）AVA，生产多酸的霞多丽与起泡酒。

索诺玛县北部的几个AVA组成另一个综合性的AVA，称为北索诺玛，不过因为范围太大，变化太多，没有太多明显特性。北索诺玛也是另一个面积广阔的AVA精华区，在索诺玛县面向太平洋的海岸区，由于气候太过寒冷，过去很少种植葡萄，现在这片多山的海岸区葡萄园大多位于300米以上的山坡上，避开湿冷的海雾且有充沛的阳光。黑皮诺和霞多丽是此地的主要品种，其中黑皮诺有相当突出的表现，充沛的果味中带着强劲的酸度。

2.纳帕谷

纳帕谷是加州最著名也是最受推崇的葡萄酒产区，即使加州有越来越多的新兴产区，但成名最早的纳帕谷依旧是加州首席葡萄酒产区。跟大部分加州产区一样，纳帕谷也种植许多葡萄品种，但是最精彩、最经典的，是以赤霞珠为主酿成的红葡萄酒，不仅是顶尖美国葡萄酒的代表，而且已经成为全球顶级酒中的重要经典。

纳帕谷南北长50千米，东西仅宽3~8千米，总计约16000公顷的葡萄园和200多家酒厂。窄小的纳帕谷有着变化多样的自然环境，东有瓦卡山脉（Vaca），西有马雅卡马斯山脉（Mayacamas），北边更有圣海伦娜山（Maunt Saint Helena），将纳帕谷包围成半封闭的谷地，仅有南边开向与太平洋相连的圣帕布罗湾。谷地里蒸发上升的气流，将海湾里受寒冷洋流影响的冷空气由南往北引入谷地，在纳帕谷最南边，气候寒凉到无法种植葡萄，越往北越少受到冷空气的影响，气候也越炎热干燥，到了盆地北端的卡里斯多加（Calistoga）已经是炙热之地。这样的特殊环境，让纳帕谷各地所生产的赤霞珠红葡萄酒出现了各自独特的风格，让酿酒师有了更多的选择，以调配出最精彩完美的佳酿。

纳帕谷最南边的卡内罗斯由于过于寒冷，是纳帕谷少数以白葡萄酒和黑皮诺闻名的产区。往北到纳帕市北郊的欧克诺区（Oak Knoll）才可以种植赤霞珠，酿成的红葡萄酒大多是柔和顺口的风格。更靠北的扬特维尔村（Yountville）才是纳帕谷的真正精华产区，由于气候较为凉爽，酒体风格更为细腻、轻盈。扬特维尔东面的谷地边为鹿跃区（Stag's Leap），位于近山缓坡上，在火山岩层上堆积着砾石与红色的火山沉积土。这里气候干燥，日照充足，偶有南风带来冷空气。在这样的环境下，赤霞珠表现出柔美与服帖的丰厚口感，并且保有爽口的酸度和丰沛的果味，是纳帕谷地最著名的精华产区之一。

纳帕谷中段的奥克维尔（Oakville）与卢瑟福（Rutherford）是最为著名的葡萄酒产区，知名酒庄林立。这里的天气更加炎热，日夜温差大，出产的赤霞珠红葡萄酒不仅最为均衡，而且有全纳帕谷最雄健的红葡萄酒风格，有极佳的陈年潜力，同时又有丰沛的果味及薄荷香。特别是较靠近谷地西边的地区，有一片被称为“Rutherford Bench”的带状区域，这片河积土壤的条件特佳，贫瘠而且排水好，非常适合赤霞珠的种植，产自这一带的酒经常带有特殊的矿石香气，被称为卢瑟福之尘（Rutherford Dust）。

到了位置更靠北的圣海伦娜镇（St.Helena），谷地变得越来越窄，生产的赤霞珠红葡萄酒更为丰满圆厚，特别是谷地东缘气候最为干热，除了生产甜熟的赤霞珠，金粉黛也有不错的表现。纳帕谷极北的卡里斯多加三面环山，因为深处内陆，气候更为炎热，夏季是全纳帕谷最热的地方，不过这里的冬季也更为寒冷，所以此地的赤霞珠发芽比别的地方晚，但因夏季炎热，成熟的速度可以很快赶上，生长的季节比谷地其他地方短，酿成的红葡萄酒肥美甜熟，酒精浓度高。除了赤霞珠，此地也生产饱满且浓郁的金粉黛。

纳帕谷除了地势平缓的谷地之外，谷边的山区也非常适合种植葡萄，除了排水性佳外，因为海拔较高，常可避开谷地里的雾气，葡萄可接收更多阳光。山区夜晚的温度比较高，因海拔关系，白天温度又较为凉爽，使得日夜温差小，能生产出风格不同于谷地的葡萄酒。因为水土保持与环境保护的缘故，纳帕谷区虽然有许多条件优秀的区域，但仅有少部分可以开垦为葡萄园。谷地周边的山区条件各有不同，让纳帕谷的葡萄酒风格更加丰富多变。

纳帕谷东北侧的豪厄尔山（Howell Mountain），在19世纪就已经以出产顶级葡萄酒而闻名，是纳帕谷的历史产区。豪厄尔山属火山地形，海拔介于500~600米高的山区，葡萄园的土质大多是由混合着红色黏土的火山灰所构成。这里产的赤霞珠红葡萄酒风格偏瘦，比较多细微变化，除了果味，还多些矿石与香料香气，但同时却又有较狂野的紧涩单宁。位于山上的大多是小规模的酒庄，是纳帕谷少量高价酒的生产地。

纳帕谷东面的山坡离海较远，气候干燥，植被较疏，多裸露的岩石，而到了西面的马雅卡马斯山脉，水汽比较多，到处长满林木，由北往南分为钻石山（Diamond Mountain）、春山（Spring Mountain）和维德山（Mount Veeder）。钻石山隔着谷地和豪厄尔山相望，因为山势较低，来自太平洋的水汽可以直达，气候比较潮湿。土质以火山灰为主，但更多变，所生产的红葡萄酒除了有坚实严谨的结构外，还有特殊的矿石香气。春山从圣海伦娜镇向上延伸，海拔逐渐上升至700多米。大部分的葡萄园都位于陡峭的山坡或梯田之上，天气较凉爽，采收晚。春山并不完全专注于赤霞珠，一些白葡萄品种和西拉也有很好的表现。如同其他山区，这里的赤霞珠也同样单宁较重，比较粗犷。维德山位于谷地南部、纳帕市的西侧，不同于山脚下的葡萄园很难让赤霞珠葡萄成熟，山上却能生产出圆熟的赤霞珠红葡萄酒来，但比起其他山区稍微柔和一点，更平易近人。

（二）中部海岸

中部海岸产区从旧金山湾区（San Francisco Bay）的南部一直往南延伸到圣巴巴拉县（Santa Barbara）的圣伊内斯谷（Santa Ynez Valley），南北跨越9个县。因为郊区市镇与硅谷的快速发展，旧金山湾区附近的葡萄园正日渐减少。湾区的所有葡萄园都涵括于旧金山湾区AVA产区之中，但也有其他范围较小的产区，其中最著名的是圣塔克鲁山（Santa Cruz Mountains）AVA。圣塔克鲁山位于硅谷边的高寒山区，虽然葡萄园相当稀少，但因山脊酒庄（Ridge Vineyards）所出产的优雅赤霞珠红葡萄酒而闻名。湾区东面的利弗穆尔谷（Livermore Valley）AVA有条件不错的砾石地，生产长相思等可口的酒款。利弗莫尔谷北边的康曲柯士达县（Contra Costa）因保留慕合怀特老藤并生产地中海风味的厚重红葡萄酒而受到关注。圣塔克拉拉谷（Santa Clara Valley）则位于硅谷南边，生产粗犷简单的葡萄酒。

不同于湾区多小型酒庄且历史久远，蒙特雷（Monterey）县内的广阔葡萄园，却是新近30多年内兴起的。蒙特雷1.6万多公顷的葡萄园主要集中在莎丽娜谷（Salinas Valley），这个长达138千米、由东南往西北开向太平洋的河谷，是加州海岸区最大的葡萄酒产地。来自太平洋的寒冷强风经常沿着河谷吹进内陆，气候较为寒冷，但是雨量少，多阳光，需要靠人工灌溉，适合种植霞多丽、黑皮诺和西拉等品种，生产有着爽口酸度的葡萄酒。下游的地区比较凉爽，以出产白葡萄酒为主，红葡萄酒产区则多位于上游，但赤霞珠仍较难成熟。

蒙特雷县内有8个AVA产区，其中除了面积广阔的蒙特雷、圣卢卡斯（San Lucas）、圣贝尔纳韦产区（San Bernabe）和梅思谷（Hames Valley）之外，也有一些小型的AVA产区，具有独特的自然环境。卡梅尔谷（Carmel Valley）因为山脉阻隔了寒冷海雾，气候温暖，是蒙特雷县少数以赤霞珠闻名的产区，有相当优雅的风格。阿罗约萨克（Arroyo Seco）位于莎丽娜（Salina）支流谷地内，以霞多丽和雷司令著名；查龙（Chalone）有许多石灰岩，黑皮诺与霞多丽表现最佳，而海拔较高的圣露西亚高地（Santa Lucia Highlands），则以西拉、霞多丽和黑皮诺最具潜力。

蒙特雷县东北边的圣比尼托县（San Benito）内也有相当多葡萄园，地形多起伏，气候也较温暖，赤霞珠和金粉黛等都可成熟，已经有6个AVA，以东北部近蒙特雷县的哈兰山（Mount Harlan）最为著名。

蒙特雷西边的圣路易斯–奥比斯波县（San Luis Obispo）虽然并不太著名，但是县内的两个主要产区艾德纳谷（Edna Valley）和帕索罗布斯（Paso Robles），却都是近年来加州最受瞩目的产区之一。这两区虽同属一个县，但风格却相差甚远。位于北部的帕索罗布斯在莎丽娜河谷的上游，和北边的蒙特雷产区相邻，最早以出产散发甜熟果味、口感圆润、带着巧克力般丝绒质地的赤霞珠红葡萄酒而成名。因为是全加州日夜温差最大的葡萄酒产区，所出产的葡萄酒香气浓郁，颜色深黑，口感厚实却柔和少单宁。

因为离海远近与地形的关系，帕索罗布斯明显分为东西两区，大略以101号公路为界，东边地形平坦广阔，气候干燥炎热，大型酒厂大多集中在这一区，以产浓厚红葡萄酒为主，赤霞珠、西拉、金粉黛和小西拉都有很好的表现。帕索罗布斯的西部多山，气候温和凉爽，也较潮湿，满布加州少见的石灰岩层，葡萄园较分散且小酒庄林立，以西拉为主的陆河风格红葡萄酒以及金粉黛红葡萄酒都有绝佳的表现，比东边的红葡萄酒均衡且有更多的细节变化。

位于南部的艾德纳谷和隔邻的阿罗约格兰德谷（Arroyo Grande Valley）两个产区，因为离海近，而且位于直接开向太平洋的河谷，气候非常凉爽，和南邻的圣塔玛丽亚谷（Santa Maria Valley）类似，也是以种植霞多丽与黑皮诺为主，葡萄酒均衡多酸且果味充沛，另外西拉的表现也相当具有潜力，拥有优雅强劲的风格。

加州的海岸线在圣巴巴拉县突然转成东西向，海岸山脉跟着转向，形成了东西向的河谷，让太平洋的寒冷海雾毫无阻碍地直接吹进谷地，虽然圣巴巴拉位于加州最南端，但却是全加州最凉爽的葡萄酒产区。此产区历史都不长，直到20世纪70年代才开始发展，然而这些产区已经是加州重要的明星产区，主要分为3处，各有独立的AVA。其中面积最大的是北部的圣塔玛丽亚谷，这里的谷地开阔，夏季午后，冷雾长驱直入，让炎热的天气顿时有如寒冬。在这个寒冷且温差大、生长季也特别长的地区，非常适合霞多丽葡萄的生长，可以酿成多酸多变、口感均衡，并有着奔放果香的霞多丽白葡萄酒。这里的黑皮诺采用无性繁殖来保证葡萄的优良品质，另外，一些罗讷河谷的特色品种在此地也有较好的表现。

南邻的圣伊内斯谷气候比较温暖，因为东西部的气候相差很大，区内气候变化多端，葡萄品种非常多元。东边最炎热的区域，种植较多的是以赤霞珠为主的波尔多品种，而罗纳河谷的特色品种如西拉和维欧尼等红、白品种都有相当精彩的表现，另外这里的长相思果香浓且均衡多酸，也相当精彩。西边靠近海岸的地区因为谷地直接开向太平洋海岸，有特别寒凉的气候，另外独立成为圣塔瑞塔山（Santa Rita Hills）AVA产区。因属河谷地形，葡萄园分散且多位于含黏土或石灰质的山坡上，有许多新兴小酒庄，生产极具特色的黑皮诺红葡萄酒，已经逐渐成为北美最佳的黑皮诺产区之一。因为气候寒冷，霞多丽在这里的表现也相当精彩，比圣塔玛丽亚产的霞多丽多一些矿石香气与更强劲的酸度。

圣巴巴拉以南，葡萄酒产区已不多见，但仍有几个AVA产区，其中南海岸包含了南加州的所有AVA产区。虽然洛杉矶附近在19世纪曾经生产相当多的葡萄酒，但是现在已经大多消失。洛杉矶东南方的卡蒙加谷（Cucamonga Valley）生产一些金粉黛老藤红葡萄酒，特美谷（Temecula）则以产浓重的霞多丽白葡萄酒为主。

（三）内陆峡谷区

位于内陆的中央谷地是加州最广阔的葡萄酒产区，有70000公顷的葡萄园，大多位于谷地北边的圣华金谷（San Joaquin Valley）。在这一片平坦而且酷热的干燥平原上，只要灌溉，葡萄就非常容易生长，但因成熟速度太快，很难有好的质量。这里大多是大规模工业化管理的葡萄园，产量相当大，主要生产简单平价的普通级别葡萄酒。这里最大的嘉露酒业（E & J Gallo），年产高达9亿瓶葡萄酒，几乎占了加州大半的产量。

深入内陆的圣帕布罗湾（San Pablo Bay）和遂顺湾（Suisun Bay）受海洋调节作用明显，特别是在洛迪（Lodi）和克拉克伯格（Clarksburg）两个产区附近，有较凉爽的气候环境，克拉克伯格曾经以白诗南白葡萄酒闻名，较长的生长季也让洛迪产区得以生产出浓厚雄壮且仍能维持均衡的浓厚红葡萄酒。金粉黛、小西拉和赤霞珠等品种在这里都有不错的表现。

中央谷地北段往东边靠近内华达山脉的谢拉山麓（Sierra Foothills），是加州极东边的葡萄酒产区，虽然仅有2000公顷，但因为出产相当精彩的金粉黛老藤红葡萄酒而备受关注。葡萄园主要位于埃尔多拉多（El Dorado）和阿玛多县（Amador）两个县内400米以上的高海拔地区，以火山灰与花岗岩组成的土质让此处的金粉黛显得更狂野艰涩。

（四）内华达山区

加州的内华达产区是整个美国较大的AVA之一，占地105万公顷，范围从南部的马里波萨县（Mariposa County）到北部的尤巴县（Yuba County）。这里气候温暖、海拔高，非常适合大规模生产由金粉黛、西拉和意大利品种（如巴贝拉）酿造的红葡萄酒。这里有几个较小的AVA产区。位于内华达山脉的西北部山麓，该山脉将加利福尼亚州与东部的内华达州分开，葡萄园沿着这260千米的山脉一路延伸，海拔300~900米。1848年发现的黄金导致了加州淘金热，当时大量的定居者涌入该州寻找财富。许多人来自南欧，有进取心的人迅速建立了葡萄园，为淘金者提供葡萄酒。到19世纪60年代，内华达山区的葡萄酒业蓬勃发展。在淘金热结束后的大萧条中，这个行业逐渐衰落，1920年开始的禁酒令更是扼杀了所有。令人高兴的是，整个地区的葡萄园只是被简单地遗弃，而不是被砍掉，20世纪70年代，复兴这里的葡萄种植者得到了回报，他们发现了许多老藤，生产出产量极低的高质量金粉黛葡萄酒。这个广阔的地区有着不同的岩石和土壤，低肥力的情况很普遍，这使得葡萄种植很困难，但却能生产出高质量的葡萄酒。贫瘠的自然条件迫使葡萄树将根系深入地下，以寻找水分和养分，最终的结果往往是葡萄产量小，但味道浓郁。在温暖、阳光明媚的日子里，晚上从内华达山脉吹来的高山风，使夜晚的温度要低得多。这种昼夜温差，使葡萄的成熟速度更慢，从而发展出丰富、复杂的风味和香气，但并不以牺牲酸度为代价。在过去的25年里，葡萄种植者被吸引到内华达山区，因为土地价格比加州其他葡萄种植区低得多。消费者也被那些比沿海地区价格更适中的葡萄酒所吸引。

（五）加州南部

加州南部AVA涵盖了美国西南角加利福尼亚州的大片土地，从文图拉县（Ventura County）一直延伸到圣地亚哥县（San Diego County）和墨西哥边境。该地区的山脉纵横交错，为葡萄种植提供了一个炎热、干燥的环境。金粉黛可以在这里茁壮成长，特别是一些老藤金粉黛，能酿造口感浓郁、极具个性的红葡萄酒。加州南部可以说是加州葡萄栽培开始的地方。方济会修士朱尼佩罗·塞拉（Junípero · Serra）神父于1769年在圣地亚哥县建立了加州的第一个传教所，并种植了葡萄园。1833年，洛杉矶种植了第一批欧洲葡萄品种——从波尔多带到西海岸的品丽珠和长相思。在禁酒令之前的时代，加州南部拥有加州最大的葡萄酒产业，远远超过了纳帕谷和索诺玛县。1920年开始的禁酒令时期，许多地区通过运送葡萄生产“葡萄汁”渡过难关。在过去的50年里，城市化对加州南部的葡萄酒生产产生了很大影响。洛杉矶和圣地亚哥这两个城市（美国人口最多的两个地区）侵占了葡萄种植地，导致许多人感叹失去了旧日的风土人情。加州南部的纬度（从北纬32°~34°）使其比欧洲的任何一个葡萄酒产区都离赤道更近。太平洋为加州这个炎热、干燥的地区提供了一些降温的条件，葡萄通常被种植在海风可以吹到的地方。加州南部的大多数AVA产区都在佩罗纳山脉（Sierra Pelona Mountains）和半岛山脉（Peninsula Ranges）的西侧，这些山脉沿着海岸线延伸。加州南部AVA产区有一系列不同的土壤类型。北部的山区有页岩土壤，而靠近墨西哥边境的山区则是花岗岩土壤。在地势较低的AVA产区中，沙土是最常见的土壤类型。这些土壤的共同点是排水性好，允许葡萄种植者通过各种灌溉方式仔细控制葡萄树在生长季节获得适量的水分。

（六）远北加州

远北加州地区包括该州最北部的10个县中人口稀少、森林覆盖率高的几个葡萄种植区，其范围大致从沿海城镇向东延伸至拉森火山国家公园（Lassen Volcanic National Park），中间有几个国家森林公园，北靠俄勒冈州，南边是门多西诺县，是一个充满活力的新兴葡萄酒产区，葡萄酒规模还很小。整个地区葡萄品种繁多，尤其以西拉、赤霞珠、美乐和巴贝拉这类可以酿造浓郁饱满葡萄酒的红色品种为主。部分地区受海洋影响，气候较为凉爽，可以种植黑皮诺和霞多丽并出产优质的气泡酒。

第三节　加拿大葡萄酒概述

一、加拿大葡萄酒历史与市场概述

加拿大酿酒历史较为悠久，已有1000多年。公元1000年左右，由莱弗・埃里克松（Leif Eriksson）率领的探险队在加拿大东北部发现了许多当地的葡萄品种，这些地区也因此被称为“野葡萄之地”（Vinland）。19世纪，欧洲移民开始尝试在加拿大栽培葡萄树，然而加拿大极端的大陆性气候，使得这些葡萄无法顺利生长。于是，早期的酿酒师们转向栽培当地品种——河岸葡萄和美洲葡萄，这也奠定了加拿大早期葡萄酒业的基础。加拿大用美洲葡萄酿制甜型葡萄酒的传统一直延续至20世纪70年代。1916—1927年，加拿大实行禁酒令，对该国的葡萄酒贸易产生了巨大影响。之后，虽然解除了禁酒令，可是一些小的产区因为失去了重要的出口市场而进入低谷，安大略省因有政府的特许经营，葡萄酒业反而日渐兴盛。1988年是加拿大葡萄酒业最重要的一年，加拿大与美国签署了自由贸易协定，这不仅增强了该国酒农的竞争意识，而且对促进形成加拿大VQA（酒商质量联盟）的成立也起到了推动作用。

从纬度上来说，加拿大葡萄酒产区与意大利托斯卡纳或法国普罗旺斯接近，但加拿大气候严寒，会影响葡萄的生长，但这也给加拿大的酿酒带来了新的契机。在德国、奥地利等地，要生产冰酒必须等到秋末寒冬，因此无法保证每年都能生产冰酒。而在加拿大得天独厚的低温下，冰酒却可以年年生产，品质也较其他地区更为稳定。目前，加拿大以“晚摘”和“冰酒”闻名，在各种酒类当中，加拿大已被公认为世界上最主要且品质最佳的冰酒生产国，主要出口至中国和日本，其次是美国和欧洲。

加拿大传统葡萄种植以原生耐寒冷的欧美杂交种为主，红葡萄品种有黑巴可（Black Baco）与马雷夏尔福煦（Marechal Foch），白葡萄品种有白谢瓦尔（Seyval Blanc）与威代尔（Vidal），近年来加拿大开始种植欧洲葡萄品种。

值得一提的是，该国允许酒商使用外国的葡萄汁进行酿酒，酒标标注“加拿大窖藏”。其中，不列颠哥伦比亚省酿酒所允许使用的进口葡萄汁含量可达100%，而安大略省则要求进口葡萄汁的含量最多不能超过70%。

二、加拿大主要葡萄酒产区

加拿大是世界上国土面积第二大的国家，水资源十分丰富。加拿大拥有两个最主要的葡萄酒产区，分别是安大略省和不列颠哥伦比亚省，这两个产区出产全国98%的优质葡萄酒。此外，位于加拿大西岸的欧肯那根（Okanagan Valley）产区和东部的尼加拉瀑布（Niagara Falls）产区是加拿大的两个主要葡萄酒产地，除了驰名世界的冰酒外，各种红葡萄酒、白葡萄酒也深受世界各地人们的喜爱。另外，魁北克省和新斯科舍省所出产的葡萄酒也逐渐崭露头角，受到消费者的好评。

位于寒带的加拿大因气候酷寒，葡萄园的规模不大。1973年来自德国的沃特·海恩勒（Walter Hainle）第一次在加拿大生产冰酒，情况开始发生转变。特别是1983年，尼加拉瓜半岛开始更大规模的生产之后，加拿大很快就成为全球冰酒的最大生产国，冰酒也化身为加拿大最具代表性的酒款。

三、加拿大冰酒

（一）冰酒的酿造

在加拿大，可以酿造冰酒的低温常常要等到来年一月甚至二月才会出现。葡萄成熟后要在葡萄树上再挂3个月甚至更久，是许多野生动物青睐的美食。除了冬眠前的棕熊之外，鸟害的问题最为严重，葡萄农必须细心地用网子将葡萄树包裹起来，以防止珍贵的葡萄被野鸟偷吃一空。

依据德国、奥地利和加拿大的协议，酿造冰酒的葡萄要在–7°C以下才能采收，而且必须每升含有255克以上的天然糖分。当气温降到–7℃以下（加拿大更严格，规定在–8℃以下），葡萄中大部分的水分都将结成坚硬的冰块，在最冷的凌晨采收之后立即进行压榨，因为少了结成冰的水分，榨出的葡萄汁量少且黏稠，通常1000千克的葡萄只能榨出约110升的冰酒原汁，葡萄糖和酸味以及香味物质等都变得更加浓缩。

为了维持足够的低温，榨汁必须在室外进行，要从结冰的葡萄中榨出浓稠的汁液，需要压力够大的机器，一般的气垫式榨汁机都派不上用场，大多采用传统的垂直式榨汁机。冰酒因为必须采用直接在葡萄树上天然冻结的葡萄酿造，所以特别费力，但是和采用人工冷冻方式制成的甜酒还是有很大的不同，因为挂在树上晚收的葡萄会开始氧化，让冰酒产生特殊的香气，和人工冰冻的酒在风味上完全不同。

（二）主要冰酒产区

加拿大最主要的冰酒产地在安大略省南部与美国交界的尼加拉瓜半岛上，尼加拉瓜瀑布所在的尼加拉瓜断崖横贯半岛的南边，自安大略湖往南吹来的温和湖风，遇到300米高的断崖之后往北回到湖边，一来一往之间，在半岛的北边形成一个气流圈，将严寒的北风挡在外面，于是造就了尼加拉瓜半岛北部这个加拿大东部气候最温和的乐土，可以让葡萄有足够的成熟度，但是这里冬季却又够寒冷，每年都能生产冰酒。特别是在尼加拉瓜湖畔市（Niagara–ou–the– Lake）附近，著名的酒庄云集，是加拿大葡萄酒业的核心地带。伊利湖北岸也是安大略省的葡萄酒产区，面积较小，酒庄不多，但气候同样寒冷，也生产冰酒。除了冰酒，尼加拉瓜半岛的干型酒也相当有特色。为了适应环境，这里种有不少抗寒的人工培育的葡萄品种，如白谢瓦尔、威代尔和黑巴可等品种，不过现在则以从欧洲引进的优秀品种如雷司令、霞多丽和黑皮诺等品种为主。

加拿大西岸的冰酒产区主要集中在卑斯省内的欧卡内根谷，由于气候不及东岸寒冷，本地的冰酒产量较少，而且也比较不稳定，并非每年都能生产。不过，这边的酷寒天气常常来得比较早，也让谷地内的采收期常常提前，能够酿造的冰酒品种也变得比较多元。欧卡内根谷地的气候与美国华盛顿州哥伦比亚河谷产区类似，主要生产赤霞珠、美乐和西拉等葡萄酿成的红葡萄酒，风格也和华盛顿州的红葡萄酒相类似。

（三）酿造冰酒的主要品种

加拿大最常用来酿造冰酒的品种为威代尔。威代尔是从法国引进的人工混种，是白玉霓和白谢瓦尔杂交成的耐寒葡萄品种。威代尔的皮特别厚，即使过了成熟期，挂在葡萄树上也不容易腐坏掉落，非常适合用来生产通常延至来年1–2月才能采收的冰酒。威代尔的香气非常浓郁，经常有菠萝、芒果、杏桃及蜂蜜等甜熟的香气。大部分的威代尔冰酒的成熟速度较快，适合年轻时饮用。

另外，雷司令也很常见，特别是西岸的产区最常使用雷司令来酿造冰酒，有更优雅均衡的风味与细腻变化。除了青柠檬、白花香气外，也常有矿石与汽油等独特的香味。一般雷司令的冰酒比较耐久存，可以变化出更丰富的酒香与更协调的口感。其他品种像霞多丽、琼瑶浆等也偶尔酿成冰酒，甚至也有以品丽珠、美乐、赤霞珠或黑皮诺酿成的红冰酒。

【本章参考文献】

[1] 夏桑园酒业.「超详解析」美国葡萄酒产区（上）[EB/OL]. 百度百家号网，2021-10-22.

[2] Admin. 美国葡萄酒概况 [EB/OL]. 百度文库网，2019-10-20.

[3] 佚名. 加州顶级葡萄园，领略风土之美 [EB/OL]. 红酒世界网，2020-03-19.

[4] Ana-七十迈旅行.【冰酒大百科】听说冰酒的发现源于一场美丽的意外 [EB/OL]. 马蜂窝网，2018-07-10.

【思考练习题】

一、选择题

1. 美国最具独特性的葡萄品种是（　　）。

A. 赤霞珠　　B. 西拉　　C. 金粉黛　　D. 霞多丽

2. 美国最重要的葡萄酒产区是（　　）。

A. 加利福尼亚州　　B. 俄勒冈州　　C. 华盛顿州　　D. 纽约州

3. 加利福尼亚州影响力最大的子产区是（　　）。

A. 索诺玛　　B. 圣巴巴拉　　C. 纳帕谷　　D. 蒙特雷

4. 索诺玛和纳帕谷共有的子产区是（　　）。

A. 洛迪　　B. 干溪谷　　C. 亚历山大谷　　D. 卡内罗斯

二、问答题

1. 华盛顿州有哪些子产区？

2. 俄勒冈州有哪些子产区？

3. 加利福尼亚州分成哪几个大的区域？

4. 索诺玛有哪些子产区？

5. 加拿大用来酿造冰酒的主要葡萄品种有哪些？

6. 威代尔有哪些特点。

三、论述题

1. 试述纳帕谷子产区的风土特征。

2. 试述冰酒的酿造。

【经验性训练】

通过对美国和加拿大葡萄酒的比较认识以及感官体验，使学生能够体验北美地区葡萄酒的风格及特色。

【实践考核项目】

酒水的认识与识别

（一）本项目考核的目的

认识酒标，了解美国和加拿大葡萄酒品种、产区及特点；能识别美国和加拿大葡萄酒的特点及产地代表性品种。

（二）所需理论和设备器材知识

掌握美国和加拿大葡萄酒不同产区的酒水特点、产地等知识。

（三）所需仪器设备和消耗性器材

准备美国和加拿大主要产区及不同风格的葡萄酒。

（四）实训考核内容和要求

1. 能按照行业规范熟练进行酒水鉴别，并掌握美国和加拿大葡萄酒不同的风格特点。

2. 能较熟练地对美国和加拿大葡萄酒的主要品种进行区分。

第十章　智利、阿根廷、南非

【本章概要】

本章主要讲述了智利、阿根廷、南非三个国家葡萄酒的历史发展和主要产区的葡萄种植情况，并就当地葡萄品种、酿造工艺及所产葡萄酒的风格特点进行详细描述。

【学习目标】

1. 了解智利、阿根廷、南非葡萄酒的概况。
2. 掌握智利、阿根廷、南非葡萄酒的主要葡萄品种及产区。

【关键术语】

智利　阿根廷　南非　葡萄酒　葡萄品种　产区

【讲师语录】

快速崛起的智利葡萄酒

葡萄酒的生产技术16世纪传入智利。1851年，被称为智利“葡萄种植之父”的施维斯特·奥卡加威将法国的高级葡萄品种和掌握葡萄酒酿制技术的人员带回国内，拉开了智利近代葡萄酒生产的序幕。在秘鲁寒流的影响下，智利的晴天较多，雨水较少，气候干燥，没有遭受过葡萄根瘤蚜虫病害的侵袭。智利的葡萄酒产业以红葡萄酒为主，主要品种是赤霞珠。来自法国的佳美娜在波尔多曾一度灭绝，却在智利延续下来，并逐渐发展成为具有独特个性的葡萄品种。

阿根廷为了追求凝缩感而在高海拔地区种植葡萄，在海拔2400米的地方种植葡萄。

用日照强烈地区出产的葡萄生产出的葡萄酒凝缩感较高。阿根廷最主要的种植品种是同样来自法国的马尔贝克，这里的葡萄酒制造史几乎与智利一样悠久，但是近年来葡萄酒制造技术突飞猛进，生产的葡萄酒风格非常干练。马尔贝克是备受期待的阿根廷黑葡萄品种。

南非有300多年的葡萄酒酿酒历史，由于葡萄种植季节较早，新酒上架的时间也要比欧洲早。从大西洋海岸地区的北部一直延伸到沙漠，大约有340座酒窖和酒厂。有5个葡萄种植大区：海岸产区（coastal）、奥利芬特河谷（Oifants River）、波贝齐（Boberg）、布里厄河谷（Breede River Valley）与克林·卡鲁（Klein Karoo）地区，另外还有奥兰治河葡萄园及林波波（Loopspruit）酒区。

这些产区是古老的醇美与新时代的甜美结合，是新世界崛起的新星。总体来看，智利的葡萄酒被人们所喜欢早于南非的葡萄酒。

一方风土，一方风格，祝愿智利、阿根廷和南非葡萄酒产业在未来有更惊喜的突破和创新。

法国CAFA葡萄酒&烈酒学院　高级讲师　张晓华

第一节　智利葡萄酒概述

一、智利葡萄酒历史与市场概述

（一）智利葡萄酒历史

位于南美洲的智利葡萄酒产量位居世界第八位，其出口量在全球中居第四位。近10年来智利葡萄酒逐渐在国际上崭露头角，尽管大家都将智利归类在新世界葡萄酒产区，但智利葡萄酒酿酒史已有450多年。

智利葡萄栽培历史始于1518年，当时的西班牙传教士在圣地亚哥周边种植葡萄，这个品种到最后繁衍成了派斯葡萄，是早期智利境内种植面积最大的葡萄品种。这些葡萄在16世纪50年代被酿制成新世界的第一批葡萄酒。1830年，在法国植物学家克劳德·盖伊（Claude Gay）倡议下，智利政府设立了国家农业研究站，之后引种了大量的法国、意大利葡萄品种，至1850年已有70多个葡萄品种，开创了智利葡萄酿酒的新篇章。1877年，由于欧洲酿酒葡萄树受到根瘤蚜虫病危害而缺乏葡萄酒供应，智利开始出口葡萄酒到欧洲。19世纪中叶酿酒业中兴，新型葡萄园、摩登酒窖和欧洲最新的酿酒技术把智利葡萄酒的品质推向了新的高潮。从第二次世界大战到20世纪80年代，由于繁重的苛税，智利葡萄酒产业的发展受到极大限制，国内需求下降，导致大面积的葡萄园被砍。直至1979年，被智利酿酒行业人尊称为“智利酒业教父”的米格尔·托雷斯率先引入了新的机械、新的酿酒技术和不锈钢发酵罐，引发其他酒厂纷纷效仿，经过接下来的10年“技术复兴”时期，更多的葡萄园采用滴灌系统，对葡萄树每天摄入的水分进行严格地监控，葡萄品质得到了提升。20世纪90年代后，伴随着政治的稳定、经济的复苏，智利葡萄酒产业稳步发展。1990—1993年，新增葡萄种植面积10000公顷，大量的现代酿酒技术与设备得以采用，许多欧洲、北美投资者进入智利葡萄酒产业，智利葡萄酒产业进入现代化阶段。

（二）智利葡萄酒市场概述

时至今日，智利葡萄种植面积高达12.6万公顷（其中超过半数进行人工灌溉），葡萄酒产量达10亿升，其中超过半数（8亿升）出口。智利靠着国际化的葡萄品种，多果味的可口风格，非常优异的自然条件以及合理的价格，成为国际市场上最受欢迎也最具竞争力的南美洲葡萄酒生产国。智利除了生产单一品种的葡萄酒之外，也生产很多波尔多风格的混酿葡萄酒，同时专精于量产非常主流的国际品种，如红葡萄品种赤霞珠、美乐和西拉、白葡萄品种霞多丽和长相思。

二、气候与地理环境

智利国土狭长，从南到北长达4000千米，其中有1300千米种植葡萄。传统上，北部炎热产区以生产新鲜葡萄、葡萄干以及皮斯科（Pisco）白兰地为主，国际知名度更大的葡萄酒产区位于中部，这里的产区东边为高耸的安第斯山脉，西边为有寒流经过的太平洋岸，在两者之间则有海拔较低的海岸山脉。整体而言，气候温和干燥而且多阳，病虫害少，日夜温差大，生长季节长，可以让葡萄缓慢地成熟，非常适合种植酿酒葡萄。各区之间也有些差距，一般而言，距太平洋越近的地方，气候就越凉爽潮湿，有海岸山脉屏障或离海较远的地带则较温暖干燥。因为多沙质土，智利很少有根瘤蚜虫病，不须嫁接砧木即可直接种植。

三、主要葡萄品种

与临近的阿根廷相比，智利的葡萄品种非常国际化，红葡萄也比白葡萄多。现在赤霞珠是智利最重要的品种，约占总产量的35%，达到3.7亿升，主要集中在中央山谷（见图10-1）。智利的赤霞珠以饱满的黑色浆果香气以及成熟柔和的单宁闻名，即使在酒体年轻时饮用，也非常可口均衡，因此顶尖的智利酒大多是以赤霞珠酿造。智利也种植相当多的美乐，风格较为粗犷一些，不及赤霞珠迷人。不过，许多智利的美乐其实是佳美娜，这个同样来自波尔多的品种，因为非常晚熟，在波尔多已经相当少见。佳美娜的单宁颗粒感较为明显，但有独特的花草香气，相当特别，已经逐渐成为智利特有的代表性品种。近年来智利也开始种植西拉和黑皮诺等

图10-1 智利–圣醅罗酒庄—1865精选葡萄园系列

VSPT葡萄酒集团是智利首屈一指的优质葡萄酒领军企业，目前拥有6家智利酒庄和2家阿根廷酒庄，葡萄园占地面积超过5120公顷，年销量达1700万大箱（12瓶/箱），也是全球前20大葡萄酒生产商。

品种。西班牙殖民时期引进的派斯，在南部谷地相当常见，种植面积仅次于赤霞珠，但主要酿成主销国内市场的廉价红葡萄酒，很少出现在酒标上。

智利的白葡萄酒不及红葡萄酒出名，霞多丽和长相思同为最重要的品种，在临近太平洋沿岸的凉爽地区有相当出色的表现。同样来自波尔多的赛美蓉也能偶然见到，可以酿成口味较丰厚的白葡萄酒或贵腐甜润。智利种植相当多的麝香葡萄，但是主要销往国内市场，很少出现在酒标上。近些年还开始种植维欧尼、雷司令和琼瑶浆等白葡萄。

第二节　智利葡萄酒产区

智利从北到南分成四个大区（见表10–1）。

表10–1　智利四大产区

中文名称	原文名称
科金博	Coquimbo Region
阿空加瓜	Aconcagua Region
中央山谷	Central Valley
南部产区	South Region

按不同的地形和小气候又从西到东分成了海岸产区（Costa Areas）、中心谷地（Entre Cordilleras Areas）与安第斯山脉产区（Andes Areas）。

一、科金博（Coquimbo）

科金博大区的子产区包含埃尔基谷（Elqui Valley）、利马里谷（Limari Valley）和峭帕谷（Choapa Valley）3个产区，分别由各自行政省的名称命名。产区内的海边坐落着两座著名的旅游城市拉塞雷纳（La Serena）和科金博（Coquimbo）。

埃尔基谷是科金博大区最北的产区，与北面的阿塔卡玛沙漠接壤，种植的葡萄主要用来酿造皮斯科和鲜食。埃尔基谷的西边是太平洋，东边是安第斯山脉，具有极强的日照，呈现半沙漠特征。

利马里谷距离首都圣地亚哥（Santiago）470千米，半沙漠化的特征依旧存在，但是多了些小叶子的灌木植物。土壤富含矿物质，很多葡萄酒都有明显的矿物风味。由于缺水，滴水灌溉的方式得到广泛应用。

峭帕谷是科金博大区最南端的产区，历史上也因皮斯科和鲜食葡萄而闻名，位于智利最窄的地方，海岸山脉与安第斯山脉在此相聚，土壤含大量石块，因此会出产高酸、高品质但是低产量的赤霞珠和西拉。这样的特点虽然吸引了越来越多的酒农，但是直到目前还是仅有葡萄园而没有酒厂或酒庄。

二、阿空加瓜（Aconcagua）

位于智利首都圣地亚哥市北边的阿空加瓜大区包含阿空加瓜谷、卡萨布兰卡谷（Casablanca Valley）和圣安东尼奥谷（San Antonio Valley）。

阿空加瓜谷被群山围绕，是智利最干燥炎热的葡萄酒产区。东边安第斯山上的融雪经由阿空加瓜河流进西边的太平洋，为产区内的葡萄园提供了极为宝贵的灌溉用水。总种植面积只有1000多公顷，以红葡萄品种为主，生产风味浓厚强劲的红葡萄酒，见图10–2。

图10–2　智利–圣酩罗酒庄–1865限量珍藏系列

卡萨布兰卡谷的名称来自该产区首府卡萨布兰卡，此产区是整个智利“海岸产区”的典型代表之一，离太平洋岸仅20千米。该产区的东侧的“海岸山脉”挡住了从海上吹来的冷风，因此经常会在上午形成浓雾，有助于整个产区的降温，到了中午太阳出来温度升高，雾气散去，葡萄开始接受阳光照耀。独特的气候造就了出色的长相思、霞多丽、黑皮诺。

从卡萨布兰卡驱车向南半个小时就来到另外一个著名的海岸产区圣安东尼奥，在主要由花岗岩和冲击土组成的土壤上，酿酒师们利用凉爽的太平洋海风已经成功酿造出高品质的西拉、黑皮诺、长相思和霞多丽。与全国大部分产区相同，圣安东尼奥的雨水主要集中在冬季，使得平时的滴水灌溉就显得尤为重要。水的来源主要依靠迈坡河（Maipo River）。

葡萄品种：赤霞珠

该系列包含3款高端产品，突出了1865的“探索和求知”精神，不断地开拓尝试新的葡萄酒产区和酿造工艺，在保持本土酿造特色的基础上，推动智利葡萄酒产业的革新。

三、中央山谷（Central Valley）

圣地亚哥市南边的中央谷地是智利最重要的产区，全国75%的葡萄园就位于海岸山脉和安第斯山脉间的300千米谷地内，高达90%的出口葡萄酒全都产自这一区。

肥沃、干燥、阳光充足的中央山谷大区下分4个产区：迈坡谷、拉佩尔谷（Rapel Valley）、库里科谷（Curico Valley）与莫莱谷（Maule Valley）。

最北边的是迈坡谷邻近首都，开发较早，虽然葡萄园不多，却是大型酒厂聚集的最知名产区。赤霞珠是这里最重要的品种，智利顶级的葡萄酒有许多产自这里，特别是靠近安第斯山海拔较高的地区。迈坡谷又分成上迈坡（Maipo Alto）、迈坡岛（Isla de Maipo，也称为中央迈坡）和海岸迈坡（Costal Maipo）3个子产区。上迈坡就在安第斯山脚下，白天太阳充足，温度高，夜晚凉爽，外加多石贫瘠的高渗透力土壤造就了独特的高品质赤霞珠，近年来在国际大赛上屡获嘉奖。干露酒庄（Concha y Toro）、活灵魂（Almaviva）、金色圣殿（Domus Aurea）等优秀酒庄聚集于此。迈坡岛由于迈坡河被山阻挡而发生改道，形成了独特的类似半岛一样的地形，山和河创造出独特的微气候，虽然阳光充足，但是半环绕的河水起到了降温的作用。海岸迈坡则主要受太平洋海风与冲击土的影响。

迈坡谷以南为拉佩尔谷，名字源于产区内的拉佩尔河和拉佩尔湖，这是中央山谷最大的产区，产量占全国的1/4左右。分成北部的卡恰布谷（Cachapoal Valley）与南部的空加瓜谷2个子产区。卡恰布的名字源自卡恰布河，范围北起派内（Paine），南到佩列昆（Pelequén），东边是安第斯山，西边是海岸山脉。由于拉佩尔湖的影响，产区内长年保持着稳定的地中海气候。阿空加瓜谷位于卡恰布谷的南侧，可能是全球知名度最高也是智利名庄遍布的子产区，从东部的安第斯山绵延到西边的海岸山脉，大部分的优质葡萄园都位于海岸山脉的山脚下。最著名的两家酒庄分别是蒙特斯（Viña Montes）与拉博斯特（Viña Lapostolle）。整个产区的土壤成分以沙土、黏土和风化花岗岩为主。

从阿空加瓜谷再往南就来到了库利科谷。虽然海岸山脉阻挡了海边吹来的冷风，但是安第斯山脚下还是会有冷空气降下来，有助于葡萄园降温，所以很多优质的葡萄园都坐落在安第斯山脚下。渗水性较高的多石土壤为赤霞珠提供了良好的生存条件。

莫莱谷位于首都圣地亚哥南部250千米处，名字来自从东部安第斯山流向西部太平洋的莫莱河，但是河水的流量比它北面的产区明显增大了，年平均降雨可以达到700多毫米。河水带来了冲击土、沙土和亚黏土，雄伟的安第斯山也从这里开始变矮，火山开始增多。这个地区因其高产量而闻名，是智利产量最大的产区之一。20世纪90年代中期，情况开始发生变化，原有的陶罐和水泥槽部分保留，大量不锈钢罐和新技术投入使用。得益于新技术的使用，吉尔莫酒庄（Gillmore）超过70年的佳丽酿老藤和宝松家族（Julio Bouchon）出产的野生派斯（已知最年轻的葡萄树龄为80岁）依旧能展现出良好的酿造潜力，出产高品质的葡萄酒。在种植方面，莫莱谷也有其独特之处，采用了“矮树”和“自然雨水灌溉”方式。“矮树”是通过修剪让葡萄树保持矮小，便于采摘，且种植密度较低，可使单株葡萄树获得更多的营养，这种方法的灵感源于野生葡萄树。“自然雨水灌溉”则是主要依赖自然降水对葡萄园进行灌溉，省去了铺设灌溉渠或灌溉管道的成本。当然，这也需要承担降雨时间和降雨量的不确定性，好在莫莱谷的降雨量足以满足葡萄的生长需求。

四、南部地区（South Region）

南部产区包含：伊塔塔谷（Itata Valley）、比奥比奥谷（Bio Bio Valley）和马耶科（Malleco）。南部谷地产区受到来自太平洋的影响，比较寒冷潮湿，多云雾，派斯是这里最重要的葡萄品种，生产大量的日常红葡萄酒。相比智利北部，尤其是中央山谷，这里光照时间短，平均温度低，但雨水却比北面的产区都多（年平均1100毫升），这种环境适合黑皮诺、雷司令等喜好凉爽环境的葡萄品种生长，也适合酿造一些酸度优秀的起泡酒。

第三节　阿根廷葡萄酒概述

一、阿根廷葡萄酒历史与市场概述

阿根廷作为南美洲最大的葡萄酒生产国，产量位居世界第五，人均葡萄酒消费量名列世界第三位。阿根廷的葡萄种植业历史悠久。大约500年前，西班牙征服者在美洲大陆的南部地区找到了适合种植葡萄的大片土地。1850—1900年间，正值欧洲葡萄园根瘤蚜虫病害肆虐之时，以意大利、西班牙、德国和法国为主的欧洲移民潮为阿根廷的葡萄产业带来了更多的葡萄品种、种植方法和酿造技术。原有的葡萄品种被欧洲的葡萄品种所取代，引进的新栽植技术和新葡萄品种明显改善了阿根廷葡萄酒质量。到了20世纪90年代，阿根廷葡萄酒飞速发展并逐渐在国际市场上占据了一席之地。一些来自意大利、西班牙、法国和德国的传统酿酒家族在当地发展壮大，并在国际市场上产生了较大的影响力。阿根廷因此成为世界上葡萄品种和葡萄酒品种最多的国家之一，成为欧洲葡萄酒业的原料供应基地。

阿根廷是一个移民国家，85%的人口是西班牙和意大利移民的后裔，在这两大旧世界葡萄酒生产国的文化传统影响之下，每年阿根廷生产的葡萄酒90%都在国内消费，出口仅占10%左右，这导致外界对阿根廷葡萄酒知之甚少。

二、气候与地理环境

阿根廷的葡萄园绝大部分位于西部内陆邻近安第斯山脉的地方，雪山脚下的这片土地，由最北的萨尔塔（Salta）省到南边的黑河（Rio Negro），长达1600千米，种植了21万公顷的葡萄，不过葡萄园主要集中在生产条件较好的中西部门多萨（Mendoza）和圣胡安（San Juan）两省，产量分别为60%与30%。门多萨因为离大西洋远，海拔7000米的安第斯山脉又阻挡了来自太平洋的水气，有着类似沙漠般的大陆性气候，年降雨量只有200毫米，晴朗干燥，灌溉葡萄主要依赖着春夏两季安第斯山的融雪。气候虽然炎热，但此地日夜温差大，非常有利葡萄生长，使这里成为一个稳定而且容易控制的葡萄酒产区。

三、主要葡萄品种

适应国内市场的需求，阿根廷主要生产白葡萄酒，但是因为气候的原因，红葡萄酒反而有比较精彩的表现，特别是风格强劲且浓厚的阿根廷红葡萄酒，确实相当符合现在的国际市场需求。阿根廷人有相当多的西班牙与意大利裔移民，他们不仅大量饮用葡萄酒，并且倾向于喜好口感较淡、带有氧化口味的老式葡萄酒，和国际主流风格的葡萄酒相差甚远。阿根廷种植最广的葡萄品种是16世纪从西班牙引进的克里奥拉（Criolla）、瑟蕾莎（Cereza）和佩德罗吉梅内斯（Pedro Gimenez）等即使在西班牙都不复见的稀有品种。

跟智利比起来，阿根廷较晚进入国际市场。近年来，有非常多的来自国外的投资者与酿酒师，采用国际品种生产以海外市场为主的葡萄酒，让阿根廷葡萄酒质量迅速提升。在阿根廷的高质量葡萄品种中，以19世纪传入的马尔贝克最重要，虽仅有10000多公顷，却是阿根廷的代表性品种。门多萨的气候让马尔贝克得以达到在原产地法国西南部无法达到的成熟度，酿造出非常浓郁的红葡萄酒。其他重要的品种包括来自意大利的伯纳达（Bonarda）和西班牙的丹魄，但是由于天气太热，品质无法与原产地相比。后期引入的赤霞珠可酿成浓郁厚实的红葡萄酒，非常适合与马尔贝克混合酿造。美乐和西拉在这里也有不错的潜力。白葡萄以本地特有的杂交品种特浓情最为重要，可酿成清爽多酸却有浓郁麝香葡萄香气的白葡萄酒。另外，质量较佳的重要白葡萄酒品种还包括霞多丽。

第四节　阿根廷葡萄酒产区

阿根廷是南美洲唯一建立法定产区制度（DOC）的国家，但是自1993年以来，只有在门多萨成立了圣拉斐尔（San Rafael）和卢汉德库约（Lujan de Cuyo）两个DOC产区，并没有受到特别的重视。大部分酒厂跟其他新世界国家的酒厂一样，主要生产以品种名称命名的葡萄酒。

阿根廷根据地理位置从北到南分为4个产区。北部地区（North）：胡胡伊（Jujuy）、萨尔塔（Salta）、图库曼（Tucumán）、卡塔马卡（Catamarca）；库约地区（Cuyo）：拉里奥哈（La Rioja）、圣胡安（San Juan）、门多萨（Mendoza）；巴塔哥尼亚（Patagonia）：拉潘帕（La Pampa）、内乌肯（Neuquen）、黑河（Rio Negro）、丘布特（Chubut）；大西洋（Atlantica）：布宜诺斯艾利斯（Buenos Aires）。

一、北部地区

北部萨尔塔的葡萄园面积达2552公顷，其中99%的产量都用来生产精品葡萄酒。这些地区最典型的品种是特浓情和赤霞珠。这里的葡萄生长区从海拔1500米开始，最高可达海拔1980米以上，有些地方海拔甚至高达3110米，成为世界上最高的葡萄种植区域之一。主要葡萄品种有特浓情、马尔贝克、赤霞珠和丹娜（Tannat），其中特浓情是这里最优质的葡萄品种之一，该品种的葡萄酒果香迷人，被誉为本省风土的最佳表达。主要的子产区在卡法亚特（Cafayate），虽已位处热带沙漠区，但葡萄园位于近2000米的高海拔区域，出产阿根廷质量优异、最香浓均衡的特浓情。

卡塔马卡产区位于产区的西南部，主要酿酒区集中在卡塔马卡省的西部。提诺加斯塔（Tinogasta）集中了该地区70%的酿酒葡萄和鲜食葡萄的产量，省内大部分酒厂也都位于这里。其他的葡萄种植区包括伯利恒（Belén）、菲安巴拉（Fiambalá）和圣玛纳（Santa María）。

图库曼地区葡萄园面积为9300公顷，主要种植的葡萄品种为马尔贝克、赤霞珠、西拉。

二、库约地区

拉里奥哈拥有6700公顷的葡萄园，介于东面的维拉斯科山（Sierras de Velasco）和西面的法美提娜山（Sierra de Famatina）之间。这里生产两种葡萄酒：工业化葡萄酒和以传统方式酿造的葡萄酒，后者是家庭作坊生产的区域性葡萄酒。该地区种植的主要葡萄品种是特浓情，占本省葡萄园栽培面积的35%。

圣胡安葡萄酒产量在阿根廷众多产区中排名第二，葡萄园占地面积34000公顷。圣胡安省气候温暖、光照充足，本地葡萄酿成的酒集中度强、果香浓郁。西拉、马尔贝克、赤霞珠、勃纳达、霞多丽和特浓情是这里种植面积最广的葡萄品种。

阿根廷最著名的产区门多萨葡萄酒产量占全国总产量的80%，拥有超过154000公顷的葡萄园。该产区大多数土壤为排水通畅的多石土壤，气候为温和的大陆性气候。可分为5个部分：北部（North Mendoza）、东部（East Mendoza）、第一区（Primera Zona）、南部（South Mendoza）和优克谷（Uco Valley）。北部海拔较低，可被门多萨河灌溉，细腻的沙砾构成土壤的主要成分，非常适合种植白葡萄酒品种，比如霞多丽、长相思、白诗南、白玉霓和特浓情，当然也种植西拉、赤霞珠、勃纳达和马尔贝克这些红葡萄品种。

以葡萄园的分布状况和酒厂的建立情况来看，门多萨的东部是该地区的酿酒重镇。这里的海拔在500~690米之间，海拔的参差不齐造成不同地区在气候、土壤和温度范围上有相当大的差异。子产区包含里瓦达维亚（Rivadavia）、圣马丁（San Martín）、巴斯（La Paz）和圣罗莎（Santa Rosa）。在东部能找到所有生长于阿根廷的葡萄品种，在这些品种当中，特浓情、维欧尼、长相思、霞多丽和诗南品等白葡萄品种表现尤为突出，桑娇维塞、西拉、勃纳达和丹魄在红葡萄中表现优异。

第一区海拔在615~1300米之间，这个传统而古老的葡萄酒生产地区包括了卢汉德库约和迈普（Maipú）2两个子产区，被称作阿根廷的“优质葡萄酒产区”。毗邻门多萨城南，这样得天独厚的地理位置、理想的海拔和优良的土壤共同造就了它的名气。这里最有特色的品种是马尔贝克，在全国都是最有标志性的。

优克谷是本省海拔最高的子产区，海拔大概在860~1610米。包括图蓬加托（Tupungato）、图努扬（Tunuyán）和圣卡洛斯（San Carlos）3个子产区。由于气候适宜，这里出产的葡萄酒品质优良，无论是红、白葡萄酒都有很好的陈年潜力。这里种植历史最长的红葡萄品种是拉肯萨德地区（La Consulta）的马尔贝克、美乐和黑皮诺。这里种植的白葡萄品种是霞多丽和赛美蓉。

南部包括圣拉斐尔（San Rafael）和阿尔韦亚尔将军填（General Alvear）。

三、巴塔哥尼亚

阿根廷南部地区的海拔在450~800米之间。主要种植传统的酿酒品种——白诗南。此外本地还种植其他品质卓越的葡萄品种，主要有霞多丽、马尔贝克、长相思、美乐和赤霞珠。

拉潘帕坐落在微微呈波浪起伏状的平原上，从西往东地势缓缓降低，形成一个扇形的山谷。该地区拥有大约215公顷的葡萄园，主要葡萄品种有美乐、马尔贝克、赤霞珠和霞多丽。

内乌肯地区的降雨量少，昼夜温差大。这样的气候条件非常适合葡萄种植业的发展。这里出产的酒，都具有深邃的颜色、浓郁的果香、深厚的酒体，以及庞大的构架。凉爽的气候适合酿造细致优雅风格的葡萄酒，比如黑皮诺。

黑河是巴塔哥尼亚大区最杰出的产区，属于气候干燥的大陆性气候，冬季非常寒冷，夏季炎热而干燥，光照充足热量充分。独特的地貌特征让这里所产的葡萄酒个性十足，出类拔萃。果实的缓慢成熟可以赋予酒良好的酸度与酒精度的平衡，其中白葡萄酒尤其精彩，特别是用赛美蓉和长相思酿成的葡萄酒，具有独特矿物风味。红葡萄品种中美乐、黑皮诺和马尔贝克表现突出，有着深邃的颜色强度及显著的典型性。

丘布特产区（Chubut）位于阿根廷南部的巴塔哥尼亚地区，靠近安第斯山脉南部，其葡萄园主要分布在河谷地带，是该国最南端的葡萄酒产区之一。

丘布特的气候凉爽、干燥，昼夜温差较大。夏季白天温暖，夜晚凉爽，有利于葡萄的糖分积累和酸度保持。年降雨量较少，需要依赖安第斯山脉的融雪进行灌溉。土壤类型多样，包括冲积土、沙质土和黏土。葡萄品种以霞多丽、黑皮诺、美乐等国际主流品种为主。

四、大西洋

位于大西洋大区的查帕德迈拉尔（Chapadmalal）是阿根廷最东部的葡萄酒产区，主产白葡萄酒、起泡酒和黑皮诺红葡萄酒。

第五节　南非葡萄酒概述及产区

一、南非葡萄酒历史与市场概述

南非有300多年的葡萄酒酿酒历史，1652年，荷兰人率先登陆这片土地，发现南非的气候和土壤十分适合葡萄种植，就建立了第一个葡萄园，不久法国人带来了法国葡萄酒生产的知识与工艺，从而开启了南非的葡萄酒酿造历史。1655年，开普首任总督里贝克种下了南非的第一株葡萄，并于1659年2月2日亲自用开普葡萄酿出第一批葡萄酒。随后，葡萄的种植在罗斯希尔（Roschheuvel）大面积展开。冯德·史戴尔在自己的农庄康斯坦堤亚（Constantia）建立起葡萄园，后来，这里的酒成为世界著名品牌康斯坦堤亚葡萄酒。18世纪初是南非葡萄酒业的困难时期，橡木桶十分匮乏。同时，如何在不同地区选育出各自最好的葡萄品种，如何使酿酒技术与当地各方面条件相适应，也是南非葡萄酒业当时面临的难题。

1886年，葡萄根瘤蚜虫病灾害摧毁了南非大片的葡萄园，令南非葡萄酒业陷入混乱。1918年以前，南非缺乏葡萄酒相关的质量标准，导致出现了葡萄酒产量过剩和品质低劣的情况。为了解决这一问题，由南非葡萄种植者联合创建了葡萄酒生产者协作联合会（简称KWV），旨在共同面对葡萄种植和酿酒行业的挑战。随着时间的推移，KWV逐渐从一个合作社性质的组织转变为一家独立的商业实体。KWV的成立极大地改善了南非葡萄酒的整体品质，使得南非葡萄酒产业得到了较大的提升。

20世纪70年代，南非已经拥有超过5000家独立的葡萄种植户，他们会将葡萄售卖给KWV经营的合作社。最初，大约一半的葡萄被制成浓缩酒精或浓缩葡萄汁，剩余的葡萄大部分用来酿造雪莉酒或波特酒。现在，越来越多的葡萄被用来酿造葡萄酒。虽然联合企业仍占统治地位，但独立经营的新的葡萄酒厂不断涌现出来，南非也因此获得了生产高质量的种植园葡萄酒的好名声。至今，南非葡萄酒业已经发展到拥有葡萄园面积11万公顷，产量达到11亿多升的规模，全国拥有近600个酒窖或葡萄酒厂。

在南半球的产区中，南非与阿根廷是两个重要的葡萄酒生产国，相较于阿根廷有广大的国内市场，南非身为非洲最大产国，却是以出口为导向，出口比例约60%。曾经独占南非葡萄酒业的酿酒合作社已经不再拥有像过去一样的重要性，越来越多的独立酒厂、全新改良的国际品种以及逐渐转移至凉爽海岸区的葡萄园，让南非的葡萄酒业进入了革新时代。特别是历经1994年之后的政治改革，葡萄酒业不再是白人的独占产业，所有人都可以进入酿酒学校，也有越来越多非欧洲裔的酿酒师投入葡萄酒的酿造。

二、气候与地理环境

位于非洲南端的南非，气候相当炎热干燥，大部分地区都不适合生产葡萄酒。来自南极的本吉格洋流（Benguela Current）流经南非西开普省（Western Cape）的西部（大西洋岸边），带来珍贵的凉爽气候，在沿岸附近地区形成类似地中海型气候区的环境。全南非的葡萄酒产区几乎全部位于西开普省，而且，最精华的产区都位于离海较近的区域。位于内陆的产区非常干燥炎热，必须依靠人工灌溉。炙热的夏季让葡萄成熟得非常快，常缺乏细腻的风味，但内陆产区生产的葡萄大多被制成葡萄干、浓缩汁、白兰地或是廉价的葡萄酒。

三、主要葡萄品种

虽然天气炎热，但是南非10万公顷的葡萄园还是有一半以上种植白葡萄品种。近年来，红葡萄品种的种植比例越来越高，而且也种植越来越多的国际品种，但许多原有的品种仍扮演着重要的角色。原产自法国卢瓦尔河谷的白诗南是南非最重要的品种，占将近20%的种植面积，在本地又被称为施特恩（Steen）。与卢瓦尔河谷产区一样，南非的白诗南也被酿成非常多样的葡萄酒，包括不同甜度的白葡萄酒、气泡酒，甚至雪莉酒风格的白葡萄酒。另外，西班牙的帕洛米诺（Palomino）、法国西南部的鸽笼白，以及麝香葡萄都是主要的传统品种。近年来，越来越多的酒农选择种植霞多丽和长相思。南非的优质品种通常都产自改种后还很年轻的葡萄树，但未来却潜力巨大。

南非的红葡萄品种也颇具特色，来自法国南部的神索（Cinsaut）、葡萄牙酿造波特酒的红巴罗卡（Tinta Barroca）和国产多瑞加（Touriga Nacional）都曾经是南非重要的品种。近年来以赤霞珠、美乐为主的波尔多品种成为主流，西拉和黑皮诺也逐渐增加。在众多品种中，皮诺塔基（Pinotage）是南非最具地方特色的品种，虽然种植面积仅有赤霞珠的一半。皮诺塔基是1925在南非培育出的杂交品种，由神索和黑皮诺杂交而成。皮诺塔基产量大，颜色深，香气很浓郁，但却不是非常优雅细致，有时酿成粗犷的红葡萄酒，有时也酿成简单柔和，有点像博若莱的新鲜浅红葡萄酒，近年，越来越多的新锐酿酒师将它酿成像澳大利亚的西拉或阿根廷的马尔贝克那么精彩且耐久的顶级珍酿。

四、产区详解

自17世纪中叶建立第一座葡萄园以来，南非就形成了一些著名的葡萄酒产区，比如康斯坦提亚和斯泰伦博斯（Stellenbosch）。直到1973年，南非才颁布了受法律保护的原产地系统。

南非葡萄酒产区分为6个“地理大区”，见表10-2。

表10-2　南非葡萄酒地理大区

中文名称	原文名称
北开普区	Northern Cape
西开普区	Western Cape
东开普区	Eastern Cape
夸祖鲁纳塔尔区	KwaZulu-Natal
自由省	Free State
林波波区	Limpopo

绝大多数的葡萄园都坐落在西开普区（约99680公顷），因为这里距离海岸线最近，年降雨量可以达到1000毫米，非常适合葡萄生长。这里也是南非葡萄酒巨头的聚集地，如KWV、迪斯特尔（Distell）公司旗下的酒庄几乎都分布于此。原产地计划又将西开普区划分为5个“大区（Region）”、29个“地区（District）”和92个“次区（Ward）”。

5个大区分别为：布里厄河谷（Breede River Valley）、开普南岸（Cape South Coast）、沿海地区（Coastal Region）、克林卡鲁（Klein Karoo）、奥利芬特兹河（Olifants River）。总体而言，这套划分体系是从属关系，即一个“地域大区”往往是由若干“地区”，以及包含在内的“次区”组成。

西开普西南部的海岸区不仅葡萄园集中，也是最精华的葡萄酒产区，包括帕尔（Paarl）、斯泰伦博斯、马姆斯伯里（Malmesbury）和康斯坦提亚几个南非最知名的传统产区。

布理德河谷位于南非内陆，是该国最大的葡萄产区，气候炎热干燥，需依赖布理德河的灌溉才能发展葡萄酒业。上游的伍斯特（Worcester）是南非最大的葡萄产区，不仅生产大量的平价葡萄酒，也生产白兰地。下游的罗伯森（Robertson）土壤富含石灰质，受沿布理德河谷吹来的印度洋湿气影响，能生产出比上游更均衡的葡萄酒。比布理德河谷更靠内陆的克林卡鲁产区气候更加干热，种植波特和麝香葡萄，以生产甜酒闻名。

西开普省西北的奥利芬特兹河是一个拥有大规模产量的葡萄酒产区，主要由大型酿酒合作社主导，靠近海岸和海拔较高的区域有较好的潜力，生产均衡的葡萄酒。西开普省西南部的海岸区是葡萄园的集中地，也是最精华的葡萄酒产区，帕尔（Paarl）、斯泰伦博斯（Stellenbosch）、马姆斯伯里（Malmesbury）和康斯坦提亚（Constantia）几个南非最知名的传统产区都位于此。

由于靠近法尔斯湾（False Bay），斯泰伦博斯气候凉爽，可以酿出更均衡高雅的葡萄酒，既是南非葡萄酒业的中心，也是南非的最佳产区之一，聚集了南非最多的精英酒庄。斯泰伦博斯自17世纪起就开始酿酒，葡萄园多位于四周山脉环绕、排水良好的丘陵区，生产包括赤霞珠、美乐、西拉和皮诺塔基等优质红葡萄酒。在近海湾地区，还能生产酸度较高的长相思。斯泰伦博斯北部的帕尔气候较炎热干燥，除了生产红、白葡萄酒和气泡酒外，还以加烈甜红葡萄酒和雪莉酒风格的白葡萄酒著称。

马姆斯伯里位于帕尔北边，属于黑地（Swartland）产区，主要生产浓厚的红葡萄酒和加烈红葡萄酒，近年来赤霞珠和西拉的种植逐渐增多，红、白葡萄酒的品质都有所提升。

康斯坦提亚位于开普敦市南部，葡萄园位于桌山（Table Mountain）的东坡上，尽管葡萄园数量不多，却是南非最著名的葡萄酒产区。18世纪时，康斯坦提亚的珍贵甜酒曾享誉欧洲，与匈牙利的多凯贵腐甜酒齐名。由于临海，此地气候湿润凉爽，年降雨量达1000毫米。除了传统的麝香甜白葡萄酒外，还生产酸度高的长相思和霞多丽。

【本章参考文献】

［1］旅游天地. 浓醉安第斯 探访智利最古老的葡萄酒庄［EB/OL］. 环球网，2012-08-24.

［2］佚名. 智利葡萄酒产区［EB/OL］. 百度文库，2016-06-20.

［3］红酒百科全书1. 阿根廷葡萄酒历史大揭秘［EB/OL］. 百度百家号网，2022-04-29.

［4］博扬De物托帮. 酒水小课堂——阿根廷［EB/OL］. 知乎网，2020-09-18.

［5］大粤酒商. 南非葡萄酒的历史和分级制度［EB/OL］. 百度百家号网，2021-05-31.

［6］佚名. 吃喝在南非味蕾惊艳之彩虹国旅行［EB/OL］. 中国葡萄酒资讯网，2011-03-16.

【思考练习题】

一、选择题

1. 智利产区按不同的地形和小气候从西到东分为3种区域，以下哪一个是错误的（　　）。

A. 海岸产区 Costa Areas　　B. 中心谷地 Entre Cordilleras Areas

C. 安第斯山脉产区 Andes Areas　　D. 中央山谷 Central Valley

2. 以下葡萄品种里，哪一个是阿根廷的标志性红葡萄品种（　　）。

A. 赤霞珠　　B. 西拉　　C. 马尔贝克　　D. 霞多丽

3. 皮诺塔基是神索和（　　）杂交而成。

A. 霞多丽　　B. 赤霞珠　　C. 黑皮诺　　D. 西拉

4. 以下产区中，哪一个不属于中央山谷大区（　　）。

A. 库利科谷 Curico Valley　　B. 空加瓜谷 Colchagua Valley

C. 麦坡谷 Maipo Valley　　D. 阿空加瓜谷 Aconcagua Valley

二、问答题

1.智利的葡萄酒产区分为几个大区？

2.智利按不同的地形和小气候分成了哪几种区域？

3.阿根廷的葡萄酒产区分为哪几个大区？

4.阿根廷库约大区包括哪几个子产区？

5.南非的葡萄酒产区分为几个地理大区？

6.西开普区分成哪几个大区？

三、论述题

1.试述迈坡谷及其子产区的风土特征。

2.试述门多萨及其子产区的特征。

【经验性训练】

通过对智利、阿根廷、南非葡萄酒的比较认识以及感官体验，使学生能够体验这些地区葡萄酒的风格及特色。

【实践考核项目】

酒水的认识与识别

（一）本项目考核的目的

认识酒标，了解智利、阿根廷、南非葡萄酒品种、产区及特点；能识别各类智利、阿根廷、南非葡萄酒的特点及产地代表性品种。

（二）所需理论和设备器材知识

掌握智利、阿根廷、南非葡萄酒不同产区的酒水特点、产地等知识。

（三）所需仪器设备和消耗性器材

智利、阿根廷、南非主要产区不同风格的葡萄酒。

（四）实训考核内容和要求

1.能按照行业规范熟练进行酒水鉴别，并掌握智利、阿根廷、南非葡萄酒不同的风格特点。

2.能较熟练地对智利、阿根廷、南非葡萄酒的主要品种进行区分。

《葡萄酒生产国概况》
教学课件获取单

凡使用本书作为教材的主讲教师，可获赠教学课件一份。欢迎通过以下方式与我们联系。

填写教学课件获取单拍照发送至邮箱：service@cafachine.cn

<table>
<tr><td>姓名：</td><td colspan="2">职称：</td><td>职务：</td></tr>
<tr><td>学校：</td><td colspan="2">院系：</td><td></td></tr>
<tr><td>电话：</td><td colspan="3">QQ：</td></tr>
<tr><td colspan="4">电子邮箱（重要）：</td></tr>
<tr><td colspan="2">所授课程 1：</td><td colspan="2">学生数：</td></tr>
<tr><td colspan="2">课程对象：○研究生○本科○大专（__年级）
○其他（__）</td><td colspan="2">授课专业：</td></tr>
<tr><td colspan="2">所授课程 2：</td><td colspan="2">学生数：</td></tr>
<tr><td colspan="2">课程对象：○研究生○本科○大专（__年级）
○其他（__）</td><td colspan="2">授课专业：</td></tr>
<tr><td colspan="4">使用教材名称 / 作者 / 出版社：</td></tr>
</table>

长城天赋酒庄

长城天赋酒庄是集科研、种植、酿造、品评、旅游观光、文化体验、餐饮会议为一体的综合性酒庄。酒庄坐落于贺兰山脚下，是产区内最靠近山脉的酒庄，拥有约 1500 公顷的精品葡萄种植园。

酒庄西面的贺兰山成为葡萄种植园天然的屏障，从东面流经的黄河为葡萄栽种提供了所需的水源，平均 1266 米高的海拔和近 200 米的海拔落差赋予了葡萄种植园独特的微气候。

2009 年，中粮集团领导亲自为宁夏长城天赋酒庄选址；2011 年开始拓荒建设葡萄园，2012 年酒庄开工奠基。世界著名酿酒师米歇尔·罗兰指导酿酒，国家葡萄产业技术体系首席科学家段长青教授指导葡萄种植。2018 年，宁夏长城天赋酒庄成为中国航天事业合作伙伴。

目前，在宁夏产区酒市场占有率、宁夏酒庄利税率、国际大赛获奖数量、酒庄规模、葡萄种植园建设标准、酒庄建设投入等方面，宁夏长城天赋酒庄都具有突出表现。

长城桑干酒庄西拉干红

色泽呈晶亮的深宝石红，雅致的梅子香、黑色浆果香与香草、胡椒的味道和谐相融，口感饱满细腻，富有层次，回味悠长，具有庄重典雅的酒庄风格。

西拉，桑干，我记得它。中国最好的葡萄酒之一。一款伟大的酒会让你想了解酒后面的故事，并且会让酿酒师为这款酒、为这片风土感到骄傲。无疑，它做到了。

——詹姆斯·萨克林（世界知名酒评人）

长城天赋酒庄1266赤霞珠2016年份干红葡萄酒

品种：赤霞珠

酒精度：14%vol

作为宁夏贺兰山东麓产区离贺兰山最近、葡萄种植园海拔落差近200米的高海拔酒庄，长城天赋酒庄酿造的1266赤霞珠干红葡萄酒是国内第一个以“海拔”定义的酒庄酒，“1266”即酒庄核心点海拔的高度。

酒庄精选自有葡萄种植园特定地块的优质赤霞珠，经过柔性压榨、重力入料、低温浸渍，以及12个月法国橡木桶陈酿，最终成就了这款色泽明亮深红，具有成熟的黑色水果香、清新的甘草香和咖啡豆烘烤香气的佳酿。1266赤霞珠干红葡萄酒入口饱满柔顺，单宁细致紧实，并夹杂着贺兰山东麓特有的矿物风味，是一款经典大气、风格细腻、余味持久的佳酿。

获奖信息：2021年品醇客世界葡萄酒大奖赛金奖；2021年比利时布鲁塞尔葡萄酒大奖赛金奖；2021年柏林葡萄酒大奖赛金奖等。

安佩龙

纱榈河岸路（Quais des Chartrons）是19世纪波尔多酒商聚集地，是波尔多葡萄酒贸易的黄金地带……

Hanappier安佩龙家族最初来自法国奥尔良地区，于1817年定居波尔多，并创建了大型葡萄酒和烈酒交易公司一 Hanappier-Peyrelongue&Cie。19世纪末，安佩龙家族逐渐收购了波尔多的多座名庄，成为享誉法国的波尔多酒商。

基于 200 多年来在波尔多地区悠久的酿酒历史，安佩龙家族专注于酿造精品葡萄酒。如今我们推出了全新波尔多品质葡萄酒安佩龙家族核心系列，更是将这些历史悠久的专业知识 savoir-faire 运用于酿造过程中，带来与众不同的体验。

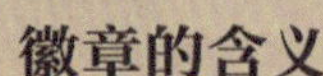

注： 图片来自网站

家族历史

Hanappier是波尔多地区久负盛名的酒商之一，其名声为波尔多和世界其他各地所熟知。

徽章的含义

- 蓝色的底上点缀着两颗星星和一个在大自然中的野猪头，上面有银色的牙。
- 蓝色的底上有两颗星星和一个仿佛因愤怒而张开了嘴的黑貂头。

HANAPPIER PEYRELONGUE

- 1879年，HANAPPIER家族与PEYRELONGUE家族联姻，随后成立 HANAPPIER-PEYRELONGUE & C°。

安佩龙
HANAPPIER

- 采用HANAPPIER家族姓氏为品牌名称。
- 选用安佩龙为中文名称。

HANAPPIER

GOLD EDITION

德國彼得美德釀酒集團

创立于 1924 年，位于德国摩泽尔河畔古城贝恩卡斯特尔－库斯（Bernkastel-Kues）的彼得美德酒厂，从开创初期的一座小酒厂发展成现今德国第一大酒厂，每年生产约 2.5 亿万瓶葡萄酒，生产销售产能在欧洲排名第三，全球排名第八，成为德国酒业的领先者。彼得美德酒厂总部在摩泽尔， 酒厂现今仍由同一个家族拥有与营运， 在摩泽尔河产区拥有 10 公顷葡萄园，生产德国著名的高端雷司令白葡萄酒及其他葡萄品种的葡萄酒，如米勒、丹菲德、黑皮诺和琼瑶浆，等等。酒厂拥有德国最大的橡木桶酒窖，可容纳 1500 个橡木桶，专注于生产高端陈酿丹菲德红葡萄酒。集团旗下拥有高端精品酒庄，如泰妮莎夫人（Dr. Thanisch）、葡恩酒庄（S.A Pruem），以及重要品牌彼得美德（Peter Mertes）、冰灵（BREE）、莫巴赫（Maybach）、赤鹿（Rotwild）、小瓢虫（Kaefer）等。

自创办以来， 彼得美德酒厂始终秉持一个原则——生产优质的葡萄酒，以低廉的价格让全世界的消费者都可以享受到优质的葡萄酒。在中古世纪的欧洲，葡萄酒仅供贵族阶层特享，但现今，葡萄酒已成为人们生活中不可或缺的一部分。从最初的葡萄种植者，到酿造并销售自己的葡萄酒品牌，彼得美德希望全世界的消费者都可以享受到优质的葡萄酒。

彼得美德黄金系列

彼得美德黄金系列皆来自彼得美德家族在摩泽尔的葡萄园，该葡萄园以陡峭地势和矿物质丰富的板岩土壤而著名。通过降低产量提升品质，葡萄园出产的葡萄风味集中，口感丰富，全程手工采摘，并采用野生酵母天然发酵，发酵过程不做过多干预，使得雷司令可以更好地表现出当地风土特色。

最具代表性的黄金系列是珍藏雷司令干白（Gold Edition Riesling Kabinett Trocken），来自贝恩卡斯特尔－库斯（Bernkastel-Kues）产区，是一款带有苹果、杏桃、柠檬、矿物味及优秀酸度的村庄酒，其均衡的酸甜度让人流连忘返，是一款很适合搭配海鲜、沙拉的白葡萄酒。黄金系列中唯一的一款红葡萄酒使用 100% 的黑皮诺酿制，产量稀少，平均年产量仅 1500 瓶，全程手工采摘后浸皮发酵，并在法国新橡木桶中陈酿 9 个月后装瓶，口感带有丰富的红梅和樱桃果味，以及巧克力、雪松、丁香、奶油等味道，非常适合搭配肉类食物。以上两款酒均获得多个金牌奖项。

bree®

THE ART OF WINE

冰灵葡萄酒 (BREE)

冰灵的外观与包装由彼得美德酿酒集团独家设计，在市场上拥有着独一无二的亮点。丰富的口感层次以及优异的品质保证，使冰灵自 2009 年上市即得到了广泛赞誉，荣获国际著名的红点设计大奖，并在 2017 年获选为“德国年度葡萄酒品牌”，成为德国销量成长最迅速的品牌之一，更在社交网络上成功走红。

泰妮莎夫人酒庄 (Dr. Thanisch Erben Mueller-Burggraef)

泰妮莎家族有着超过 375 年的葡萄种植历史。 19 世纪初，这个家族获得了贝恩卡斯特尔医生园（Berncasteler Doctor）的一部分。除了贝恩卡斯特尔医生园， 酒庄也拥有其他几个特级葡萄园，如贝恩卡斯特尔裂谷葡萄园等。

医生园葡萄酒源自于一个百年的真实历史：

相传，选帝侯贝蒙德（Boemund）患上了一种无法治愈的疾病，当时有名的医生、药剂师和治疗师都来到他的病榻前为他治病，但均无济于事。最后，是一位贵族用一杯黄金葡萄酒液将其治愈，这杯葡萄酒就产自贝恩卡斯特尔山上的葡萄园。这个葡萄园产出的葡萄酒才是真正的“医生”，因此，选帝侯授予这名贵族医生的身份和头衔。自此，葡萄园就有了这个充满荣耀的名字：贝恩卡斯特尔医生园（Berncasteler Doctor）。

几代以来，泰妮莎一直是摩泽尔（Mosel 奢）华白葡萄酒的代名词。19 世纪中叶，贝恩卡斯特尔医生园在雨果 · 泰妮莎（Hugo Thanisch）博士的努力下获得了不菲的国际声誉。 从那时起，泰妮莎葡萄酒在国际拍卖会上不断以惊人的价格售出。

葡恩酒庄(S.A Prüm)-VDP 创始成员

作为德国极具传奇色彩的酒庄之一，葡恩酒庄所生产的酒款被评为世界百大佳酿。

葡恩酒庄是德国优质酒庄联盟（VDP）的创始会员之一，该联盟创立于 1910 年，是历史最悠久的优质葡萄酒酒庄协会之一。此联盟对产地、酿造技术、酿酒品质均有严格规范，保证联盟成员酒庄的出品皆为高品质葡萄酒。目前，全德国只有 3% 的酒庄符合标准并入选。

1911 年，塞巴斯蒂安·阿尔比斯·普吕姆（Sebastian Albis Prüm）先生创立了 S.A.Prum 品牌，并正式将酒庄命名为葡恩（S.A.Prüm）酒庄。

1971 年，酒庄由其孙子雷蒙德·普吕姆（Raimund Prüm）先生接管，雷蒙德先生是德国国家级的杰出酿酒师，目前与女儿及妻子一起负责酿酒以及酒庄的经营。酒庄采用现代化管理，对葡萄酒的品质及产量进行严格管控，确保产品拥有始终如一的高品质。

葡恩酒庄拥有 16.5 公顷的葡萄园，90% 用于种植雷司令，10% 种植白皮诺，其下属的日晷园（Wehlener Sonnenuhr），仙境园（Graacher Himmelreich），主教园（Graacher Domprobst），大板石园（Berkasteler Lay）皆为德国摩泽尔产区的知名葡萄园。

葡恩酒庄出产的雷司令白葡萄酒享誉国际，是德国国际航班头等舱和商务舱的迎宾用酒，也曾被选为诺贝尔颁奖典礼的晚宴用酒。

日晷园特级园雷司令GG

罗斯柴尔德家族在金融领域拥有超过 250 年的辉煌历史，家族对于葡萄酒的热情始于 1868 年 8 月 8 日，詹姆斯・罗斯柴尔德购买了拉菲古堡酒庄。他的曾孙，爱德蒙・罗斯柴尔德于 1973 年购入克拉克酒庄，为家族拉开了全新的篇章。今天，罗斯柴尔德家族在波尔多拥有超过 150 公顷葡萄园，并且对全球范围内的葡萄园进行了大量的投资，例如阿根廷安第斯之箭酒庄（由世界两大家族罗斯柴尔德家族以及达索家族联手打造）、新西兰五箭酒庄（坐落于马尔堡心脏地带）、西班牙麦肯庄园（由爱德蒙罗斯柴尔德集团与西班牙酒王贝格西西莉亚共同创建）、南非鲁珀特罗斯柴尔德酒庄（由卡地亚母公司历峰集团董事长与法国爱德蒙罗斯柴尔德男爵共同创建）。爱德蒙罗斯柴尔德的五箭标志象征着对质量、信誉和对最好风土的尊重。

~ 西藏帕竹酒庄 ~

帕竹酒庄位于西藏山南市桑日县桑日镇塔木村。山南地区是西藏文化发源地之一，属于典型的河谷地区，地势平坦，得益于印度洋暖湿气候的润泽，形成了得天独厚的气候条件。桑日县地处冈底斯山南麓、雅鲁藏布江中游河谷地带，总体地势西高东低、北高南低，呈“两山夹一江”之势，平均海拔在 3100~3800 米。受地层构造影响，桑日县地貌复杂，土壤类型较多，共有 11 种土壤类型，按土壤适宜性和农业利用状况，分为耕作土壤、草地土壤和难利用土壤三大类型。桑日县海拔高，空气稀薄，纬度低，降雨少，因而日照时间长，光照充裕，太阳辐射强，是中国太阳日照时数最多的地区之一，而且昼夜温差大，具有发展葡萄产业的自然条件。

帕竹酒庄始建于 2011 年，葡萄园平均海拔约 3500 米，建设条件异常艰苦。在建设初期，稀薄的空气和强烈的紫外线辐射让平原来的种苗也产生了“高原反应”，生长迟缓，大面积种植和规模生产希望渺茫。种植团队精心研究葡萄的习性，调整种植方式，在第四年的春天，葡萄藤终于开始发芽生根。通过 10 多年的探索，帕竹酒庄种植团队已经在这片高原圣域建立了一套全新的栽培模式。通过品种比较实验，最终从引进的 50 多个葡萄品种中筛选出威代尔、霞多丽、梅洛、西拉、赤霞珠 5 个葡萄品种。种植团队还培育出了独家葡萄品种“高海拔红心”，这是专门为缺氧和强紫外线的高海拔地区培育的酿酒品种，目前属于帕竹酒庄独有。高海拔红心晚熟、皮厚、高酸，成熟后拥有更高糖分。

现在，帕竹庄园 666 多公顷的葡萄园沿雅鲁藏布江边排开，充分享受着浓烈的日照以及富含矿物质的地下水源。生物的多样性，纯净的环境，完全没有病虫害的侵扰，使得帕竹酒庄这片世外桃源成为天然有机葡萄园。2019 年，经吉尼斯世界纪录认证，桑日县葡萄种植园是目前世界最高海拔葡萄园，帕竹酒庄则是世界海拔最高的葡萄酒庄（酒庄建筑海拔 3669.88 米）。

～西藏帕竹酒庄～

帕竹酒庄现有代表酒款：霞多丽干白，具有成熟甜美的果香，在圆润中不失活泼的酸度，使得口感清新明丽；威代尔冰酒，浓郁丰富，香甜醉人，具有明显的矿物感；代表干红葡萄酒是梅洛、赤霞珠以及高海拔红心品种的混酿，高光照和高紫外线让酒体颜色浓郁，香气复杂多变，丰富的单宁使得酒体饱满圆润。

未来，帕竹酒庄将在此独特风土条件下，酿出更多属于中国的、具有独特味道的葡萄酒。

姜瑜酝酿品牌由独立酿酒师姜瑜于 2019 年在烟台创立，最初的两个年份借用产区其他酒庄的场地与设施，酿造了赤霞珠与霞多丽两个品种的葡萄酒，其中首年份的霞多丽先后获得蓬莱产区最佳新酒、中国优质葡萄酒挑战赛金奖、Decanter World Wind Awards 铜奖等。

2021 年，因找不到继续合作酿酒的酒庄，姜瑜在烟台的核心产区丘山山谷租赁了一处院落，历尽艰辛将它改造成了一家“车库酒庄”，并取得生产许可证。至此，姜瑜酝酿有了自己的酿酒场地。虽为“车库酒庄”，但他采购了先进的气囊压榨机，使用勃艮第 Francois Freres 橡木桶，为的就是能酿出表现风土的好酒。

尊重自然、表现风土、顺势而为，这是姜瑜酝酿的酿酒哲学。他认为酿酒是自然与人为的结合，科学与艺术的结合，只有把握好它们彼此间的平衡，才能酿出有灵魂的葡萄酒。作为一名独立酿酒师，姜瑜坚持自己独立的酿酒哲学，严选葡萄原料，并根据葡萄的情况选择恰当的工艺，不断地探索和创新，致力于酿造出具有自己风格表达的小众精品葡萄酒。

代表产品

葡萄品种：雷司令100%

工艺：生态种植，手工采摘，串选，粒选

酒精度：12%vol

净含量：750ml

品鉴：酒体呈禾秆黄色，色泽明亮；香气清新，有蜂蜜、青苹果、青柠香气及香蕉、菠萝气息；口感活泼、爽净，收尾具有西柚风味及矿物感

荣誉：

1. 发现中国·2022中国葡萄酒发展峰会（CWS）银奖
2. 2022亚洲葡萄酒质量大赛金奖
3. 2022宁夏贺兰山东麓葡萄酒大赛银奖
4. 2023FIWA法国国际葡萄酒大赛金奖

葡萄品种：美乐75%、赤霞珠20%、小维多5%

工艺：生态种植，手工采摘，串选，粒选

陈酿：法国橡木桶12个月

酒精度：15%vol

净含量：750ml

品鉴：深紫红色，充满黑醋栗、西梅等成熟的黑色浆果香气，间或有甘草香；口感强劲，平衡协调，回味甜美

荣誉：

1. 2020布鲁塞尔国际葡萄酒大奖赛银奖
2. 2021布鲁塞尔国际葡萄酒大奖赛金奖
3. 2021国际葡萄酒与烈酒（IWSC）大赛银奖
4. 2021柏林葡萄酒大赛金奖
5. 第13届中国酒业金樽奖银奖
6. 2021亚洲葡萄酒质量大赛金奖
7. 2022FIWA法国国际葡萄酒大赛金奖
8. 发现中国·2022中国葡萄酒发展峰会（CWS）金奖
9. 第13届亚洲葡萄酒质量大赛金奖
10. 2023布鲁塞尔国际葡萄酒大奖赛金奖

丝路收获干白葡萄酒

产区：伊犁河谷库尔德宁雷司令精品园

丝路收获干红葡萄酒

产区：伊犁河谷67团美乐、赤霞珠小维多精品园

新疆丝路酒庄有限公司

丝路酒庄位于新疆伊犁河谷，是中国最西端的葡萄酒产区。伊犁河谷是中国唯一受大西洋暖湿气流影响的地方，素有“塞外江南”之称。河谷年均日照时间长，昼夜温差大，年生长期长达180天以上。丝路酒庄秉承“不求其大，但求其精；限量小产区，人工原生态种植有机葡萄”的理念，根据不同气候特点在不同的地方种植了赤霞珠、美乐、雷司令等十几个酿酒葡萄品种共100公顷。在国内外葡萄酒大赛中获得260余项大奖。

2023 龙年自然起泡酒

海悦仁和·微山水

一山一水·黑皮诺

一山一水·马尔贝克

一山一水·马瑟兰 珍藏

一山一水·马尔贝克 珍藏

蓝赛酒庄

【酒庄由来】

上古，四极废，九州裂，天不兼覆，地不周载，天神女娲炼五色石以补苍天。此地古为太海，贺兰山群峰乃太海诸岛。女娲炼石采水于此，工善而水尽，余海泥肥沃适于耕植。娲离时留裙带化为贺兰山神，镇守于此：蓝穹沧海始为干，赛上耘来辟亩田，守西山，不东归。故名蓝赛酒庄。

【酒庄简介】

宁夏蓝赛葡萄酒业有限公司成立于2014年，酒庄位于西夏区镇北堡镇昊苑村，是集酿造、旅游、会议、文化交流、娱乐、餐饮、住宿为一体的多功能酒庄，青砖灰瓦仿古建筑气派优雅，将贺兰山石材文化和中国传统的建筑风格相融合，并将砖雕和磁雕艺术运用其中，使酒庄独具中式建筑风格，酒庄内设酒窖、品酒中心、VIP接待厅，文化展示中心等。酒庄投资6000万元人民币，引进意大利全套生产线，从事葡萄种植、葡萄酒酿造、销售和葡萄生态文化普及，葡萄种植面积约13.8公顷，品种有赤霞珠、黑皮诺、马瑟兰、霞多丽等多个品种，年生产葡萄酒60吨。2021年，蓝赛酒庄被评为三级列级酒庄。

余茉莉：

黑醋栗和烟叶渲染着橡木带来的雪松香气，极为克制的奶油质感，展示出复杂而细腻的层次。酒体饱满，精致细腻却又充满力量感的单宁平铺于口腔，宽广而宏大，回味极长，让人想起里奥哈，居然能持续一分钟！喝起来毫不费力，但依然有着陈年能力。

盈川红黑皮诺：

迷人、轻盈的香气溢杯而出，充满着新鲜的覆盆子、草莓、玫瑰花瓣的馨香，以及细微的糖浆混着潮湿土地的苔藓味，恰如雨后森林中的红色浆果。轻盈多汁的口感和平衡的酸度游走于果味和低调的草本香气之间，细腻而悠长。这是一款来自宁夏的优雅皮诺，有着丝滑的单宁，现已达到适饮期。

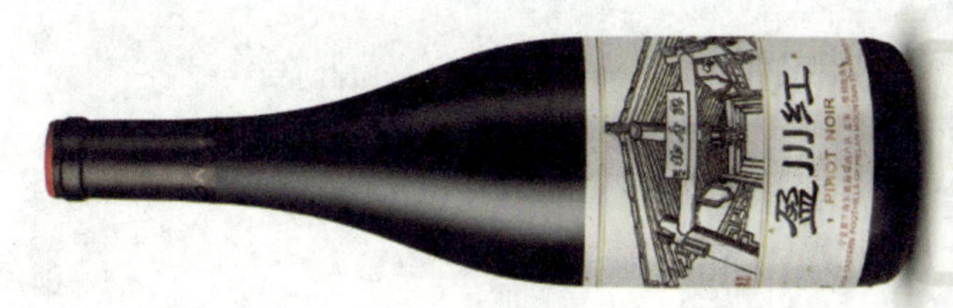

蒙野酒业

内蒙古弘坤蒙野酒业有限责任公司葡萄种植基地始建于1987年，蒙野酒庄位于赤峰市喀喇沁旗马鞍山国家森林公园脚下，酒庄内水库环绕。2001年，酒庄基地被评为国家级葡萄标准化种植示范基地；2014年，被评为国家AAA 级旅游景区，公司旗下蒙野品牌被评为内蒙古著名商标和内蒙古名牌产品。

2015年，蒙野酒业在宁夏贺兰山收购300亩酒庄精品酒原料基地。2016年，酒庄收购法国南部悠久产区朗格多克300亩百年老藤葡萄园，并与NICOLAS酿酒世家合作，为酒庄精品酒的酿造和品牌提升奠定了坚实的基础。

采缇珍选干红葡萄酒：

深宝石红色泽，璀璨绚丽；浓郁的覆盆子、李子、无花果成熟果香沁人心脾，与太妃糖、巧克力般迷人烘烤香完美搭配，协调优雅，单宁细腻饱满，口感甘润平衡，回味无穷。

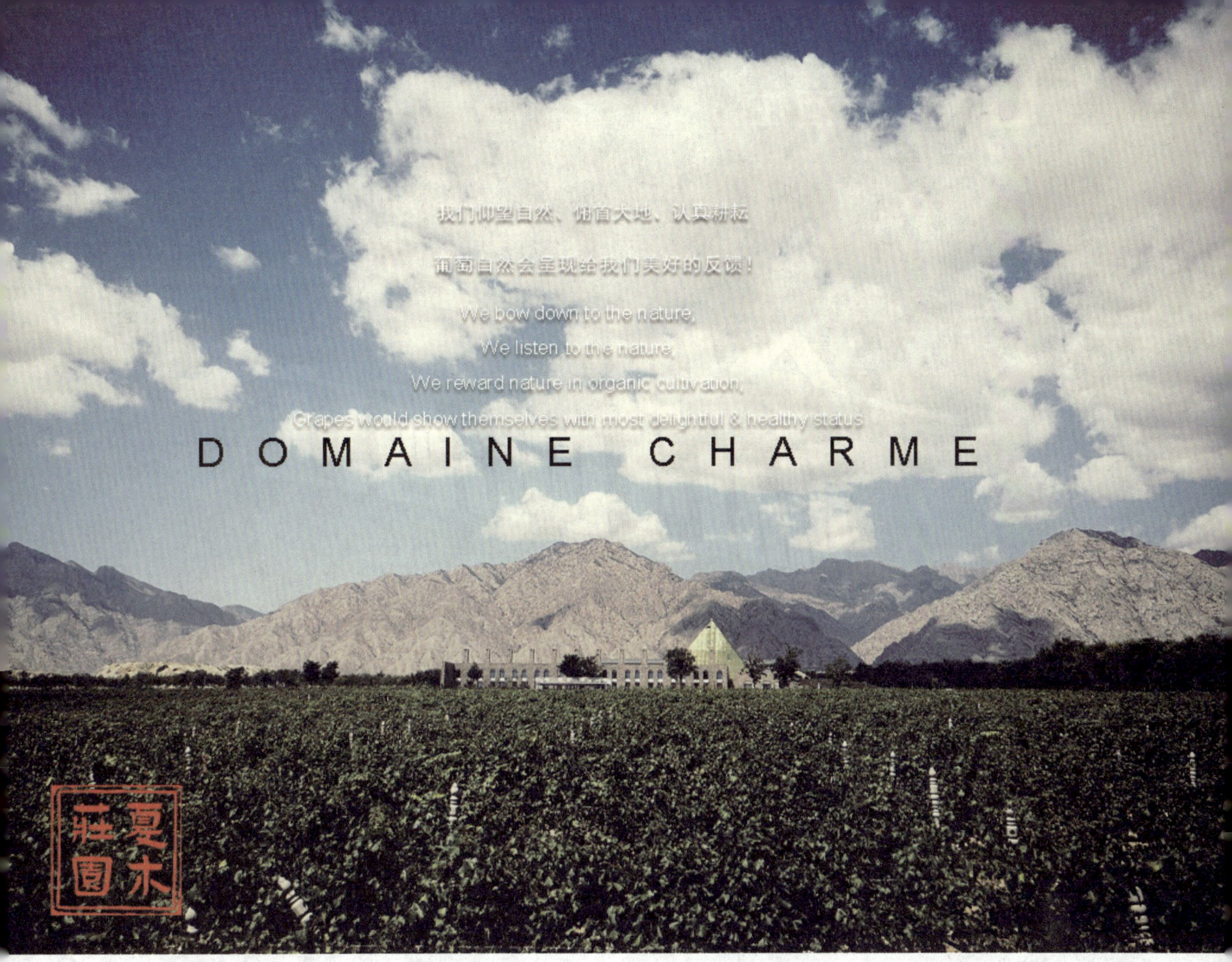
我们仰望自然、俯首大地、认真耕耘
葡萄自然会呈现给我们美好的反馈！
We bow down to the nature,
We listen to the nature,
We reward nature in organic cultivation,
Grapes would show themselves with most delightful & healthy status
DOMAINE CHARME
夏木莊園

木酒庄，“DOMAINE CHARME”，始建于 2013 年。位于宁夏贺兰山东麓葡萄酒产区，金山村，海拔 1200 米。这里曾是一片亿万年未被开垦的荒原，砾石满地，风起飞沙。如今成为名震世界的优质葡萄酒产区，绿树青山，酒香怡人。

maine Charme was founded in 2013 and located in JinShan sub-zone, Ningxia Helan Mountain's east foothill grape zone, with altitude of 1180 Meters. The moor had been unreclaimed from time immemorial, with giant rocks and seasonal dust storm. While now it becomes world famous grape yard zone, surrounded by plants and pleasant wines.

们坚信 “好葡萄才能酿出好葡萄酒”，本着对风土的尊重，坚持自然农法有机种植。所有的坚守及努力，只为保留葡萄最具风土的味道与香气，和大自然一起奉献最真挚的美酒佳酿。

omaine Charme , insists on organic vineyard; Grapes are harvested by hands, scrutinized in bunches and further brewed ftly with gravity method; All the persistence is to keep this terroir & aroma of the grape, and to present most sincere great wine with this nature.

A

自然农法有机种植

B

重力法酿造

C

天然酵母发酵

D

金字塔能量酒窖

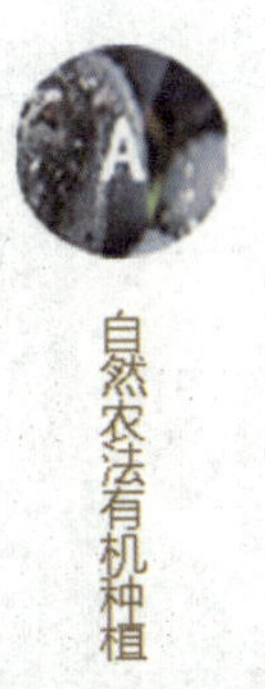

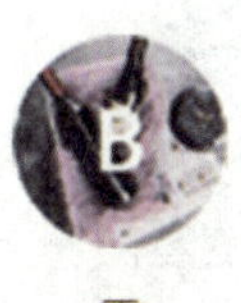

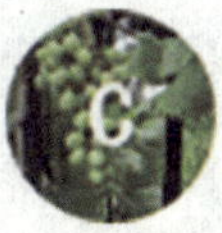

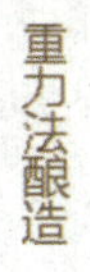

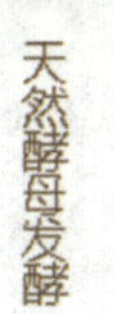

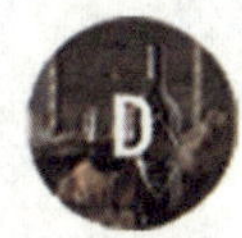

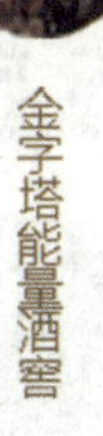

RUNAWAY COW

逃牛岭度假酒庄酒店

作为融合精品葡萄酒文化与度假生活方式的酒庄，“逃牛岭”结合法国先进酿酒工艺，引入国际知名的米其林餐饮品牌，秉持传承、分享、天成的品牌理念，致力于酿造尽显蓬莱特色的优质葡萄酒，为消费者提供贴近当地自然文化的世外桃源，让人们在享受葡萄酒世界的无限美好的同时，回归真我，乐享生活。

40 公顷葡萄园，种植包括霞多丽、维欧妮、赤霞珠、品丽珠、马瑟兰、小维多等 18 个品种，可年产葡萄酒约 20 万瓶。酒庄内配备的 47 间现代化风格客房，包括 23 间 100 平方米套房。360 度环绕式的建筑设计使每间客房均有独特的山野或葡萄园景观。其餐饮“逃牛岭喜粤 8 号”将米其林风味带到蓬莱，博采齐鲁食材之精华，传承南粤技艺之精髓，为您带来味蕾的别致享受。